Zur 2. Auflage

„Was sollte eine Künstlermonographie enthalten? Eine fundierte Biographie, ein möglichst vollständiges Werkverzeichnis, das Zeigen von bisher Unbekanntem, ausführliche Bemerkungen zur Technik, neuere Erkenntnisse der Restaurierung, brillante (Detail-)Fotos der Werke, die Berücksichtigung der bereits erschienenen Sekundärliteratur, gerne auch noch ein Verzeichnis der Standorte und natürlich ein Register. Hermann Vogels Band wird allen diesen Anforderungen gerecht", so Esther Gajek in „Bayerisches Jahrbuch für Volkskunde 2011" (Herausgeber Kommission für Bayerische Landesgeschichte bei der Bayerischen Akademie der Wissenschaften).

Seit dem Erscheinen stieß Sebastian Osterrieders Leben und Werk bei den Lesern auf großes Interesse und auch die Tagespresse brachte mehrere, teilweise groß aufgemachte und bebilderte Berichte.

Zuschriften vieler Leser ermöglichten manche Berichtigungen und Ergänzungen, insbesondere im 6. Kapitel; der Katalog führt nun 202 Krippen auf. Die im 3. Kapitel noch verschollen geglaubte Papstkrippe ist wieder aufgetaucht. Ein aufgefundenes Werk Osterrieders, eine Allegorie der Vergänglichkeit, die Chronos mit Sanduhr und Fackel, den Himmelsglobus mit Zodiakus und Uhr umfassend zeigt, bereichert nun die Dauerausstellung des Abensberger Museums (Abb. 125).

Erfreulich schnell ist die zweite Auflage dieser Biographie notwendig geworden, die sicher weiterhin das Verständnis für die weitverstreuten Osterrieder-Krippen vermehrt und hilft, deren Pflege und Erhaltung zu sichern.

Im Dezember 2011
Hermann Vogel

Hermann Vogel

Sebastian Osterrieder
Der Erneuerer der künstlerischen Weihnachtskrippe

Leben und Werk

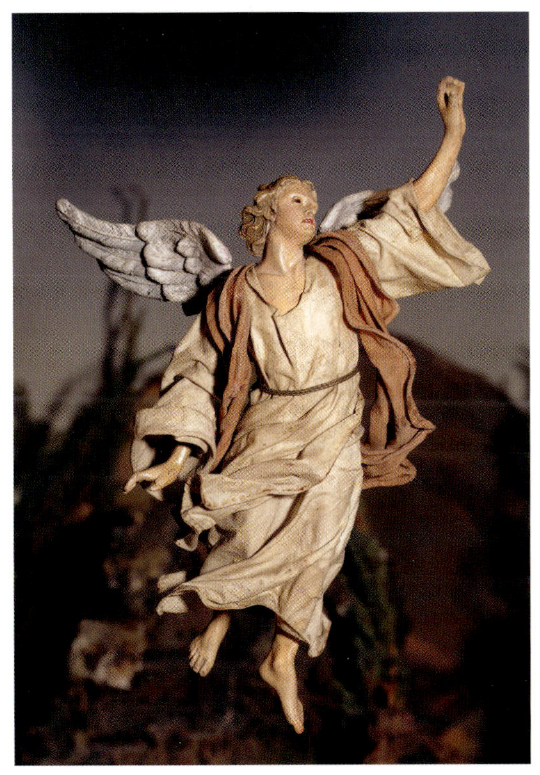

Kunstverlag Josef Fink

Impressum
2. Auflage 2012
ISBN 978-3-89870-562-2

Lektorat
Redaktionsbüro Dr. Lothar Altmann, Gilching
Layout & Gestaltung
werbeatelier brandner, Leutkirch im Allgäu
Reprografie
Holzer Druck und Medien, Weiler im Allgäu
Druck
Druckerei Joh. Walch, Augsburg

Bibliografische Information der Deutschen Bibliothek
Die Deutsche Bibliothek verzeichnet diese Publikation in der Deutschen Nationalbibliografie; detaillierte bibliografische Daten sind im Internet über >http://dnb.ddb.de< abrufbar.

Titel
Hirtenfigur. (Foto Siegfried Wameser, München)
Abb. S. 1
1 Verkündigungsengel. (Krippe der Peterskirche München)
(Foto Siegfried Wameser, München)
Abb. S. 4
2 Maria mit Kind auf der Flucht.
(Krippe der Peterskirche München)
(Foto Siegfried Wameser, München)
Abb. S. 6/7
3 Krippe der ehem. Wallfahrtskirche Margarethenberg.
(Foto Siegfried Wameser, München)
Abb. S. 12/13
4 Krippe der St.-Michael-Pfarrkirche in Zeil am Main.
Lindenholz. (Foto Werner Dressendörfer, Bamberg)
Rückseite
Feinst bemalte Königsmäntel.
(Krippe München, privat) (Foto Siegfried Wameser, München)

Hermann Vogel

Sebastian Osterrieder
Der Erneuerer der künstlerischen Weihnachtskrippe

Leben und Werk

Die Herausgabe des Buches
wurde unterstützt von der
Edith-Haberland-Wagner-Stiftung,
München.

8 **Geleitwort**
10 **Einführung und Widmung**

15 **1 Osterrieders Kindheit und Jugend in Abensberg (1864–1888)**
16 1.1 Krippenschnitzer schon als Schüler
19 1.2 Zwischen Broterwerb und Künstlerdrang

21 **2 Die ersten Jahre in München (1889–1904)**
23 2.1 Von der „gewerblichen Fortbildungsschule" zur Akademie
25 2.2 Freundschaft mit Max Schmederer
28 2.3 Auf Vermittlung des Münchener Erzbischofs in Rom
30 2.4 Initiator der „Landshuter Hochzeit"
31 2.5 Förderung durch Theodor von Cramer-Klett
32 2.6 „Ich werde mich durchsetzen"
34 2.7 Frühe Osterrieder-Krippen
36 2.7.1 Die Krippe im Kloster Scheyern
36 2.8 Das Programm der „Osterrieder'schen Kunstkrippe" 1904

41 **3 Produktive und reife Künstlerjahre (1904–1918)**
47 3.1 Osterrieder-Figuren als Erfolgsmodell
49 3.2 Bauten und Panoramen für Krippen
54 3.3 Besondere Beziehung zum Dominikanerorden
57 3.4 Krippen aus den Jahren 1906 bis 1908
60 3.4.1 Die „Kaiserkrippe" im Berliner Schloss
61 3.4.2 Die größte Osterrieder-Krippe für den Linzer Dom
67 3.5 Werbung und Preise – Krippenverkauf kein leichtes Geschäft
69 3.6 Palästina- und Ägyptenreise 1910
72 3.7 Andere Osterrieder-Werke jener Zeit
76 3.8 Krippen aus den Jahren 1909 bis 1913
79 3.8.1 Von der Isar an die Mosel – Die ehemalige Krippe von St. Ludwig in München
85 3.8.2 „Un grandioso presepio" – Die „Papstkrippe" und ihr Programm
89 3.8.3 Die Krippe der Peterskirche in München
91 3.9 Gegossene Krippenfiguren im Großformat
92 3.10 Krippen während des Ersten Weltkriegs
96 3.10.1 Die Krippe in Zeil am Main
99 3.10.2 Die Freisinger Domkrippe

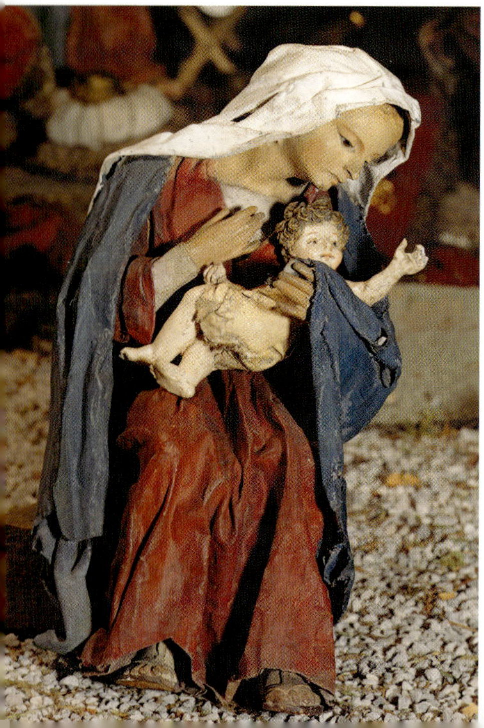

103	**4 Schwierige Zeiten auch für den Altmeister der Krippenkunst (1919–1932)**
105	4.1 Krippen aus den Jahren 1919 bis 1923
108	4.2 Andere Bildhauerwerke Osterrieders in den 20er-Jahren
113	4.3 Leben in Schwabing – Das Atelier in der Clemensstraße
118	4.4 Das Verbreitungsgebiet der Osterrieder-Krippen wird immer größer (1924–1932)
119	4.4.1 Die Krippen in Illertissen
120	4.4.2 Die Krippe von St. Ursula in München
124	4.4.3 Die Krippe der deutschen Nationalkirche in Rom
126	4.4.4 In Schwarzrheindorf: Osterrieders letzte große Krippe
131	4.5 Tod und Nachrufe
133	**5 Zu Osterrieders Methoden der Figurenherstellung**
134	5.1 Mantelformen
142	5.2 Zu Leimart und Gussmasse
143	5.3 Radiologische Diagnostik von Osterrieder-Figuren
146	5.4 Der Osterrieder'sche Hartguss
146	5.4.1 Figurenguss
150	5.4.2 Figurenköpfe und Glasaugen
151	5.5 Zur farblichen Fassung und kaschierten Bekleidung der Osterrieder-Figuren
154	5.6 Zum Thema Restaurierung
157	**6 Katalog**
159	6.1 Figurenkatalog
162	6.2 Krippenkatalog nach Ortsnamen
180	6.3 Krippenorte nach Postleitzahlen
183	**7 Zeittafel zu Leben und Werk Osterrieders**
191	**8 Anhang**
192	Danksagung
194	Anmerkungen
202	Generalregister

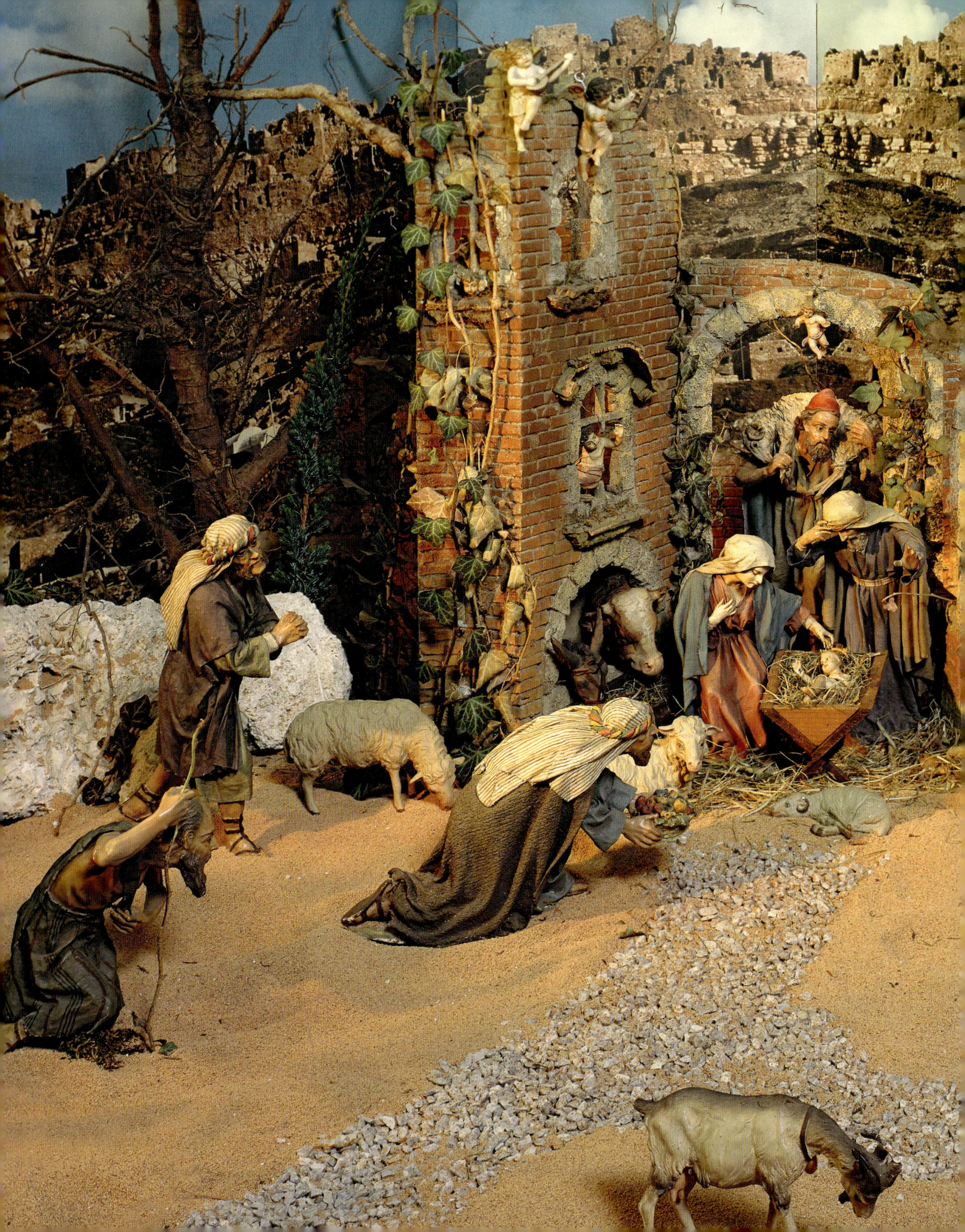

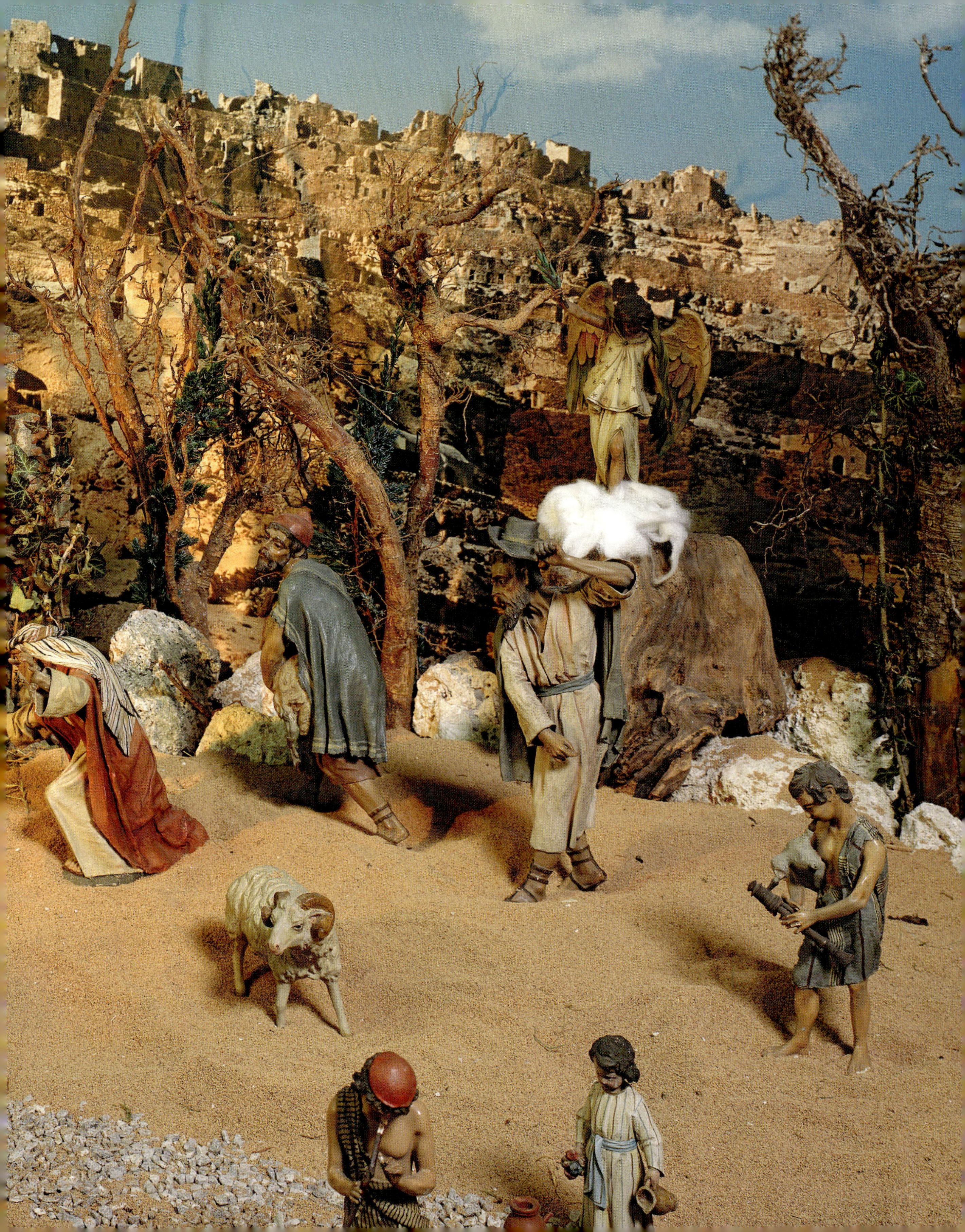

Geleitwort

Als im Jahr 1999 für die Krippenabteilung des Bayerischen Nationalmuseums eine große und bestens erhaltene Krippe von Sebastian Osterrieder erworben werden konnte, wurde damit eine zuvor von vielen Museumsbesuchern schmerzlich empfundene Lücke in dieser hoch bedeutenden Sammlung geschlossen. Seither bildet die umfangreiche Szene mit der Verkündigung an die Hirten und der Anbetung der Könige den eindrucksvollen Abschluss der Sequenz „Münchner Krippen", von denen die meisten ein knappes Jahrhundert älter sind als die Figuren von Osterrieder. In der Erkenntnis, dass er einer der wenigen bedeutenden Bildhauer an der Wende vom 19. zum 20. Jahrhundert war, die sich der Gestaltung von Krippen verschrieben und damit nachhaltigen Erfolg hatten, wurde dieses Werk als jüngstes in die Sammlung aufgenommen und in einer eigenen Vitrine aufgebaut.

Sebastian Osterrieder hatte kurz nach 1900 eine Tradition wieder aufgegriffen, die in München etwa ein Jahrhundert zuvor, bald nach den Stürmen von Aufklärung und Säkularisation, schon einmal neu aufgeblüht war: die Gestaltung figurenreicher Krippen in hoher künstlerischer Qualität für Kirchen und Privathäuser. Diese neue Krippenbegeisterung in der Zeit nach 1800 hatte allerdings schon bald wieder nachgelassen. Hätte nicht der Münchner Kommerzienrat Max Schmederer um 1870 begonnen, in Bayern, Österreich und Italien einzelne Krippenfiguren und ganze Ensembles zu erwerben, von denen viele schon zum Kinderspielzeug degradiert worden und in einem entsprechend schlechten Erhaltungszustand waren, gäbe es heute keine Krippensammlung im Bayerischen Nationalmuseum und keine in anderen Museen. Und auch die heute so selbstverständliche, kenntnisreiche und sorgfältige Pflege zahlreicher Kirchenkrippen – nicht zuletzt derjenigen von Sebastian Osterrieder – hätten sich ohne Schmederers Vorbild gewiss nicht so viele begeisterte Krippenfreunde zur Aufgabe gemacht.

Als Max Schmederer seine Sammlung erstmalig in den Jahren kurz nach 1900 im Dachgeschoss des Bayerischen Nationalmuseums nach seinen eigenen Plänen aufstellte, beschäftigte er mehrere junge Künstler, die ihm zur Hand gingen – Sebastian Osterrieder war einer von ihnen. Für den jungen Bildhauer, der schon als Knabe, wie er selbst in einer handschriftlichen Notiz berichtet, viel Zeit mit dem Schnitzen von Krippenfiguren verbracht und erste Einkünfte damit erzielt hatte, bedeutete das eine große Chance. Denn in der Sammlung Schmederer bekam er Meisterwerke der Krippenkunst vergangener Epochen in die Hand und konnte sie eingehend studieren. Aus der Beschäftigung mit den sizilianischen Figuren der Zeit um 1700 erwuchs letztlich seine einzigartige Geschäftsidee: die bildhauerische Ausarbeitung einzelner Figurentypen, ihre Vervielfältigung mithilfe einer historischen Gusstechnik und die Kaschierung der so entstandenen Figuren mit leimgetränktem Stoff.

Osterrieder-Krippen sind vor allem in Kirchen noch heute weit verbreitet. Gerade unsere Zeit weiß den ornamentverliebten Historismus der Figuren und die weitgehend als authentisch empfundene Darstellung der biblischen Stätten in Architekturen und Kulissen wieder zu schätzen. Osterrieders figurenreiche Weihnachtsszenen finden mit ihrer romantischen Grundstimmung ihre Bewunderer heute in allen Generationen, wobei die künstlerische Qualität ihrer Gestaltung von vielen Betrachtern erkannt, geschätzt und gewürdigt wird.

Den vielen Bewunderern der Kunst von Sebastian Osterrieder kann nun erstmalig ein Buch an die Hand gegeben werden, das, aus zuverlässigen Quellen schöpfend, Leben und Werk dieses bedeutenden Bildhauers umfassend darstellt. Es ist ein Glücksfall, dass Osterrieder selbst mit großer Akribie zeitlebens alle schriftlichen Nachweise über seine künstlerischen Arbeiten gesammelt hat. Sein umfangreiches, über Jahrzehnte gepflegtes, noch immer in seiner Familie verwahrtes Archiv konnte für dieses Buch ebenso ausgewertet werden wie die Angaben zahlreicher öffentlicher wie auch privater Besitzer von Osterrieder-Krippen. Rund ein Jahrhundert nach der Entstehung dieser das Gemüt ebenso wie den Kunstsinn ansprechenden Werke der Kleinplastik war es an der Zeit, ihren Schöpfer mit einer umfangreichen Biographie zu würdigen und die Kenntnisse über sein Leben und sein Werk für nachfolgende Generationen festzuhalten. Dafür, diese Aufgabe angenommen und zu einem so überzeugenden Ergebnis geführt zu haben, gebührt dem Autor und seiner Familie der Dank aller Krippenbegeisterten.

Nina Gockerell

Einführung und Widmung

Sebastian Osterrieder (1864–1932) war als Bildhauer erfolgreich, aber als Erneuerer der künstlerischen Weihnachtkrippe erwarb er sich bleibenden Ruhm. Treffend umreißen lässt sich sein weitverbreitetes Krippenwerk mit dem Motto „Krippen von Altötting bis Zweibrücken, Krippen für Kaiser und Papst". Osterrieder-Krippen sind ein bis heute gültiger Qualitätsbegriff. Sie schmücken seit nunmehr über einhundert Jahren zahlreiche Kirchen und gehören noch immer in vielen Familien zum Weihnachtsfest. Die erste Osterrieder-Krippe, von der wir ein schriftliches Zeugnis haben, stand ab 1899 bei Johann Rauchenecker, Besitzer der Schlossbrauerei in Hohenthann bei Landshut. Die letzte Figurenlieferung ging Ende Dezember 1931 an Pfarrer Karl Witte in Schwarzrheindorf (Bonn), der seit 1926 viele Krippenfiguren für seine Pfarrkirche St. Clemens erworben hatte. Die genaue Zahl an Figuren und Krippen, die Meister Osterrieder in diesen 32 Jahren herstellte, wird, schon wegen der unbekannten Zahl von Krippen in Privatbesitz, nicht zu ermitteln sein. Der Katalog im 6. Kapitel führt 198 Krippen auf.

Schon zu seinen Lebzeiten sind immer wieder inhaltsreiche Berichte[1] über Osterrieder und sein Schaffen erschienen. Die Künstlerpersönlichkeit, die hinter diesem Werk steht, zeigen eindrucksvoll auch die Würdigungen nach seinem Tod.[2] Da alle ihre Verfasser Sebastian Osterrieder persönlich kannten, sind heute gerade diese Nachrufe wichtige Quellen. Außerdem geben entsprechende Nachschlagewerke, von denen hier beispielhaft das Künstlerlexikon Thieme-Becker[3] oder Gerhard Bogners neues Krippenlexikon[4] genannt seien, zu Osterrieder kurze Informationen. Das vorliegende Buch will eine Lücke schließen, denn es fehlte bislang eine umfassende Biographie des vielseitigen Künstlers, dessen Kreativität im ersten Drittel des 20. Jahrhunderts sowohl dem Krippenstil wie auch der Herstellungstechnik von Krippenfiguren neue Impulse gab.

Meine Frau Renate Vogel, geb. Kaess, ist eine Enkelin Sebastian Osterrieders. Nur dank ihrer entscheidenden Mitarbeit konnte diese Publikation entstehen. Uns stand der großväterliche Nachlass[5], soweit er sich in der Familie erhalten und die Bombenangriffe überstanden hatte, zur Auswertung zur Verfügung. Darin fanden sich eine kleine Anzahl von Figurenmodellen und für deren Guss erforderliche Mantelformen, ein lädiertes, dickleibiges Fotoalbum von Mustern sowie weitere alte Fotografien von Osterrieder-Arbeiten, Skizzen für Figuren und Ställe sowie einige Bücher und Bildwerke, die Osterrieder zur Anregung gedient hatten. Erhalten hat sich glücklicherweise auch die vier Jahrzehnte umfassende Sammlung von Zeitungsausschnitten zu Osterrieder und seinem Werk. Gerade dank dieser vielen Berichte konnten das Leben und Arbeiten des Künstlers sehr lebensnah geschildert und darüber hinaus Ereignisse und Krippen genauer datiert werden. Nicht zuletzt schlug sich ein Fundus an mündlicher Überlieferung im Familienkreis durch Osterrieders Tochter Antonie, verheiratete Kaess (1906–1995), im Buch nieder.

Außerdem konnte ich auf ein umfangreiches Osterrieder-Schrifttum zurückgreifen. Viele Autoren haben in den letzten Jahrzehnten über die Osterrieder-Krippen geforscht, Funde gemacht, Material zusammengetragen und veröffentlicht. Mit dankbarer Anerkennung seien hier in alphabetischer Reihenfolge vor allem Egon Eberle[6], Illertissen, Dr. Nina Gockerell[7], München, und Prof. Friedrich Münch[8], Bonn-Schwarzrheindorf, genannt, deren einschlägige Arbeiten in den jeweiligen Anmerkungen aufgeführt sind, sowie weitere Veröffentlichungen[9].

Ich habe versucht, in vier Abschnitten ein Zeit- und Lebensbild von Sebastian Osterrieder entstehen zu lassen. Der erste Abschnitt umfasst seine Kindheit, Jugend und Tätigkeit als Bäcker in Abensberg bis zum Tod des Vaters 1888. Dann wurde München sein Lebensmittelpunkt. Nach ersten harten Jahren als Kunststudent und dem anschließenden Ringen um Anerkennung bildete das Jahr 1904 eine Art Zäsur. Denn in diesem Jahr wurde erstmals sein Programm der „Osterrieder'schen Kunstkrippe“ in der Presse publiziert und fand auch seine Heirat statt. Der dritte Abschnitt umfasst eine Zeit produktiven, reifen und auch ereignisreichen Kunstschaffens; ihn mit 1918 enden zu lassen, ist möglicherweise etwas willkürlich und darf nicht missverstanden werden. Aber der verlorene Krieg, die bald einsetzende Inflation, die wirtschaftlich schwierige Lage, die anhaltenden politischen Unruhen und die gesellschaftlichen Umbrüche – all das, was die „20er-Jahre“ eben ausmachte – veränderten ganz allgemein die Lebensverhältnisse der Menschen und so auch das Arbeiten und Denken Osterrieders und nicht zuletzt seine Situation als Künstler. Er blieb aber auch in diesem Lebensabschnitt bis kurze Zeit vor seinem Tod künstlerisch produktiv und als vielzitierter Altmeister vor allem seiner Krippenarbeit verpflichtet.

In diesen vier Abschnitten will das Buch streiflichtartig-abwechslungsreich ein lebendiges, der Chronologie verpflichtetes authentisches Bild des Künstlers Sebastian Osterrieder in seiner Zeit geben, Geschichten von seinen Krippen erzählen und auch seine anderen Werke aufzeigen. Der vielseitig tätige und an allem interessierte Bildhauer und Großvater Osterrieder war ein eindrucksvoller Mann. Zu seiner Persönlichkeit und seinem künstlerischen Schaffen sollten und konnten aufgrund der Quellenlage viel Zeitgeschichtliches und viel Zeitgenössisches aufgezeigt werden. Diese „Presseschau“ spiegelt zugleich das steigende Interesse der Menschen am Krippengedanken im ersten Drittel des 20. Jahrhunderts wider. Der oft zitierte originale Sprachgebrauch und die eine oder andere Wiederholung werden dabei nicht stören.

Osterrieder wurde als „der letzte barocke Krippenkünstler“[10] bezeichnet, und das 200 Jahre nach der Hochblüte des Barock. Seine Krippenfiguren einschließlich der Engel und Putten sind typisch und immer, auch bei seinen großformatigen Schnitzwerken, unverwechselbar als seine Kreationen zu erkennen. Typisch sind auch die Osterrieder'schen Techniken bei der Abformung der Modelle und dem Guss der Figuren sowie der Kaschierung ihrer Bekleidung. Im fünften Kapitel werden deshalb die von Osterrieder entwickelten und angewandten Methoden aufgezeigt. Hier war es Professor Hubertus von Pilgrim, der mir den Leimguss erläuterte und mir damit die Funktion der Mantelformen zu erklären half. Sodann steuerte Gerd Schramm seine authentischen Erfahrungen mit dem Figurenhartguss bei. Der Röntgenologe Thomas Huber dokumentierte die von Osterrieder verwendeten, für die Stabilität der Figuren so wichtigen Drahtarmierungen und half mittels der Computertomografie, die Bestückung der Figuren mit Glasaugen zu klären.

Der anschließende Katalogteil des Buches listet den bekannten Bestand an Osterrieder-Krippen auf. Er sollte zu weiteren Nachforschungen anregen. Die Zeittafel dient gleichzeitig als Werkverzeichnis des Künstlers.

Ich wünsche dieser Lebens- und Werkgeschichte eine gute Aufnahme bei den Lesern. Das Buch soll zum Verständnis der weitverstreuten Osterrieder-Krippen beitragen und deren Pflege und Erhaltung sichern helfen.

Ich danke dem Verleger Josef Fink und dem Lektor Dr. Lothar Altmann für die verständnisvolle und gute Zusammenarbeit, dem Werbeatelier Brandner, den Herren Marc Brandner und Alexander Otto für die gelungene Gestaltung, dem Fotografen Siegfried Wameser für die kunstvollen Aufnahmen.

Nicht zuletzt danke ich sehr herzlich Herrn Direktor Ferdinand Schmid und der Edith-Haberland-Wagner-Stiftung in München, ohne deren großzügige Förderung dieses Buch nicht hätte erscheinen können.

Meiner lieben Frau gilt mein ganz besonderer Dank! Wir beide widmen diese Arbeit allen Enkeln, Ur- und Ururenkeln von Sebastian Osterrieder und darüber hinaus den Krippenliebhabern in aller Welt.

Hermann Vogel

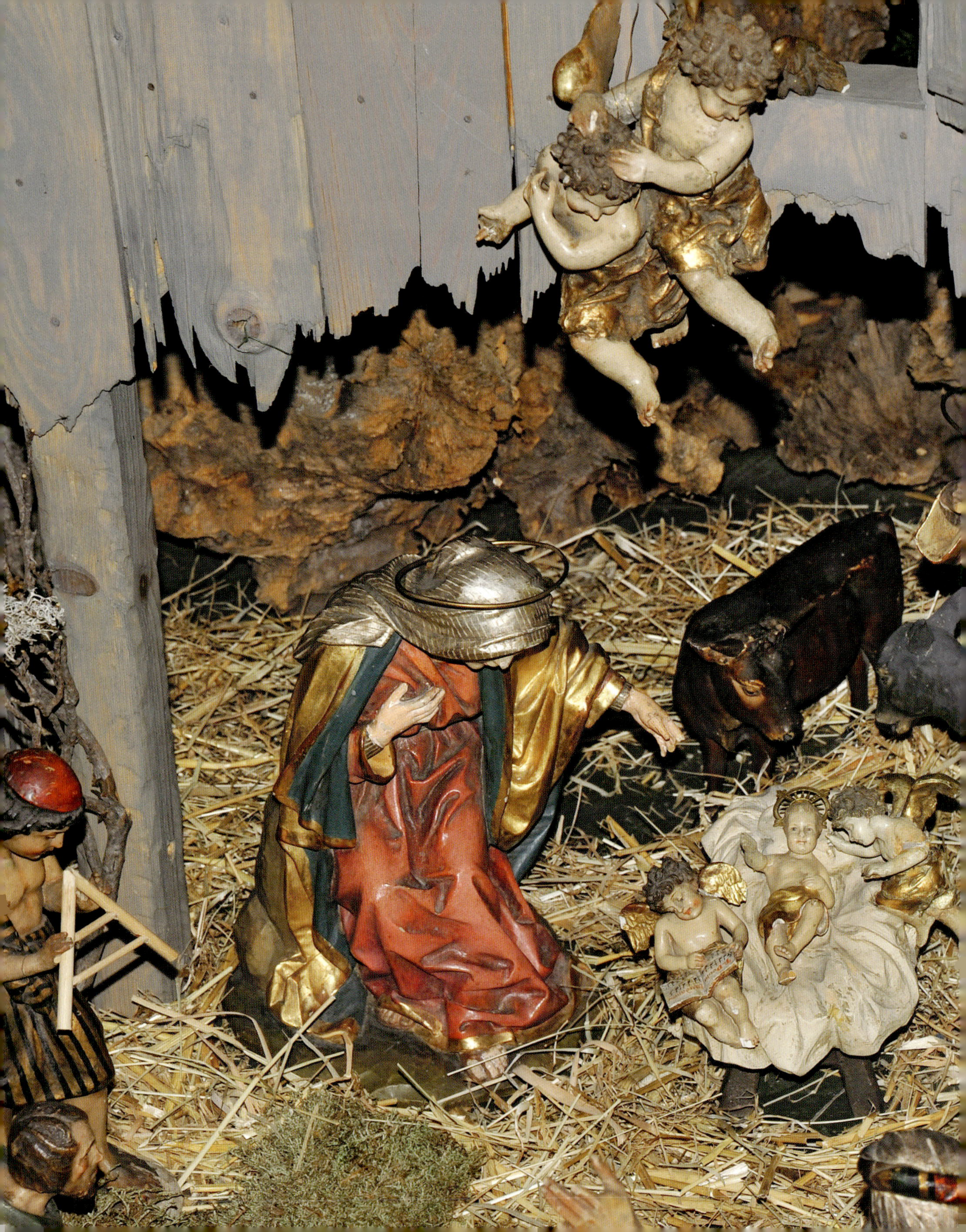

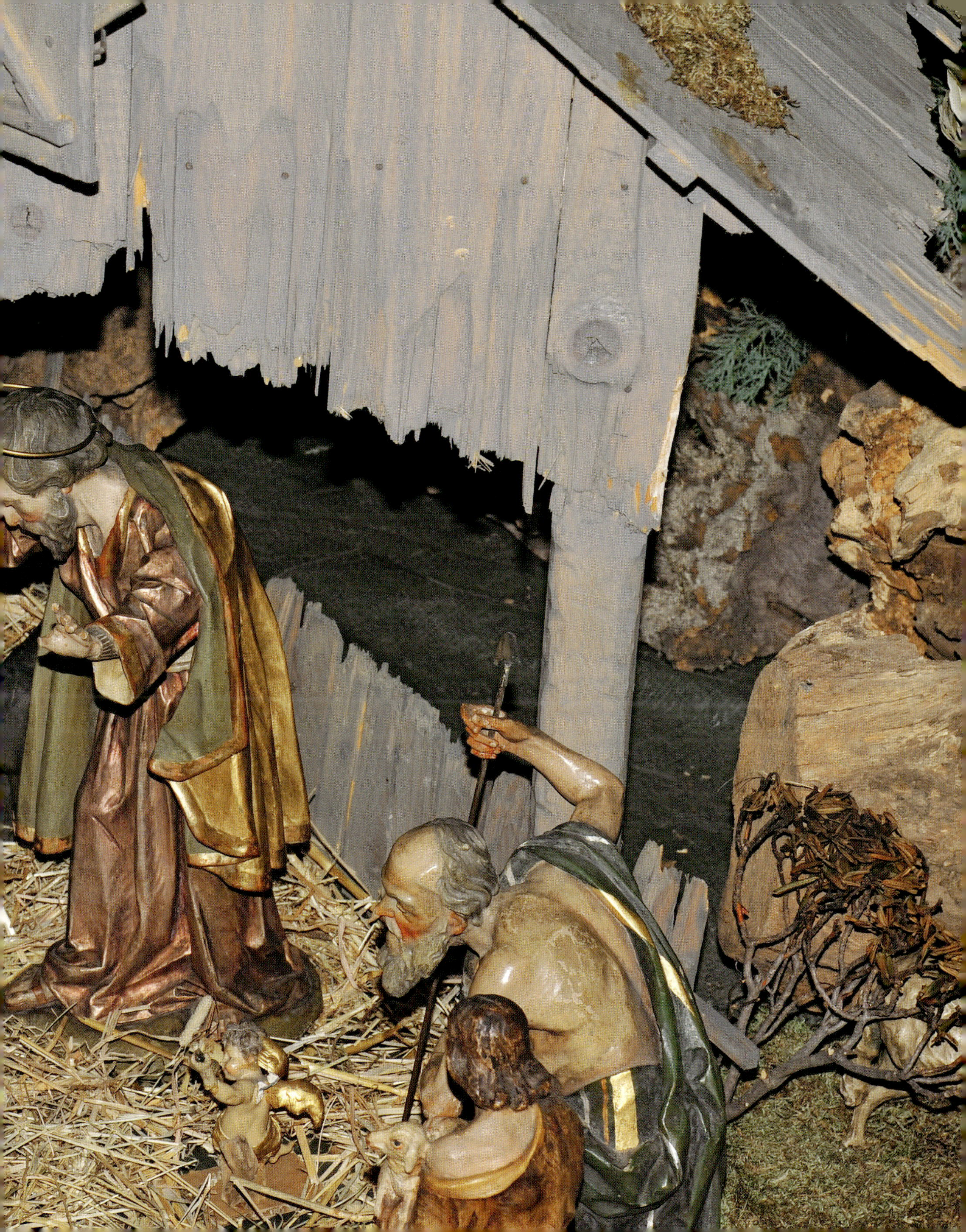

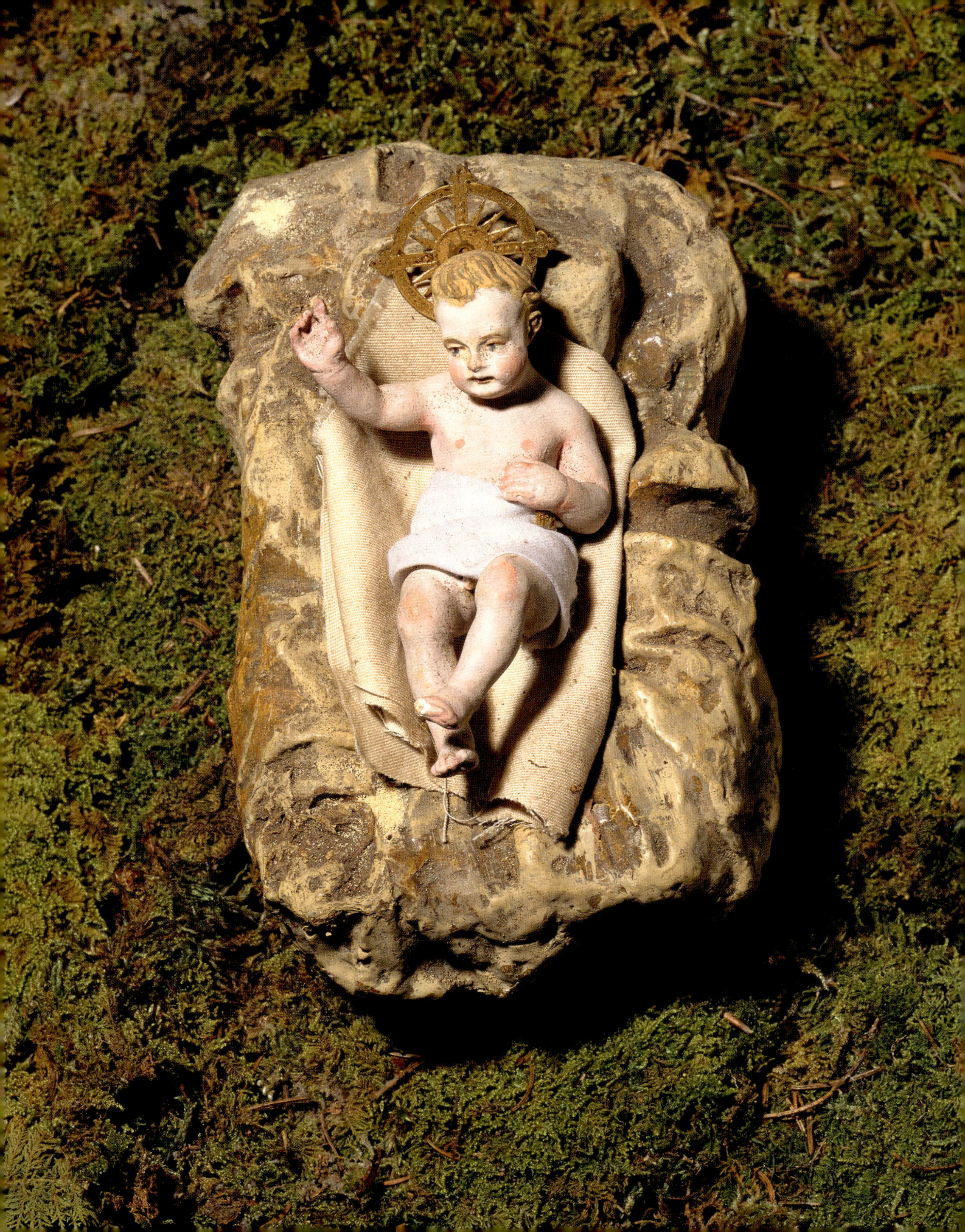

Kapitel 1

Osterrieders Kindheit und Jugend in Abensberg (1864–1888)

5 Jesuskind, Krippe Stiftskirche Altötting.
(Foto Siegfried Wameser, München)

Sebastian Osterrieder wurde am 19. Januar 1864 in der niederbayerischen Stadt Abensberg, Landkreis Kelheim, geboren und am 20. Januar 1864 in der dortigen Pfarrkirche St. Barbara getauft.[101] Die Eltern waren der Bäckermeister Sebastian Osterrieder senior und seine Ehefrau Katharina, geborene Weber. Die weiteren drei Generationen zurück waren die Osterrieder Bäckermeister in Pförring und Altmannstein gewesen.[102] Sebastians mütterliche Großeltern waren Anton Weber, Leinweber in Vohburg, und dessen zweite Ehefrau Maria Anna, geborene Dichtl.[103] Sebastians Elternhaus in Abensberg war die Bäckerei im ehemaligen Karmeliterkloster, heute Osterriedergasse (Abb. 6). Auf einer alten Fotografie (Abb. 7), aufgenommen 1872 im Salettl des Gartens der Bierbrauer Salleck in Abensberg, sehen wir den Vater Sebastian Osterrieder senior mit seinen drei Kindern: dem achtjährigen Sebastian, dessen 1863 geborener Schwester Therese und dessen 1869 geborenem Bruder Franz Xaver.

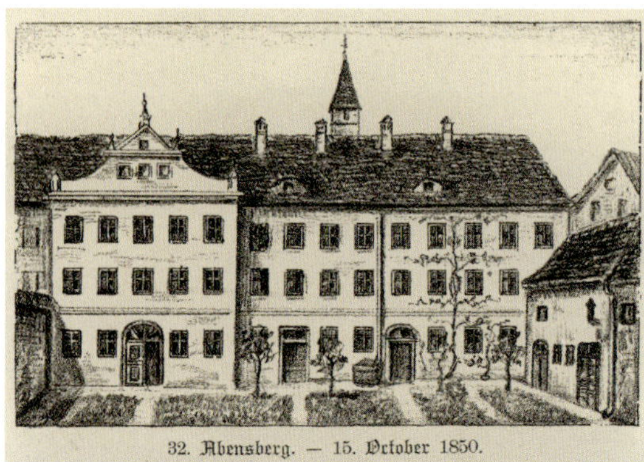

6 Ehemaliges Karmeliterkloster an der heutigen Osterriedergasse. (Herzogskasten Stadtmuseum Abensberg)

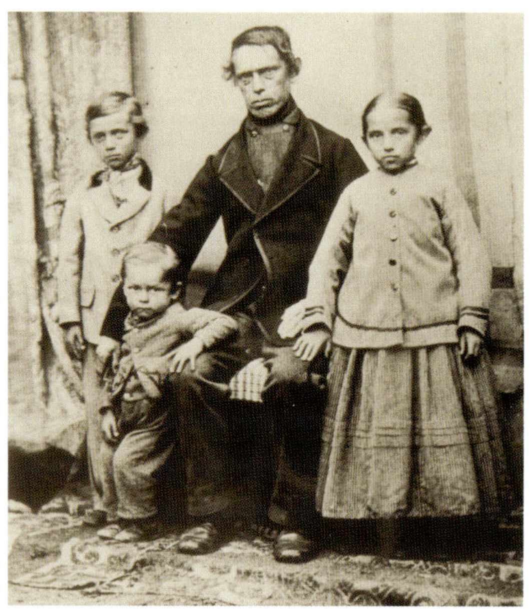
7 Sebastian Osterrieder sen. mit seinen drei Kindern Therese, Sebastian und Franz Xaver, 1872. (Foto Familienarchiv)

1.1 Krippenschnitzer schon als Schüler

Unter der Überschrift „Zur Information" hat Osterrieder als fast 50-Jähriger sein Leben und davon besonders ausführlich seine Kindheit und Jugend skizziert.[104] Aufschlussreich für uns erzählt er darin von seiner Liebe zur Weihnachtskrippe schon als Kind und von seinen bereits in den Bubenjahren schnell fortschreitenden Fertigkeiten im Schnitzen. Osterrieder offenbart uns auch gleich zu Beginn seinen großen Jugendschmerz darüber, dass er nicht hat „studieren", d. h., aufs Gymnasium gehen dürfen. Insgesamt lassen uns diese autobiographischen Notizen lebhaft teilhaben am Abensberger Lokalkolorit (Abb. 8), wobei wir auch seine ersten künstlerischen Lehrmeister kennenlernen: „[...] Meine Eltern hatten ein Bäckereianwesen nebst kleiner Ökonomie. Der Vater war jedoch sehr kränklich. Mein glühendster Wunsch, studieren zu dürfen, wurde mir deswegen versagt.

Schon in frühester Jugend war meine einzige Freude, schnitzeln zu können. Welche Sehnsucht

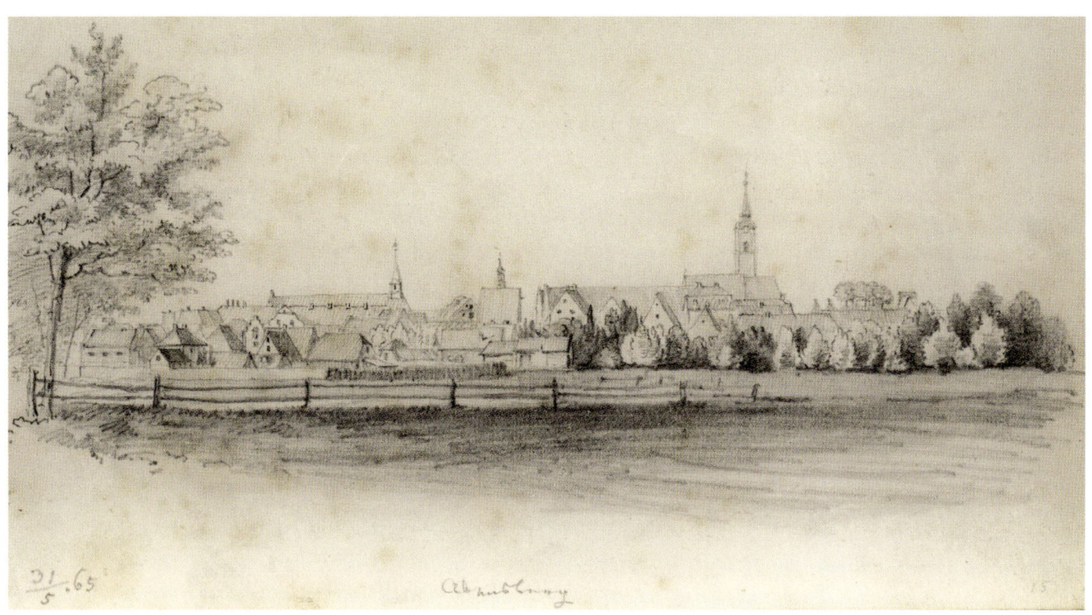

8 Die Stadt Abensberg, Bleistiftzeichnung von Gallus Weber, 1865. (Herzogskasten Stadtmuseum Abensberg)

hatte ich auf das Weihnachtsfest. Den ganzen Tag war ich nicht von den in der Stadt aufgestellten Krippen wegzubringen. Die Klosterkrippe in der Karmeliterkirche beim Mesner Monifelder löste bei mir helles Entzücken aus, wurden sogar einige Figuren automatisch bewegt. An der Einwurfbüchse war ein Klausner mit einem Tellerchen in der Hand. Beim Hinaufschlagen bewegte er Hand und Kopf. Wie oft bettelte ich meine Eltern um einen Pfennig zum Einwurf. Meine größte Freude hatte ich jedoch an der wirklich kunstvollen Krippe des Goldschmieds Goldhofer. Da war ich gar nicht wegzubringen. Endlich nahm ich mir das Herz, ich dürft' damals kaum mehr als 8 Jahre gezählt haben, und bat ihn, mir ein Schäfchen zu leihen, damit ich mir auch ein Kripperl machen kann. Der gute brave Mann gab mir wirklich ein solches zu leihen; was das heißt, wird jeder Krippenfreund wissen, werden doch die einzelnen Stücke als Heiligtum betrachtet. Freudigst lief ich nach Hause. Leider hatten wir im ganzen Haus kein schneidiges Messer; bis sich unser Nachbar erbarmte und mir einen sogenannten Spannschnitzer lieh. Wir hatten zu Hause nur Fichten- und Föhrenholz und mit diesen konnte man nichts anfangen. Endlich bekam ich ein Stück Kastanienholz zum Geschenk, nun ging's. Kaum nahm ich mir Zeit zum Essen. Mittwoch und Samstag hatten wir Nachmittag keine Schule, der ganze Tag wurde dazu verwendet. Wie glücklich war ich, als es mir endlich gelang. Als ich mein Erstlingswerk Herrn Goldhofer zeigte, wurde ich ermuntert, belobt und mir einige Gravierstichel geschenkt, nun ging es besser. Durch meinen rastlosen Fleiß hatte ich mir zuletzt eine große Fertigkeit angeeignet. Welche Freude, Stolz und Jubel, als ich für mein schönstes, sich die Ohren kratzendes Schaf einen Sechser[105] von meinem Gönner erhielt. Ermuntert wagte ich mich endlich zum Schnitzen von Köpfen. Mit Händchen und Füßen schneiden ging es ja besser.

Doch sonst ohne Werkzeug war manches nicht zustande zu bringen. Endlich konnte ich mir einige Schnitzeisen erwerben. Welche Freude bereitete ich dem Hochwürdigsten Herrn Dekan Ott oder Herrn Lehrer Kraiß, wenn ich wieder einige Krippenmandl fertig hatte und zeigen konnte.
Mitte der 70er-Jahre kam Herr Schreiner Silberbauer aus Wien, wo er sich in seinem Berufe zu einem tüchtigen Künstler ausbildete, und gründete sich in Abensberg ein Geschäft. Dieser war ein großer Krippenfreund und verfertigte sich eine sehr schöne Krippe selbst an. In uneigennützigster Weise lernte er mir verschiedene Kunstgriffe, Krippenmandl zu kleiden. Bei allen Schneidern ging ich nun zum Fleckbetteln. Doch mit dem Nähen brachte ich gar nichts zusammen. So wagte ich nun, die Figuren ganz in Holz zu schneiden. Wieder war es Goldhofer, welcher mir einige Figuren als Vorbilder gab. Endlich wagte ich mich an seine besten Stücke und nach freien Motiven. Für mein bestes Gelungenes honorierte mich mein Gönner bereits mit 5 Mark per Stück. Es wurde damals bereits das neue Geld[106] eingeführt, eine für damalige Zeit bedeutende Summe. Wer war glücklicher als ich?
In Siegenburg war ein sehr kunstgewandter Steinmetz, Pflügervater genannt, welcher ebenfalls ein großer Krippenfreund war und meinem Schaffen großes Interesse entgegenbrachte. Nun schnitzten wir im edlen Wettstreit darauf los. Neidlos wollte einer den anderen übertreffen. Ich aber suchte vor allem, mir die noch fehlende Fertigkeit anzueignen. Aus den vielen Büchern, die mein Vater hatte, überall, wo ich nur ein neues Motiv sah, suchte ich etwas abzugucken und zu verwerten.
Diesen drei Männern, Goldhofer, Silberbauer und Pflügervater, verdanke ich heute noch die meiste Anregung und die Anleitung zum Krippenbau [...].“
Das Schulzeugnis vom 23. Juli 1877 (Abb. 9) bestätigt dem 13-jährigen Bäckerssohn Sebastian Osterrieder, dass er die „Werktagsschule 7 Jahre hindurch sehr fleißig besucht und während des

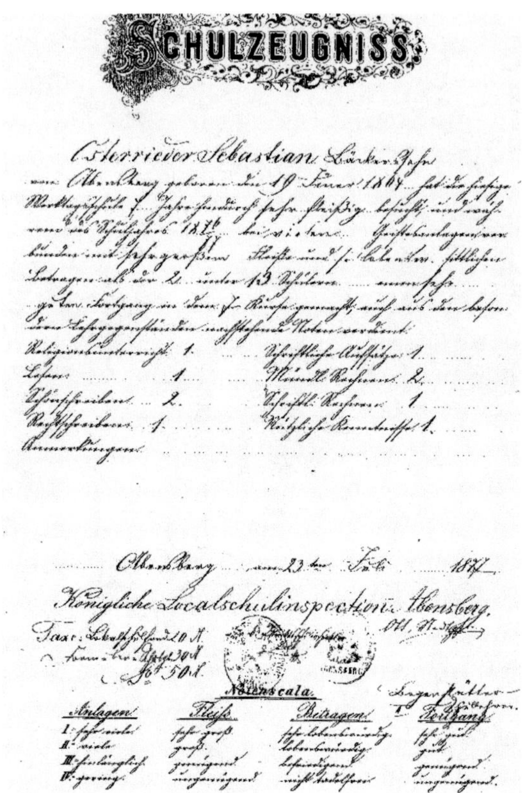
SCHULZEUGNISS

Osterrieder Sebastian

Königliche Localschulinspection Abensberg

Notenscala

Anlagen	Fleiß	Betragen	Fortgang

9 Schlusszeugnis der siebenjährigen Werktagsschule vom 23. Juli 1872. (Familienarchiv)

Schuljahres 1876/77 bei vielen Geistesanlagen, verbunden mit sehr großem Fleiße und sehr lobenswürdigem sittlichen Betragen als der 2. unter 13 Schülern einen sehr guten Fortgang gemacht“ hat. Die Fächer waren damals „Religion“, „Lesen“, „Rechtschreiben“, „Schriftlicher Aufsatz“, „Schriftliches Rechnen“ und „Nützliche Kenntnisse“; in diesen hatte er jeweils eine „1“, im „Schönschreiben“ und „Mündlichen Rechnen“ eine „2“. Diese sehr guten Zensuren beweisen, dass die große Leidenschaft fürs Schnitzen die schulischen Leistungen des „Krippenwastls“ überhaupt nicht beeinträchtigt hat.

1.2 Zwischen Broterwerb und Künstlerdrang

Nun folgten die ungeliebte Bäckerlehre und der gleichzeitige Besuch der Sonn- und Feiertags-Schule. Als beides nach drei Jahren erfolgreich beendet war, schlossen sich weitere acht lange Jahre an, in denen Osterrieder die väterliche Bäckerei betreiben musste. Seine künstlerischen Ambitionen blieben aber auch in dieser Zeit immer lebendig, und jede freie Stunde war angefüllt mit entsprechenden Aktivitäten. Hinzu kamen wertvolle Freundschaften. Der im Haus wohnende Joseph Moser, Gehilfe beim benachbarten Steinmetz Gallus Weber, gab ihm zunächst weitere Anleitungen im Schnitzen und dann auch im Modellieren in Ton.[107] Später machte der junge Bäcker beim Nachbarn nebenher eine Lehre als Steinbildhauer.

Die Freizeit nutzte er aber immer auch zum Schnitzen. Seine Werke fanden rege Beachtung[108], und er konnte sich damit manche Mark verdienen, dies später auch mit dem Erteilen von Zeichenunterricht. Der elf Jahre ältere, in der Abensberger Brauerei arbeitende Johann Rauchenecker, der später die väterliche Schlossbrauerei in Hohenthann übernahm, wurde ihm damals zum Freund, später war er Osterrieders Förderer.[109] Lassen wir Sebastian Osterrieder über die Abensberger Jahre 1877 bis 1888 wieder selbst erzählen:

„Jedem sollte ich nun Krippenteile schnitzen, überall sollte ich beim Krippenaufrichten mithelfen. Sowohl in der Schule als sonst wurde ich nur der Krippenwastl genannt. Wer war glücklicher als ich, wenn ich an einem Tage drei bis vier Köpfe, manchmal auch fünf Stück an einem Tag nebst Händen und Füßen fertig brachte, erhielt ich doch hierfür 90 Pfennig bis 1,50 Mark für den Körper, für ein Kamel oder Pferd 5 bis 8 Mark. Als ich aus der Volksschule entlassen wurde, durfte ich trotz Verwenden von Seiten der Lehrer nicht zum Studieren, sondern musste, da der Vater, wie bereits erwähnt, leidend war, den väterlichen Beruf erlernen. Hatte jedoch keine Freud daran. Meine Freude war mir das Schnitzen. Da unser Geschäft nicht groß war, konnte ich nebenbei bei dem Steinbildhauer Gallus Weber und Moser diesen Beruf erlernen. Zahlreiche Figuren in Stein verfertigte ich dort, der Preis jedoch war stets gering, kaum 1 Mark wurden für den laufenden Cubikmeter bezahlt [...]. Viele Semmeln hatte ich im Backofen verkohlen lassen, da ich vor lauter Schnitzen vergaß im Ofen nachzusehen [...]. Jeden Sonn- und Feiertag gab ich dann Zeichnungsstunden und zahlreiche Landsleute erinnern mich daran mit Freude an die Zeit, welche sie bei mir verbracht. Doch glücklich fühlte ich mich nicht. Warum durfte ich nicht fort, warum auf keine höhere Schule. Der schnelle Tod meines Vaters 1888 machte mich frei, nichts konnte mich nun abhalten, mein Sehnen zu erfüllen."[110]

Der letzte Satz klingt wie ein Befreiungsschrei. Und gleich im Frühjahr 1889 treiben Wissensdurst und Tatendrang den 24-jährigen Sebastian Osterrieder, nicht den Bäcker, sondern den kunstfertigen Schnitzer und gelernten Steinbildhauer, unaufhaltsam weg von Abensberg und hin nach München zu weiterer künstlerischer Ausbildung.

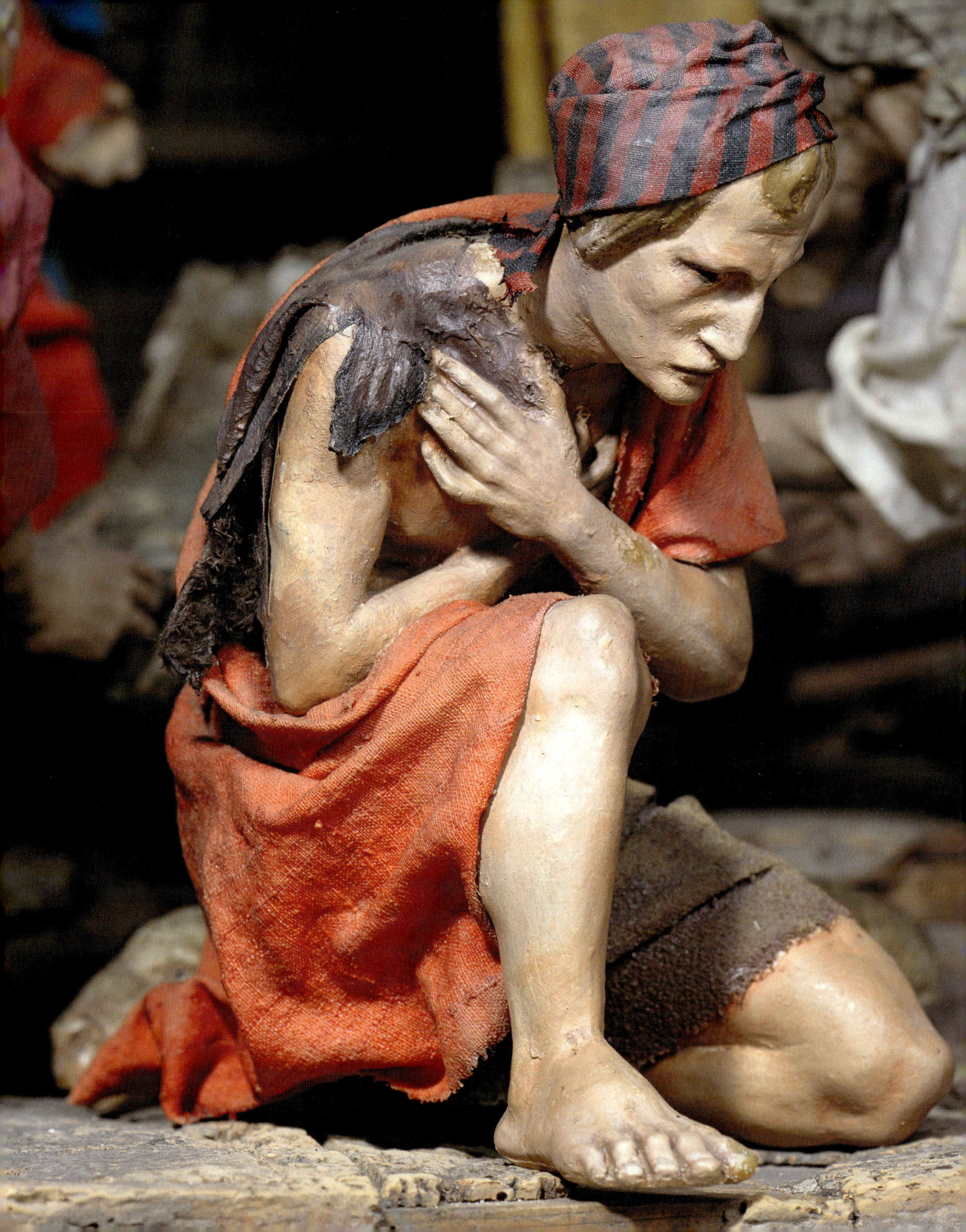

Kapitel 2

Die ersten Jahre in München (1889–1904)

10 Hirte („der seine echt niederbayerische Herkunft nicht veleugnen kann“). Krippe in Kloster Scheyern. (Foto Siegfried Wameser, München)

München als der neue Lebensmittelpunkt Osterrieders – das war für ihn anfangs sicher eine sehr karge Zeit gewesen. Von der in Abensberg in bescheidenen Verhältnissen lebenden Mutter konnte der angehende Kunststudent keinerlei Unterstützung erwarten. Zwei 1892 und 1894 vom Stadtmagistrat Abensberg für den Studierenden Sebastian Osterrieder ausgestellte Bescheinigungen werfen ein Licht auf seine Situation. Sie vermerken, dass er „vermögenslos" sei und „das Hazzische Stipendium mit 257 Mark jährlich und aus der Wittelsbacher Landesstiftung von Niederbayern 100 Mark" erhalte. Zusammen ergab das knapp 30 Mark im Monat, eine Summe, die wohl kaum zum Leben in München ausgereicht hat. Dieses Stipendium der Landesstiftung hatte Osterrieder offenbar der Befürwortung von Professor Friedrich von Thiersch zu verdanken. Denn ein Jahrzehnt später, im Jahr 1903, wird in einem Bericht der „Landshuter Zeitung"[201] über die „Niederbayerische Kreis-Industrie- und Gewerbe-Ausstellung" zu dem dort ausgestellten Modell eines im Renaissancestil gehaltenen Fischbrunnens gesagt: „[...] Der Entwurf stammt von dem Münchener Architekten Hrn. Prof. Fr. v. Thiersch, dem Schöpfer des Justizpalastes, welcher im Auftrage der Stadt Landshut den Brunnen in Entwurf brachte. Der hier bekannte Münchener Bildhauer und Modelleur Hr. Sebastian Osterrieder hat den Entwurf seines hochverehrten Lehrers in Dankbarkeit eines ihm in der Studienzeit von der Wittelsbacher Landesstiftung verliehenen dreijährigen Stipendiums und als begeisterter Verehrer unserer Stadt und tatkräftiges Mitglied der ‚Förderer' im Maßstab 1:5 ausgeführt [...] und der Stadt zum Geschenk gemacht [...]."

Wohnadressen geben dem Chronisten immer auch Hinweise auf die Lebensumstände. Sebastian Osterrieder war laut amtlichem Meldebogen in München erstmals am 24.3.1889 gemeldet. Nur als Untermieter, zu jener Zeit hieß es „Zimmerherr", konnte man in seiner Situation damals in der Stadt wohnen. Das erste Zimmer, bei Leix in der Augustenstraße 83/II, war wohl nicht das Richtige, oder war es zu teuer? Denn schon am 4.4.1889 zog er um in die Augustenstraße 76/Erdgeschoss bei Urlberger. Bis Januar 1894 hatte Osterrieder dann auch noch in der Briennerstraße 31 bei Neuhäuser, in der Sendlinger Straße 28 bei Fuß und in der Gabelsbergerstraße 53 bei Häberlein gewohnt. Interessant ist, dass er in den Jahren 1891 und 1892 jeweils von Mitte Juli bis Mitte Oktober drei Monate abgemeldet war. Das geschah wohl aus Kostengründen und zur Ausführung von Aufträgen, die er von verschiedenen Auftraggebern in der niederbayerischen Heimat erhalten hatte und die ihm nach den Sommerferien das weitere Studium an der Akademie erleichterten. Eine über einen langen Zeitraum feste Adresse hatte Osterrieder erst ab 17.1.1894 in der Theresienstraße 34.

Seine damaligen Förderer waren befreundete Pfarrer und Privatleute, die ihm schon ab 1890 immer wieder Aufträge zukommen ließen. Sie stellten ihm auch die erbetenen Zeugnisse und Empfehlungsschreiben aus (s. Abb. 122) und ermöglichten ihm so sein Auskommen in München. Osterrieder schuf zumeist figürliche Holzbildhauerarbeiten, daneben auch Lourdesmadonnen und Lourdesgrotten, die damals im Trend der Zeit lagen. Er hatte schnell den Ruf, einschlägige Auftraggeberwünsche zur vollen Zufriedenheit erfüllen zu können. So wurde er in seiner niederbayerischen Heimat bekannt als ein sehr geschickter Bildschnitzer, bei dem man „Kruzifixe und Figuren aller Heiligen nach Maß" bestellen konnte.[202] Ein großherziger Förderer war im Jahr 1892 Albert Fürst von Thurn und Taxis, der von Osterrieder das Lindenholzschnitzwerk „Die Heilige Familie" ankaufte, damit, wie dem „Regensburger Anzeiger" zu entnehmen war, „der arme Kunstakademiker weiterstudieren kann".[203]

Die Münchener Zeit bis 1895 galt ganz seiner weiteren künstlerischen Ausbildung. Es folgten aber bald eigene Initiativen, die, von Gönnern begleitet und durch wichtige Freunde gefördert, auch seine

Krippenpläne voranbrachten. Im Jahr 1896 erhielt Osterrieder den ehrenvollen Auftrag zur Schaffung einer Statue von Papst Leo XIII. Das führte zu seinem ersten Romaufenthalt. Die Ewige Stadt war für ihn eine Offenbarung. Mit wachen Augen studierte er die Meisterwerke der Kunst – und auch die prächtigen Krippen in Rom und Neapel. Seine vielen Eindrücke weckten neue Krippenideen und verstärkten in ihm den Wunsch, Palästina und seine heiligen Stätten zu besuchen. Aber zu einer solchen Reise fehlte noch das Geld.

Wieder in München, vertiefte er sich in die Lektüre und reiche Bilderwelt von damals aktuellen, dickleibigen Standardwerken über Ägypten[204], Palästina[205] sowie über das Leben Jesu[206] und in Beschreibungen von Pilgerreisen ins Heilige Land[207]. Aber Osterrieder blieb auch mit den Realitäten des Lebens konfrontiert, musste er jetzt doch als freischaffender Bildhauer über die Runden kommen. Wichtige Förderer wurden Erzbischof Antonius von Thoma und Theodor Freiherr von Cramer-Klett, aber auch Max Schmederer. Im Katalog der Krippen des Bayerischen Nationalmuseums schreibt Nina Gockerell: „In den Jahren um 1900, einer Zeit der allgemeinen Abkehr von religiösen Themen in der bildenden Kunst, wandte sich Osterrieder weiterhin bewusst der Krippe zu und suchte und fand kirchliche Auftraggeber, hatte aber auch private Förderer."[208] Neben seiner Mitarbeit beim Aufbau von Schmederers Krippensammlung im Nationalmuseum trat Osterrieder alsbald mit eigenen Krippenkreationen hervor. Sein Programm stellte das „Münchener Tagblatt" im Jahr 1904 in dem großen Artikel „Die Osterrieder'sche Kunstkrippe" vor: Im Zusammenhang mit dem Bericht über die von Cramer-Klett angekaufte und dem Kloster Scheyern geschenkte Krippe kam in diesem Artikel Osterrieders Idealbild einer „Künstlerischen Krippe großen Stils" an die breite Öffentlichkeit (s. Kap. 2.8).

2.1 Von der „gewerblichen Fortbildungsschule" zur Akademie

In München war Osterrieders erste Anlaufstelle das Atelier des Bildhauers Karl Fischer in der Georgenstraße, wo er als Gehilfe arbeiten konnte. Vermittelt hatte diese Stelle der befreundete Architekt Fritz Hasselmann. Sodann belegen Zeugnisse, jeweils mit guten Benotungen, Osterrieders gleichzeitigen Besuch von „Fachabteilungen der gewerblichen Fortbildungsschulen zu München", und zwar 1889 der „plastischen Abteilung" und 1890 der „graphischen Abteilung", wo nacheinander „ornamentales" und „figürliches Modellieren" auf dem Lehrplan stand. Im anschließenden Winter-

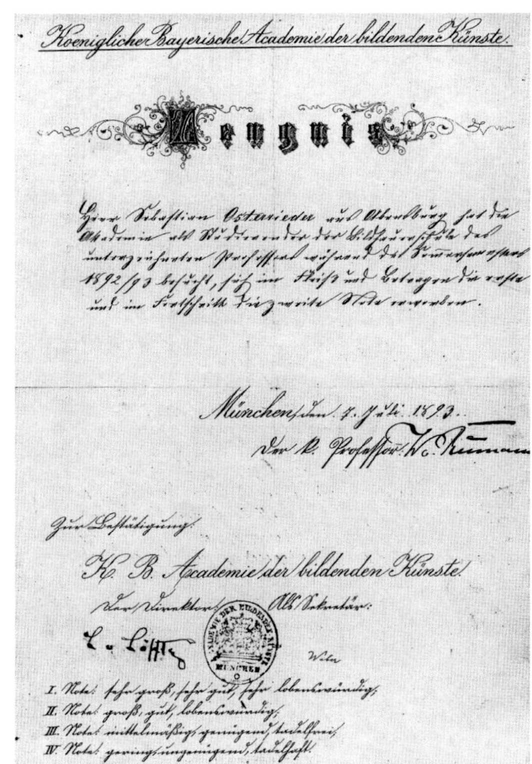

Koeniglicher Bayerische Academie der bildenden Künste.

Zeugnis

München, den 7. Juli 1893.

Zur Bestätigung

K. B. Academie der bildenden Künste

11 Akademiezeugnis vom 7. Juli 1893. (Familienarchiv)

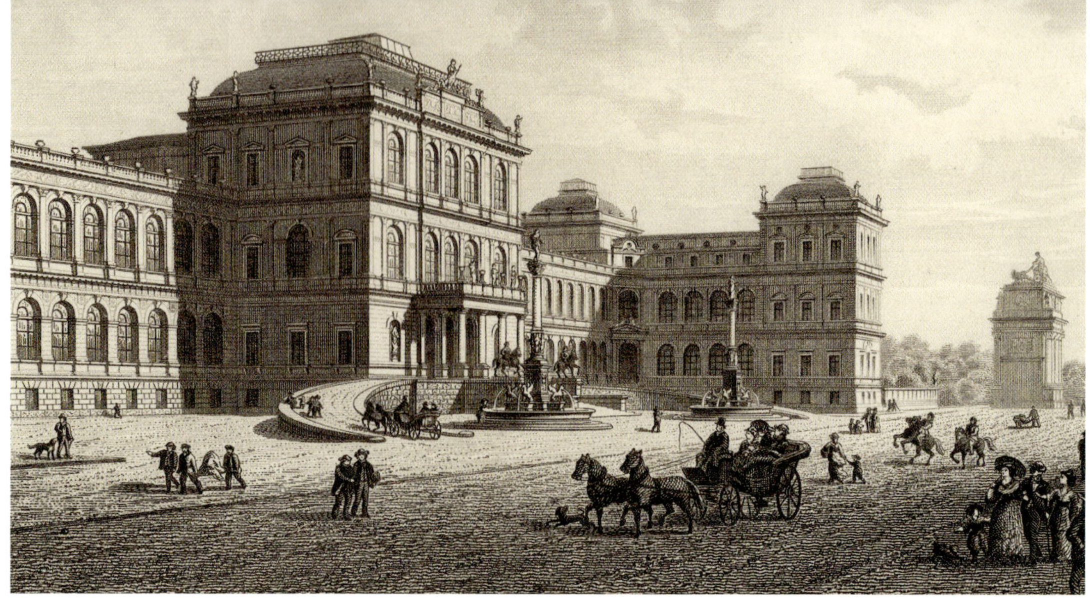

13 Königl. Akademie der bildenden Künste in München, 1876–86 von Gottfried Neureuther errichtet. Rechts im Bild das Siegestor, das auch die Grenze bildet zwischen der Ludwigs- und der Leopoldstraße. (Münchner Stadtmuseum, Sammlung Graphik / Plakat / Gemälde, Inv.-Nr. G P 1074*)

semester 1890/91 absolvierte er die Kgl. Kunstgewerbeschule. „Technisches Zeichnen“, „Ornamentmodellieren“, „Kunstgeschichte und Stillehre“, „Geometrie und Projektionslehre“ sowie im Abendunterricht „Figürliches Zeichnen“ waren hier die im „Semestral-Zeugnis“ aufgeführten Unterrichts- und Prüfungsfächer.

Mit diesen Ausbildungs- und Leistungsnachweisen war Sebastian Osterrieder endlich am angestrebten Ziel: Im Sommersemester 1891 wurde er Studierender der Kgl. Bayerischen Akademie der bildenden Künste (Abb. 11 – 13), und zwar in der

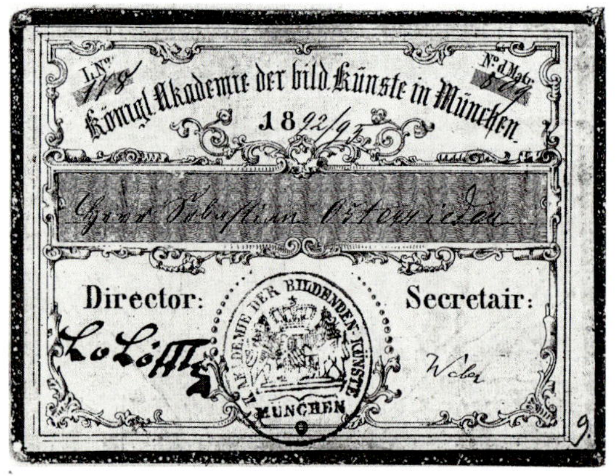

L.No.
Königl. Akademie der bild. Künste in München
No. d. Mat.
1892/93
Director:
Secretair:
K. Akademie der bildenden Künste München

12 Studienausweis 1892/93. (Familienarchiv)

Bildhauerklasse von Professor Wilhelm von Rümann; dieser blieb bis 1895 sein akademischer Lehrer. Die auch heute noch imposante, monumentale Dreiflügelanlage des Akademiegebäudes im Neurenaissancestil, in der Maxvorstadt nahe dem Siegestor gelegen, war damals gerade erst seit fünf Jahren fertiggestellt. Diese Umgebung war für Osterrieder eine in jeder Hinsicht neue und großartige Erfahrung.

Werfen wir einen Blick auf Leben und Werk seiner beiden Lehrmeister, der Bildhauer Karl Fischer (1838 – 1891) und Wilhelm von Rümann (1850–1906), dann können wir vielleicht erkennen, ob und wie Sebastian Osterrieder in diesen Münchener Lehr- und Akademiejahren von beiden beeinflusst und geprägt wurde.

Karl Fischer ging aus der Schule von Joseph Knabl (1819 – 1881) hervor, der an der Münchener Akademie von 1863 bis 1881 Professor für religiöse Bildhauerei gewesen war. Fischer hat Osterrieder künstlerisch sicher sehr beeinflusst, auch wenn dieser nur kurze Zeit dessen Schüler war, weil Fischer schon Anfang 1891, erst 53-jährig, verstarb. Zu seinen Schöpfungen zählen Figuren und Reliefs an zahlreichen Bauten, die ab 1875 in München entstanden, dazu Portraitbüsten, etwa des Münchener Bürgermeisters Alois Erhardt, oder dekorative Arbeiten für die Königsschlösser Linderhof und Herrenchiemsee. Insbesondere aber im Bereich der religiösen Kunst wird Osterrieder in diesem Lehrer manche Wesensverwandtschaft verspürt haben, wenn er in Fischers Atelier beispielsweise Modelle von Kreuzwegen oder einer prächtigen Reitergruppe des Drachentöters St. Georg kennenlernte.[209]

Anschließend im Akademieatelier des erfolgreichen, gerade geadelten Wilhelm von Rümann herrschte sicher eine weltläufigere Atmosphäre. Er war seit 1887 Professor für Bildhauerei an der Akademie. Von diesem namhaften Künstler[210] stammen zahlreiche Denkmäler und Portraitbüsten, etwa von Kaiser Wilhelm I., Otto von Bismarck, Prinzregent Luitpold oder Max von Pettenkofer, außerdem viele Brunnen und Grabmäler, aber auch „Kunst am Bau", wie die Allegorien des Dampfes und der Elektrizität für das Palais der Industriellenfamilie Cramer-Klett in München. Stadtbekannt sind seine beiden Marmorlöwen vor der Feldherrnhalle. Seinerzeit konnte Osterrieder auch miterleben, wie in Rümanns Atelier 1895 das Marmorsitzbild des Physikers Georg Simon Ohm (1789–1854) entstand, das heute im Vorhof der Technischen Universität an der Theresienstraße steht. Vielleicht gab es Osterrieder eine Anregung für seine erste große und auch öffentlichkeitswirksame Arbeit, die Kolossalstatue von Papst Leo XIII. (s. unten).

Osterrieder war schon zu Beginn seiner Studienzeit damit erfolgreich, auf Ausstellungen eigene Arbeiten zu präsentieren und in der Presse dafür gewürdigt zu werden. So schrieb die Landshuter Zeitung, dass er mit einem auf der Kunstausstellung in Ingolstadt 1893 ausgestellten Kruzifix „ein Preisdiplom ersten Ranges" errungen habe und 1894 auf der Muster- und Modellausstellung in Landshut sein „Gekreuzigter in Lebensgröße" und sein „aus Elfenbein gefertigtes Kruzifix von vollendeter Schönheit" sehr gute Kritiken gefunden hätten.[211] Wie bereichernd und bewegt diese Münchener Anfangsjahre für Osterrieder auch waren,

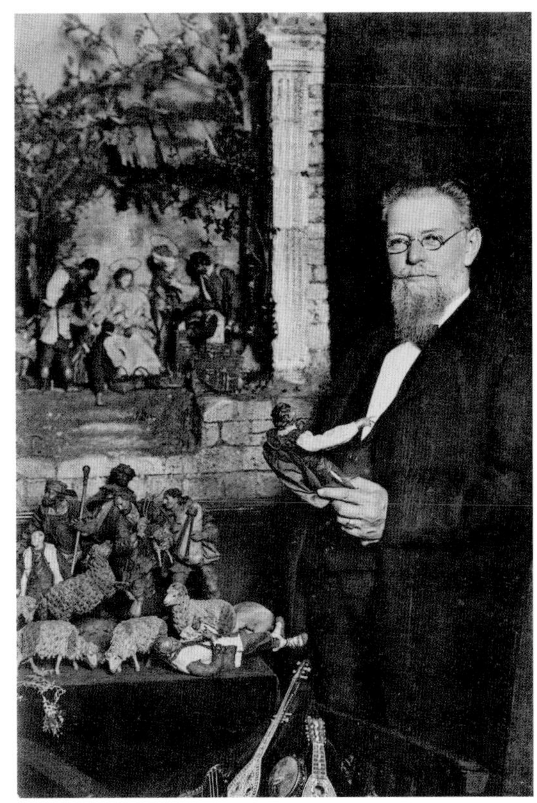

14 Max Schmederer (1854–1917).
(Foto Bayer. Nationalmuseum)

die Jugendidee der Weihnachtskrippe blieb immer ein ganz wesentlicher Teil seiner künstlerischen Gedanken, Pläne und Arbeiten. Und so zeigte Osterrieder wiederholt auch seine Krippen in Ausstellungen, die wohltätigen Zwecken dienten.

2.2 Freundschaft mit Max Schmederer

Schon während der Akademiezeit war der spätere Kommerzienrat Max Schmederer (Abb. 14) auf Osterrieder aufmerksam geworden. Die gemeinsame Krippenbegeisterung machte sie bald zu Freunden. Schmederer hatte durch jahrelanges Suchen, viel Kennerschaft und laufende Ankäufe die größte Krippensammlung der Welt zusammengetragen. Immer wieder machte er sie mit Ausstel-

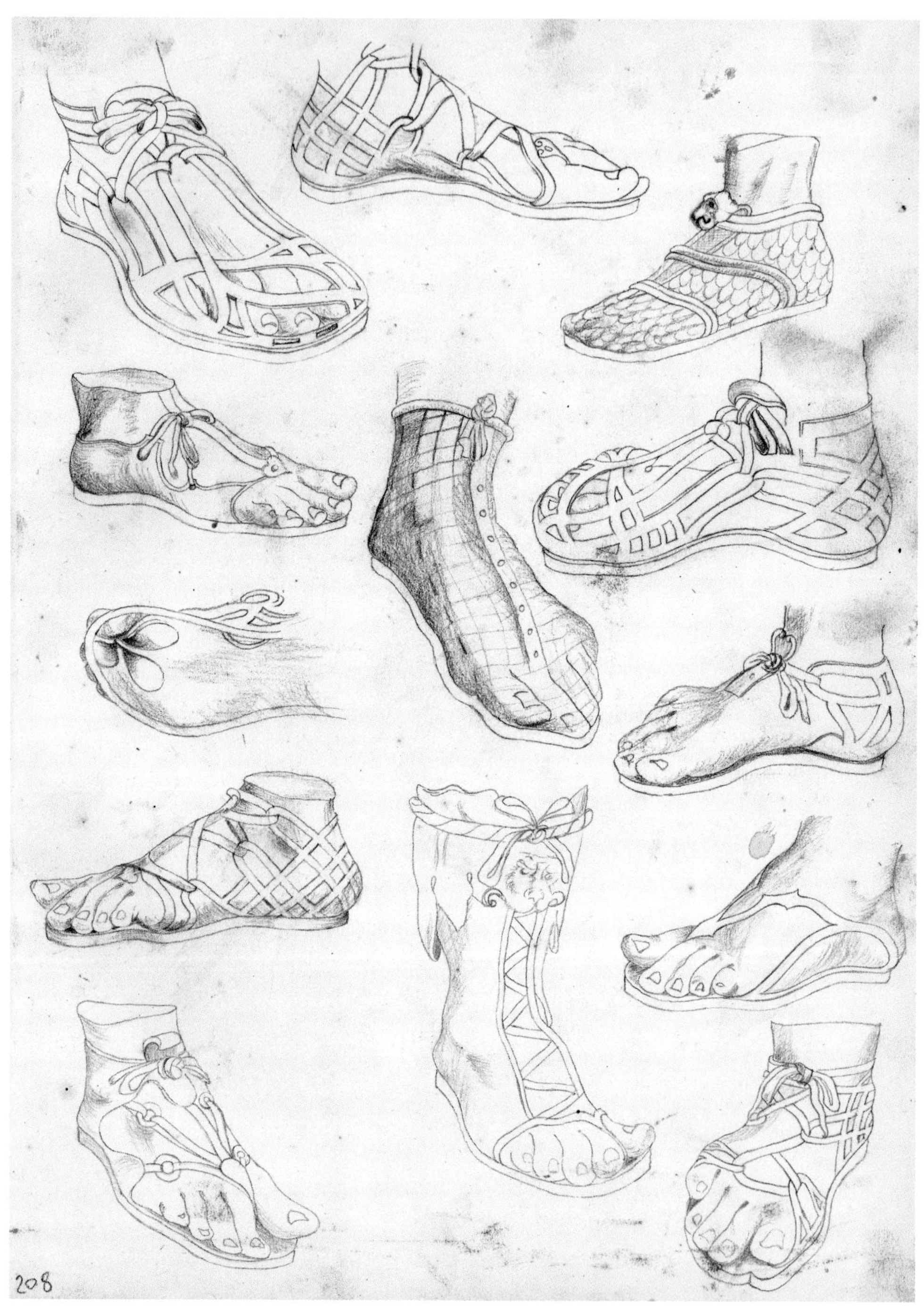

15 Aus einem Skizzenbuch Sebastian Osterrieders. (Familienarchiv)

lungen in seinem Münchener Privathaus einem interessierten Publikum zugänglich. Schmederer wollte seine Sammlung ursprünglich der Stadt München vermachen, stieß hier aber auf wenig Gegenliebe. Ganz anders verhielt es sich beim staatlichen Bayerischen Nationalmuseum: Es zollte Schmederer für seine ab 1897 erfolgenden Schenkungen großen Dank und hohe Anerkennung. Die einzigartige Krippensammlung ist bis heute ein Glanzpunkt des damals gerade im Bau befindlichen neuen Bayerischen Nationalmuseums. Für alle Krippenfreunde ist das ein bleibender Grund zu Freude und Dankbarkeit. Seinerzeit wurde Osterrieder von Schmederer auch zu Restaurierungen und Ergänzungen seiner Sammlungsstücke, später auch zum Aufbau der Krippen im neuen Nationalmuseum an der Prinzregentenstraße herangezogen. Nicht zuletzt diese Arbeiten brachten Osterrieder viel künstlerische Erfahrung und technische Erkenntnisse für seine eigene Krippenherstellung.

Nebenher modellierte und schnitzte Osterrieder unentwegt Krippenfiguren nach eigenen Entwürfen und experimentierte mit seinen Kreationen. Wie erhaltene Skizzen (Abb. 15) zeigen, war er ein detailversessener Künstler, der immer daran arbeitete, seine Modelle zu verbessern. Er schuf nicht nur fertige Holzfiguren, sondern immer mehr auch kleine Akte, die er anschließend mit geleimten Stoffen bekleidete, „kaschierte". Diese später für sein Krippenwerk typische „Osterrieder-Technik" war schon 200 Jahre früher bei sizilianischen Krippenfiguren zur Anwendung gekommen. Hierbei wurden nur Köpfe, Arme und Beine aus Lindenholz sorgfältig geschnitzt, die anschließend kaschierten Körper nur grob angedeutet. Giovanni Antonio Matera aus Trapani (1653–1718), der bedeutendste Krippenkünstler Siziliens, hatte seine großartigen Kreationen nach dieser Technik geschaffen und wurde auch darin Vorbild für spätere Meister. Dieser sehr mühsame und zeitaufwendige Herstellungsprozess, den Osterrieder anhand Schmederers Krippensammlung ausgiebig

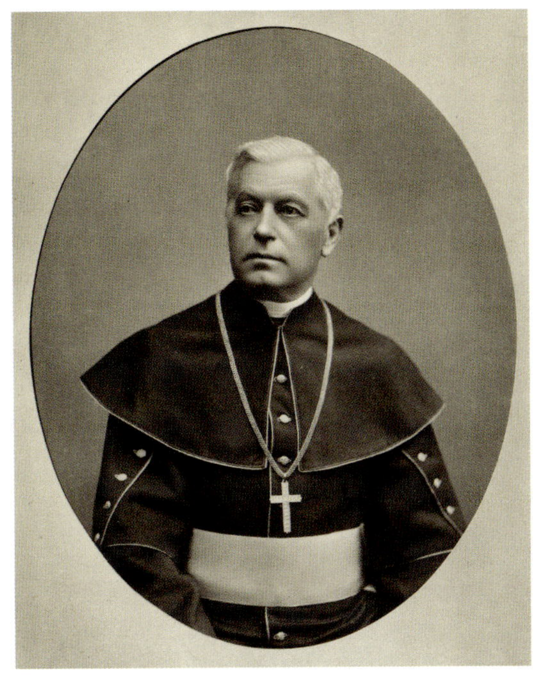

16 Erzbischof Antonius von Thoma.
(Foto Erzbischöfliches Archiv)

studieren konnte, erfordert viel Geschick und Kunstfertigkeit.

Dabei stand für Osterrieder immer sein Bestreben im Vordergrund, möglichst vielen Menschen mit seinen kunstvollen Krippen eine Freude bereiten zu können. Deshalb, aber auch aus wirtschaftlichen Gründen versuchte er von Anfang an, nicht nur geschnitzte Figuren zu schaffen, sondern für seine Kreationen auch geeignete Abformungs- und Gussmethoden zu entwickeln, die es ihm ermöglichten, seine kleinen Figurenkunstwerke in preiswerter Serienfertigung herzustellen (s. Kap. 5).

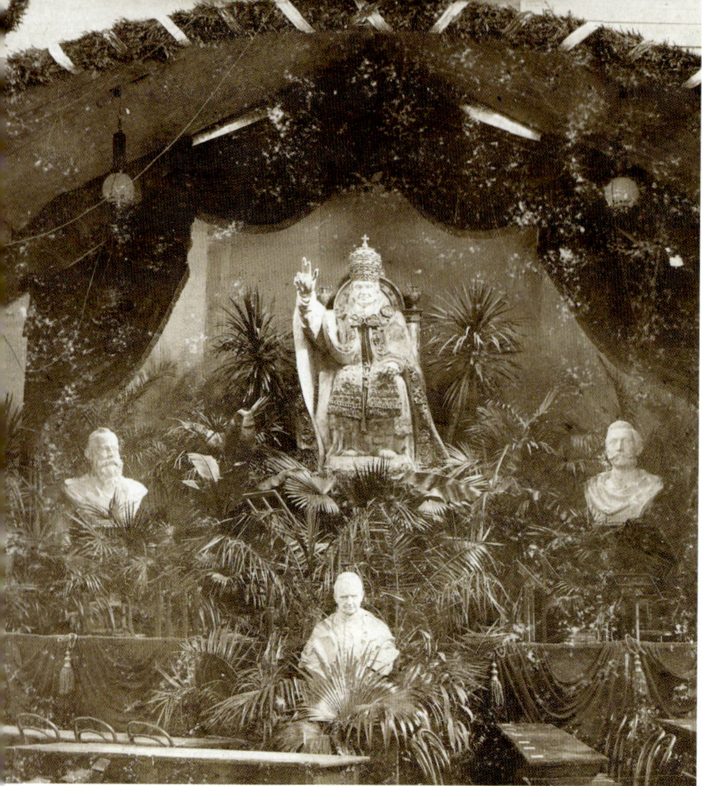

17 Osterrieders Sitzfigur Papst Leo XIII. in der Festhalle des Deutschen Katholikentages 1897 in Landshut. Die Büsten links und rechts stellen Prinzregent Luitpold und Kaiser Wilhelm II. dar. Unten die Osterrieder-Büste des aus Niederbayern gebürtigen Kurienkardinal Andreas Steinhuber (s. Abb. 19a). (Foto Familienarchiv)

2.3 Auf Vermittlung des Münchener Erzbischofs in Rom

Ein großer Gönner Osterrieders wurde bald der Münchener Erzbischof Antonius von Thoma (1829–1897) (Abb. 16), auch er ein großer Krippenfreund. Osterrieder schreibt, dass dieser oft in sein Atelier kam und seine neuen Versuche begutachtete. Nach dessen Tod durfte Osterrieder die Totenmaske abnehmen. Aus Dankbarkeit schuf er 1898 eine Büste des Erzbischofs, die im Glaspalast ausgestellt wurde.[212]

Diesem Münchener Erzbischof hatte Osterrieder auch den ehrenvollen Auftrag zu verdanken, für den 1897 in Landshut stattfindenden 44. Deutschen Katholikentag eine Großplastik des damals regierenden Papstes Leo XIII. (reg. 1878–1903) zu schaffen. Mit dieser Aufgabe erfüllte sich für Osterrieder im Jahr 1896 zugleich der langgehegte Wunsch, nach Italien reisen und die Stadt Rom sehen zu können.

In Rom wurde Joseph von Kopf (1827–1903) sein Lehrmeister. Möglicherweise war dies auf Empfehlung der Osterrieder fördernden Industriellenfamilie von Cramer-Klett geschehen; denn bei seinen regelmäßigen Deutschlandbesuchen war von Kopf mehrmals bei der Baronin von Cramer-Klett in Hohenaschau oder in deren Palais in München zu Gast gewesen. Der aus Württemberg stammende Bildhauer war ein ehrgeizig vorwärtsstrebender Künstler, der sich aus eigener Kraft hochgearbeitet hatte und seit 1852 in Rom sein Bildhaueratelier hatte. Seine Werke, vornehmlich Portraitbüsten, standen mittlerweile in vielen deutschen Museen. Seit den 1870er-Jahren war Joseph von Kopf der bevorzugte Modeportraitist der „besseren" Gesellschaft, der sich auch der Gunst der Fürstenhäuser erfreute und „der Lenbach unter den Bildhauern"[213] genannt wurde.

Osterrieder konnte in Rom auch an mehreren Papstaudienzen teilnehmen; er selbst schreibt: „Für den Katholikentag Landshut hatte ich eine Colossalstatue Leo XIII. anzufertigen, wozu ich vor Ort und Stelle Studien gemacht, auch persönliche Sitzungen vor S. Heiligkeit gewährt wurden."[214]

Dieses Arbeiten „vor dem lebenden Modell" scheint Osterrieder beflügelt zu haben, denn die „Landshuter Zeitung" berichtete, der Künstler sei

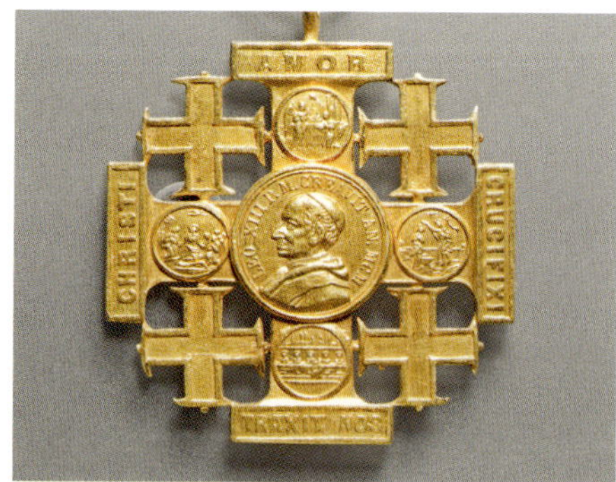

18 Jerusalemkreuz, in der Mitte Reliefbild Papst Leo XIII. (Herzogskasten Stadtmuseum Abensberg)

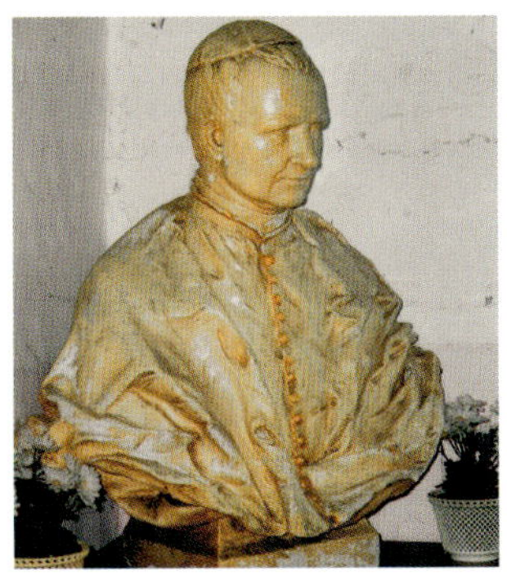
19 a

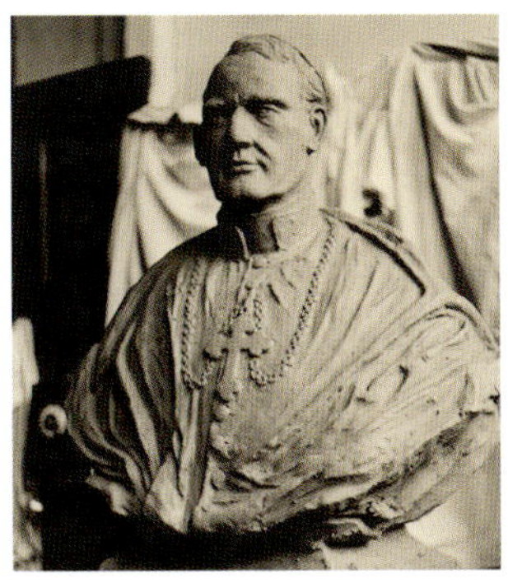
19 b

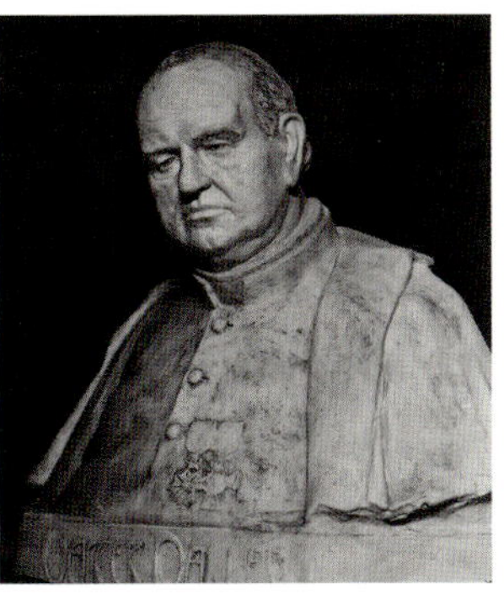
19 c

19 a–c Portraitbüsten von Sebastian Osterrieder. 19 a: Kurienkardinal Andreas Steinhuber (1824–1907). (s. Abb. 17) (Foto Josef Wührer, Uttlau-Haarbach); 19 b: unbekannter Bischof. (Foto Familienarchiv); 19 c: Prälat Balthasar Ritter von Daller (1835–1911). (Foto Familienarchiv)

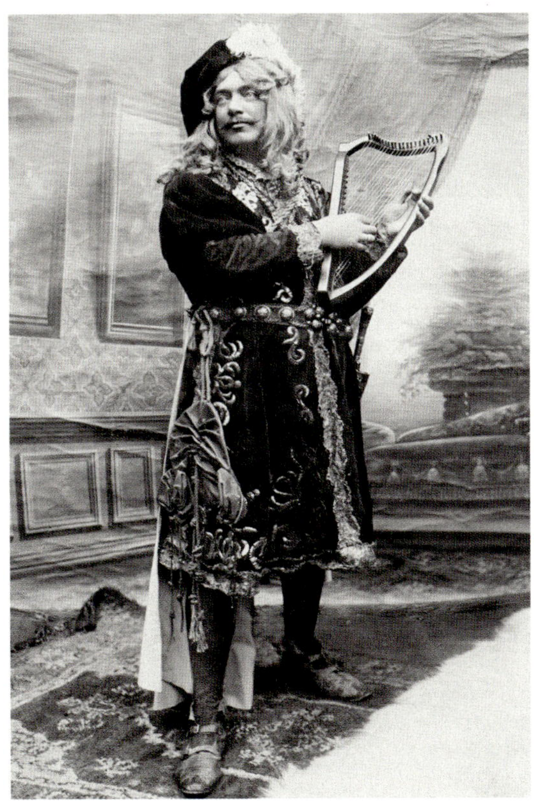

20 Sebastian Osterrieder als Minnesänger bei einem Münchener Künstlerfest. (Foto Familienarchiv)

„durch die erhabene Würde, die unbeschreibliche Liebenswürdigkeit und väterliche Güte, womit Leo XIII. ihn empfing, wahrhaft begeistert worden“.[215]
Am 28. August 1897 begann dann in Landshut um 20 Uhr die Eröffnungsfeier[216] in einer reichgeschmückten und mit der Kolossalbüste von Papst Leo XIII.[217] versehenen Festhalle (Abb. 17). Die Chronisten berichten, diese eigens errichtete Halle – bemessen für eine Teilnehmerzahl, die bei Weitem nicht erreicht worden sei – habe 38.000 Mark gekostet, Osterrieders Portraitbüste des Papstes sei den Veranstaltern auf nahezu 1.700 Mark zu stehen gekommen.[218] Nach dem Katholikentag war Osterrieder als Anerkennung vom Papst das Jerusalemkreuz (Abb. 18) verliehen worden.
Darüber hinaus war die Ewige Stadt auch für Osterrieder das Kunstdorado schlechthin. Intensiv studierte er die Schätze in den Museen Roms. Von hier aus unternahm er auch Reisen durch Italien, um Land und Leute kennenzulernen. Eine Dauerbesuchskarte für die Museen in Neapel hat sich erhalten. Auch dort nahm er begierig alle Eindrücke in sich auf und beschrieb sein Glück, überall die vielen schönen Krippen studieren zu können.
Noch in Rom hatte er von Theodor von Cramer-Klett, der damals Attaché an der Bayerischen

Gesandtschaft war, den Auftrag erhalten, eine Portraitbüste des Kurienkardinals Andreas Steinhuber (1824–1907), eines Jesuiten aus Bayern, anzufertigen (Abb. 19 a). Für diese Arbeit stand Osterrieder ein Atelier in den Räumen des Animakollegs zur Verfügung. Auch diese Büste wurde dann im Münchener Glaspalast ausgestellt.[219] Joseph von Kopf hatte Osterrieder in seinem Atelier sicher viele Anregungen zur Portraitgestaltung gegeben und es verwundert nicht, dass auch Osterrieder in der Folgezeit in München mehrere Büsten (Beispiele s. Abb. 19 b/c) schuf.

2.4 Initiator der „Landshuter Hochzeit"

Künstler und Künstlerfeste gehören zusammen, und Osterrieder, wieder in München, war um die Jahrhundertwende als fröhlicher und geselliger Mensch auch hier aktiv dabei (Abb. 20). Beim

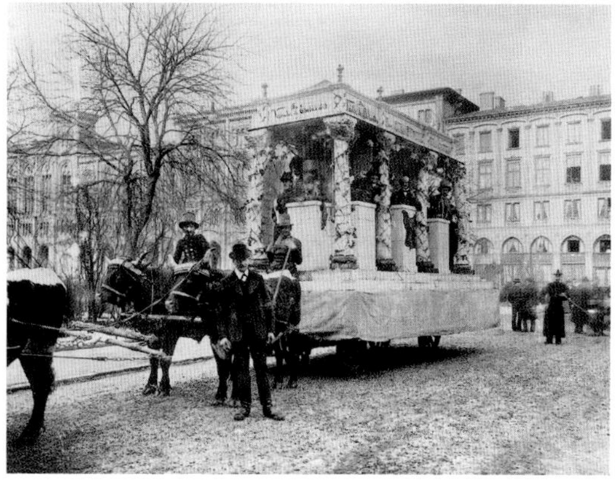

21 Wagen der Münchener Carnevalsgesellschaft beim Maskenfestzug 1898. (Foto Stadtarchiv München)

Münchener Maskenfestzug 1898 lagen Entwurf und Ausführung des Wagens der Carnevalsgesellschaft bei ihm; leider lässt das erhaltene Bild (Abb. 21) von dessen Thematik „Die Zukunfts-Galerie plastischer Bildwerke im 20. Jahrhundert" kaum etwas erkennen.

Aber auch in Landshut waren seine Ideen gefragt. Schon 1896 war er eingeladen worden, dem Verein zur Hebung des Fremdenverkehrs beizutreten. Hier war es Osterrieder, der „bei den Beratungen darüber, was dem Ansehen der Stadt und als Anziehungspunkt für den Fremdenverkehr dienlich wäre",[220] vorschlug, die Hochzeit Herzog Georgs des Reichen mit der Königstochter Hedwig von Polen als Festzug aufzuführen. Über Osterrieder als geistigen Initiator der „Landshuter Hochzeit" schreibt 1925 die „Landshuter Zeitung" anlässlich der 450. Wiederkehr dieses grandiosen Festes der Gotik: „[...] in froher Runde gab der akad. Bildhauer Seb. Osterrieder den Gedanken zu der Festveranstaltung. Unsere Mitbürger, die Herren Josef Linnbrunner und Georg Tippel, griffen diesen Gedanken beherzt auf und nach Gründung des Vereins ‚Die Förderer' [...] war der erste Anstieg vollzogen."[221] Linnbrunner und Tippel hatten mehr als nur ein Volksfest im Auge: Dank Osterrieders Vorschlägen konnten sie schließlich durchsetzen, dass die 1883 vollendeten Fresken[222] des Landshuter Rathaus-Prunksaales mit Szenen aus dem Festzug der „Landshuter Hochzeit" in lebende Bilder umgesetzt wurden. So kam es 1904 zum ersten Mal zu dem Fest. Wohl niemand hat sich damals eine Vorstellung von dem begeisterten „Hallo" sowie der Eleganz und Pracht machen können, mit dem sich das späte Mittelalter noch einhundert Jahre später in Landshut Zehntausenden von Besuchern zur Schau stellt. Der prunkvolle Einzug der Braut, wie ihn die Chronisten überlieferten, findet seine Nachgestaltung mit weit über 2.000 Mitwirkenden. Die glänzend herausgeputzten Hochzeitsgäste aus Polen und deutschen Landen bewegen sich durch die Stadt. Kaiser, Kurfürst, Fürsten und Grafen, aber auch Gesandte und Bürger, Trossknechte, Reisige und Bettelvolk begleiten die Braut.

Die damaligen Hauptorganisatoren Linnbrunner und Tippel arbeiteten eng mit Osterrieder zusammen; Linnbrunner kam auch später noch oft nach München, um sich mit Osterrieder bei gestalterischen Problemen zu beraten.[223] Unter der Rubrik „Landshuter Chronik" brachte 1965 die „Landshuter Zeitung“ ein Gedicht „Zum Gedächtnis an Tippel – Linnbrunner – Osterrieder“, das mit den Zeilen begann: „Ein Gastwirt und ein Bäcker / die saßen beieinand / und drückten einem Bildhauer / aus München fest die Hand [...].“[224] 1989 veröffentlichte dann Peter Runz einen Beitrag in den Verhandlungen des Historischen Vereins für Niederbayern mit dem Titel „Sebastian Osterrieder, ein vergessener Wegbereiter der Landshuter Hochzeit“. Die eigentliche Idee zu diesem Festzug stamme, so Runz, von Osterrieder. Dies schmälere die Verdienste Tippels und Linnbrunners keineswegs, vielmehr bestätige es das hohe Maß an künstlerischer Qualität und historischer Treue, das sich bereits die Gründerväter zum Ziel gesteckt hätten.[225] Unberechtigterweise fehlt heute im umfangreichen Schrifttum über die Landshuter Hochzeit der Name Osterrieder ganz.

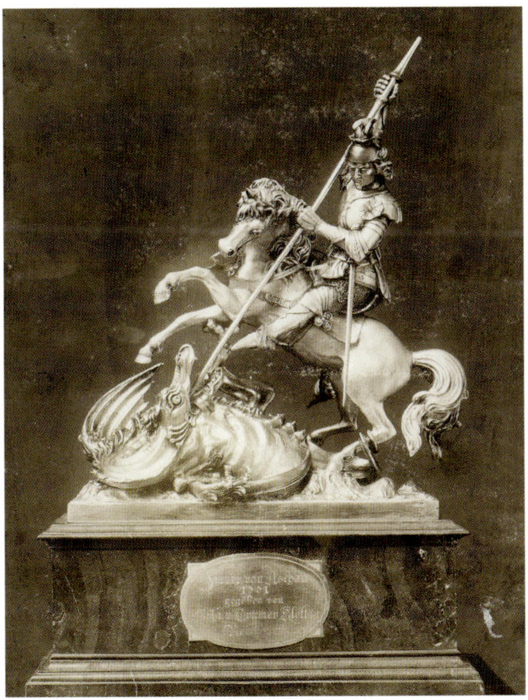

23 St. Georg besiegt den Drachen, Silberfigur „Preis von Aschau“ (1901). (Foto Familienarchiv)

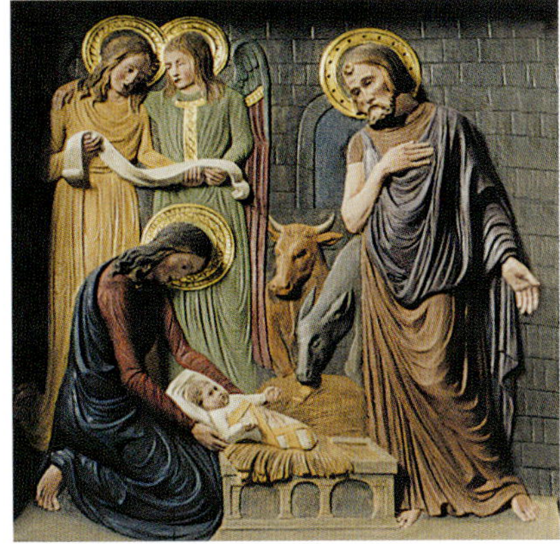

22 Geburtsszene, Reliefschnitzwerk am Marienaltar, St.-Vitus-Kirche in Weichering. (Foto Josef Krammer, Weichering)

2.5 Förderung durch Theodor von Cramer-Klett

Der schon mehrmals genannte Industrielle Theodor Freiherr von Cramer-Klett (1874–1938) war ein großer Förderer der Kirche, insbesondere des Benediktinerordens und hier der Abteien St. Ottilien und Ettal, aber auch Scheyern und Ottobeuren. Für die in den Jahren 1901 bis 1903 in neuromanischem Stil errichtete St.-Vitus-Kirche in Weichering bei Ingolstadt stiftete von Cramer-Klett den Hauptaltar und die beiden Seitenaltäre. Mit deren Ausführung wurde der von ihm sehr geförderte Osterrieder beauftragt. Der Hauptaltar ist allein schon durch seine Größe und den reichen Schmuck an geschnitzten Bildwerken bemerkenswert. Am (linken) Marienaltar ist auch eine Krippenszene dargestellt (Abb. 22).[226]

Ein weiterer Auftrag Cramer-Kletts für Osterrieder war die Schaffung einer Siegertrophäe für ein Pferderennen in Riem. Den von Cramer-Klett erstmals 1901 gestifteten „Preis von Aschau“ gestaltete Osterrieder in Form einer Silberfigur des Ritters St. Georg, der den Drachen besiegt. Die Plastik auf dem feinprofilierten Marmorpostament wies eine Höhe von fast 50 cm auf (Abb. 23). Die „Landshuter Zeitung“ schrieb dazu: „[...] der Künstler wählte mit richtigem plastischen Gefühl den packendsten Moment des Drachenkampfes, wo Ritter, Ross und Ungeheuer die äußerste Kraftanstrengung machen [...].“[227]

2.6 „Ich werde mich durchsetzen“

Dieses Zitat Osterrieders charakterisiert ihn treffend. Wir verdanken seine Überlieferung einem Zeitzeugen, Pfarrer Dr. phil. Johann Baptist Hartmann. Er hat Osterrieder lang und gut gekannt und vieles aus persönlichen Gesprächen von ihm erfahren. Er schildert 1932 in seinem Nachruf[228], wie während seiner Kooperatorzeit in Niederaschau 1898/99 Sebastian Osterrieder seinen Vetter, den Dekan Adalar Anselm Arsan[229], aufsuchte. Er habe dabei von seinen Plänen, Reisen und Aufträgen erzählt und von seiner Hoffnung, sich mit seinen der Krippenkunst geltenden Ideen durchsetzen zu können. „Je skeptischer sich der Herr Dekan äußerte, umso nachdrücklicher betonte der Künstler mit einem Feuereifer den Glauben an seine Zukunft. Da damals bei uns zu Lande der Krippengedanke so viel wie tot war, wurde Osterrieders Einstellung in jener Zeit zu einem Wagnis, das besonders hervorgehoben zu werden verdient. Seine Pionierarbeit für den Krippenbau erscheint damit in einem um so helleren Lichte.“ Osterrieders damalige Antwort auf die Skepsis von Dekan Arsan war: „Sie werden schon sehen, Herr Vetter, ich werde mich durchsetzen.“
Der Grund für Osterrieders Feuereifer und Optimismus mag auch darin gelegen haben, dass er damals mit der Technik, insbesondere der Stabilisierung der von seinen geschnitzten Figurenmodellen hergestellten Abgüsse, entscheidend vorangekommen war. Er hatte einen sehr geschickten Former namens Otto Schmidt[230] gefunden, dem es gelungen war, die zierlichen Akte und vor allem auch deren feingliedrige Hände und Finger stabil zu halten. Mehrere Jahre des Ausprobierens waren hierzu nötig gewesen. Schließlich sollte sich nach manchen Verbesserungen der sogenannte französische Hartguss bewähren (s. Kap. 5).

24 Sebastian Osterrieder, ca. 1895.
(Foto Familienarchiv)

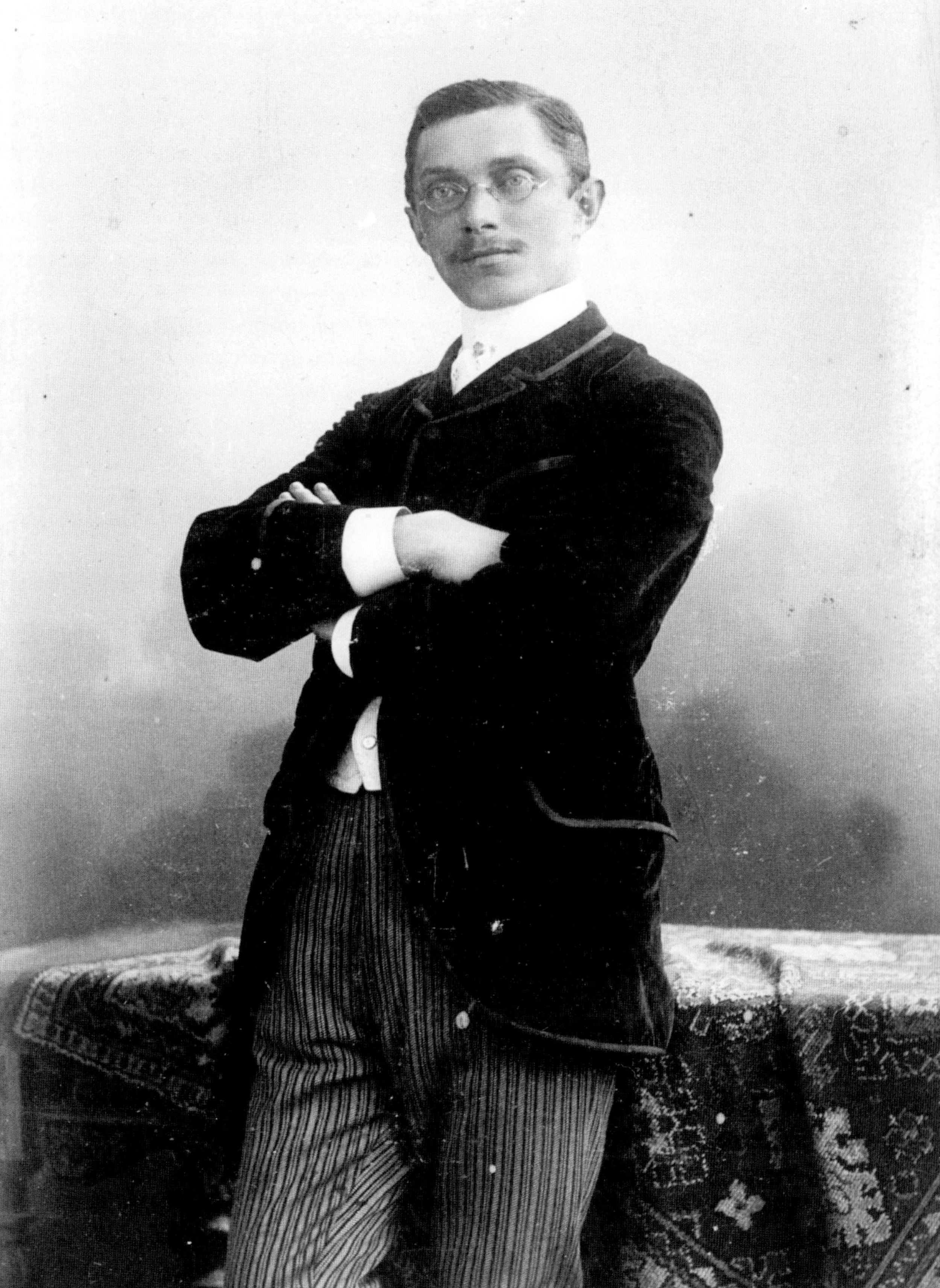

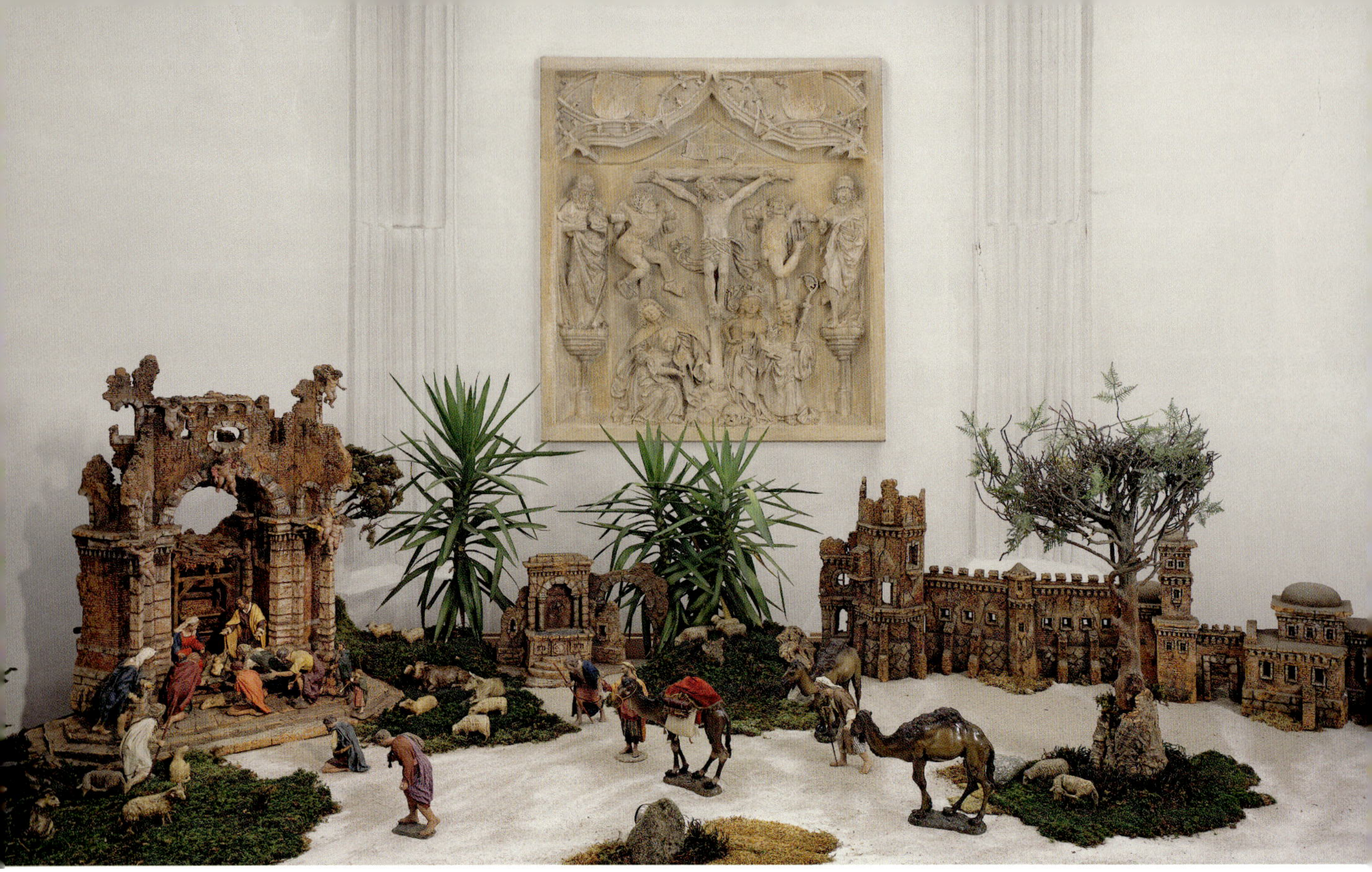

25 Krippenausstellung in Kloster Scheyern 2009. Neben dem Prunkstall zahlreiche weitere Bauten. (Foto Siegfried Wameser, München)

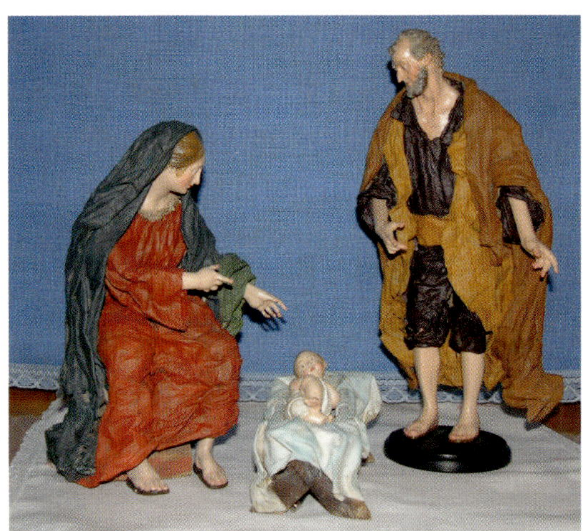

26 Hl. Familie der ehem. Krippe von Hohenthann (1899). (Foto Hermann Vogel, München)

2.7 Frühe Osterrieder-Krippen

Schon die ersten Krippen, die Osterrieder herstellte, fanden öffentliche Beachtung und erhielten gute Kritiken. Aus Besprechungen in Zeitungen haben wir Kenntnis von frühen Osterrieder-Krippen in Hohenthann (1899), Regensburg (1902) sowie Kloster Scheyern (1903/04).

Hohenthanner Krippe: Im November 1899 beschreibt die „Landshuter Zeitung“[231] ausführlich eine „künstlerisch ausgeführte Weihnachtskrippe größeren Stiles aus dem bekannten Atelier unseres niederbayerischen Landsmannes Osterrieder in München“. Deren Stall sei in eine phantasievolle, bogenreiche Gebäuderuine eingebaut, die an die malerische Architektur des älteren Holbein oder Memlings gemahne. Der muntere Chor prachtvoll modellierter Engelsfiguren darüber

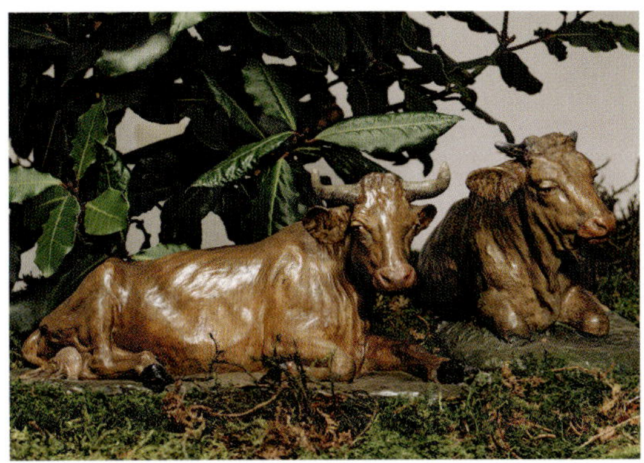
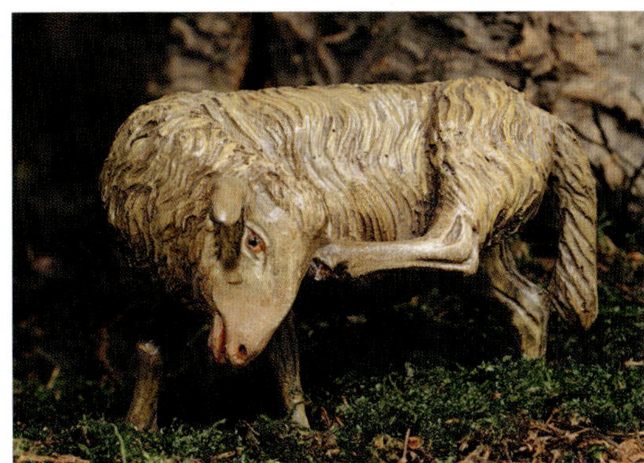

27 a/b Tierfiguren der Krippe in Kloster Scheyern. (Foto Siegfried Wameser, München)

erinnere an die italienischen Studien des Künstlers und die stämmigen Hirten könnten in ihrer echt niederbayerischen Muskulatur ihre deutsche Herkunft nicht verleugnen. Das Kunstwerk, so der Zeitungsbericht, sei von dem mit Osterrieder befreundeten Bierbrauer Johann Rauchenecker in Auftrag gegeben worden und solle zur Freude der ganzen Gegend alljährlich zur Weihnachtszeit in dessen Gastlokal in Hohenthann zur Aufstellung gelangen. Von dieser Krippe haben sich nur Maria, Josef und das Jesuskind im Familienbesitz[232] erhalten (Abb. 26), alles andere ist verloren gegangen.

Krippe am Regensburger Kohlenmarkt: Im Dezember 1902 und im Januar 1903 berichtete der „Regensburger Anzeiger“[233] über die Krippe, die „im Ernst'schen Eckladen am Kohlenmarkt“ der Künstler Osterrieder „in uneigennützigster Weise zum Besten des Elisabethenvereins“ aufgestellt habe und die „an Kunstwert und Effekt einzelnen der in [der Schmederer'schen Sammlung in] München aufgestellten Krippen gleichkommt, in Bezug auf Beleuchtung, welche hier elektrisch ist, sie sogar vielleicht übertrifft“. Die Zeitung schreibt weiter, Dr. Georg Hager, der zuständige Konservator des Bayerischen Nationalmuseums, habe sich äußerst lobend über dieses Werk ausgesprochen[234] und die Krippe sei „von einem in München wohlbekannten in der Presse schon vielgenannten Kunstfreund angekauft worden“. Mutmaßlich ist der Käufer, wie bei der nachfolgenden Scheyerner Krippe, Theodor von Cramer-Klett gewesen; offen bleibt, wohin die Krippe gekommen ist.

2.7.1 Die Krippe im Kloster Scheyern

Die Herkunftsgeschichte dieser gut erhaltenen Krippe ist genau bekannt. Das „Münchener Tagblatt" brachte im April 1904[235] einen mehrseitigen Artikel unter der Überschrift „Die Osterrieder'sche Kunstkrippe". Darin findet sich die Passage: „Ein Teil der Osterrieder'schen Gesamtkrippe war zu Weihnachten 1903 im großen Rathaussaale zu Landshut zu einem wohltätigen Zweck ausgestellt und erregte allgemeines Aufsehen." In dem Artikel heißt es dann weiter, dass die Krippe „von dem großen Münchner Gönner christlicher Kunst, Wissenschaft und Charitas, Herrn Reichsrath Baron von Cramer-Klett," angekauft und von ihm dem Kloster Scheyern zugedacht worden sei; auch sei es nicht ausgeschlossen, dass darüber hinaus sogar das ganze Krippen-Ensemble, „wovon die Szenen der Landshuter Ausstellung nur einen Teil bilden, von dem genannten hohen Herrn für Scheyern erworben wird". Letzteres wurde zwar nicht realisiert, zeigt uns aber, dass Osterrieder schon damals große Krippenbauten und mehrszenige Figurengruppen geschaffen hat. Im Herbst 1904 kam demnach „nur" der in Landshut ausgestellte Teil nach Scheyern, wo sich diese Krippe noch heute befindet.

In seiner Krippenchronik hat der Scheyerer Frater Isidor vermerkt, was von Osterrieder im September 1904 geliefert wurde: „das Stallgebäude, die Stadt, der Brunnen, 1 Pyramide, Josef, Maria, das Jesuskind, 3 hl. Könige, 6 Hirten, 12 Engelchen, 3 Kamele, 18 Schafe, 2 liegende Kühe, 2 liegende Ochsen, 1 Pifferari mit 2 Knaben".[236] Bis auf die Könige sind die Figuren alle erhalten. Für einige Hirtenfiguren gilt augenfällig das bei der Hohentanner Krippe Gesagte: Sie können ihre bayerische Statur nicht verleugnen. Neben Schafen und Ziegen gibt es hier ausnahmsweise auch auf der Weide lagernde Rinder; Osterrieder hat sich hier also noch nicht voll der orientalischen Stilrichtung zugewandt, bei der nur noch Schafe und Ziegen vorkommen. Die Krippe mit dem Prunkstall (s. Kap. 3.2), wie wir ihn auch noch bei der sog. „Kaiserkrippe" sehen werden, und vielen weiteren Bauteilen wird noch heute alljährlich zur Weihnachtszeit in der Scheyerer Klosterkirche aufgestellt (s. Abb. 25 und 28).

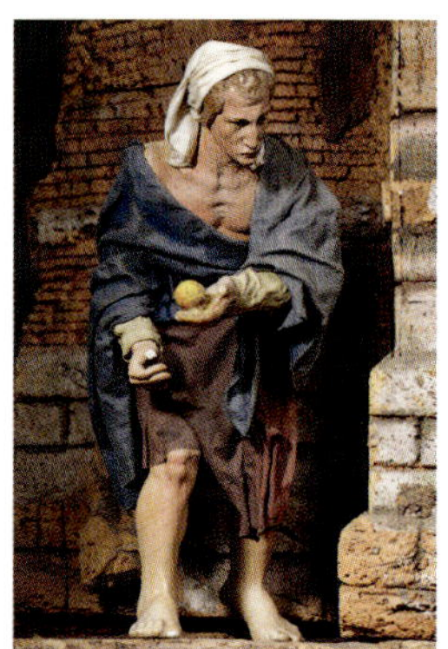

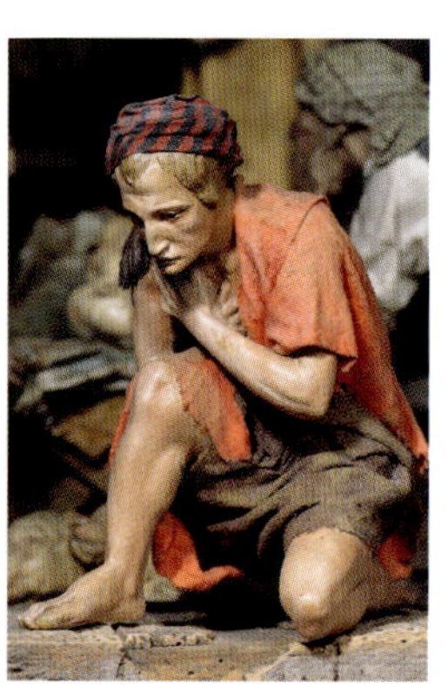

27 c/d Hirtenfiguren („die ihre echt niederbayerische Herkunft nicht verleugnen können"). Krippe in Kloster Scheyern. (Foto Siegfried Wameser, München)

2.8 Das Programm der „Osterrieder'schen Kunstkrippe" 1904

Zu neuen, selbstständigen Arbeiten habe, so das „Münchener Tagblatt"[237], den Münchener Plastiker Sebastian Osterrieder nicht zuletzt die große Schmederer-Krippensammlung angeregt. Ein „Meisterwerk von selten einheitlicher Wirkung" sei Osterrieders „künstlerische Krippe großen Stils", unter der man eine Folge von szenisch gesonderten und figürlich verschiedenen freiplastischen Darstellungen aus dem Leben Christi, beginnend mit dem Geheimnis der Menschwerdung, zu verstehen habe. Die Osterrieder'sche Krippe umfasse bis jetzt fünf Sequenzen, nämlich: 1) die Verkündigung an die Hirten, 2) die Geburt Christi, 3) den Zug der Hl. Drei Könige nach

28 Prunkstall mit Geburtsszene. Krippe im Kloster Scheyern. (Foto Siegfried Wameser, München)

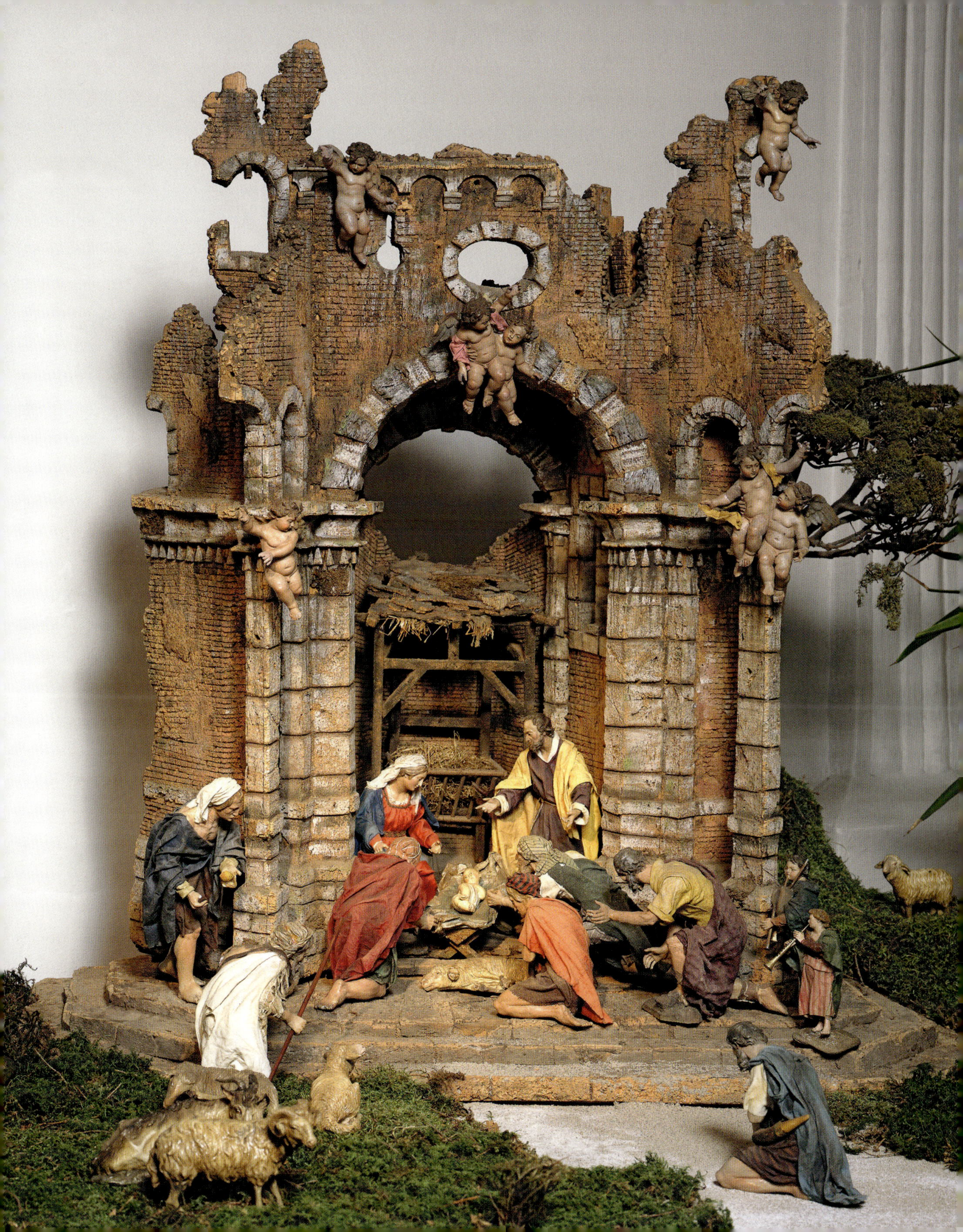

Bethlehem, 4) die Anbetung des Christkinds durch die Magier und 5) die Flucht nach Ägypten. Die später von Osterrieder oft zusätzlich noch gestaltete Szene „Die Hl. Familie mit dem jungen Jesus in Nazareth“ findet sich hier noch nicht.
Die Beschreibungen dieser fünf „Sequenzen“ im Zeitungsartikel können hier, da sie in Sprachstil wie Geschichtsdeutung sehr zeitgebunden sind, nur in einer Zusammenfassung wiedergegeben werden. Sie sind im Kern aber wichtig, denn sie zeigen sehr deutlich Osterrieders Idealbild einer „künstlerischen Krippe großen Stils“. Zugleich verbalisieren sie sein wohlüberlegtes, biblisch fundiertes Grundsatzprogramm, in dem seine gefestigte Gedanken- und Vorstellungswelt des Krippengeschehens und dessen Realisierung in höchst kunstfertigen Figuren und sehr eindrucksvollen Inszenierungen verschmolzen sind. Der Künstler Osterrieder und seine Krippen bilden eine Einheit. Darin lag das Geheimnis seines Erfolgs.

1) Die Verkündigung an die Hirten: Der in den Lüften schwebende Engel verkündet die frohe Botschaft einer Gruppe von Hirten, die idyllisch um ein Wachfeuer lagern. Etwas erschrocken schauen sie zu der ungewohnten Erscheinung empor. Einer streckt ihr seine Hand entgegen, ein anderer hält sie sich, vom Glanz geblendet, vor die Augen. Eine zahlreiche Herde von Schafen, Lämmern und breitgestirnten Rinder grast eifrig. Ein architektonisch gefasster Brunnen, mit Sphinxen und Löwen verziert, erinnert an die ägyptischen und assyrischen Einflüsse auf die Kunst des alten Palästina. So entsteht ein stimmige Mischung aus Historien- und Genrebild.

2) Die Geburt Christi: Der Stall ist eine halbzerfallene, hochragende Ruine, die Örtlichkeit verwildert. Die exotische Vegetation, bestehend aus Eukalyptusbäumen, Palmen und Pinien, zwängt sich überall durch die Risse des zerbröckelnden Mauerwerks. Die Gruppe um das Kind wurde wohl kaum jemals mit solcher Gemütstiefe dargestellt: Kleine Engel lassen sich am Krippenrand nieder. Die Gottesmutter, deren Angesicht die Feinheit einer neapolitanischen Terrakottafigur aufweist, breitet ihre Arme aus und neigt sich zum neugeborenen Gottessohn herab. Der ruhig und würdevoll blickende Josef verkörpert väterliche Milde. Die Gruppe der über dem Stall schwebenden Engelkinder, unstreitig die hervorragendste Leistung Osterrieder'scher Krippenplastik, ist nach den Vorbildern der besten neapolitanischen Meister durchmodelliert; mannigfaltig sind ihre anmutigen Bewegungen, Gesten und Mienen. Welche Abwechslung in der Charakteristik findet sich beim Hirtenvolk! Jede Figur ist anatomisch richtig ausgeführt; die Feinheit der Modellierung lässt sich an den entblößten Körperteilen bewundern. Über den künstlerisch gearbeiteten Akt ist die Gewandung nach sizilianischer Weise kaschiert, wobei der Reichtum der Kleiderformen und Faltenwürfe unerschöpflich scheint. Die in matten Alttönen gehaltene Farbgebung erinnert in ihrer unvergleichlichen Weichheit an Werke italienischer Maler um Tiepolo. Verschiedenste Altersstufen und Temperamente lassen sich unterscheiden. Typisch sind der Junge im blauen Fuhrmannshemd, den Dudelsack spielend, die Gruppe der „pifferari“ (Schalmeienbläser) und die Bethlehemiten in ihrer eigentümlichen Tracht, bei der die zopfartige Frisur unter dem turbanähnlich gebundenen Kopftuch nur teilweise verborgen ist. Vor dem Stall wird die Aufmerksamkeit auf allerlei Geschenke, Naturalien und Gefäße in streng antiken Formen, gelenkt. Im Hintergrund erstreckt sich amphitheatralisch die Stadt Bethlehem mit ihrer türmebewehrten und zinnengeschmückten Stadtmauer. Vor dem Azur des wolkenlosen Himmels heben sich die Konturen des ruinösen Davidsturmes ab. Zum Reiz des Ganzen trägt wesentlich bei, was die geschulte Phantasie des Künstlers hier an Mauern, Türmen, Palästen, Häusern, Toren und Straßen ersonnen hat. Natur und Menschen, Erde und Himmel vereinigen sich zu einem stimmungs- und weihevollen Gesamtbild.

3) Der Zug der Hl. Drei Könige nach Bethlehem: Im Hintergrund ist nun die Hauptstadt Jerusalem zu sehen, wo die nach dem Messias forschenden Männer aus dem Morgenland eine Enttäuschung erlebt haben. Der stattliche Zug der Magier mit seinen Gruppen von Pferden, Elefanten und Kamelen lagert unentschlossen vor den Mauern, als der Führer auf dem hochgetürmten Kamelsattel mit einem Mal den strahlenden Stern, der ihnen bisher den Weg gewiesen hat, wieder erblickt. Mit ausgestrecktem Arm zeigt er auf das Wunderzeichen und macht die anderen darauf aufmerksam. Die Kamele sind sorgfältig bis in alle Details des Gliederbaus durchmodelliert. Zaumzeug, Sattel und Gepäck sind realistisch ganz in orientalischer Art gehalten. Auch ein Rossebändiger nach klassischem Vorbild darf nicht fehlen. Mannigfaltige Pferdetypen begegnen: hier ein Tier von der kleinen, leichten arabischen Rasse, dort ein englisches Vollblut oder ein Hengst aus gutem deutschen Gestüt; mit gestrecktem Hals und Kopf galoppiert ein schöner Fuchs dahin, ganz eine von niederbayerischen Pferdeweiden bekannte Erscheinung. Diese Szene bot dem Künstler auch die willkommene Gelegenheit zu großer dekorativer Prachtentfaltung.

4) Die Anbetung der Hl. Drei Könige: Man kann jetzt die hl. Personen aus nächster Nähe betrachten. Im Vordergrund sitzt die Gottesmutter im Freien, in den Armen das Christuskind. Der hl. Josef steht mehr im Hintergrund, macht aber gleichwohl eine einladende Geste. Seitlich bieten die Pferde- und Kamelgruppen eine orientalische Märchenwelt mit exotischen Menschen in entsprechenden Trachten. Und nun die drei Magier: Sie vertreten die Stammtypen der Menschheit: Sem, Cham und Japhet. Der Japhetit oder Indogermane, hermelingeschmückt, die hochzackige Krone der Volkskönige auf dem Haupt, kniet und betet mit vorgestreckten Armen; seine Opfergabe, eine Schatulle voll gemünzten Goldes, steht vor ihm auf dem Boden. Dahinter, ebenfalls kniend, der semitische Priesterpatriarch, das große Weihrauchfass an langen Goldketten haltend. Als Dritter erscheint der Mohrenfürst, der Vertreter Schwarzafrikas, den spitzen Turban des Negerscheichs auf dem Haupt; er steht etwas zögernd, ist noch nicht gewohnt, vor Gott anbetend zu knien; er bietet eine Schale duftender Myrrhe dar. Der Künstler hat die große Huldigungsszene der gesamten Menschheit den Augen und Herzen der Betrachter nahegebracht.

5) Die Flucht nach Ägypten: Die Wüste von Jericho bildet einen schroffen szenischen Kontrast zu den vorigen Bildern. Die Hl. Familie ist auf der Flucht, der voranschreitende Engel das einzige Licht in der Nacht. Maria sitzt mit dem Kind auf einem kleinen Esel, der vom hl. Josef sorgsam am Zaum geführt wird. Viele Engel eskortieren am Himmel die Flüchtlinge. Einzelne wilde Tiere machen scheu halt, auf dem Weg muss alles Dämonische dem Schöpfer des Himmels und der Erde weichen. Ein Engel versucht, den Stamm einer Dattelpalme so weit zu biegen, dass die Früchte für die Wandernden erreichbar werden. Im Blickfeld liegt eine Oase mit einer Quelle. Seitlich sind mächtige, in ihrem Verfall noch großartige Ruinen und Säulenstraßen zu erkennen. Andere Details erinnern an die romantischen Landschaften Dürer'scher Holzschnitte.

Das „Münchener Tagblatt“ schließt mit dem Wunsch, die Kunstfertigkeit Sebastian Osterrieders möge nie erlahmen.

29 Osterrieder-Putti. Krippe in Kloster Scheyern. (Foto Siegfried Wameser, München)

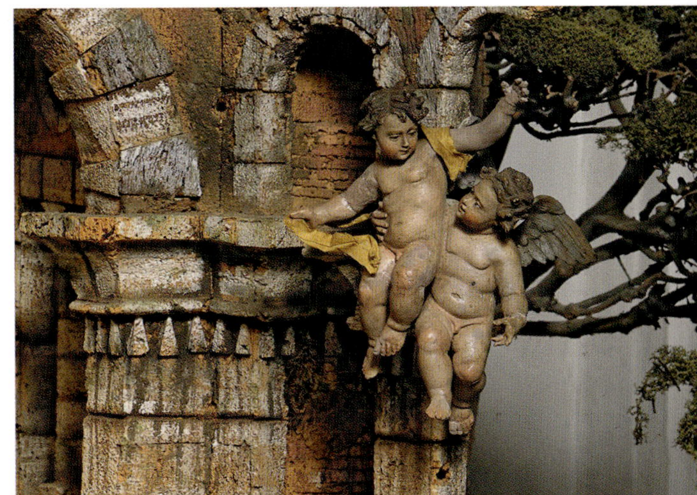

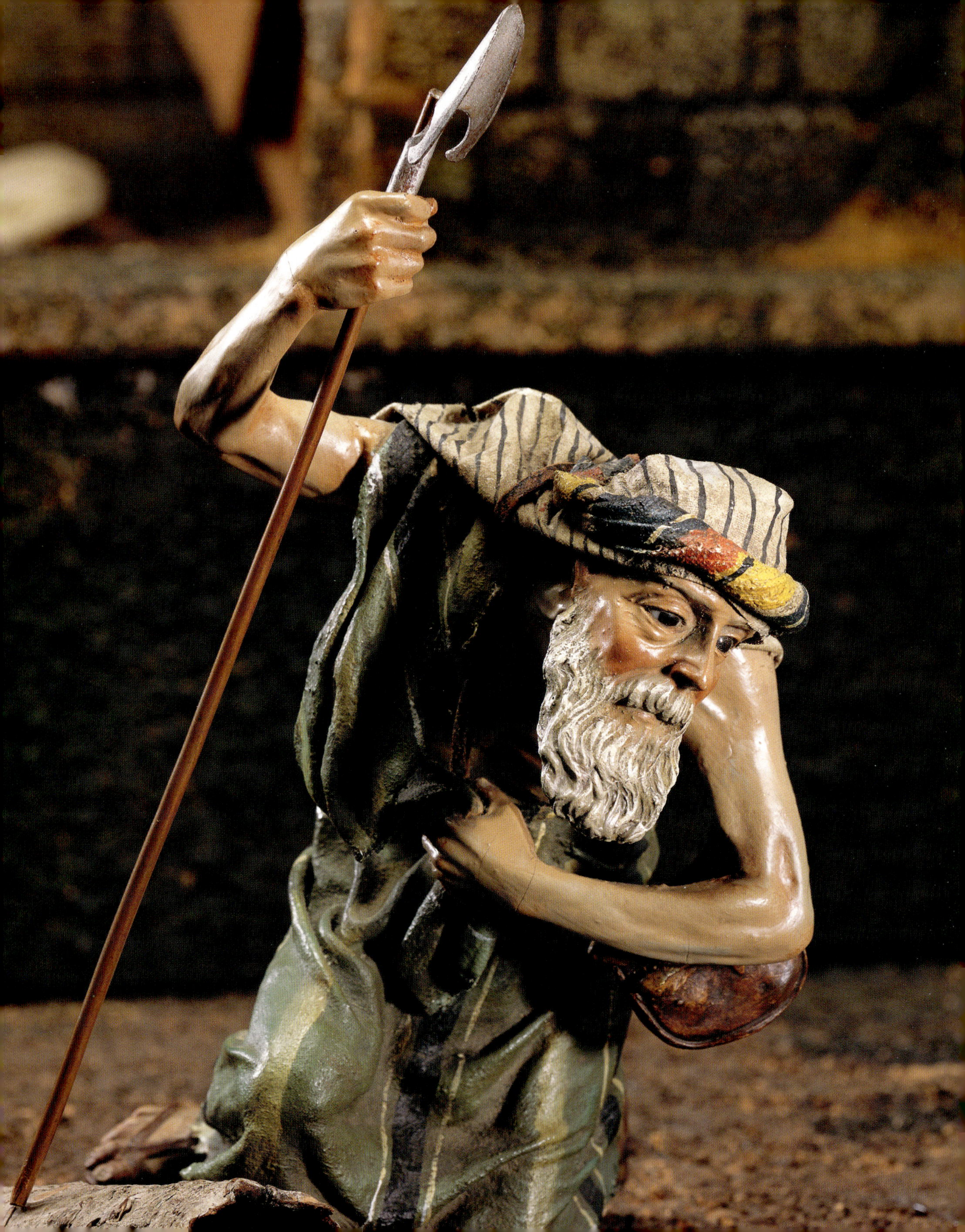

Kapitel 3

Produktive und reife Künstlerjahre (1904 – 1918)

30 Hirte, vor der Krippe kniend.
(Foto Siegfried Wameser, München)

Ab 1894 war die Theresienstraße 34 Osterrieders Adresse. Hier wohnte und arbeitete er 16 Jahre lang bis 1910. Hier war er von Anfang an als Künstler nicht allein. Schon der Besitzer des Anwesens selbst, Julius Bechler, war Bildhauer. Dessen repräsentatives, etwa 1885 erbautes Haus (Abb. 31) nahm die ganze Straßenfront des „handtuchartigen" Grundstücks ein, das etwa 17 Meter in der Breite und ansehnliche 110 Meter in der Tiefe maß. In München waren solche Größenverhältnisse eher selten. Die Fläche von 1890 qm war umfangreich bebaut. Nach den damaligen Vorschriften musste mindestens ein Drittel als Hoffläche verbleiben, das wären 630 qm gewesen. Doch ließen das Vorderhaus und die zwischen den vier hintereinanderliegenden Höfen stehenden drei Rück- sowie mehrere Seitengebäude sogar insgesamt 708 qm Hoffläche übrig. Einziger Zugang zu diesen tiefgestaffelten Häusern war die nur drei Meter breite, durch Doppeltüren geschlossene Durchfahrt im Vorderhaus. Fast unvorstellbar, wie so etwas ohne Gegensprechanlagen und elektrische Türöffner funktionieren konnte. Bildhauer Bechler hat auch nach 1894 immer wieder einiges auf seinem Grund auf- und umgebaut und so für Neuerungen gesorgt. Er war ein kreativer Bauherr und hatte hier inmitten der Maxvorstadt eine Art von Künstlerkolonie geschaffen. Das erste Rückgebäude, Mittelbau genannt, hatte im Erdgeschoss zwei Ateliers; im zweiten Rückgebäude, dem „Atelierhaus", befanden sich auf drei Stockwerken nur Malerateliers; weiter gab es später auf dem Anwesen noch eine Kegelbahn sowie einen Fechtsaal, wo wohl Studentenverbindungen ihren Paukboden hatten. Im Vorderhaus hatte der bekannte Wachszieher Ebenböck seinen Laden. Osterrieder arbeitete ab Januar 1894 in einem gemieteten Atelier im „Mittelbau" und wohnte in den zwei kleinen dazugehörenden Zimmern. In Haus und Hof an der Theresienstraße 34 herrschte bestimmt lebhaftes Treiben, und wir können uns gut vorstellen, dass Osterrieder sich in dieser bunten Welt mit vielen Künstlern durchaus wohlfühlte.

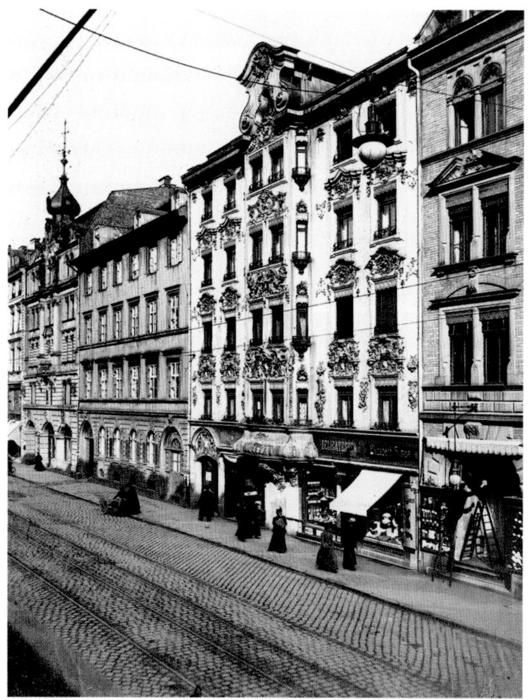

31 Theresienstraße 34, München-Maxvorstadt, ca. 1900. (Foto Stadtarchiv München)

Auch nach seiner Verheiratung 1904 blieb Osterrieder hier wohnen; das Paar bezog allerdings eine etwas größere Wohnung im Erdgeschoss des Seitenbaus im ersten Hof, nahe dem Vorderhaus. Osterrieder firmierte im Adressbuch 1905 als „Bildhauer, Atelier für Kunst und Kunstgewerbe", versehen mit dem Zusatz „Büro und Lager Hohenzollernstraße 74". Im Adressbuch 1910 lautet der Eintrag: „Osterrieder, Sebastian, akad. Bildhauer, Spezialität: Kunstgerechte Herstellung von Weihnachtskrippen. Reichhaltiges Lager. Theresienstraße 34/0 und 2. GG". Demnach hatten die Osterrieders inzwischen Büro und Lager in das zweite Gartengebäude, also das „Atelierhaus", verlegt.
Von 1910 bis 1924 wohnte die Familie Osterrieder in der Georgenstraße 113. Die neue Wohnung lag seinerzeit in einer Gegend „weit draußen". Für den Umzug gab es wohl zwei Gründe: Zum einen wollten die Osterrieders möglicherweise nicht mehr in

einer Erdgeschosswohnung mit Fenstern zum Hof leben, zum anderen war es vielleicht notwendig geworden, in der Wohnung selbst die Krippen präsentieren und Interessenten empfangen zu können. Der Adressbucheintrag 1911 lautet: „Georgenstraße 113, Osterrieder Seb., akad. Bildhauer. 0. u. 2." Die Wohnung lag im zweiten Stock, die Atelierwerkstätten befanden sich im Erdgeschoss des Rückgebäudes. Zu sehen ist von alledem heute nichts mehr: Die genannten Häuser sowohl in der Theresienstraße als auch in der Georgenstraße erlitten durch Fliegerbomben im Zweiten Weltkrieg Totalschaden.

Wie können wir uns den Betrieb in den Osterrieder'schen Kunstwerkstätten vorstellen? Es wurden hier große Objekte aus Stein gehauen, Figuren in Ton modelliert und aus Holz geschnitzt. Daneben hatten Mitarbeiter das fortwährende Abformen, Gießen, Kaschieren und farbliche Fassen der Krippenfiguren und ihrer Bekleidung zu bewerkstelligen. Es herrschte in diesen Räumen zeitweise sicher viel Lärm und Betriebsamkeit. Natürlich musste Osterrieder, wie andere Künstler auch, sich laufend um neue Aufträge bemühen, Entwürfe erarbeiten, kalkulieren und Angebote unterbreiten. Darüber hinaus erfordert ein Kunstbetrieb auch geregelte Finanzen, eine Buchhaltung und rechtzeitige Rechnungsstellungen. Es war also sicherlich notwendig, dass ins Künstlerleben und in den Werkstattbetrieb eine stabilisierende Ordnungsmacht kam. Dies geschah, als Sebastian Osterrieder in Katharina Obermeyer die richtige Ehefrau fand (Abb. 32 a/b). 1875 in Wasserburg als eines von vielen Geschwistern in den Bäcker- und Konditorbetrieb Obermeyer[301] hineingeboren, wurde sie nach ihren Institutsjahren dort und der nachfolgenden kaufmännischen Ausbildung in München am 14. September 1904 die kongeniale Partnerin des Künstlers. Das gilt auch für das Musikalische. Osterrieder selbst habe, so die Überlieferung durch die Tochter, mit seiner schönen weichen Stimme im Chor der Michelskirche gesun-

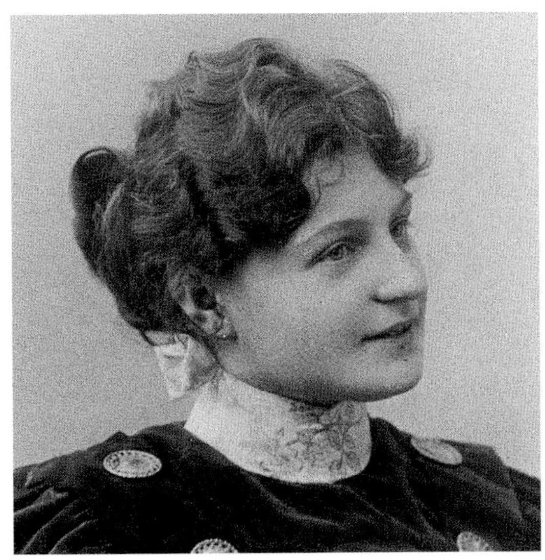

32 a Katharina Osterrieder, geb. Obermeyer. (Foto Familienarchiv)

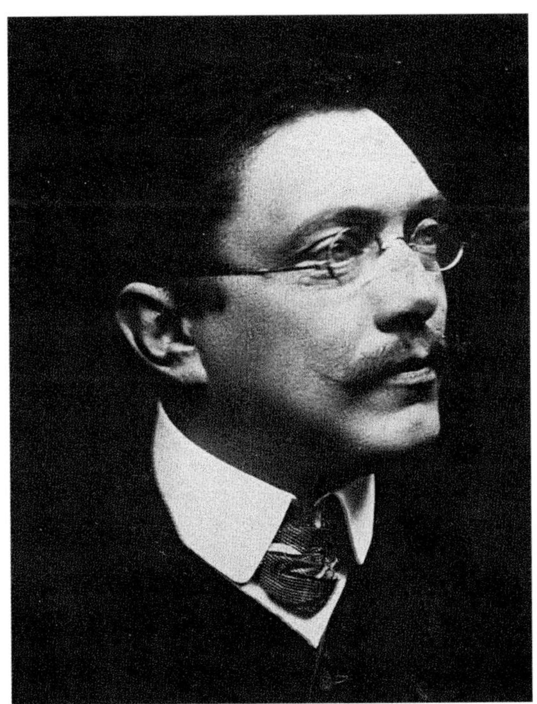

32 b Sebastian Osterrieder. (Foto Familienarchiv)

gen und mit Ziter und Gitarre alle Melodien nach dem Gehör spielen können. Katharina hatte nebenher das Musikkonservatorium besucht, und aus ihrem Besitz haben sich Klavier- und Liedernoten erhalten. Nach ihrer Eheschließung übernahm sie die Wirtschaftsführung im Osterrieder'schen Kunstbetrieb und konnte ihrem Ehemann auch sonst noch viel Arbeit abnehmen.

Haupteinnahmequelle war die Krippenherstellung. Osterrieder nutzte daher zu Werbezwecken weiterhin die Möglichkeit, Ausstellungen mit seinen Krippen zu beschicken. Um sein Figurenwerk attraktiv zu halten, erfuhren frühere Figurenmodelle eine noch feinere Ausarbeitung. Osterrieder schnitzte diese „Patrizen" nicht nur aus Holz, sondern modellierte sie auch in Ton, Wachs oder Plastilin. Einzelne Modelle wurden aus Gründen der besseren Haltbarkeit und Strapazierfähigkeit sogar in Bronze gegossen und ziseliert.[302] Eine einzige derartige Bronzeplastik (s. Abb. 102) ist erhalten, ein Hirte aus der Verkündigungsszene (s. Kap. 5).

Sehr öffentlichkeitswirksam konnte Osterrieder im Jahr 1907 im Berliner Schloss seine „Kaiserkrippe" präsentieren (s. Kap. 3.4.1). Viel Förderung erhielt er auch in jenen Jahren durch kirchliche Kreise. Als anerkanntem Krippenkünstler wurde ihm 1908 endgültig die Ausführung der Krippe des Linzer Domes übertragen. An diesem großfigurigen Schnitzwerk arbeitete Osterrieder bis 1913 (s. Kap. 3.4.2). Im Jahr 1910 erfüllte sich für Osterrieder der langgehegte Wunsch, die heiligen Stätten in Palästina zu besuchen. Gefördert vom Prinzregenten, vom Deutschen Museum und anderen Stellen konnte Osterrieder an einer vierteljährigen Palästinaexpedition des Domkapitulars Michael Buchberger teilnehmen. Er sammelte dabei reiche Eindrücke von Land und Leuten. In Ägypten verschaffte er sich zudem Kenntnisse im handwerklich-technischen Bereich, da er von Oskar von Miller den Auftrag bekommen hatte, für das Deutsche Museum mittels seiner realistischen Kleinplastiken instruktive Szenen, etwa der Wassergewinnung oder des Bierbrauens im Alten Ägypten, darzustellen (s. Kap. 3.6). Im März 1913 hatte Osterrieder die große Ehre, sein zweites großfiguriges Schnitzwerk, die „Papstkrippe", im roten Saal des vatikanischen Palastes dem Pontifex persönlich übergeben zu dürfen (s. Kap. 3.8.2).

Prinzregent Luitpold (1821–1912) war ein Freund der Künstler. In vielen Münchener Künstlerbiographien finden sich die Episoden eines oft unangemeldeten Atelierbesuches des Prinzregenten, oft zu früher Morgenstunde, wo Künstler allzu leicht unvorbereitet aus dem Bett gerissen wurden. Manches Mal muss man auf solch einen Besuch aber auch vorbereitet gewesen sein. Jedenfalls erzählte Osterrieders Tochter Antonie bis ins Alter, dass sie als etwa Fünfjährige dem hohen Gast ein Gedicht aufsagen sollte. Zum Schrecken der Eltern wandte sie sich dabei aber nicht dem zivil gekleideten Prinzregenten zu, sondern dessen Adjutanten, den sie wegen seiner gar so schönen Uniform für den hohen Besuch hielt.

Über andere „allerhöchste" Gäste in Osterrieders Atelier berichten am 2. August 1912 die „Münchner Neuesten Nachrichten": Prinz Ludwig (der spätere König Ludwig III.), Prinz Alfons sowie der päpstliche Nuntius Frühwirth hätten das Atelier des Bildhauers besucht.[303] Vielleicht interessierten sie die Werke, über die die Zeitung in der gleichen Ausgabe schreibt, nämlich „die Fassadenfiguren für die neue St. Anna-Kirche in Altötting, an denen der Künstler derzeit arbeite" (s. Kap. 3.7). Dass schon früher hin und wieder Erzbischof Antonius von Thoma im Atelier vorbeigeschaut hatte, haben wir bereits gehört (s. Kap. 2.3). In einem Gästebuch aus den späteren 1920er-Jahren sind weitere Persönlichkeiten zu finden, die mit Osterrieder bekannt oder befreundet waren (s. Kap. 4.3).

Die wechselnden Zeitläufte spiegeln sich auch in Osterrieders Leben. Er hatte nun als Künstler Anerkennung gefunden, seine Meisterschaft in der Krippenkunst war unbestritten, sein 50. Geburtstag wurde in der Presse vermeldet.[304] In der Vorkriegszeit konnte er für seine Krippen, an die er

33 Hirte, Hut ziehend, Ziege führend (Krippe in München, privat). (Foto Siegfried Wameser, München)

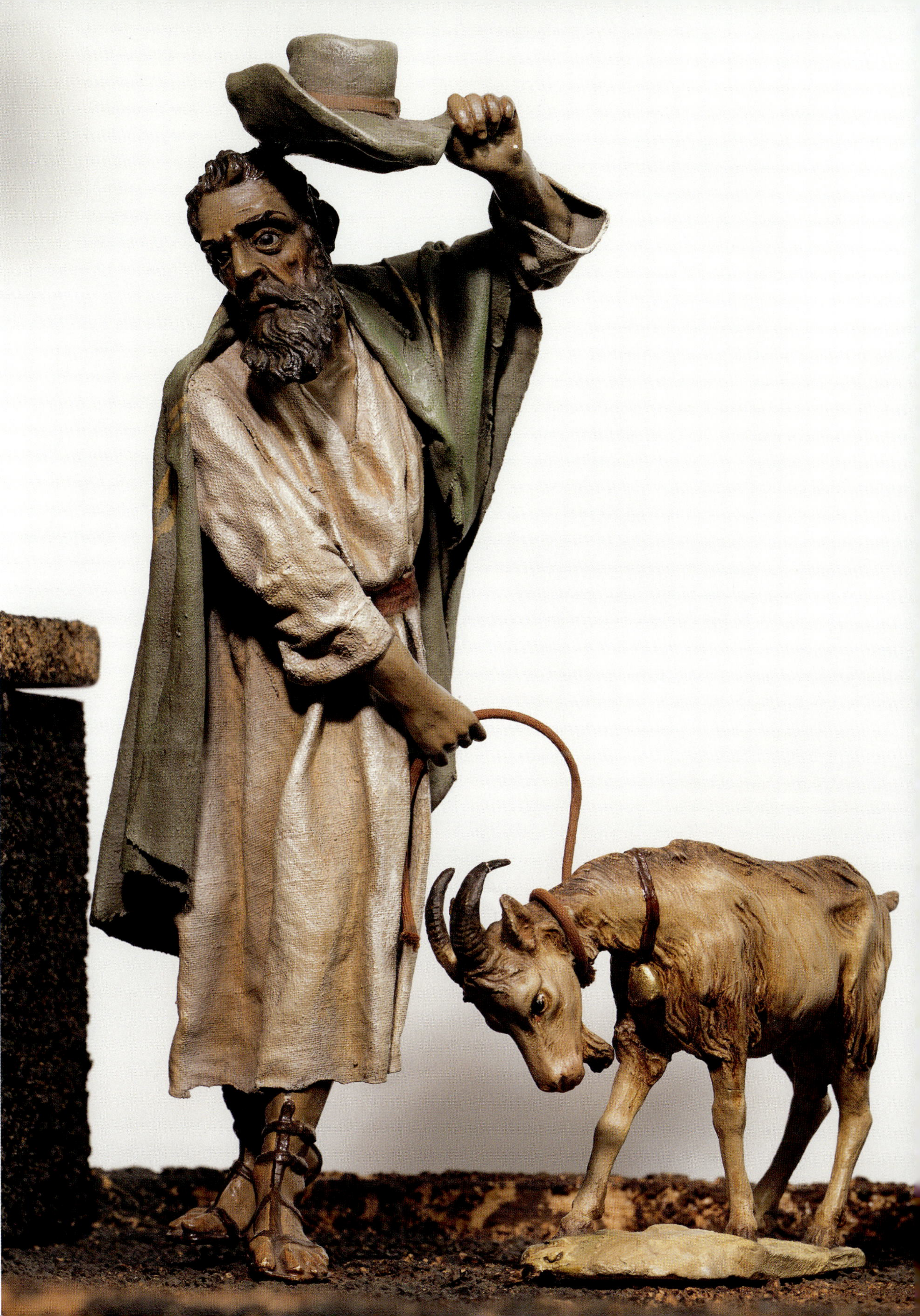

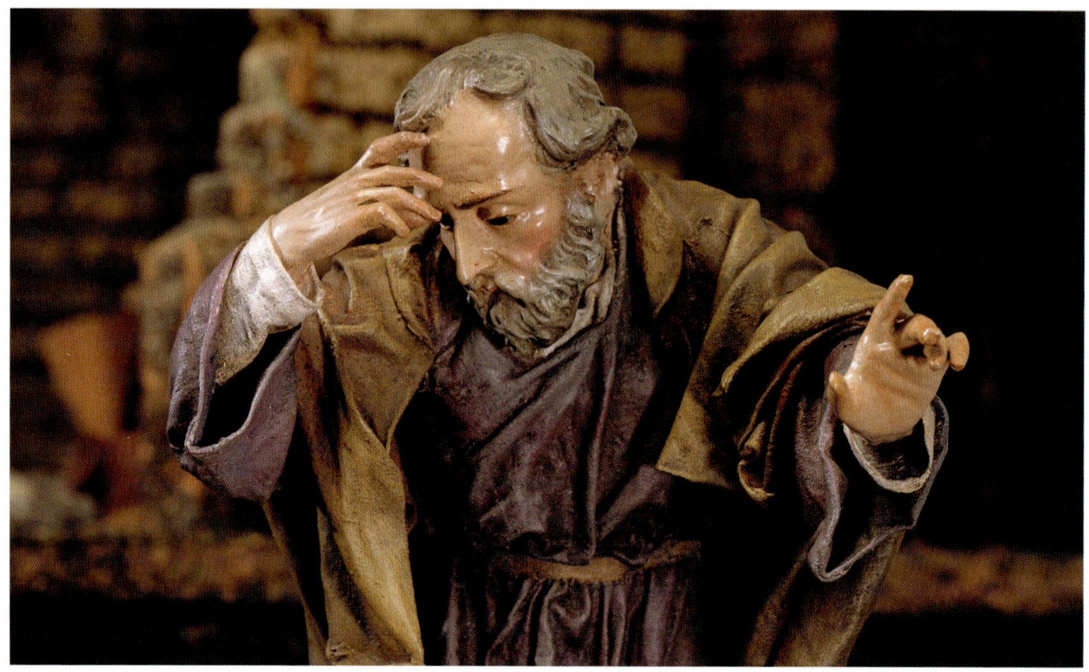

34 a Der nachdenkliche Josef. (Krippe in München, privat). (Foto Siegfried Wameser, München)

selbst immer die höchsten Ansprüche stellte, auch hohe Preise erzielen. Je länger dann der Erste Weltkrieg dauerte, desto schwieriger wurde es, zahlungskräftige Abnehmer zu finden.

Am 12. November 1917 war Sebastian Osterrieder mit dabei, als „im Hotel Union in München Pater Odorich Heinz OFM Cap., unterstützt von Pfarrer A. Burger einen Vortrag ‚Entstehung und erzieherischer Wert der Weihnachtskrippe' hielt. Sein Aufruf zur Gründung einer Ortsgruppe des Vereins der Krippenfreunde fiel auf fruchtbaren Boden". Zu den Gründungsmitgliedern zählten neben Osterrieder bekannte Münchener Namen wie Ebenböck, Hager, Hartig, Kronenbitter, Schmederer, von Seidlein.[305]

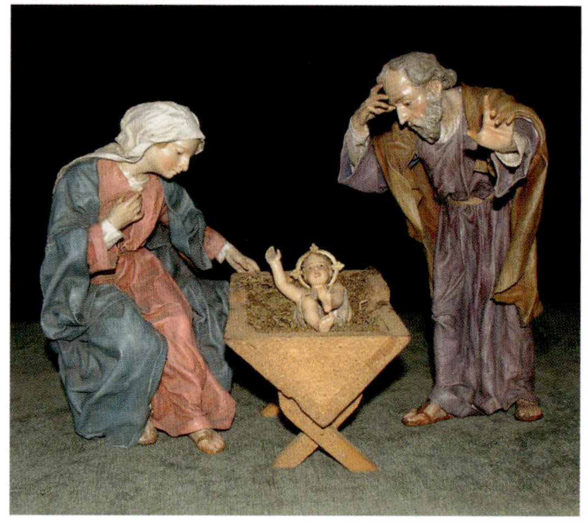

34 b Die Hl. Familie. Osterrieder-Modell seit 1907 (Krippe in München, privat). (Foto Siegfried Wameser, München)

3.1 Osterrieder-Figuren als Erfolgsmodell

Osterrieders kleinformatige Hartguss-Krippenfiguren (in der Regel zwischen 25 und 30 cm hoch) wurden schnell zu einem Erfolgsmodell. Sie fanden Beachtung und Anklang, was auch Zeitungsberichte immer wieder belegen. Darüber hinaus dienten und dienen heute noch Abbildungen von Osterrieder-Krippen oder einzelnen Figuren daraus zur Illustrierung von Publikationen, die der Weihnachtszeit oder dem Krippengeschehen gewidmet sind.[306]

Die große Stückzahl und die rasche Verbreitung der Osterrieder-Krippen waren nur möglich aufgrund der schon erwähnten Halbserienproduktion mittels der von ihm entwickelten Guss- und Kaschiertechnik. Seine Figuren sind wegen ihres Ausdrucks, ihrer Haltung und Gestik sowie ihrer Größe immer als Osterrieders Werke zu erkennen (Abb. 34 a/b). Es wäre aber falsch, sie als „nur gegossene Figuren" abzutun. Denn jede Figur musste durch Osterrieders Hände gehen und ist als ein eigenes Kunstwerk anzusehen. In einem Zeitzeugnis, das die Arbeit des Krippenbildhauers würdigt, kommt dies deutlich zum Ausdruck: In seinem Feuilletonbeitrag in der „Neuen Augsburger Zeitung" über „Neuere Krippenkunst" 1911[307] schildert Dr. Philipp Halm, Königlicher Konservator, eingangs den bedauerlichen Niveauverlust des Krippenbaus im 19. Jahrhundert und äußert sich dann ausführlich zu Osterrieders Stallbauten (s. Kap. 3.2) und anschließend zu den Figuren:

„[...] Die Zeiten des 17. oder 18. Jahrhunderts, wo sich auch eine ärmere Kirche vom Handwerkskünstler noch eine billige Krippe herstellen lassen konnte, sind eben vorbei. Hier scheint mir nun die Tätigkeit eines Münchner Krippenbauers guten Erfolg zu versprechen, die des Bildhauers Sebastian Osterrieder. Seit Jahren schon hat er sich der liebenswürdigen Aufgabe mit geradezu kindlicher Liebe und fast rührender Hingebung zugewendet, um mutatis mutandis die alte Krippenkunst [...] wieder aufleben zu lassen [...]. In seinen Figuren hat sich Osterrieder die Technik der feinsinnigen Sizilianer Krippenkünstler Giovanni Matera u.a. insoferne zu eigen gemacht, als jede Figur erst vollständig als Akt modelliert bezw. aus der Form in haltbarer ‚Masse' hergestellt wird und dann die Gewänder aus leimgetränkten Stoffen darüber kaschiert, entsprechend geordnet und bemalt werden.

Möge auch der Anschein erweckt sein, man habe es hier mit Abgüssen zu tun, so dürfe man doch nicht vergessen, dass jede Figur nach dem Guss noch der endgültigen Überarbeitung durch die Hand bedürfe, dass durch die Art der Kaschierung sich immer wieder neue Varianten des Faltenwurfs ergäben und dass die insgesamt außerordentlich malerische Wirkung durch die künstlerisch leitende Hand des Fassmalers bedingt sei."

Schon diese Schilderung macht überdeutlich, wie aufwendig die Herstellung der Krippenfiguren war. Deshalb „wurde sie von anderen nicht nachgeahmt, denn es machte zu viel Arbeit und trug zu wenig Gewinn ein."[308]

Osterrieders verschiedene Marienfiguren (für die Verkündigung oder Herbergssuche, die Geburts- und Anbetungsszene sowie die Flucht nach Ägypten), sodann die sehr einprägsamen Hirten (mit Blick zum Verkündigungsengel oder auf das Kind in der Krippe gerichtet), besonders aber die prächtigen Könige mit ihren Pagen und weiterem Gefolge, die Kamelführer oder Reiter auf Elefanten, der Rossebändiger, die Wasserträgerinnen und Frauen am Brunnen, der junge Flötenbläser sowie andere Musikanten und darüber hinaus die Scharen von Engeln und musizierenden Putten – sie alle sind einprägsame „Erfolgsmodelle" gewesen (s. Figurenkatalog, Kap. 6.1), die als „Osterrieder-Figuren" in großer Zahl und über Jahrzehnte unverändert seine Werkstätten verließen. Trotzdem hat Osterrieder bei den einzelnen Krippenszenen die jeweilige Figurenzahl ganz bewusst beschränkt. Seinen Krippenlieferungen fügte er auch Anweisungen bei, wo die einzelnen Figuren in der Szenerie aufzustellen seien, damit sie richtig zur Wirkung kämen.

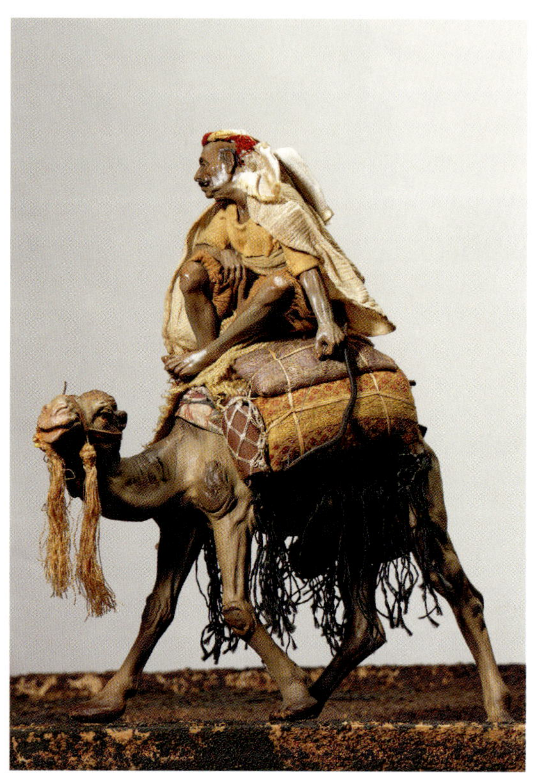

35 a Kamel mit Reiter. Krippe München, privat. (Foto Siegfried Wameser, München)

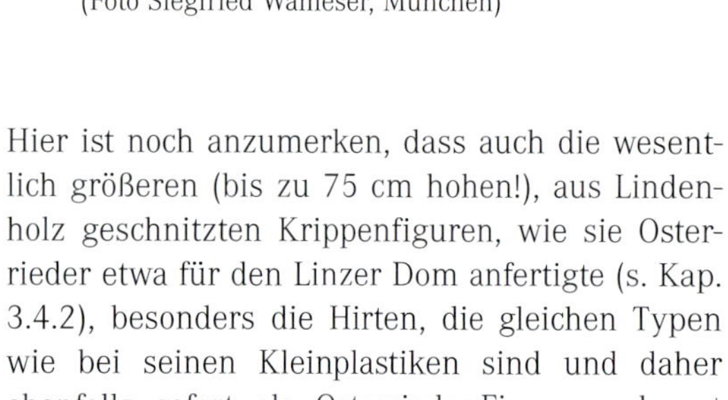

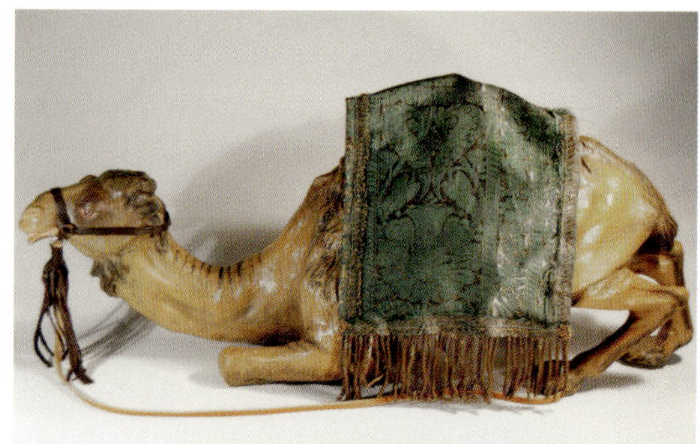

35 b Lagerndes Kamel. Krippe Schwarzrheindorf. (Foto Florian Münch, Bonn)

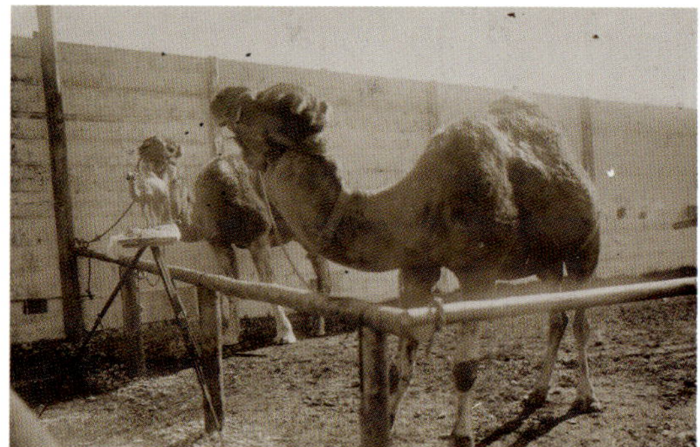

36 Das Modellierpuilt vor den lebenden Modellen. (Foto Osterrieder)

Hier ist noch anzumerken, dass auch die wesentlich größeren (bis zu 75 cm hohen!), aus Lindenholz geschnitzten Krippenfiguren, wie sie Osterrieder etwa für den Linzer Dom anfertigte (s. Kap. 3.4.2), besonders die Hirten, die gleichen Typen wie bei seinen Kleinplastiken sind und daher ebenfalls sofort als Osterrieder-Figuren erkannt werden können (s. auch Kap. 3.9).

Osterrieder modellierte seine Mensch- und Tierfiguren, wenn es nur ging, nach lebenden Vorbildern. Auf dem Oktoberfest hat er nicht nur Kamele und Elefanten genau studiert, sondern sich aus dem Kreis des fahrenden Volkes auch „typische" Araber, Sizilianer und Mohren als Modelle für seine Krippenfiguren gesucht. Auf einer alten Fotografie (Abb. 36) sind Kamele und daneben Osterrieders Arbeitspult mit einem Tonmodell zu sehen. Das Kamel scheint überhaupt sein Lieblingstier gewesen zu sein. Das zeigen auch die erhaltenen Skizzen (Abb. 35 a/b und 37 a/b). Einzelne Kamelgruppen, vor allem jene mit dem auf den Stern deutenden Kamelreiter, finden immer wieder Erwähnung. (s. Abb. 121)

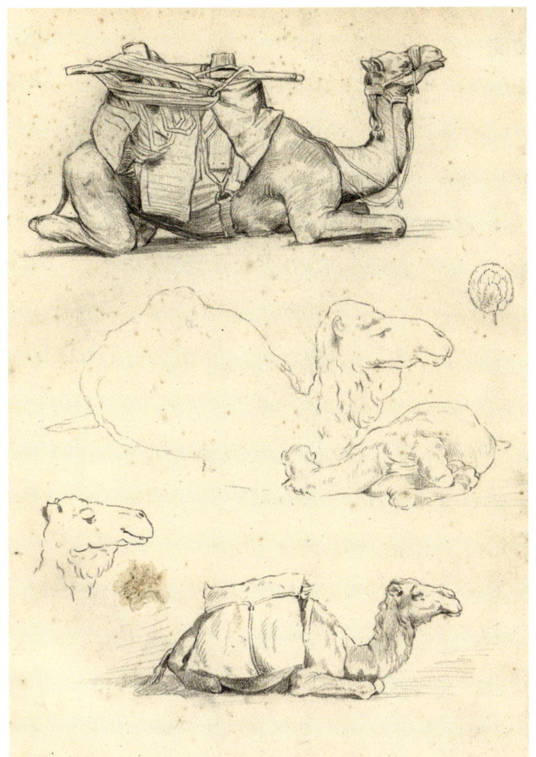
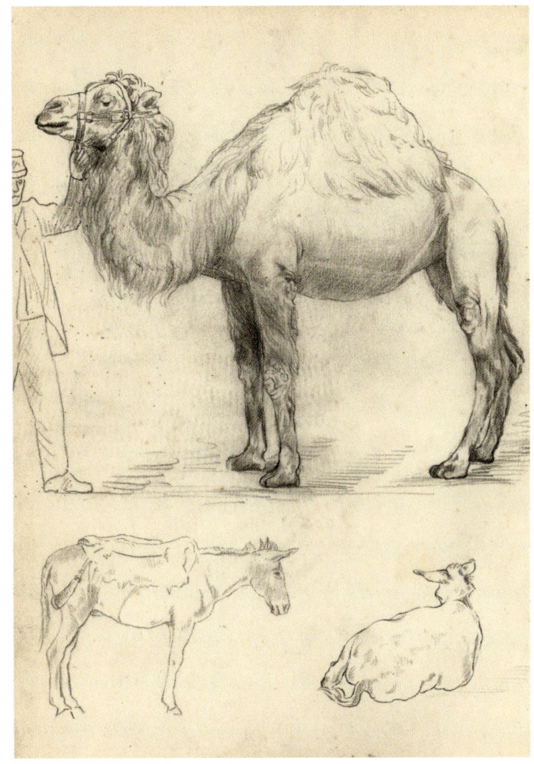

37 a/b Tierstudien aus Osterrieders Skizzenbuch. (Familienarchiv)

3.2 Bauten und Panoramen für Krippen

Osterrieder-Krippen sind ein Gesamtkunstwerk. Wie an seine Figuren stellte der Künstler zur Darstellung des biblischen Geschehens auch an den Stall, die weiteren Bauten und den Hintergrund die gleichen hohen Ansprüche. Erhaltene Skizzen von Bauten und Szenen (Abb. 38 a/b) geben einen kleinen Einblick in seine Vorstellungen. Die Ställe sind Osterrieder-typisch, besonders der aufragende ruinöse Bau, den er als „Prunkstall", zuweilen auch als „Renaissance-Stall" bezeichnete. Osterrieder stellte ihn, manchmal mit kleinen Variationen bei der Säulenanordnung oder Mauergestaltung, von der Scheyerer Krippe 1904 bis in die 20er-Jahre her. 1927 schreibt Josef Müller in der „Münchener Zeitung": „Welch überschäumende Phantasie in der Erfindung dieser pompösen Ruinenarchitektur, der herabschwebenden Engel [...]!"[309] Mit seinen über die Jahrzehnte hin unzählbaren Abbildungen in den verschiedensten Zeitungen und Zeitschriften trägt die sog „Kaiserkrippe" von 1907 bis zum heutigen Tag zur Bekanntheit und Beliebtheit Osterrieders und seiner Krippen bei (s. Kap. 3.4.1). In seinem schon genannten Beitrag „Neuere Krippenkunst" schreibt Philipp Halm:[310]

„Osterrieders Krippen – ich denke hier zunächst an den eigentlichen Kern der Darstellungen aus der Kindheit Jesu – haben mit den älteren Krippenschöpfungen trotz mancher Anregungen, die sie ihm gegeben haben mögen, doch nur wenig gemein. Ich erkenne in ihnen eine Vereinigung

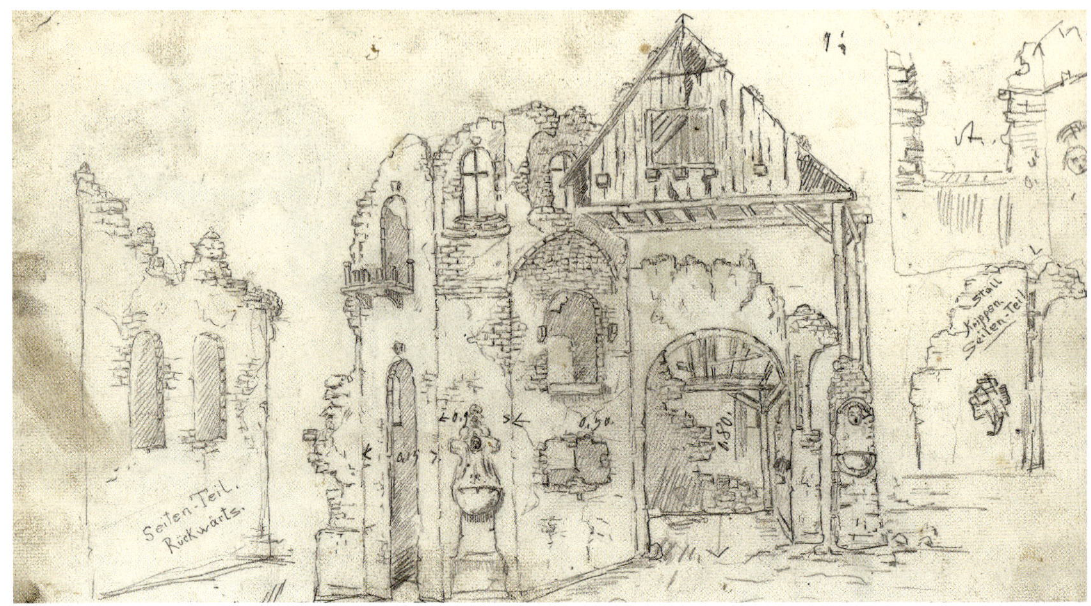

38 a Krippenszenerie aus einem Skizzenbuch Osterrieders. (Familienarchiv)

deutscher und italienischer Anschauung, nicht unähnlich jener in den Werken der süddeutschen Barockmaler und Barockbildhauer. Nicht die prononziert italienische Tempelruine mit klassischen oder Renaissancereminiszenzen gibt er uns in den verschiedenen Modellen seiner Ställe, sondern jenes anmutige malerische Konglomerat von zerbröckelnder Mauer, ausgewaschenen Hausteinbögen, zerschlissenem Strohdach und Fach- und Flickwerk, wie es ein Rogier van der Weyden, Hans Memling oder Meister Dürer in seinem gemütvollen Stich ‚Christi Geburt' von 1504 schildert."

Ganz diesem Stil entspricht auch das in vielen Exemplaren erhaltene gerahmte Relief der Geburtsszene, mit den Hirten davor und Gottvater über den Wolken, in denen Engel das Band „Gloria in excelsis deo" halten. Das Rahmenwerk und das farbig oder silbern gefasste Krippenrelief bestehen aus einer mutmaßlich mittels einer entsprechenden Matrize geprägten oder gepressten „Leimgussfolie". Auch die Herstellung dieses kleinen Kunstwerks war ein Betriebsgeheimnis der Osterrieder-Werkstatt. (s. Abb. 118)

Die hier wiedergegebenen Stallabbildungen (Abb. 39 a/b u. 40 a/b), aus Osterrieders Original-Werbedrucken, geben eine Vorstellung von der Bandbreite. Oft sind dabei auch exakte Maßangaben gemacht, um den Kaufinteressenten ihre Überlegungen zur Platzfrage daheim zu erleichtern. Angeboten wurden die „Hauskrippe", der „Deutsche Stall", die „Weihnachtskrippe für Kirche und Haus", Kulissen für die „Herbergssuche" usw. Die „Kleine Hauskrippe" stellte Osterrieder nach unserem Kenntnisstand als ein preisgünstigeres Angebot erst in den wirtschaftlich schwierigeren 20er-Jahren her, bestückt mit „voll", d. h. samt ihrer Kleidung gegossenen Figuren in wesentlich kleinerem Format. (s. Abb. 86)

Die Kennzeichnung „Stall aus Holz und Kork" verweist auf eine aufwendige Herstellung. Dabei wurden in der Osterrieder-Werkstatt die hölzernen Wände und Böden der malerischen, überdies

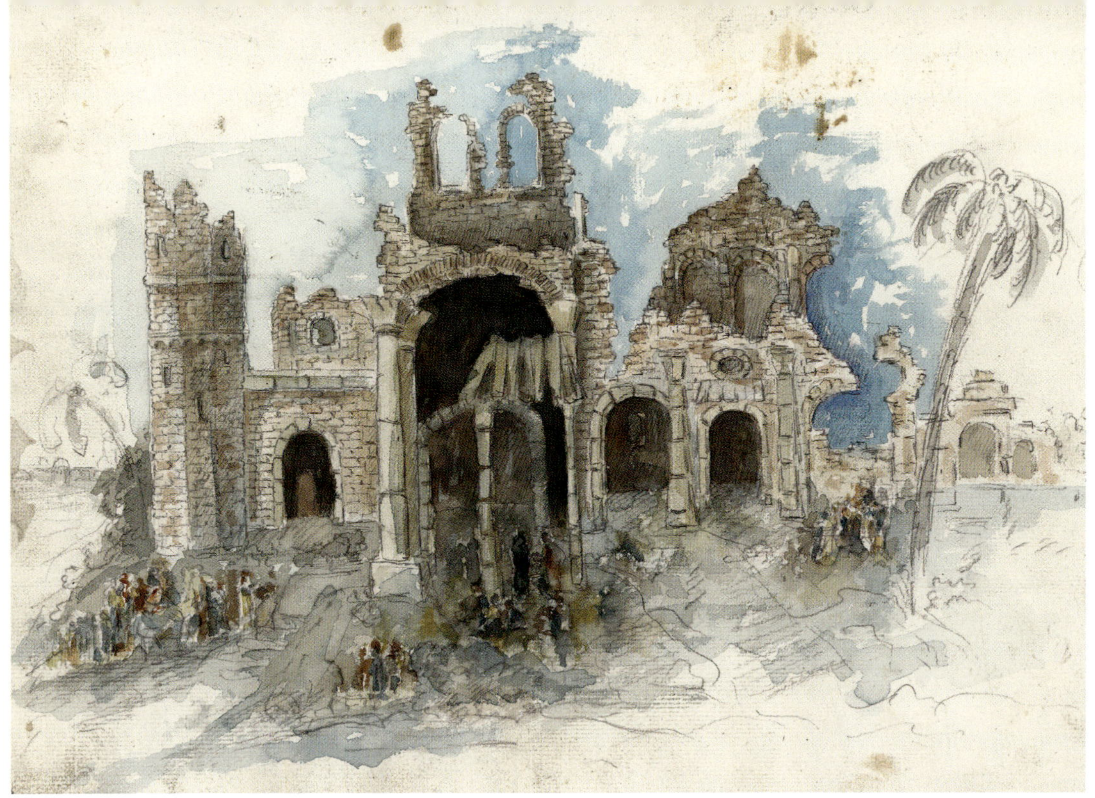

38 b Krippenszenerie aus einem Skizzenbuch Osterrieders. (Familienarchiv)

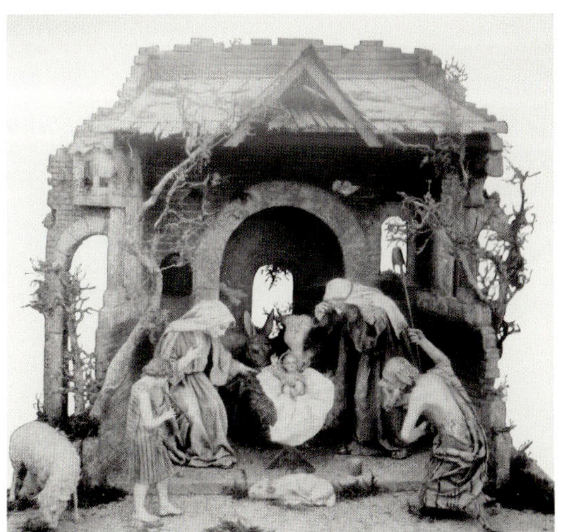

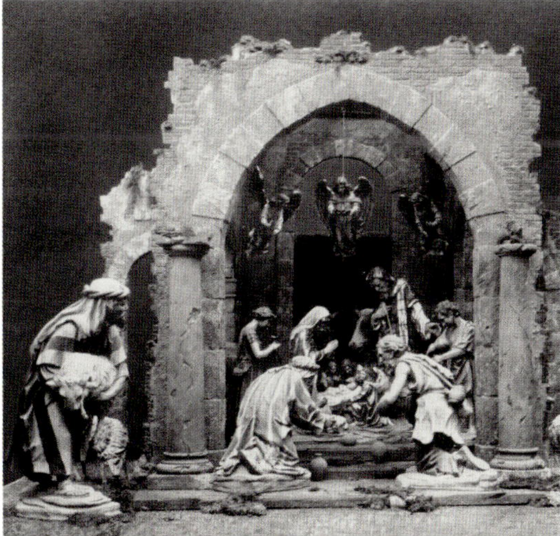

39 a/b Werbedrucke „Aus den Krippenwerken des akad. Bildhauers Seb. Osterrieder, München. Gesetzlich geschützt".
39 a: „Hauskrippe", 39 b: „Papstkrippe" (Hartguss, Figurengröße 70 cm). (Familienarchiv)

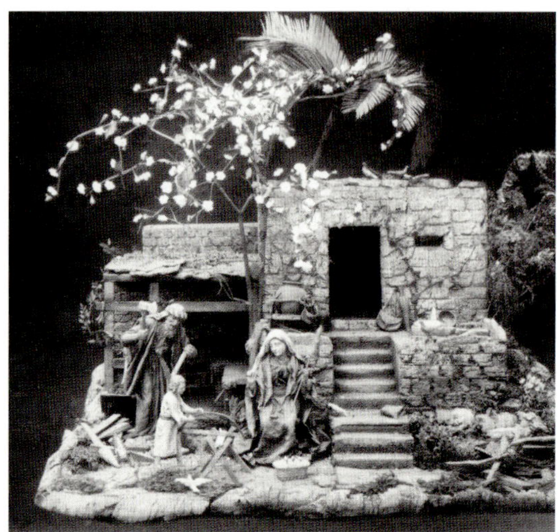

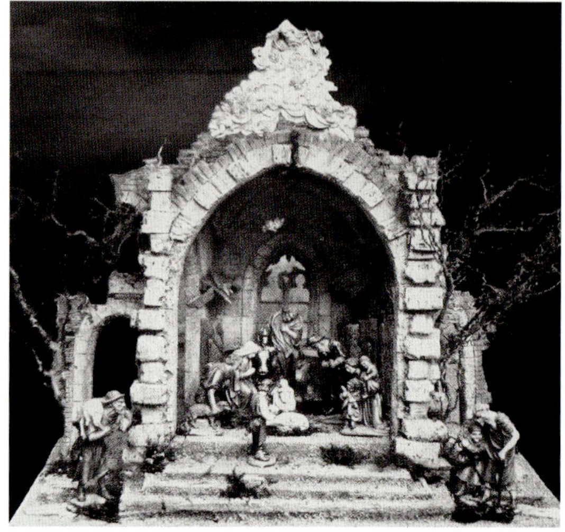

40 a/b Werbedrucke „Aus den Krippenwerken des akad. Bildhauers Seb. Osterrieder, München. Gesetzlich geschützt“. 40 a: „Die hl. Familie in Nazareth“, 40 b: „Kleine Hauskrippe“ (Figurengröße 15 cm). (Familienarchiv)

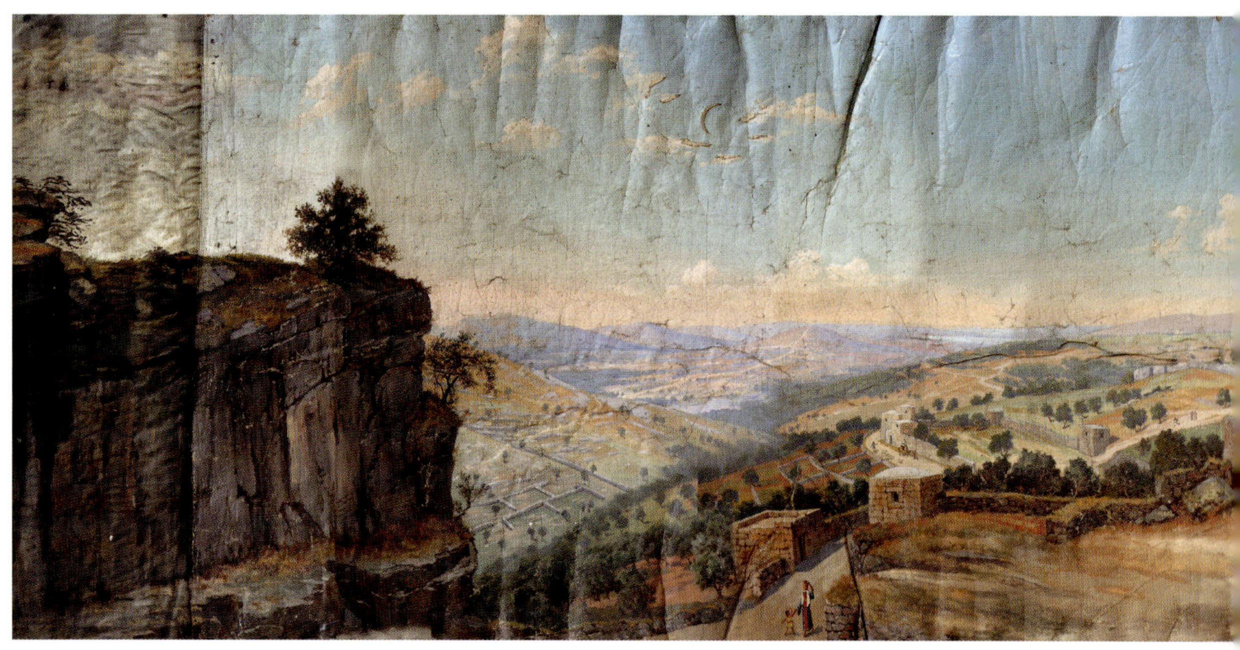

bogen-, fenster- und säulenreichen Bauten mit heißem Knochenleim bestrichen. Darauf wurde geraspelter Kork, bei Bodenteilen gegebenenfalls auch Sand gestreut und gleichmäßig verteilt. Korkmehl oder Sand fanden in unterschiedlichen Korngrößen Verwendung, sodass nach dem Erkalten des Leims unterschiedlich strukturierte, sehr echt wirkende und äußerst haltbare Oberflächen entstanden, die nun je nach Bedarf in Ziegelmauer- oder Hausteinmanier effektvoll bemalt werden konnten. Bei den „Kleinen Hauskrippen" entspricht der „Stall aus Holz" offenkundig einfachen, vielleicht damals in Mode gekommenen „Bastelarbeiten".

Durch Osterrieders Beauftragung mit der Domkrippe von Linz (s. Kap. 3.4.2) fand die Nachbildung der „Geburtsgrotte" Eingang in sein Krippenschaffen, dies in verstärktem Maße dann nach seiner Palästinareise. Der Grottenstall aus besonders haltbarer Steingussmasse wurde von ihm mit der Kennzeichnung beworben „rekonstruiert in genauem Maßstab der Grotte nativitatis Domini in Bethlehem". Osterrieder nannte diesen Krippentyp „Bethlehemkrippe". Auch hierfür schuf er äußerst malerische Inszenierungen. Meist führt von oben eine Treppe zur Grotte herab. Das auf der Grotte stehende Gebäude ist das „Haus der Abweisung", da hier Josef und Maria vergeblich um eine Herberge gebeten haben. Das Panoramabild zeigt rechts das ansteigende Stadtbild Bethlehems und links den Horizont hinter dem Tal der Hirten. Auch in anderen Szenen bilden Kulissenbauten wie etwa Stadttore den Hintergrund für Osterrieders Figuren.

Ab 1908 arbeitete Osterrieder mit dem Kunstmaler Josef Krieger (1848–1914) zusammen. Er war ein Landschafts- und erfahrener Panoramamaler und hatte seinerseits zu topographischen Studien Palästina bereist. Ein Ölbild „Landschaft bei Jerusalem" verrät seine Ortskenntnisse. Zusammen mit Krieger hatte der bekannte Maler Gebhard Fugel (1863–1939) die heute noch vielbesuchte Attraktion des Wallfahrtsortes Altötting, das 1200 qm große Rundgemälde der Passion Christi, geschaffen. Für Osterrieders Krippen haben

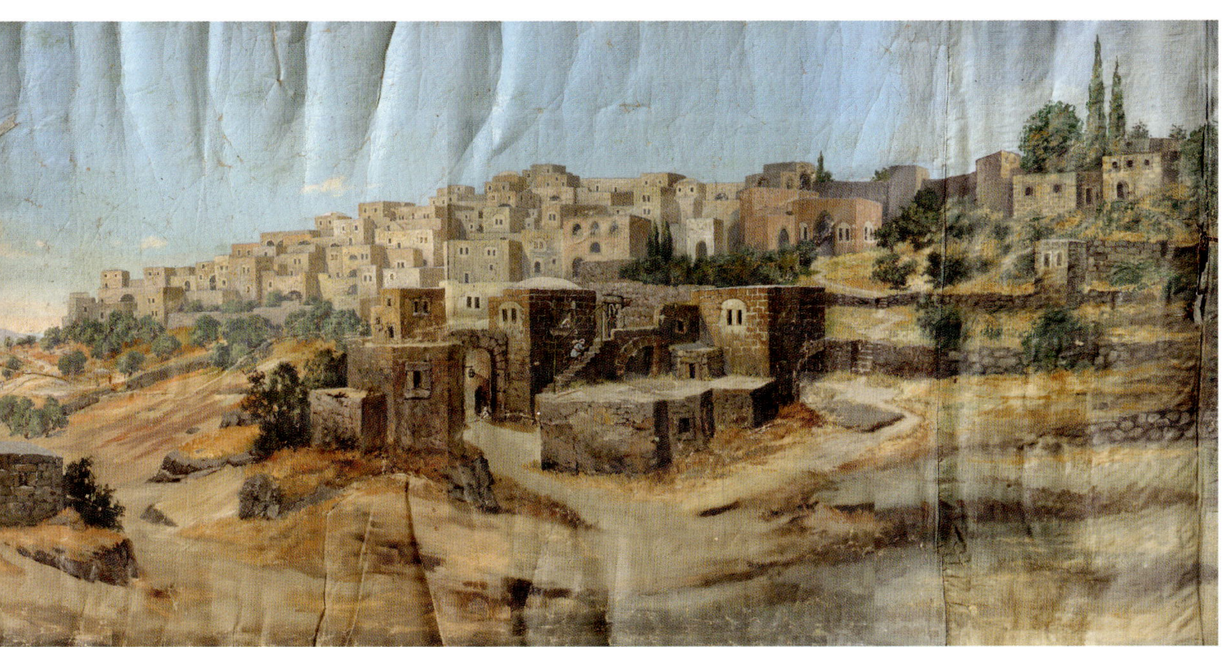

41 Panoramabild. Krippe der Pfarrkirche in Bad Wurzach. (Foto Ulrich Gresser, Bad Wurzach)

Krieger und andere Künstler qualitätvolle passende Hintergrundbilder gemalt, aufrollbare Leinwandgemälde in den Ausmaßen von ca. 1,50 m x 4,00 m. Neben Osterrieder-Krippen in Privatbesitz sind beispielsweise noch jene in Bissingen, Deidesheim und Bad Wurzach mit einem solchen Panorama ausgestattet (Abb. 41).

3.3 Besondere Beziehung zum Dominikanerorden

Auch ohne direkte Belege können wir davon ausgehen, dass Osterrieder schon zur Zeit seines Romaufenthaltes 1896/97 mit Mitgliedern des Dominikanerordens gut bekannt war, von ihnen möglicherweise bereits vorher gefördert worden war und in Rom bei ihnen auch wohnen konnte. Als der 1844 in Imst (Tirol) geborene P. Heinrich Suso Denifle OP, namhafter Kirchenhistoriker und seit 1883 Archivar im Vatikan, am 10. Juni 1905 auf der Durchreise in München unerwartet starb, konnte Osterrieder „von dem befreundeten Gelehrten" die Totenmaske sowie einen Abdruck der Hände herstellen. Osterrieder modellierte sodann aus Dankbarkeit und Verehrung eine Portraitbüste des Verstorbenen. Alabastergipsabgüsse davon waren, so erfahren wir im Oktober 1905 aus der „Kölnischen Volkszeitung", in Osterrieders Atelier in München zu erwerben.[311] Einen Bronzeguss (Abb. 42) dieser offenbar gut gelungenen Deniflebüste[312] konnte Osterrieder dann im Juni 1908 im Vatikan Papst Pius X. anlässlich dessen 50-jährigen Priesterjubiläums übergeben. Dabei habe der über das Geschenk hocherfreute Papst spontan seine Absicht geäußert, die Büste in der Bibliothek oder im Archiv des Vatikans aufzustellen. Ein ausführlicher Bericht über diese Papstaudienz im „Bayerischen Kurier" ist zweifach aufschlussreich: Zum einen wird die freundschaftliche Verbindung der Dominikaner mit Osterrieder aufgezeigt, zum anderen fällt episodenhaft ein angenehmes Licht auf das Wesen und Temperament des Künstlers. So habe nämlich von München aus „Seine Exzellenz der hochwürdigste Monsignore Nuntius Frühwirth", selbst ein Dominikaner, Osterrieder seinen römischen Ordensbrüdern herzlich anempfohlen mit der Folge, dass Osterrieder zur Audienz von hochrangigen Dominikanern begleitet wurde. Darunter waren der Generalprokurator, ein Ordensassistent und der Sekretär des Ordensgenerals, wie es heißt, um das Andenken des Mitbruders Denifle zu ehren sowie das Gespräch des Papstes mit Osterrieder zu dolmetschen. Und da der Papst sich verspätete, hätten alle Anwesenden, so der Zeitungsbericht, die Gelegenheit gehabt, Osterrieders Werk ausgiebig zu betrachten und zugleich mit dem bayerischen Künstler eine „gemütliche" Unterredung zu führen, an der sich auch die im Thronsaal anwesenden Nobelgardisten sowie der Hauptmann der Schweizergarde beteiligt hätten. Osterrieder hatte also dazu beigetragen, dass in diesen „heiligen Hallen", jedenfalls bis

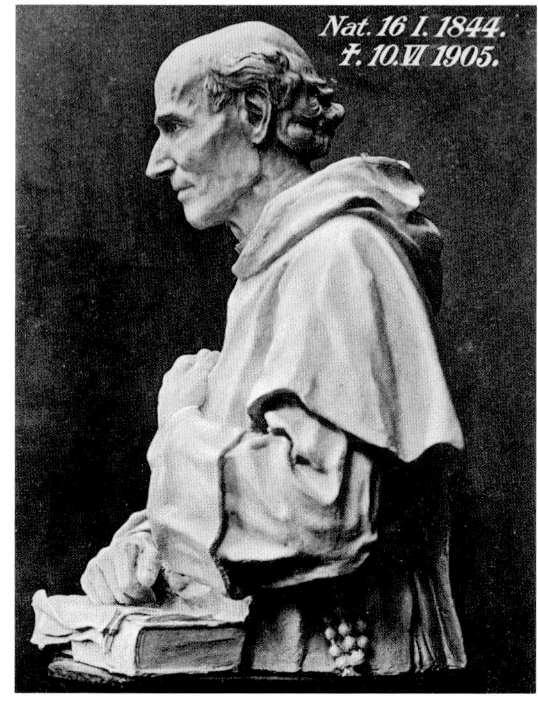

42 P. Heinrich Suso Denifle, Bronzebüste. (Postkarte, Familienarchiv)

zum Eintreffen des allerhöchsten Hausherrn, eine angenehm lockere Atmosphäre vorherrschte. Für sein Kunstwerk erhielt Osterrieder vom Papst die Goldene Jahresmedaille verliehen; die Auszeichnung wurde ihm in München von Nuntius Frühwirt überreicht.[313]

Der genannte Münchner Nuntius war der 1845 in St. Anna am Aigen in der Steiermark geborene und 1933 in Rom gestorbene Andreas Franz Frühwirth[314] (Abb. 43). Er war 1863 in den Orden eingetreten und von 1891 bis 1898 Generaloberer der Dominikaner in Rom gewesen. Anschließend in den Diensten der Kurie, wurde er 1907 zum Titularerzbischof von Heraclea und zugleich zum päpstlichen Nuntius in Bayern ernannt. In diesem Amt blieb er bis 1916 in München. 1915 zum Kardinal erhoben, versah er in Rom hohe Kirchenämter. Von 1927 bis zu seinem Tod fungierte Frühwirth sogar als Kanzler der römischen Kirche.

Die Freundschaft zwischen Nuntius Frühwirth und Osterrieder hatte sicher nicht erst in München, sondern schon bei Osterrieders erstem Romaufenthalt begonnen. Kleine äußere Zeichen der engen Verbundenheit sind auch, dass in den Räumen der Nuntiatur eine Osterrieder-Krippe stand und dass die Feier der Erstkommunion von Osterrieders Tochter Antonie und auch deren Firmung in der Hauskapelle der Nuntiatur stattfanden. Der Dominikaner Frühwirth, der sich seinerzeit für die (1931 erfolgte) Heiligsprechung des Dominikaners und Universalgelehrten Albertus Magnus einsetzte, trieb ab 1908 auch sehr nachdrücklich den Prozess der Seligsprechung der Mystikerin Margareta Ebner von Maria Medingen voran. Die 1291 in Donauwörth Geborene entstammte einem Patriziergeschlecht und war als 15-Jährige ins damalige Dominikanerinnenkloster Maria Medingen (heute Mödingen) bei Dillingen eingetreten, wo sie 1351 starb. Während langer Krankheit wurden ihr Visionen zuteil; ihr Briefwechsel hierüber mit dem Weltpriester Heinrich von Nördlingen, der sie als Prophetin verehrte, ist die älteste erhaltene Briefsammlung in deutscher Sprache. Darin beschrieb

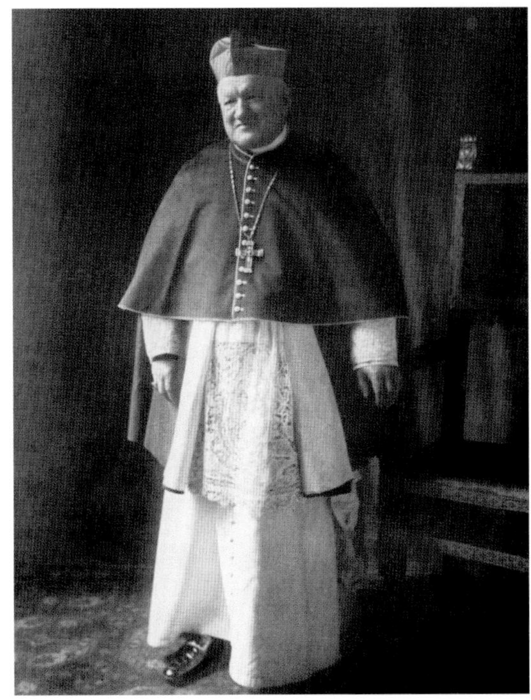

43 Kardinal Andreas Franz Frühwirth.
(Foto Erzbischöfliches Archiv München)

sie auch, wie der Herr ihr ein Jesuskind in einer Wiege gesandt habe. Margarethe gilt daher auch als älteste Zeugin für das „Kindlwiegen", einen vor allem in Nonnenklöstern geübten Brauch, bei dem eine „Christkindfigur aus Holz, Wachs, Ton oder anderen Materialien in einer meist kunstvoll ausgestalteten Wiege zur Verinnerlichung der Gedanken an den kindlichen Welterlöser"[315] rituell geschaukelt wurde. Das Grab der Mystikerin in der nach ihr benannten Kapelle der Klosterkirche von Maria Medingen, wo heute Franziskanerinnen wirken, ist auch jetzt noch Wallfahrtsziel.

In der Vorbereitungsphase zum kirchlichen Prozess einer Kanonisation der Margareta Ebner fuhr Osterrieder im Auftrag des Generalpostulators der Dominikaner für die Selig- und Heiligsprechungsangelegenheiten, P. Maurus Kaiser, und des Nuntius Frühwirth Ende Oktober 1909 nach

Medingen und „sah einige auf die Selige bezügliche Texte ein und nahm in meisterhafter Technik eine Reihe von Lichtbildern des Grabes, der Chorgestühlmalereien und verschiedener Erinnerungsstücke der Margarete Ebner auf. [...] Bereits am 16. November dankte der Generalpostulator Kaiser von Rom aus für die Zustellung des wohlgelungenen Bildmaterials.“[316]

Nachdem der Augsburger Bischof Maximilian von Lingg zu einem positiven Urteil gelangt war, war es im November 1911 soweit, dass die „Prozessakten der Ebner-Sache“ nach Rom zu überstellen waren. Nuntius Frühwirth betraute Osterrieder mit dieser Aufgabe. Ein Attest der k. k. österreichisch-ungarischen Gesandtschaft in München bescheinigt dies: „Im Auftrage Sr. Exzellenz des H. H. Apostolischen Nuntius, begibt sich Vorzeiger dieses, Herr Seb. Osterrieder, als Kabinettskurier von München nach Rom, um amtsgesiegelte Depeschen mit Einschluss der Akten des Seligsprechungsprozesses der Ehrw. Dienerin Gottes Margareta Ebner aus Kloster Maria Medingen der Hl. Kongregation der Riten zu überbringen. Die österreichisch-ungarische Gesandtschaft ersucht die k. k. Zollbehörden, diese Sendung sowie auch das Reisegepäck des Herrn Kabinettskuriers frei und ungeöffnet die Zollgrenze passieren zu lassen.“[317] Nuntius Frühwirth, Pater Maurus Kaiser und alle, die auf eine schnelle Seligsprechung der Margareta Ebner gehofft hatten, wurden enttäuscht. Die oft langen Entscheidungsfindungen Roms dauerten hier noch 68 Jahre: Die Jungfrau, Ordensfrau und Mystikerin Margareta Ebner wurde erst 1979 durch Papst Johannes Paul II. seliggesprochen.

Möglicherweise hat Osterrieder damals vorschnell gehandelt. So soll er bereits 1913[318] ein Hochrelief dieser Mystikerin in Arbeit gehabt haben. Ob es fertiggestellt wurde, ist nicht bekannt.

Der erwähnte, mit Osterrieder ebenfalls befreundete Dominikanerpater Kaiser (1853–1916), ein Luxemburger, war 1892 von Frühwirth nach Rom geholt worden, versah dort noch andere hohe Ordensämter und wurde 1910 mit dem Ehrentitel eines „Praedicator Generalis“, also eines Generalpredigers, ausgezeichnet. Er wird uns 1913 im Zusammenhang mit Osterrieders „Papstkrippe“ (s. Kap. 3.8.2) nochmals begegnen.

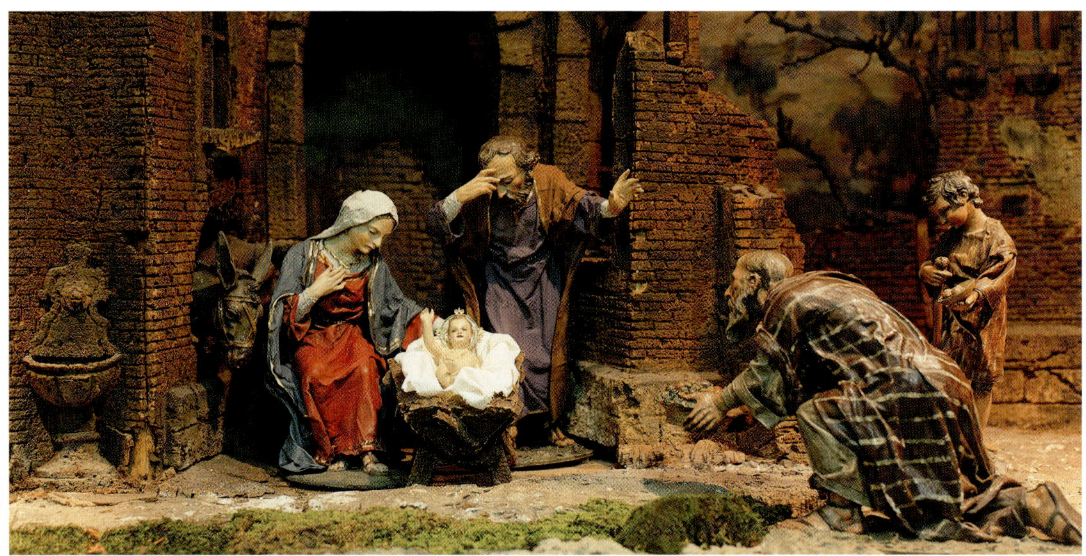

44 Geburtsszene. Krippe der Pfarrkirche Kirchdorf a.d.Krems. (Foto Harald Kaiblinger, Pettenbach OÖ.)

3.4 Krippen aus den Jahren 1906 bis 1908

Über die im Folgenden aufgeführten Krippen sind Pressenotizen oder Zuschriften an Osterrieder erhalten, die Datierungen möglich machen und auch zeigen, dass sein Name damals bekannt war und seine Werke in der Presse besprochen wurden. Anhaltende Beachtung fand die in diesem Zeitraum entstandene sog. „Kaiserkrippe" (s. Kap. 3.4.1), die Osterrieder im Berliner Schloss präsentieren konnte. Die Krippe für den neuen Dom zu Linz, an der Osterrieder ab 1906 arbeitete, weckte laut Zeitungsberichten von Beginn an große Erwartungen (s. Kap. 3.4.2).

Krippe in Bissingen: Zu der ab Weihnachten 1906 in der Pfarrkirche von Markt Bissingen bei Dillingen stehenden Krippe schrieb die „Höchstädter Zeitung": Sie ist „wirklich kunstgerecht, jedes kleinste Figürchen nach lebenden Modellen, anatomisch richtig, aufs Sorgfältigste modelliert, die Personenfiguren sind wirkliche Araber-Sicilianertypen, die Kleidung ist streng orientalisch, die Tiere sind lebensgetreu, insbesondere zeigt der Künstler seine eingehenden Tierstudien [...]."[319] Gleichermaßen positiv ist die Zuschrift von Expositus Krompaß aus Ludwigsthal im Bayerischen Wald: „Allgemein ist die Freude über die herrliche Krippe und wer sie bis jetzt gesehen hat, ist voll des Lobes über das schöne Kunstwerk."

Krippe in Landshut, St. Nikola: Peter Runz sowie der Kirchenführer[320] bezeichnen die Krippe als eine der ersten Bethlehem-Krippen in orientalischem Stil (Abb. 46). Osterrieder schuf hier möglicherweise erstmals den Grottenstall, den er in wesentlich größerem Maßstab damals für den Dom zu Linz in Arbeit hatte. Die Hintergrundlandschaft ist ein Werk des schon genannten Kunstmalers Krieger; im Zug der Könige trägt ein Reitersmann die Gesichtszüge Kaiser Wilhelms II.; es bleibt dahingestellt, ob dies eine künstlerische Intention von Osterrieder war oder ein Auftraggeberwunsch.

Krippe in Kirchdorf an der Krems: Um die Jahreswende 1908/09 berichtet die örtliche Presse:[321] „[...] Osterrieder, der an der großartigen Krippe für den Neuen Dom in Linz arbeitet, hat für die Pfarr-

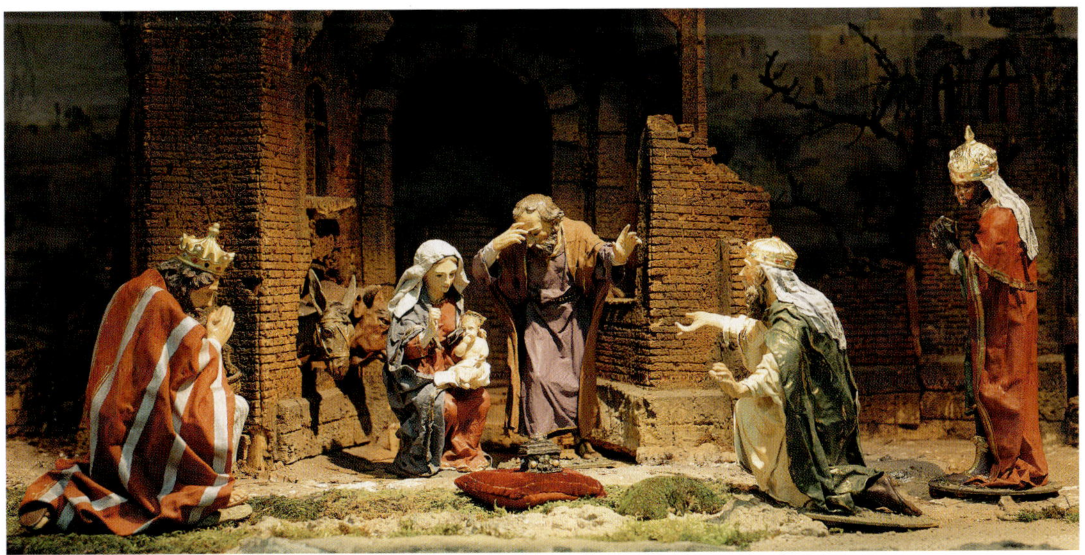

45 Anbetungsszene. Krippe der Pfarrkirche Kirchdorf a. d. Krems. (Foto Harald Kaiblinger, Pettenbach OÖ.)

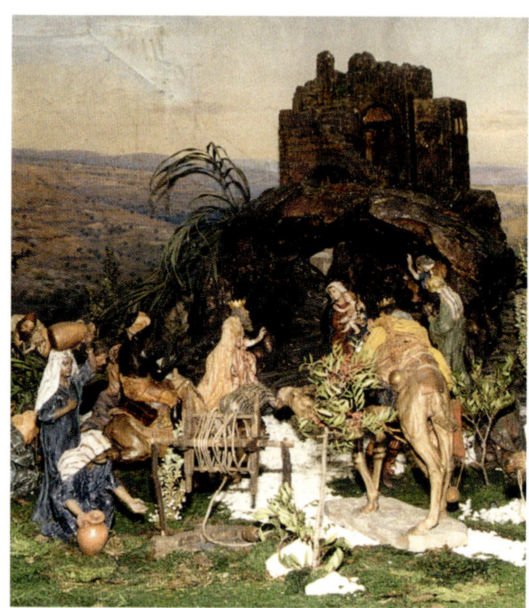

46 Anbetung. Krippe der St.-Nikola-Kirche Landshut. (Foto Peter Runz, Landshut)

kirche in Kirchdorf a. d. Krems eine herrliche Krippendarstellung geliefert. Zur Aufstellung gelangen Geburt und Anbetung der Hirten und Könige. Die Gebaulichkeiten der Krippe, Ruinen und halb zerfallenen Torbögen sind aus Kork gefertigt und entsprechen eben in ihrem ruinösen Zustand am ehesten der Wirklichkeit. [...] schuf er auch eine Krippe für die Pfarrkirche in Attersee." Spender der Kirchdorfer Krippe war ein lediger, 1908 im 63. Lebensjahr verstorbener Bauernknecht, den eine Anmerkung im Sterbebuch als „großzügigen Wohltäter der Kirche" (largus beneficator ecclesiae) bezeichnet. Die Pfarrchronik des Jahres 1908 vermerkt: „Neues Kripperl. Aus dem Vermächtnis des Johann Ferstl, Knecht, wurde nach seiner Bestimmung bei der Firma Osterrieder in München eine Krippe von 1.000.– Mark bestellt." Der sehr engagierte und sachkundige Krippenbetreuer Helmut Meixner konnte 1997 die Anschaffung einer 2,5 m x 1,0 m x 1,0 m großen Vitrine mit Sicherheitsglas erreichen, die zur Weihnachtszeit neben dem Altar zur Aufstellung kommt. Am Abend des 5. Januar 2009 hat Meixner den Figurenwechsel von der Anbetung der Hirten zur Anbetung der Könige als eine öffentliche Feier („100 Jahre Osterrieder-Krippe") gestaltet, bei der die Präsentation der restaurierten Figuren und der Vortrag von Professor Anton Aschauer über die Geschichte der Krippen sowie der jetzt 100-jährigen Osterrieder-Krippe auf großes Interesse stießen.

Krippen in Ausstellungen: In der Ausstellung des Kunstgewerbevereins 1908 habe, so die „Münchner Neuesten Nachrichten"[322], „vom Bildhauer Osterrieder [...] eine lebhaft bewegte und farbenzarte ‚Anbetung der Hirten' Aufstellung gefunden." Zwei Jahre vorher hatte es über die große Nürnberger Landesausstellung 1906 in der Presse[323] u. a. geheißen: „[...] fortwährend von Schaulustigen umlagert [ist] eine nach altsizilianischen Motiven gearbeitete, elektrisch beleuchtete große Krippe von Bildhauer Osterrieder in München. Die vielen Figuren, alle mit Glasaugen, sind meisterhaft modelliert und die ganze Darstellung [...] hochkünstlerisch [...], ein Schaustück ersten Ranges [...]." Diese wichtigen Krippenausstellungen waren in eine für Osterrieder äußerst arbeitsintensive Zeit gefallen (s. Zeittafel). Für ihre Ausrichtung hatte er, wie auch Karl Spengler[324] schreibt, in dem Kunststudenten Zehentbauer einen fähigen Mitarbeiter gefunden. Otto Zehentbauer (1880–1961), den Osterrieder von Landshut her kannte, war nun neben seinem Studium an der Akademie der bildenden Künste bis 1911 in Osterrieders Werkstatt u. a. beschäftigt „mit dem Einsetzen der Glasaugen und der Kaschierung der Kleidung, einer Routinearbeit, die ihn auf die Dauer nicht befriedigt" habe.[325] Zehentbauer, der später selber ein bekannter Bildhauer und Krippenkünstler wurde, war somit ein Schüler Osterrieders, wie dies auch seine Krippen und seine Figurentechnik erkennen lassen.

47 Sogenannte Kaiserkrippe. Geburtsszene. Prunkstall. Herzogskasten Stadtmuseum Abensberg. (Foto Siegfried Wameser, München)

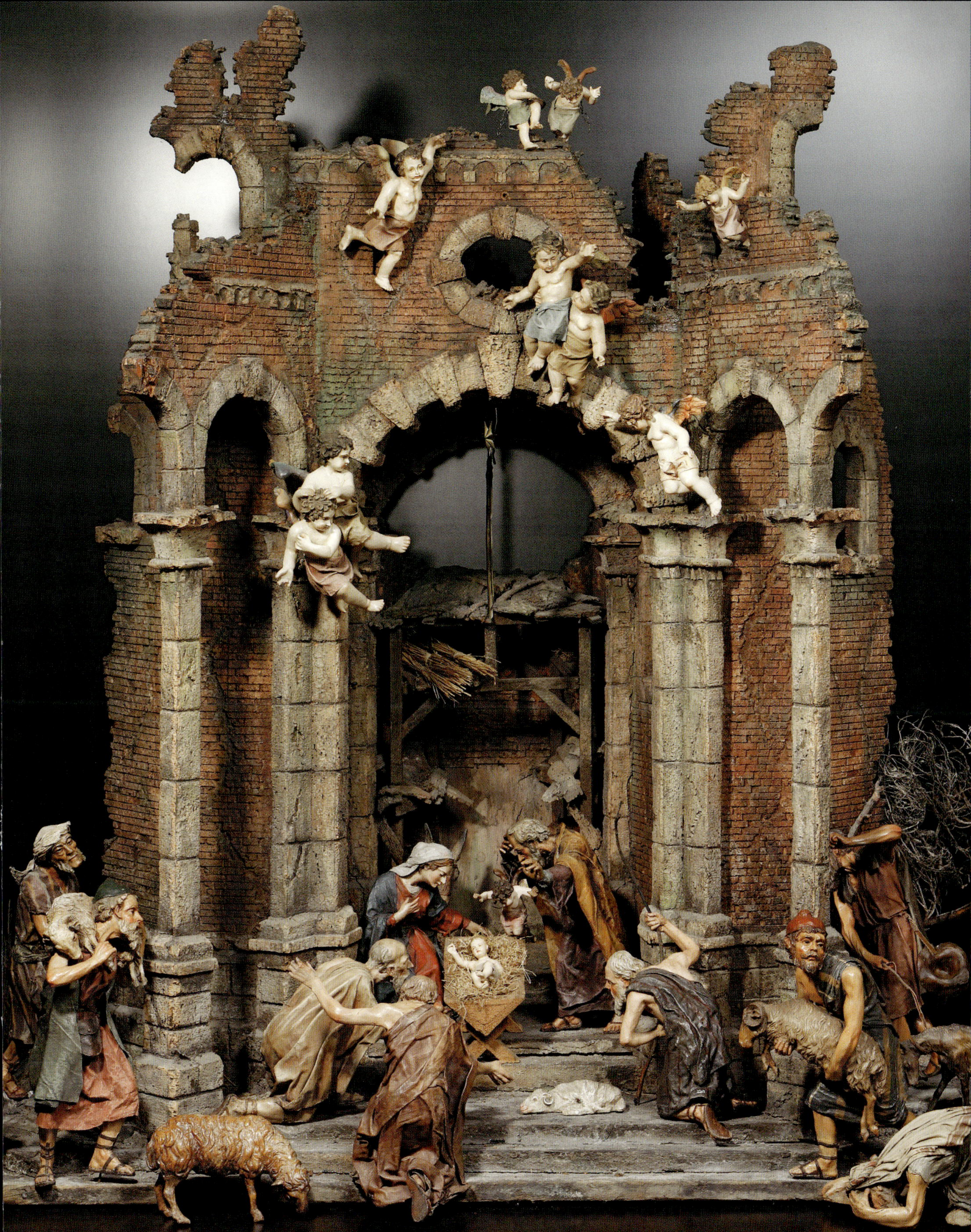

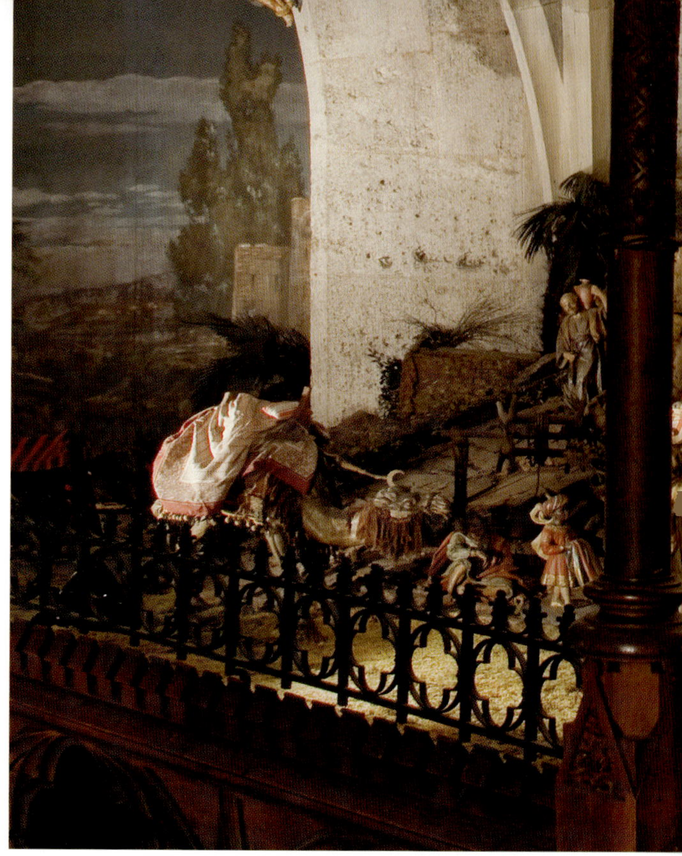

3.4.1 Die „Kaiserkrippe" im Berliner Schloss

Mit seiner sog. „Kaiserkrippe" konnte Osterrieder sein Krippenschaffen nachhaltig bekannt machen. Mehrere Zeitungen, darunter am 23. Februar 1907 die „Landshuter Zeitung"[326], berichteten, dass Osterrieder im Apollosaal des Berliner Schlosses einen Teil seiner Krippe aufstellen durfte und die Ehre hatte, von „Ihrer Majestät der Kaiserin Auguste Victoria" in Anwesenheit mehrerer Prinzen und Prinzessinnen eine längere Audienz zu erhalten. Die Kaiserkrippe – sowohl die Mittelgruppe mit dem Prunkstall allein als auch die gesamte Szenerie – wurde neben der Linzer Krippe sowie den Nazarethszenen ab jener Zeit in Zeitungen und Zeitschriften jahrelang um die Weihnachtszeit publikumswirksam als „Krippe Sr. M. Kaiser Wilhelms II." abgebildet,[327] eine Bezeichnung, die auch von Osterrieder selbst in seinen Werbedrucken immer wieder verwendet wurde.

Osterrieder hat für die „Kaiserkrippe", nach unserer Kenntnis zum ersten Mal, die kaschierten Figuren der Heiligen Familie in ihrer bekannten, in Haltung und Gestik so wohlgelungenen und gefälligen Form geschaffen, dass er sie zeitlebens beibehalten konnte (s. Abb. 34 a/b). Dasselbe gilt auch für die Hirten und Könige. Mit der zeitlosen Schönheit dieser Figuren gelang Osterrieder der endgültige künstlerische Durchbruch zum anerkannten Erneuerer der Krippenkunst. In den Zeitungsberichten von 1907 heiß es weiter, Osterrieder habe zu der einige Tage später gewährten Audienz bei Kaiser Wilhelm II. „erheblicher Erkrankung zufolge" leider nicht erscheinen können. Osterrieder hatte damals einen Förderer, der die Krippe der kaiserlichen Familie stiftete, denn im Zeitungsbericht ist weiter zu lesen: „[...] durch einen Kunstkenner ging ein Teil seiner Krippen-Studien, die große Mittelgruppe (Stall-Gruppe), Ruinen-Brunnen-Kamel-Gruppe der ausgestellten Krippe in den Privat-Besitz des Kaisers über." Sie wurde, wie die „Augsburger Zeitung"[328] wenig später berichtete, „von Sr. Majestät ins k. Museum überwiesen", damit die Allgemeinheit das Kunstwerk besichtigen könne. Diese möglicherweise vorübergehende Aufstellung im Museum steht nicht im Widerspruch zum überlieferten weiteren Weg dieser Krippe. So soll sie jedes Jahr am Heiligen Abend ein besonderer Blickfang neben dem großen Christbaum im Muschelsaal des neuen Palais in Potsdam gewesen sein. Nach seiner Abdankung im Jahr 1918 sei sie vom Kaiser mit ins holländische Exil in Schloss Doorn genommen worden, wo sie mutmaßlich bis in die 1970er-Jahre verblieb.[329] Später tauchte sie in einem Versteigerungskatalog der Kölner Firma Lempertz auf und wurde in den 1970er-Jahren von dem Kunsthändler Johannes Trütschler in Schloss Adlhausen (bei Abensberg) erworben. In der Folgezeit bemühten sich Fritz Angrüner und Adolf Buchenrieder, beide ehrenamtliche Leiter des Abensberger Heimatmuseums, diese Krippe in Osterrieders Vaterstadt

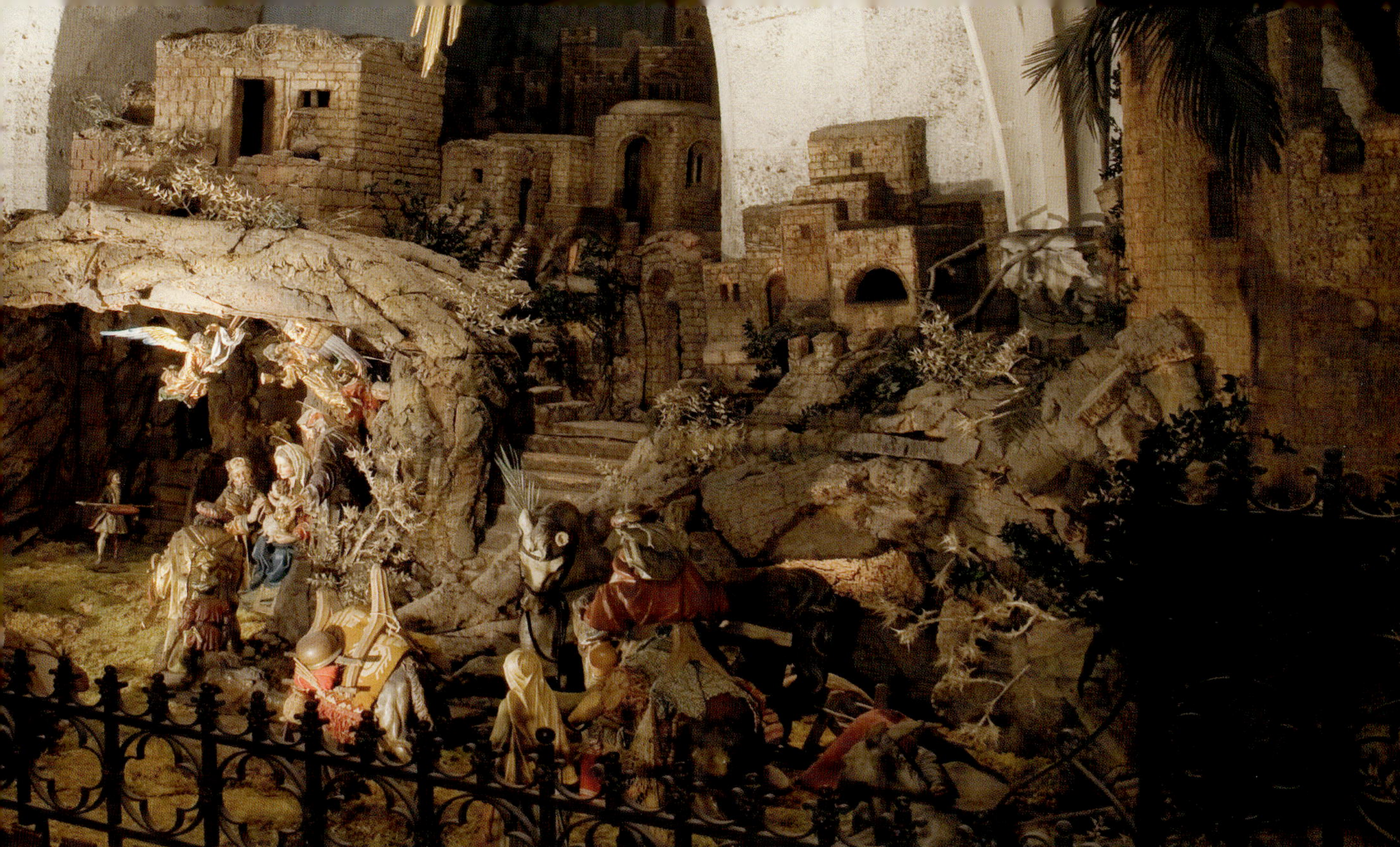

48 Osterriederkrippe in der Krypta des Neuen Domes zu Linz. (Foto Paul Kranzler, Linz)

zur Aufstellung zu bringen. Schließlich konnte sie im Jahr 2000 aus den Beiträgen und Spenden[330] des auf Initiative von Gertraud Schretzlmeier, der 3. Bürgermeisterin von Abensberg, hierfür eigens gegründeten Krippenvereins e.V. für Abensberg erworben werden. Seitdem ist Osterrieders „Kaiserkrippe" im Stadtmuseum Herzogskasten Teil der Dauerausstellung. (s. Abb. 47)

3.4.2 Die größte Osterrieder-Krippe für den Linzer Dom

Wieder war es ein hoher Kirchenmann, der auf Osterrieders Krippenschaffen einen wichtigen Einfluss nahm. Der Bischof von Linz, Franz Maria Doppelbauer (1845–1908), hatte als Palästinapilger den Entschluss gefasst, in dem damals immer noch im Bau befindlichen neuen Dom zu Linz „eine Krippe von herausragender Schönheit und Größe" aufstellen zu lassen. Osterrieder war es, der Bischof Doppelbauers Wunsch nach „der größten Krippe der Welt" realisieren konnte. In den Jahren 1908 bis 1913 entstand mit den mehr als vierzig Figuren aus Lindenholz das größte Schnitzwerk Osterrieders.

In den „Christlichen Kunstblättern", dem Organ des Linzer Diözesankunstvereines, war schon im Jahre 1905 die Ausstattung des neuen Domes mit einer Weihnachtskrippe angesprochen worden. In seinem Beitrag „Alte und neue Krippenkunst" im Januar-Heft 1908 hatte Balthasar Scherndl die Linzer Öffentlichkeit dann erneut auf den Münchener Künstler aufmerksam gemacht.[331] Das Dombaukomitee hatte einer Krippenanschaffung unter der Bedingung zugestimmt, dass die Kosten hierfür nicht aus der Baukasse, sondern durch Spenden finanziert werden. Nach Scherndls Schilderung hatte es im Komitee einige Gegenreden gegeben, „als aber am Schlusse der Sitzung zur Besichtigung des Modells[332] eingeladen wurde, da hieß es einstimmig: Ah, das ist keine Kinderspielerei, sondern wahre Kunst. Eine solche Krippe ist unseres Domes würdig [...].“

Im Jahr 1906 hatte Osterrieder das bestellte Krippenmodell nach Linz geliefert. Die „Münchner Illustrierte Zeitung“[333] brachte davon eine Abbildung. Osterrieders Modell wurde sehr positiv beurteilt, denn er hatte zum einen unter Beweis gestellt, dass er die vorgegebenen Raum- und Größenverhältnisse souverän beherrschte, zum anderen hatte er mit seiner möglichst getreuen Nachbildung der Geburtsgrotte sowie der bethlehemitischen Landschaft ganz den speziellen Wünschen Bischof Doppelbauer entsprochen. 1908 wurde mit Osterrieder ein Vertrag geschlossen, demzufolge bis Weihnachten 1909 die Geburtsgrotte samt den dazugehörenden Figuren zu liefern war und in den folgenden Jahren jeweils jene Figuren, welche weiter bestellt würden. Eine in der Dombauzeitschrift „Ave Maria“[334] bekanntgegebene Sammelstelle sollte die Mittel zur sukzessiven Beschaffung der Krippe auftreiben. Die Erwartungen wurden nicht enttäuscht. Waren bis Ende 1909 5.647 Kronen gespendet worden, so wurden bis zum Jahr 1913, also innerhalb von fünf Jahren, die Gesamtkosten von 28.000 Kronen aufgebracht.

Der neugotische Dom zu Linz, in den Jahren 1862–1924 erbaut, war seinerzeit das größte Bauvorhaben der Donaumonarchie und ist heute noch die größte Kirche Österreichs. Dies erlaubte und verlangte auch für die Domkrippe ganz außergewöhnliche Maßstäbe. Sie sollte in der Unterkirche, im Oktogon unter dem Hauptaltar, zur Aufstellung kommen. Die dort vorgegebene Breite von zwölf Metern erforderte des Gesamteindrucks wegen auch eine entsprechende Höhe. Osterrieder löste dieses Problem, indem er über der Geburtsgrotte einen Engelschor gewaltigen Ausmaßes schweben ließ. Dieses Schnitzwerk (s. Abb. 50) stellt neben der Geburtsgruppe einen zweiten Glanzpunkt der Linzer Krippe dar.

Die Krippe kam in den vertraglich festgelegten Etappen zur Aufstellung, was alle Jahre ein ausgiebiges publizistisches Echo fand. Im Jahr 1909 wurde der erste Teil, die Geburtsgrotte mit der Heiligen Familie und einigen Hirten, in einem auf dem Domplatz eigens errichteten Holzpavillon ausgestellt. Zum Zweck des weiteren Spendensammelns war dies sicher eine richtige Entscheidung. Schon damals und auch nochmals 1910 bei der Präsentation der Krippe mit vermehrter Ausstattung an Figuren schrieben die Zeitungen „Die Krippe war buchstäblich umlagert“ oder „Die Krippe gehört jetzt schon zu den Sehenswürdigkeiten des Domes“.[335]

Im „Linzer Volksblatt“ vom 28. Dezember 1910[336] wird die Krippe ganz ausführlich – mit Erwähnung der einzelnen, ganz typischen Osterrieder-Figuren und ihrer Inszenierung – besprochen:

„Der Stall zur künftigen großen Krippe des Domes, der im vorigen Jahre erstmals aufgestellt war und allseitige Bewunderung erregte, hat heuer eine ausgiebige Bereicherung durch elf weitere Figuren erfahren. Im Innern des Stalles schwebt über der eigentlichen Geburtsstelle – der Stall ist bekanntlich der Geburtsgrotte in Bethlehem genau nachgebildet – Gottvater, von vier lieblichen Engeln in Goldkleidern umgeben. Zwei von diesen musizieren auf Flöte und Gitarre, zwei singen das Gloria in excelsis Deo, das sie auf Spruchbändern geschrieben in Händen halten.[337] Sechs Hirten gruppieren sich um das Christkind. Drei beten es kniend an und bieten ihm ihre Gaben dar: ein Lamm, Früchte und Geflügel. Zwei schleppen je ein Lamm herzu, der eine auf den Schultern, der andere in den Armen. Der sechste, ein junger Bursche, spielt auf einer Doppelflöte. Jede einzelne Figur ist, wie man ohne Übertreibung sagen kann, ein Kunstwerk. Die teilweise äußerst schwierig zu gebende, aber desto malerischer wirkende Haltung der Hirten beweist durch ihre anatomisch tadellose Durchführung, dass jede Figur nach lebendem Modell sorgfältig studiert und ausgearbeitet wurde. Der Gesichtstypus ist echt orientalisch. Die Gestalten

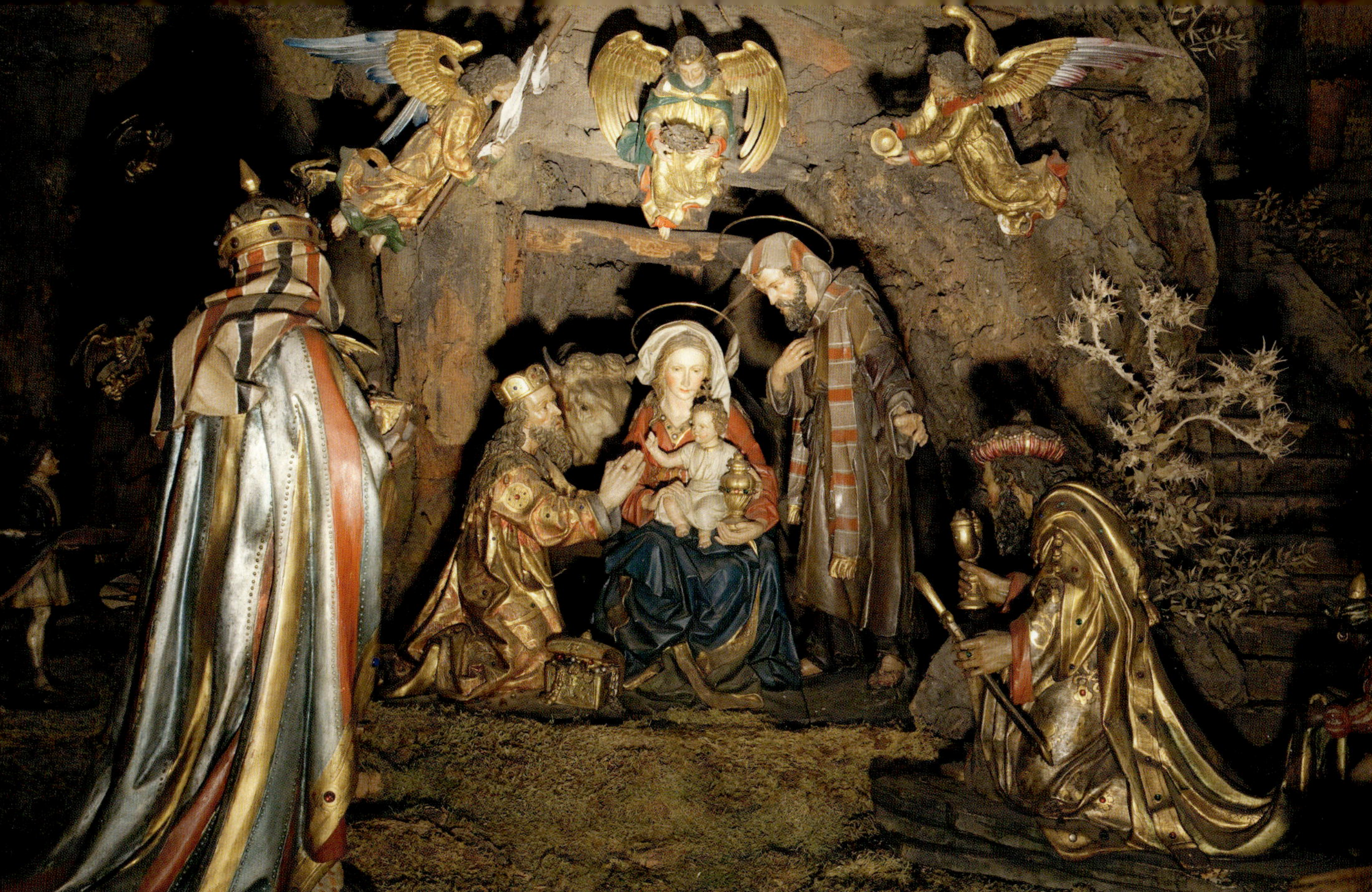

49 Anbetungsszene. Krippe des Domes zu Linz. Figuren Lindenholz. (Foto Paul Kranzler, Linz).

tragen trotz ihrer Derbheit in Körperbau und Antlitz gläubige Anbetung und Bewunderung zur Schau. Der flötenspielende Hirte, zu welchem dem Künstler ein junger Italiener Modell stand, ist eine Figur von klassischer Schönheit. Die Gewandung der Hirten ist ebenso wie ihr Gesichtstypus genau nach der Natur ausgeführt, sowohl in der Form wie in der bunten Bemalung. Die Gesamtgruppe in und vor dem Stalle wirkt äußerst malerisch und gibt dem Beschauer das lebhafteste Bild der einstigen Wirklichkeit. Dieser Teil der Krippe ist nunmehr vollendet bis auf drei Figuren, von denen eine am Hause ober dem Stalle, die anderen zwei auf den beiden Stiegen, die in die Grotte führen, aufgestellt werden.[338] Es ist aber auch der Raum, der jetzt der Krippe zur Verfügung steht, vollkommen ausgefüllt. Eine Erweiterung wäre an diesem Platze nicht mehr möglich; im Gegenteil stehen die einzelnen Figuren jetzt schon zu nahe aneinander und es würden insbesondere die in Rücksicht auf die künftige Perspektive größer gehaltenen vorderen Hirten noch besser zum Gesamtbilde stimmen, wenn sie etwas weiter entfernt aufgestellt werden könnten. – Das soll nun im nächsten Jahre geschehen. [...] Die Krippe gehört aber jetzt schon zu den Sehenswürdigkeiten des Domes und war auch in diesen Feiertagen wieder tatsächlich von Betern und Bewunderern fortwährend umlagert. [...].“

In den folgenden drei Jahren wuchs Osterrieders Krippe zur endgültigen Größe an, zuletzt mit der Aufstellung der Hl. Drei Könige. Nur einige Kurzzitate aus der damaligen Berichterstattung:[339] „Zu Weihnachten 1913 war das Werk gänzlich vollendet. [...] Die Krippenkunst erfährt eine neue

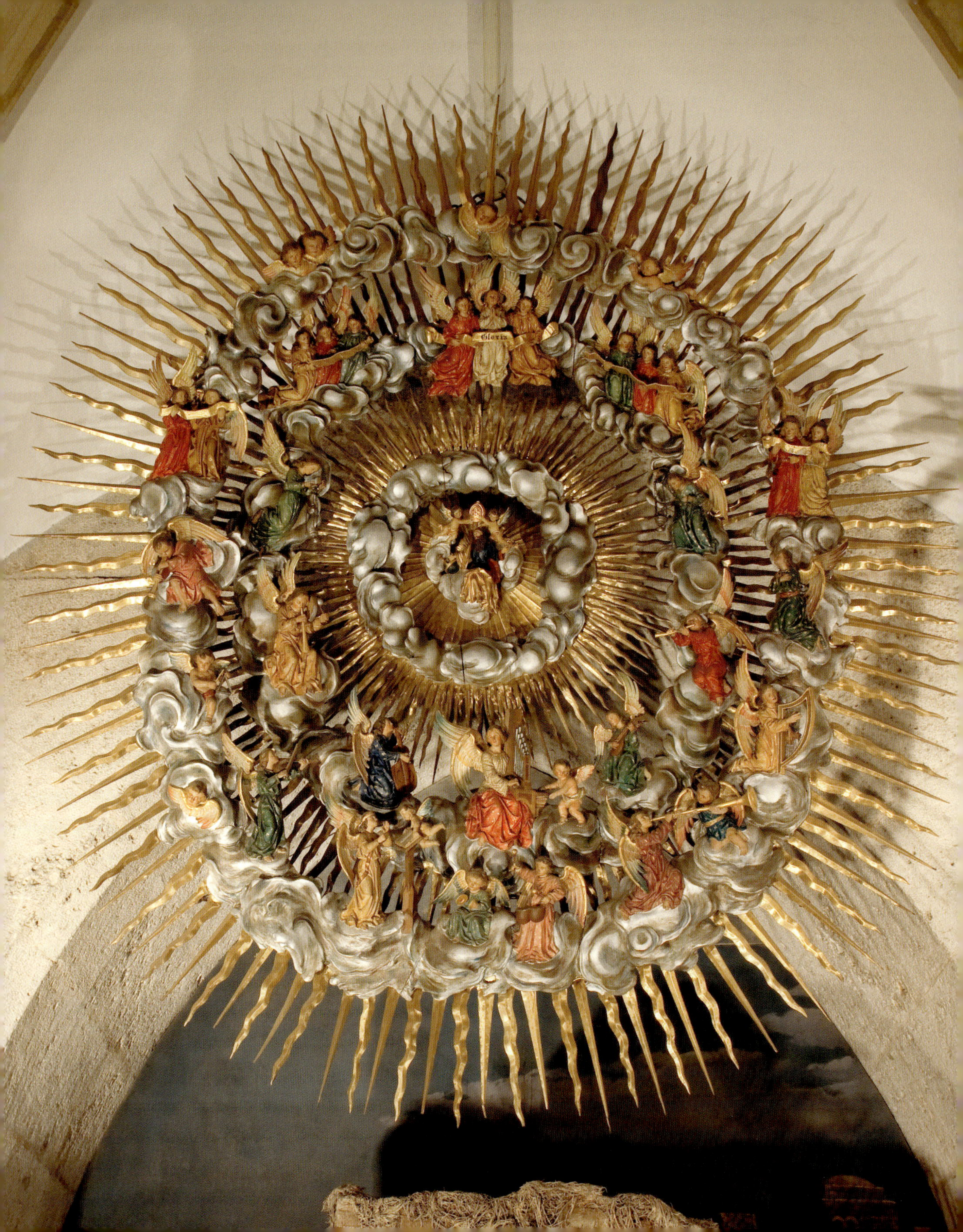
Gloria

Belebung [...] durch orientalische Typen und Gruppen [...], die Hirten sind echte, allerdings nicht einheimische, sondern orientalische Volksfiguren [...]." Eine begeisterte Kritik erschien wieder im „Linzer Volksblatt":[340]

„Die Krippe hat eine neue Anziehungskraft erhalten durch die Aufstellung der heiligen drei Könige. Jeder derselben ist ein künstlerisches Meisterwerk. So prachtvoll die Gestalten der hl. drei Könige sind, so reizend sind die Figuren der schleppentragenden Knaben. Der Glanzpunkt der ganzen Krippendarstellung ist die Muttergottes mit dem Jesuskinde, die in königlicher Hoheit, das Gewand in mittelalterlichen Faltenwurf gelegt, ihr Kind den hl. drei Königen zeigt. Der schönste der hl. drei Könige ist der weiße, der direkt vor dem Jesuskinde kniet. Der Künstler hat ihm die Züge des hl. Leopold gegeben, des Landespatrons von Ober- und Niederösterreich. Auf dem Kopfe trägt er die deutsche Kaiserkrone[341] und ein mittelalterlich gekleideter Edelpage trägt hinter dem Könige das Zepter. Von ungemein guter Wirkung ist auch der Kamelreiter, der seinerzeit schon in der Auslage des kath. Pressvereins viel bewundert worden ist. Die einen Meter hohe Figur erscheint bei den gewaltigen Dimensionen der Krippe jetzt bedeutend kleiner. Der Kamelreiter, als Gefolge der hl. Drei Könige gedacht, reitet eben duch das Tor von Bethlehem. Da das übrige Gefolge der hl. drei Könige noch fehlt[342], sind im übrigen Raume noch einige Hirtenfiguren aufgestellt. Die Verkündigungsszene mit den Hirten ist mit dem Verkündigungsengel jetzt verschwunden. Täglich ist seit der Aufstellung der hl. drei Könige die Krippe wieder von Zuschauern und Betern belagert und in die beiden Opferstöcke bei der Krippe fällt manch klingendes Opfer, um die großen Kosten dieser prächtigen Krippe decken zu können."

Diese Osterrieder'sche Krippe war von Anbeginn die weihnachtliche Sehenswürdigkeit von Linz. Der anhaltende Besucherandrang führte dazu, dass sie nicht am geplanten Platz in der Unterkirche, sondern im Dom selbst in einem eigenen Holzgehäuse in Form eines unregelmäßigen Sechsecks aufgestellt wurde. Der alljährliche Auf- und Abbau war aber mühsam und tat auch den Figuren nicht gut. So entschied man sich im Jahr 1919, die Domkrippe doch in die Krypta zu verlegen und dort ganzjährig zu zeigen.

Die aus Lindenholz geschnitzten Plastiken sind die größten Krippenfiguren aus Osterrieders Hand. Um die Tiefenwirkung zu steigern, weisen die Figuren entsprechend ihrem Standort innerhalb der Krippenszenerie unterschiedliche Größen auf; so misst der an der Grotte stehende hl. Josef 65 cm in der Höhe, die näher beim Betrachter stehenden Hirten aber 75 cm. Dabei entsprechen die Hirten in Haltung und Gestik vollständig Osterrieders üblichen kaschierten Hartgussfiguren von 25–30 cm Höhe, sodass auch die Linzer Krippe sogleich als ein Osterrieder-Werk zu erkennen ist.

Osterrieder lässt in der Höhle über der Heiligen Familie drei Engel schweben, welche die *Leidenswerkzeuge* Christi in ihren Händen halten. Diese „Arma Christi" weisen auf das spätere Geschick des Kindes in der Krippe hin. Osterrieder gibt damit seiner Krippe eine theologische Deutung, die nicht nur das Geschehen der Geburt Jesu, sondern die ganze Heilsgeschichte umfasst. Dem Autor ist diese Verbindung von Kreuz, Dornenkrone und Kelch mit dem Weihnachtsgeschehen vorher nicht bekannt, sondern nur die mit einzelnen Jesuskindfiguren.[343] Möglicherweise war dies eine Idee Sebastian Osterrieders oder auch die eines seiner geistlichen Auftraggeber (s. auch Kap. 3.8.2).

Der über der Geburtsgrotte schwebende Engelschor, von dem schon die Rede war, ist ein in seiner Art einzigartiges Schnitzwerk. Osterrieder brachte darin alle Freuden des Himmels zum Ausdruck. Mit spürbarer Begeisterung wird es vom Domherrn und Generalvikar Balthasar Scherndl beschrieben:[344]

„[...] neben der Geburtsgruppe ist es der Glanzpunkt der ganzen Krippe und ein Unikum in der Welt. An diesem hat der Meister seine ganze

50 Engelschor. Krippe des Linzer Domes. Lindenholz. (Foto Paul Kranzler, Linz)

Kunst, seine sprühende Phantasie betätigt. Er zeigt uns den geöffneten Himmel. Im Mittelpunkt schwebt Gott Vater[345] auf Goldgrund, umgeben von einem Wolkenkreise, aus dem reiche Goldstrahlen ausgehen. Auf zwei weiteren Wolkenkreisen, die wiederum von schimmernden Goldstrahlen umflossen sind, erscheinen nicht weniger als 34 Engel und 5 Engelköpfe. Die drei Wolkenbogen sind so angeordnet, daß der Äußerste im Vordergrund schwebt und die beiden anderen sukzessive hinter diesen zurücktreten. Durch diese Anordnung ist eine Tiefe gewonnen, welche den Beschauer tatsächlich einen Blick wie in den geöffneten Himmel hinein machen läßt. Und welch ein Leben herrscht im geöffneten Himmel, welch ein frohes Singen und Jubilieren und Musizieren der Engel! Oben sind die Sänger in Gruppen zu dreien und zweien angeordnet. In der Mitte schwingt beiderseits ein Engel das Rauchfaß nach Gott Vater hin, über dessen Haupte zwei Engel die Krone halten.

Die untere Partie der Engel ist mit Musikinstrumenten aller Art ausgestattet. Man sieht Orgel, Harfe, Flöte, Laute, Triangel, Violine, Tschinelle, Trommel, Trompete usw. Sind die Engel einerseits wahre Kunstwerke, welche unwillkürlich an die Werke der alten Meister Fra Angelico, Raffaelo Santi, Gubbio, Coreggio usw. erinnern, so ist andererseits die Auffassung des Künstlers eine so kindlich naive, wie sie in Wahrheit zu einer Krippe gehört, in welcher ja hoher Kunst zugleich das Wesen der Volkskunst verliehen werden soll. Man beachte z.B. den Engel, der mit der Hand den Blasbalg der Orgel drückt, den Trompeter mit einem so langen Instrument, daß ein anderer Engel es ihm eigens halten muß, und vor allem den Chordirigenten, der erhobenen Hauptes dasteht, hingerissen und entzückt vom himmlischen Wohlklang der Gesänge und Harmonien, das Dirigentenstäbchen in der Rechten, die Linke sanft erhoben, fast als wollte er zu einem Piano einladen nach dem allseitigen Fortissimo-Jubel. Ein Engelchen schwebt über dem Notenpult, die Augen fragend auf den Dirigenten gerichtet, ob schon Zeit zum Umblättern sei.

Nicht zu übersehen ist die außerordentlich schwungvolle Schnitzerei der Wolken und Wolkenknäuel, für Bildhauer und Maler eine schwere Aufgabe. Die Höhe des größten Wolkenbogens beträgt 170 Zentimeter, samt den Strahlen 230 Zentimeter, seine Breite 150 Zentimeter. Die Strahlen sind aus goldglänzender Duranabronze. Alle kulissenartigen Bauten der Krippe sind aus Holz, die Wände in der schon beschriebenen Weise mit Korkmehl verleimt (s. Kap. 3.2) und bemalt."

Dieses Rahmenwerk der Krippenszenerie ist unter der Aufsicht Osterrieders in Linz angefertigt worden. Das Gleiche gilt für die farbige Fassung seines geschnitzten Engelschores. Diese wurde seinerzeit „dem Linzer Vergolder und Faßmaler Franz Klambauer anvertraut, der seine Meisterschaft auch in diesem Werk glänzend bewährte".[346]

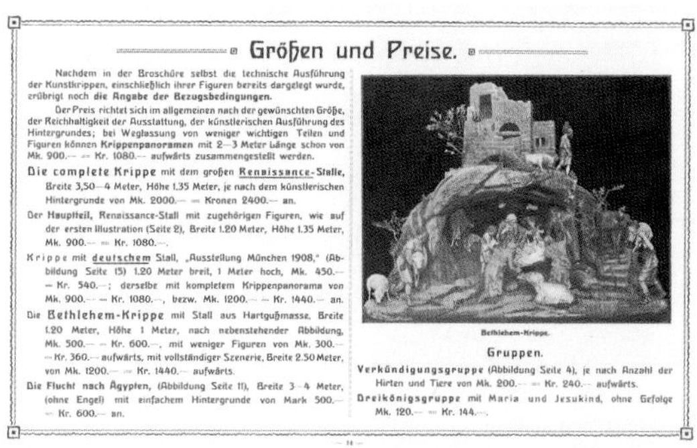

Größen und Preise.

Nachdem in der Broschüre selbst die technische Ausführung der Kunstkrippen, einschließlich ihrer Figuren bereits dargelegt wurde, erübrigt noch **die Angabe der Bezugsbedingungen.**

Der Preis richtet sich im allgemeinen nach der gewünschten Größe, der Reichhaltigkeit der Ausstattung, der künstlerischen Ausführung des Hintergrundes; bei Weglassung von weniger wichtigen Teilen und Figuren können **Krippenpanoramen** mit 2—3 Meter Länge schon von Mk. 900.— = Kr. 1080.— aufwärts zusammengestellt werden.

Die complete Krippe mit dem großen Renaissance-**Stalle**, Breite 3,50—4 Meter, Höhe 1.35 Meter, je nach dem künstlerischen Hintergrunde von Mk. 2000.— = Kronen 2400.— an.

Der **Hauptteil**, Renaissance-Stall mit zugehörigen Figuren, wie auf der ersten Illustration (Seite 2), Breite 1.20 Meter, Höhe 1.35 Meter, Mk. 900.— = Kr. 1080.—.

Krippe mit deutschem Stall, „Ausstellung München 1908," (Abbildung Seite 15) 1.20 Meter breit, 1 Meter hoch, Mk. 450.— = Kr. 540.—; derselbe mit kompletem Krippenpanorama von Mk. 900.— = Kr. 1080.—, bezw. Mk. 1200.— = Kr. 1440.— an.

Die **Bethlehem-Krippe** mit Stall aus Hartgußmasse, Breite 1.20 Meter, Höhe 1 Meter, nach nebenstehender Abbildung, Mk. 500.— = Kr. 600.—, mit weniger Figuren von Mk. 300.— = Kr. 360.— aufwärts, mit vollständiger Szenerie, Breite 2.50 Meter, von Mk. 1200.— = Kr. 1440.— aufwärts.

Die Flucht nach Ägypten, (Abbildung Seite 11), Breite 3—4 Meter, (ohne Engel) mit einfachem Hintergrunde von Mark 500.— = Kr. 600.— an.

Bethlehem-Krippe.

Gruppen.

Verkündigungsgruppe (Abbildung Seite 4), je nach Anzahl der Hirten und Tiere von Mk. 200.— = Kr. 240.— aufwärts.

Dreikönigsgruppe mit Maria und Jesukind, ohne Gefolge Mk. 120.— = Kr. 144.—.

— 14 —

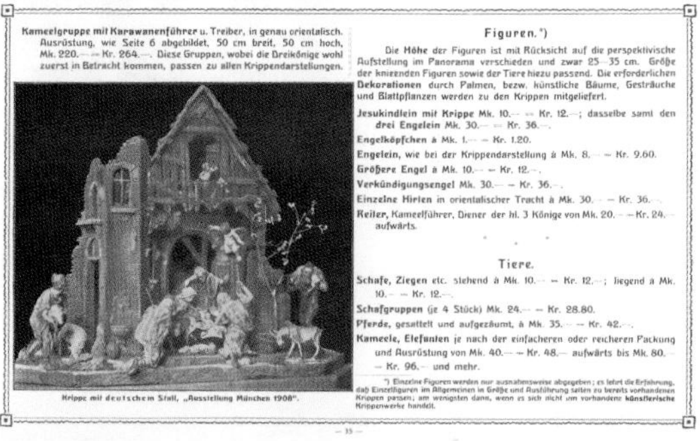

Kameelgruppe mit Karawanenführer u. Treiber, in genau orientalisch. Ausrüstung, wie Seite 6 abgebildet, 50 cm breit, 50 cm hoch, Mk. 220.— = Kr. 264.—. Diese Gruppen, wobei die Dreikönige wohl zuerst in Betracht kommen, passen zu allen Krippendarstellungen.

Krippe mit deutschem Stall, „Ausstellung München 1908".

Figuren.*)

Die **Höhe** der Figuren ist mit Rücksicht auf die perspektivische Aufstellung im Panorama verschieden und zwar 25—35 cm. Größe der knieenden Figuren sowie der Tiere hiezu passend. Die erforderlichen **Dekorationen** durch Palmen, bezw. künstliche Bäume, Gesträuche und Blattpflanzen werden zu den Krippen mitgeliefert.

Jesukindlein mit Krippe Mk. 10.— = Kr. 12.—; dasselbe samt den **drei Engelein** Mk. 30.— = Kr. 36.—.

Engelköpfchen à Mk. 1.— = Kr. 1.20.

Engelein, wie bei der Krippendarstellung à Mk. 8.— = Kr. 9.60.

Größere Engel à Mk. 10.— = Kr. 12.—.

Verkündigungsengel Mk. 30.— = Kr. 36.—.

Einzelne Hirten in orientalischer Tracht à Mk. 30.— = Kr. 36.—.

Reiter, Kameelführer, Diener der hl. 3 Könige von Mk. 20.— = Kr. 24.— aufwärts.

Tiere.

Schafe, Ziegen etc. stehend à Mk. 10.— = Kr. 12.—; liegend à Mk. 10.— = Kr. 12.—.

Schafgruppen (je 4 Stück) Mk. 24.— = Kr. 28.80.

Pferde, gesattelt und aufgezäumt, à Mk. 35.— = Kr. 42.—.

Kameele, Elefanten je nach der einfacheren oder reicheren Packung und Ausrüstung von Mk. 40.— = Kr. 48.— aufwärts bis Mk. 80.— = Kr. 96.— und mehr.

*) Einzelne Figuren werden nur ausnahmsweise abgegeben; es lehrt die Erfahrung, daß Einzelfiguren im Allgemeinen in Größe und Ausführung selten zu bereits vorhandenen Krippen passen; am wenigsten dann, wenn es sich nicht um vorhandene **künstlerische** Krippenwerke handelt.

— 15 —

51 Die Seiten 14 und 15 des Werbekataloges „Osterrieder'sche Kunstkrippen", 1908. (Familienarchiv)

Osterrieder hat die Heilige Familie und einige Hirten in der ganz gleichen Art und Größe für die „Papstkrippe“ (s. Kap. 3.8.2) und die Krippe von S. Maria dell' Anima in Rom (s. Kap. 4.4.3) geschnitzt. Die Linzer Figuren dienten auch als Modelle für die gleich gestalteten Krippenfiguren in Hartguss, die sich in größerer Zahl erhalten haben (s. Kap. 3.9). Weitere geschnitzte Osterrieder-Figuren, allerdings in etwas kleinerem Format als in Linz, sind nur von der Krippe in Zeil am Main bekannt (s. Kap. 3.10.1).
In der nicht frei zugänglichen Krypta des Linzer Domes kommt alljährlich von Weihnachten bis Dreikönig die Geburtsszene zur Aufstellung, die übrige Zeit ist die Anbetung des Christkinds durch die Hl. Drei Könige und ihr Gefolge zu sehen. Auf Ansuchen sind die Domführer bereit, die gut betreute Osterrieder-Krippe zu zeigen.

3.5 Werbung und Preise – Krippenverkauf kein leichtes Geschäft

Schon von seinen ersten Auftraggebern, Pfarrern wie Privatleuten, hatte sich Osterrieder immer Zeugnisse erbeten, um Empfehlungen für neue Auftraggeber zu haben. Auch seine öffentlich ausgestellten Werke wurden meist in der Presse besprochen. Diese Zeugnisse und Zeitungskritiken hat Osterrieder in vierseitigen Werbedrucken zusammengefasst, von denen einige noch erhalten sind (s. Abb. 122). Nur dadurch sind uns viele der frühen Arbeiten Osterrieders bekannt und konnten in der Zeittafel (s. Kap. 7), die zugleich ein Osterrieder-Werkverzeichnis darstellt, aufgelistet werden.
Ein erfolgreiches Werbemittel waren Postkarten mit verschiedenen Krippenabbildungen und aufgedruckter Geschäftsadresse, von denen sich viele erhalten haben. Osterrieder verwendete diese Postkarten auch für seine Korrespondenzen, auf Ausstellungen verteilte er sie an seinen Krippenständen als Visitenkarten. Offenbar wurden sie aber auch zum Kauf angeboten, und zwar in Serien, wie ein erhaltener Umschlag (Abb. 52) zeigt.

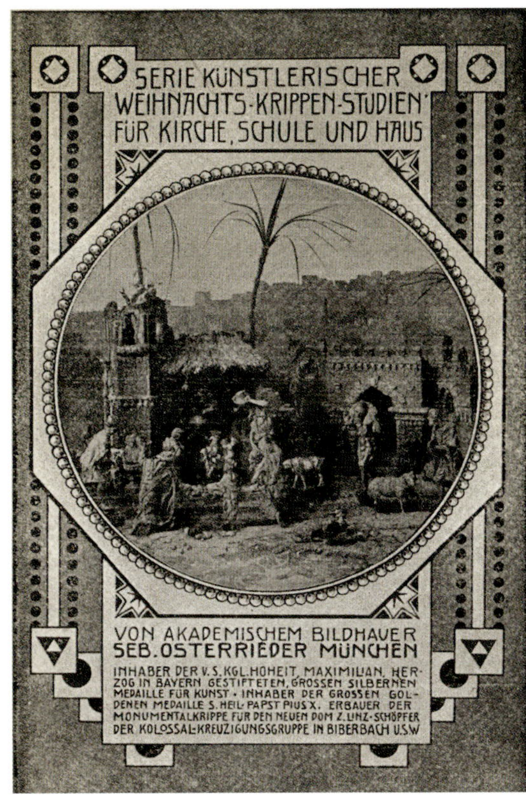

52 Verkaufsumschlag für Osterriederkrippen-Postkarten. (Familienarchiv)

Es waren wohl Begeisterung und Geschäftsinteresse in einem, dass Osterrieder den Krippeninteressenten als Erstes immer eine „komplette, große, ethnographische Krippe“ anbot, wie er sie auf den Ausstellungen zeigte. Erhaltene Korrespondenzen in Pfarrarchiven, z. B. in Deidesheim oder Schwarzrheindorf, geben hier Einblick. Da solche Großaufträge in der Regel die finanziellen Möglichkeiten der potenziellen Käufer überstieg, hatte Osterrieder immer Vorschläge auch für kleinere Lösungen parat.
In nur wenigen Exemplaren ist ein gedruckter Osterrieder-Krippenkatalog aus dem Jahr 1908 erhalten. Die 16 Seiten im Querformat 22 cm x 14 cm sind, jugendstilartig aufgemacht, mit blauen

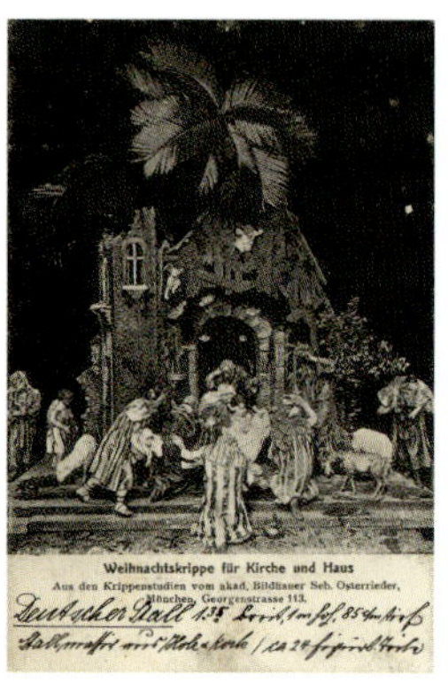

53 a

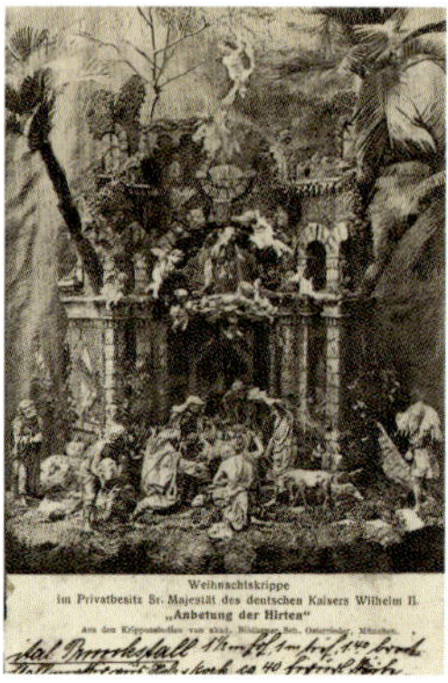

53 b

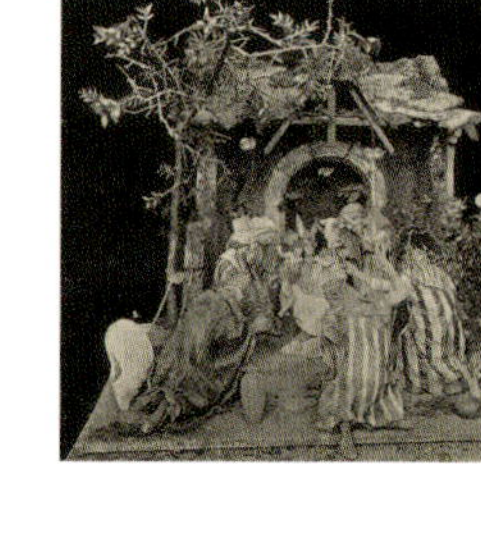
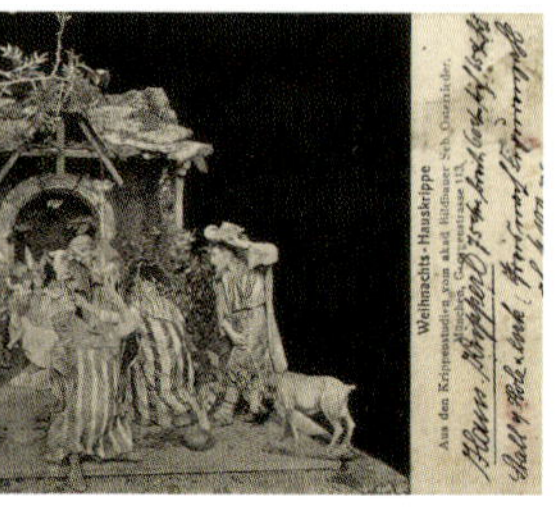

53 d

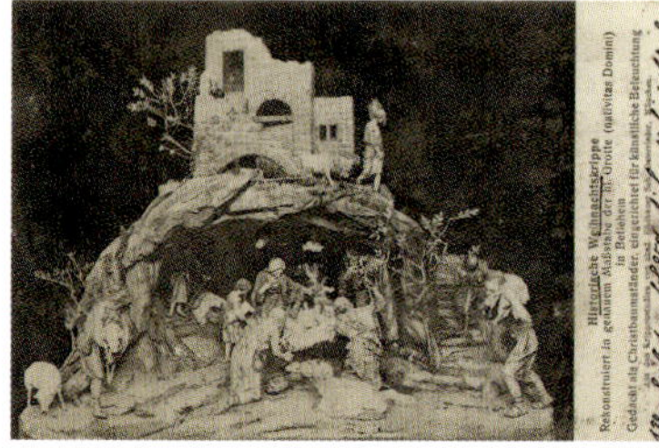

53 c

53 a–d Krippen-Werbepostkarten (Familienarchiv). Handschriftliche Stallbezeichnungen: 53 a: Deutscher Stall. 53 b: ital. Prunkstall. 53 c: Grotte („Schichtengebilde von Hartguss und Holz"). 53 d: „Haus Kripperl".

Lettern gedruckt und mit schwarz-weißen Krippenabbildungen illustriert (Abb. 51). Der Stil des Werbetextes ähnelt weitgehend dem (schon beschriebenen) Programm der Osterrieder'schen Kunstkrippe von 1904. An einer Stelle ist dem Text zu entnehmen, dass Osterrieder den Alleinvertrieb seiner Krippen einem Kunsthändler übertragen habe, allerdings ohne Namensnennung. Aus einer handschriftlichen Notiz im Nachlass ist zu schließen, dass es sich hierbei um die „Kunstanstalt Josef Müller, Linprunstraße 90, München" handelte. Ob ein solcher Alleinvertrieb letztlich zustande kam und über einen gewissen Zeitraum lief, muss offenbleiben. Geendet hat er spätestens mit Osterrieders erwähntem Umzug in die größere Wohnung an der Georgenstraße 113 im Jahr 1910. Im Gegensatz zur Unterkunft in der Theresienstraße konnte Osterrieder hier seine Krippen potenziellen Käufern angemessen präsentieren. Einladungen zum Besuch von Ausstellungen in die Georgenstraße 113 tauchen in den Zeitungen immer wieder auf.[347] Auch der Verkauf der Krippe für die St. Ulrichskirche in Deidesheim im Jahr 1912 belegt (s. Kap. 3.8), dass Osterrieder selbst korrespondierte und selbst auslieferte. Und nach allem, was wir wissen, geschah dies auch später nie anders.

Interessant ist der genannte Krippenkatalog vor allem durch die enthaltenen Preislisten. Wir erhalten hier Einblicke und Vergleiche, die in solcher Genauigkeit für die Osterrieder-Krippen sonst nicht zu gewinnen sind. Die Preise sind vor dem Ersten Weltkrieg in Goldmark angegeben. Fast identische handschriftliche Preisangaben machte Osterrieder auf erhaltenen Krippen-Postkarten (Abb. 53 a–d). Um die Größenordnungen zu erfassen, ist vielleicht der nachfolgende Vergleich interessant: Zur Erscheinungszeit des Prospektes betrug das Gehalt eines Regierungsrats etwa 200 bis 250 Mark im Monat; das teuerste Gericht auf der Hofbräuhaus-Speisekarte, ein „Châteaubriand", kostete 2,30 Mark. Ein Regierungsrat konnte dieses Gericht also rein rechnerisch rund 100-mal im Monat verzehren. Der Preis für einen „italienischen Prunkstall mit ca. 40 figürlichen Teilen" betrug bei Osterrieder 750 Mark, für einen „Deutschen Stall, ca. 24 figürliche Teile" 480 Mark, für einen Grottenstall „wegen des naturgemäßen

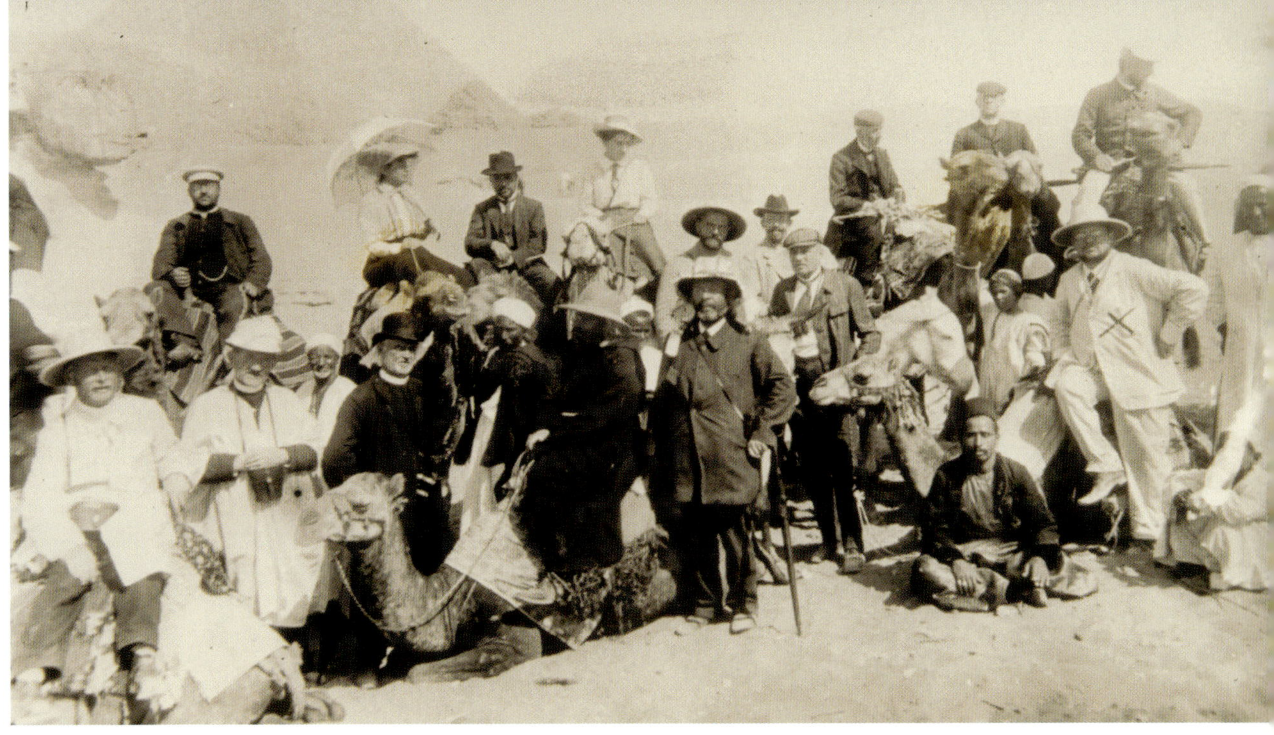

54 Reisegruppe der Palästina-Ägypten-Expedition 1910. (x) Sebastian Osterrieder. (Foto Familienarchiv)

Schichtengebildes aus Steinmasse mit 20 figürlichen Teilen" 450 Mark oder für ein „Hauskripperl, Preis nach Figurenzahl" ab 100 Mark. Insgesamt können die Preise der Osterrieder-Krippen oder auch einzelner Figuren im Vergleich zu einem Regierungsratsgehalt als sehr beachtlich angesehen werden.

3.6 Palästina- und Ägyptenreise 1910

Eine Reise ins Heilige Land – das war für Osterrieder ein alter Wunschtraum gewesen. Geldmangel ließ ein solches Vorhaben aber von vornherein scheitern. Im Jahr 1910 jedoch ergab sich hierzu eine Gelegenheit. Viele zeitgenössische und alle späteren Berichte besagen, Osterrieder habe sich mit Unterstützung des bayerischen Prinzregenten Luitpold, kirchlicher Stellen und des Deutschen Museums an der vierteljährigen Ägypten-Palästina-Expedition des Münchener Domkapitulars Dr. Michael Buchberger beteiligen können. In einem Brief vom 6.9.1910 spricht Oskar von Miller Osterrieder gegenüber tatsächlich von einem im März überwiesenen Vorschuss in Höhe von 300 Mark „für die von Ihnen für unser Museum auszuführenden Arbeiten".[348]

Die vielen Eindrücke von Land und Leuten beeinflussten Osterrieder auch als Künstler nachhaltig. Leider finden sich in den einschlägigen Archiven keinerlei Bilder oder Berichte dieser Buchberger-Epedition.[349] Das einzige Dokument ist ein Gruppenbild der Reisegesellschaft (Abb. 54) in Osterrieders Nachlass, dazu kommen Hinweise in seinen autobiographischen Notizen.[350] Besonders beeindruckte ihn die Geburtsgrotte. Dank genauer Vermessungen wurde es ihm möglich, später getreue Nachbildungen davon in seinen Krippen zu schaffen. Auch die bethlehemitische Landschaft, insbesondere das Tal der Hirten, muss für ihn sehr beeindruckend gewesen sein. Ein emporsteigender Araber, der ein Schaf auf dem Rücken trug, wurde ihm zum Bild eines vor 2000 Jahren zur Grotte des göttlichen Kindes eilenden Hirten. Auch die alten Hausformen erschienen Osterrieder schier unverändert. In Nazareth verschaffte er sich von dem angeblichen Haus der Verkündigung ein getreues Bild für seine Rekonstruktion. Überaus beeindruckt war er dann in Ägypten von der Cheopspyramide und der Sphinx, die er in die Hintergrundgestaltungen seiner Heliopolis-Krip-

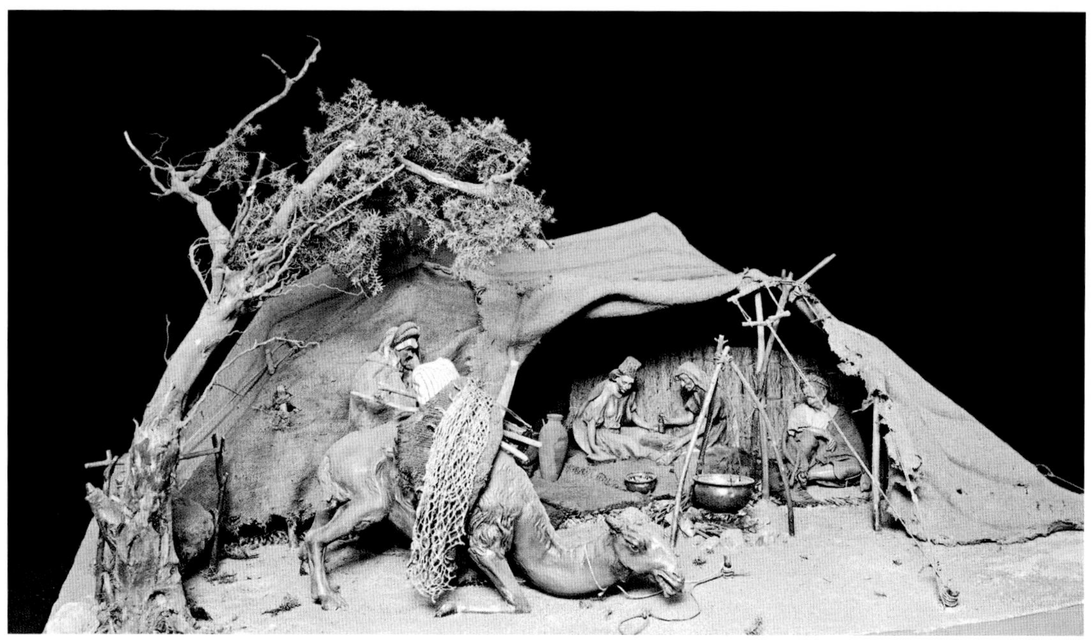

55 Beduinenzelt. (Foto Deutsches Museum München)

penszenen mit einbezog (s. Kap. 3.8.1). In technischer Hinsicht fanden die „Sakije“ genannten Schöpfwerke mit den „Schaduf“ (irdenen Krügen oder Blechkanistern als Schöpfgeräten) sein Interesse, weil er sie in den entsprechenden Modellen für das Deutsche Museum darstellen sollte. Als Geschenk für seine Tochter Antonie brachte Osterrieder ein Palästinenserinnen-Kostüm nach München mit.

Oskar von Miller (1855–1934), der kraftvolle und ideenreiche Gründer des Deutschen Museums in München, war höchst erfolgreich darin, die Naturwissenschaften und die Technik möglichst lebensnah darzustellen und sie so den Museumsbesuchern besser verständlich zu machen. Sehr genaue Modelle und mit prägnanten Texten versehene Schaubilder in gut beleuchteten Guckkästen, sog. Dioramen, waren seinerzeit wesentlicher Teil musealer Präsentation. Von Miller hatte daher schnell erkannt, dass Osterrieders Kunstfertigkeit bei den Krippenfiguren auch zu seinem Museum einen entscheidenden Beitrag leisten konnte. So schrieben schon 1908 die „Münchner Neuesten Nachrichten“: „Bildhauer Osterrieder, der durch seine reizvollen orientalischen Figurengruppen, wie er sie auch dem Kaiser geliefert hat, bekannt ist, wird für das Museum die Gewinnung des Wassers in Ägypten mittels Zisternen, Schöpfwerk etc. in modellierten Szenen darstellen, die neben dem technischen besonders auch künstlerisch einen Anziehungspunkt des neuen Museums bilden werden, ähnlich wie es im Nationalmuseum die Krippen sind.“ Die gleiche Zeitung bringt 1911 einen längeren Beitrag über die in letzter Zeit starke Erweiterung der Sammlungen des Deutschen Museums „Zur Geschichte der menschlichen Wohnungen“; darin heißt es: „[...] Von malerischer Wirkung ist das Beduinenzelt nach einem Bilde von Osterrieder mit seinen lebendigen Gruppen [...]“.[351] Dieses Beduinenzelt Osterrieders (Abb. 55) ist nicht uninteressant, zeigt es doch, dass der im Zelt hingekauerte Beduine bei den Krippendarstel-

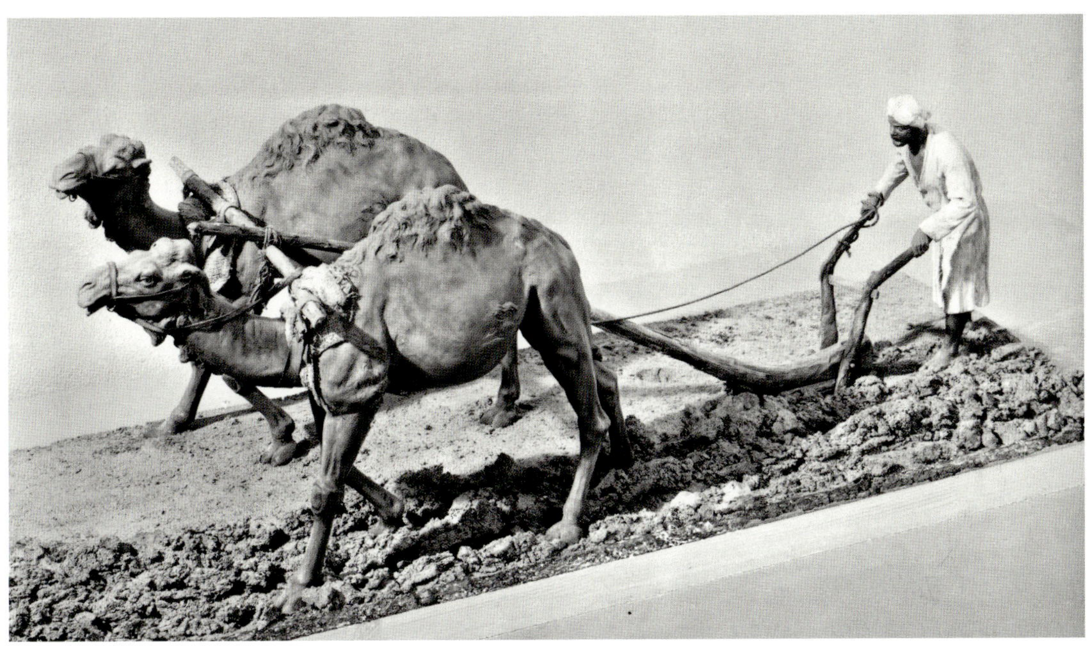

56 Pflügen bei den Arabern vor 1905. (Foto Deutsches Museum München)

lungen als Kamelreiter fungiert; ebenso kommt die für dieses Museumsmodell geschaffene Gruppe Kornmahlender später auch bei den großen Krippen vor (s. Kap. 3.10.2).

Das Archiv des Deutschen Museums verwahrt weitere Modelle Osterrieders, in denen beispielsweise das „Pflügen bei den Arabern" (Abb. 56), das „Bierbrauen bei den alten Ägyptern" oder der „Warentransport im Orient" (Abb. 57) veranschaulicht sind. Letzteres ist identisch mit dem für die Museumsabteilung „Landtransportmittel" bevorschussten Modell „Lastentransport mittels Kamelkarawane". Osterrieder führte es in den Maßen von 1,70 m Breite, 0,80 m Tiefe sowie (einschließlich des Sockels) ca. 1,80 m Höhe für einen Preis von 600 Mark aus, auf den der Reisezuschuss angerechnet wurde. Die Arbeit zog sich hin; denn im Mai 1911 wurde Osterrieder gebeten, an seinem Werk noch einige Änderungen vorzunehmen: „die auf dem Hintergrund aufgemalten Kamele müssen entfernt werden, sodaß er lediglich eine Darstellung der Landschaft ist", „an der Spitze soll das Modell eines Esels, welche den Karawanen in der Regel vorauslaufen, aufgestellt werden", und „die bei dem unbepackt liegenden Kamel aufgestellte Figur eines Mannes, welcher mit dem Bepacken beschäftigt sein soll, muß so abgeändert werden, daß dies bei der Figur auch deutlich zum Ausdruck

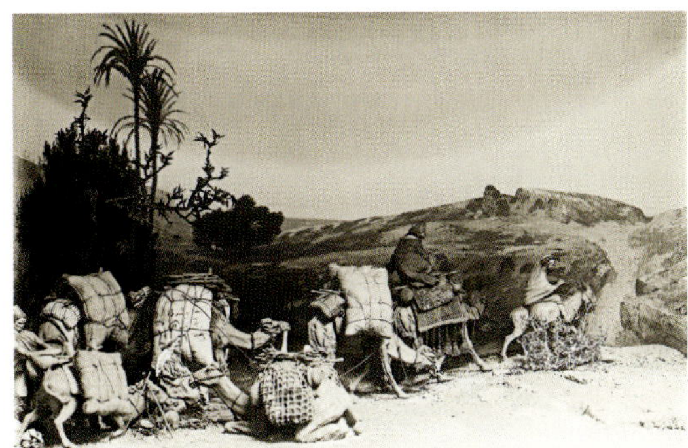

57 Warentransport durch Kamelkarawanen im Orient. (Foto Deutsches Museum München)

kommt". Das macht deutlich, dass Oskar von Miller von seinen Museumsmodellen genaueste Vorstellungen hatte und diese wohl auch durchsetzte. Endlich kam am 2. Juni der Bescheid Millers, dass das Modell „uns nunmehr entspricht und wir uns entschlossen haben, statt des ursprünglich vereinbarten Betrages von M 600.– nunmehr M 650.– zu bezahlen".[352]

3.7 Andere Osterrieder-Werke jener Zeit

Zum 250-jährigen Jubiläum der Wallfahrt zum Hl. Kreuz in Biberbach 1906 fand durch den Augsburger Bischof Maximilian von Lingg die feierliche Einweihung des von Osterrieder geschaffenen Kalvarienberges (Abb. 59) statt. Die von ihm modellierten und gefassten Zinkgussfiguren von Christus, den beiden Schächern, Maria, Johannes, Magdalena und dem Hauptmann zu Pferd fanden damals nach den Worten von Pfarrer Dr. Steinacker „ungeteilte Bewunderung". Die Figuren sind lebensgroß, der Hauptmann misst mit Pferd 3,47 m. „Die Stellung des [...] Reiters und Pferdes ruft den täuschendsten Eindruck des Lebenswahren hervor."[353] Die Gruppe werde, so die „Augsburger Abendzeitung"[354], „auf Jahrhunderte hinaus ein kostbares und großartiges Denkmal an dieses Jubiläum sein". Die Anschaffungssumme von 20.000 Mark sei, so heißt es weiter, aus freiwilligen Beiträgen aufgebracht worden. Die Kreuzigungsgruppe war ursprünglich umfangreicher geplant. Mangels Kapital, so notierte Osterrieder unter eine Fotografie des Modells, seien weitere Figuren, darunter die vier um das Gewand Jesu würfelnden römischen Soldaten, nicht zur Ausführung gekommen.

Über Osterrieders in Bronze gegossene Büste des Dominikanergelehrten Denifle wurde schon berichtet (s. Kap. 3.3). Im Jahr 1905 hatte Osterrieder von der Stadt Landshut den ehrenvollen Auftrag erhalten, ein Denkmal für Friedrich Schiller zu

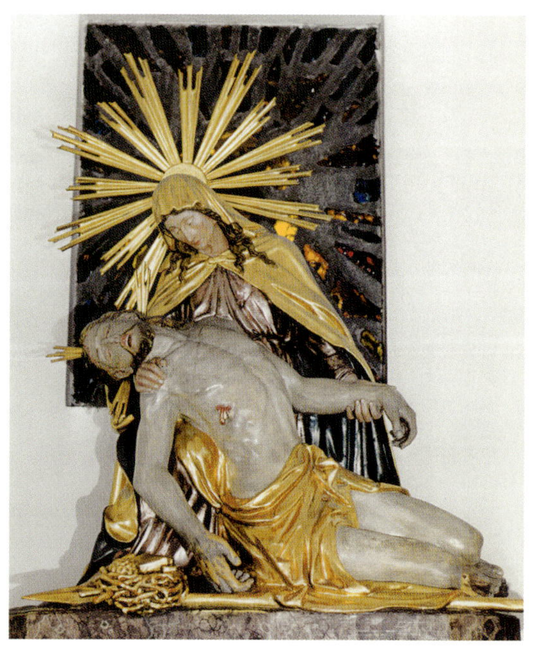

58 Pietà. Josephskirche München.
(Pfarrarchiv St. Joseph, Aufn. Scherer)

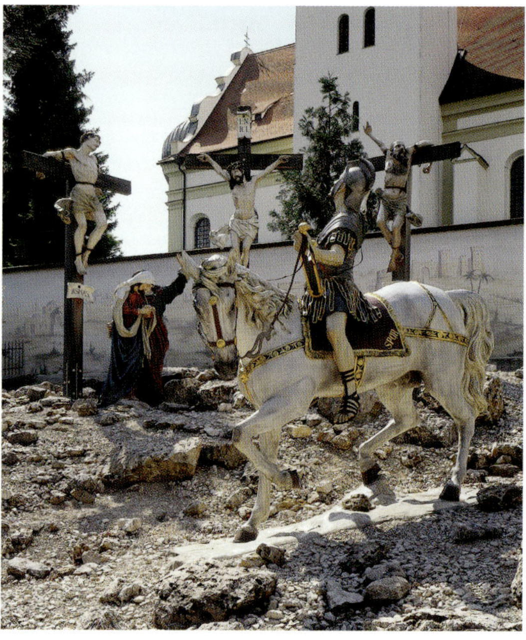

59 Kalvarienberg bei der Wallfahrtskirche von Biberbach.
(Konrad Rainer, Salzburg)

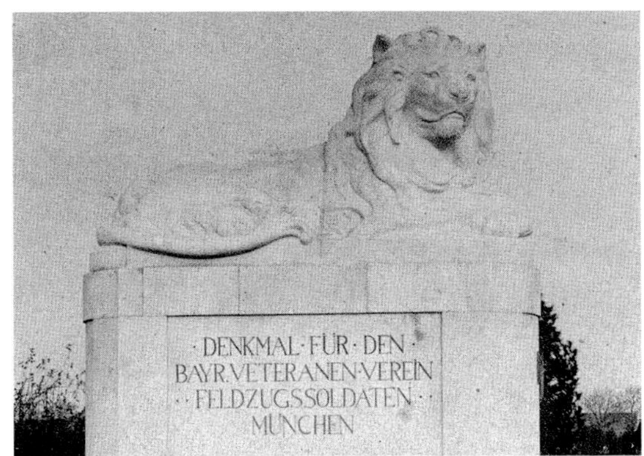

60 Grabdenkmal auf dem Münchener Ostfriedhof. (Foto Familienarchiv)

dessen 100. Todesjahr zu schaffen. Das hierfür nötige Geld stand allerdings nicht zur Verfügung. Auch die entsprechenden öffentlichen Sammelaktionen waren wenig erfolgreich, darüber hinaus musste die Standortfrage noch endgültig geklärt werden. So dauerte es drei Jahre, bis der Bronzeguss der von Osterrieder geschaffenen Schiller-Büste endlich auf einem Steinsockel enthüllt werden konnte.[355] Sie wurde leider wie viele Bronzedenkmäler und Kirchenglocken im Zweiten Weltkrieg eingeschmolzen.

Ebenfalls im Jahr 1905 schuf Osterrieder für das Giebelfeld über dem Hauptportal der neuerbauten „Kinderbewahranstalt" in Landshut die Reliefgruppe „Jesus, der göttliche Kinderfreund". Die „Landshuter Zeitung" hebt die gelungene Einpassung der Figurengruppen in das an der Basis 5 m messende Dreieck des Giebelfeldes sowie die von Kindern umringte, 2,25 m hohe zentrale Christusfigur rühmend hervor.[356]

Für die frisch restaurierte Wallfahrtskirche Unserer Lieben Frau auf dem Kreuzberg bei Schwandorf hat Osterrieder, wie Prior P. Petrus Thomas vom dortigen Karmeliterkloster schreibt, 1910 einen Kreuzweg geliefert, „wie ihn eben nur ein Osterrieder schaffen kann". Er „fand allseitig Anerkennung und Lob. Die einzelnen Figuren der Stationen [sind] tadellos anatomisch durchgeführt und meisterhaft modelliert. [...] Der Schmerz der Leidenspersonen einerseits und die satanische Bosheit der Kreuziger andererseits sind von überwältigender Wirkung."[357] Das Werk ist nur in Fotografien überliefert, da die Kirche 1945 abbrannte.

Seine erste Pietà fertigte Osterrieder für die Pfarrkirche in Bayerdilling (heute nach Rain am Lech eingemeindet). Die „Augsburger Postzeitung" berichtete 1910 „über die aus Kunststein (ca. 18 Ztr.) hergestellte überlebensgroße Pieta [...] aus dem rühmlichst bekannten Atelier des akademischen Bildhauers Seb. Osterrieder in München, [...] die der Kirche und dem Friedhof zur Zierde gereicht [...] und [dass] zu wünschen ist, daß dieses Modell noch öfters Verwendung finde [...]." Tatsächlich folgten noch weitere Darstellungen der um ihren toten Sohn trauernden Muttergottes. 1911 schrieb das „Neue Münchener Tagblatt"[358] über die in der Seitenkapelle der Münchener Josefskirche (Abb. 58) über dem Taufstein aufgestellte Pietà Oster-

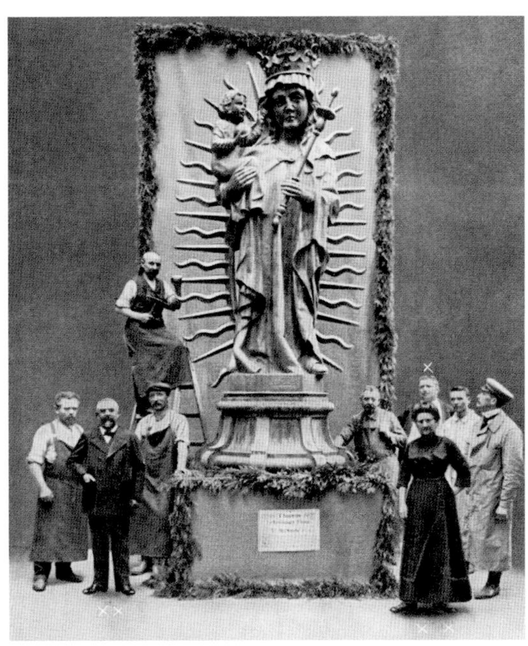

61 Kirchturmfigur für die Altöttinger St.-Anna-Basilika. xx Stifter-Ehepaar Lorenz, x Bildhauer Osterrieder mit Werkleuten. (Postkarte, Familienarchiv)

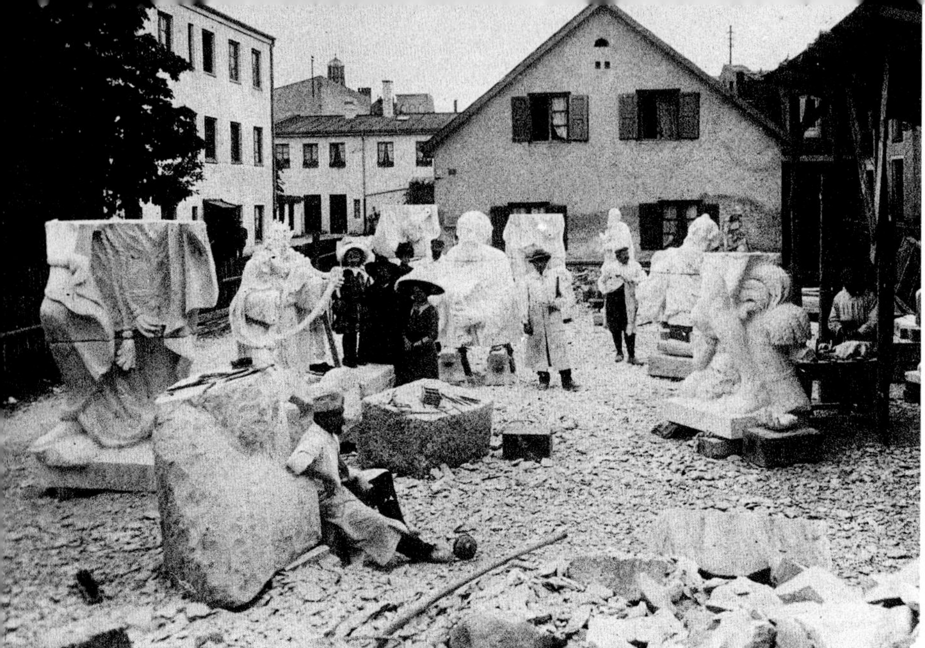

62 Vor dem Abtransport der vier großen Fassadenfiguren für die St.-Anna-Basilika in Altötting. Halblinks ist Familie Osterrieder zu erkennen. (Foto Familienarchiv)

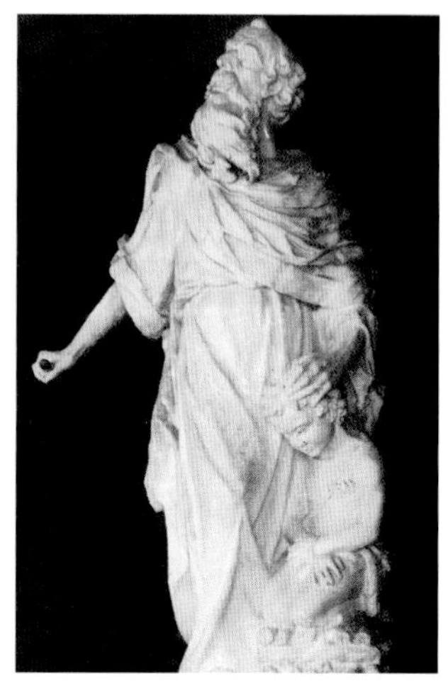

63 Abraham mit seinem Sohn Isaak. Fassadenfigur der St.-Anna-Basilika in Altötting. (Foto Familienarchiv)

rieders: „[...] hier sind Leben und Tod in ergreifender Weise verbunden [...].“ Weitere Pietàs schuf Osterrieder nach dem Ersten Weltkrieg für Kriegerdenkmäler in Jetzendorf und Oberroning.

Ein Werk Osterrieders ist das Denkmal in Niederumelsdorf bei Siegenburg, das 1912 zu Ehren der in der Schlacht bei Abensberg 1809 gefallenen Angehörigen des Hoch- und Deutschmeisterregimentes errichtet wurde. Vom österreichischen Kaiser wurde er dafür mit dem Ritterkreuz des Franz-Josef-Ordens ausgezeichnet. Die seinerzeit erforderliche Allerhöchste Bewilligung zur Annahme und zum Tragen der fremden Auszeichnung wurde allsbald von Prinzregent Ludwig [ab November 1913 König Ludwig III.] erteilt.[359]

Im Jahr 1912 fand auf dem Münchener Ostfriedhof die feierliche Einweihung eines Gefallenendenkmals des Bayerischen Veteranenvereins für Feldzugssoldaten statt. Das von Baurat Dr. Hans Grässel entworfene Denkmal ist von Osterrieder ausgeführt worden „und fällt durch die mächtige Figur eines ruhenden Löwen auf, der mit wachsamem Blick nach Westen schaut [...]“ (Abb. 60). Im Bericht der „München-Augsburger Abendzeitung“[360] über diese Feier heißt es weiter: „Die kleine Osterrieder sprach ein Gedicht.“

Mit gleich mehreren großen Arbeiten ist Osterrieder noch heute in Altötting präsent. In luftiger Höhe thront seit nun bald einhundert Jahren Osterrieders Turmfigur der Basilika (Abb. 61). Die Statue ist in ihren Propotionen auf Fernsicht von unten berechnet. Die Unterschrift unter der seinerzeit in der „Münchner Illustrierten Zeitung“ veröffentlichten Abbildung lautete: „3 Meter hohe Madonna, dem Muttergottesbilde in Altötting nachgebildet, die als Kuppelkrönung für die neue St. Annakirche in Altötting bestimmt ist. Die riesige Figur wurde von Seb. Osterrieder modelliert und von Franz Sporer (München) in Kupfer getrieben. Die Kugel, die das Jesuskind in der Hand hält, ist oben verglast und birgt einen Leuchtkörper, der bei Nacht elektrisch erglüht und seinen Schein auf das Antlitz der Madonna wirft.“[361] Sodann schmücken seit 1912 vier große Steinplastiken Osterrieders die Fassade der Basilika. Hierzu sei als Zeitzeugnis ein Artikel mit der Überschrift „Aus Münchener Bildhauerateliers“ in den „Münchner Neuesten Nachrichten“ vom August 1912[362] zitiert:

„Bildhauer Sebastian Osterrieder, der wohl breitesten Kreisen durch seine liebevoll durchgearbeiteten und individuell komponierten plastischen Kleinszenen wie Krippen und dergl. (im Deutschen Museum, auf der Gewerbeschau usw.) bekannt ist, arbeitet gegenwärtig an vier Figuren für die neue St.-Annakirche in Altötting und zeigt hier [...] sein Können auch an quantitativ diametral entgegengesetzten Aufgaben. Die für die Stirnfront der Kirche bestimmten Statuen werden vier Meter hoch aus Offenstettener Donaukalkstein gehauen. Sie stellen die Stammväter Christi dar: Adam, Abraham, Jesse und David mit hübsch erfundenen Attributen und in dem Pathos der Bewegung, das dem Barock entspricht [...]" (Abb. 62/63).

Osterrieder ist auch in Martha Schads Buch „Bayerns Königinnen" genannt.[363] Zeitgeschichtlich interessant schildert die Autorin, dass Königin Marie Therese, die Gemahlin Ludwigs III., zusammen mit mehreren Prinzessinnen im März 1914 im Rahmen des zweiten Bayerischen Frauentages an drei Veranstaltungen zum Thema „Schutz und Wehr für Frauenehr" teilnahm. Drei (männliche) Festredner hätten den anwesenden Frauen die „Werte ihres Lebens" erläutert. Nach den Vorträgen sei die Vorführung eines „lebenden Bildes" erfolgt, „gestellt von dem als Bildhauer und Krippenschnitzer bekannten Sebastian Osterrieder: ‚St. Ludwig und St. Therese erflehen den Schutz der Himmelskönigin für unser Königspaar'!" Leider hat es zu jener Zeit noch keine Pressefotografen gegeben, die derartige Veranstaltungen ablichteten.

Kriegszeiten sind besonders für Künstler schlechte Zeiten. Auftraggeber bleiben aus oder vertrösten auf das Ende des Krieges. 1916, als die Materialschlachten an der Front Hunderttausende von Menschenleben und Millionenbeträge für Waffen und Gerät forderten, wurde die Heimat angehalten, immer noch mehr Kriegsanleihen zu zeichnen. Landesweit sollten auch vielfältige Veranstaltungen das Volk zu noch größerer Opferbereitschaft anspornen. Die Menschen sollten auch Bares geben, beispielsweise für „Spenden-Nägel", die dann in irgendein „Kriegswahrzeichen" geschlagen werden durften. Viele Künstler stellten sich „in den Dienst der guten Sache", so auch Osterrieder.[364] Von ihm stammt das 2,20 m hohe und 1,10 m breite Steinmonument des damals überaus populären Generalfeldmarschalls Paul von Hindenburg. Es stellt diesen in der Rüstung eines Deutschordensritters dar, dessen 1 m hoher Schild, aus Holz gefertigt, für die Nagelung bereitstand. Die Inschrift beidseits lautet: „Es gilt zu lindern manche Not, den Gebern All vergelt es Gott. / Der Schild, den er im Streit geführt, mit vielen Nägeln war't geziert." Oben und unten ist zu lesen: „Hindenburg aus Babostamm / ficht für Gott und Vaterland / Anno Domini 1916." Abgüsse dieses Steinmonuments gelangten in mehreren Orten Niederbayerns zur Aufstellung. Unter dem Titel

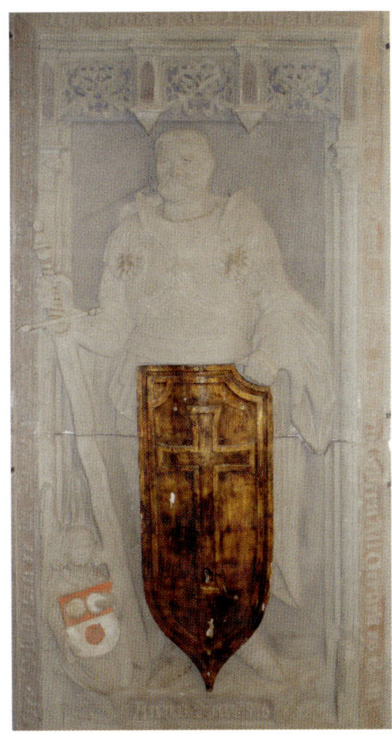

64 „Kriegswahrzeichen" Generalfeldmarschall von Hindenburg in der Rüstung eines Deutschordensritters. Steingussplastik 1916. (Foto Familienarchiv)

„Das Fest der Nagelung des Rottenburger Kriegswahrzeichens“ berichtete der „Rottenburger Anzeiger“ Nr. 148 vom 14. Dezember 1917 ausführlich über den Festzug zum Rathaus, die Musikkapelle, die vielen Reden und Hochs auf König und Kaiser sowie zuletzt auch noch auf „den Meister unseres Hindenburgdenkmals Herrn Sebastian Osterrieder“. Nach dem verlorenen Krieg wollte niemand mehr an solche Dinge erinnert sein, weswegen derartige „Nagelzeichen“ oder „Nageldenkmäler“ schnell verschwanden. Im Abensberger Heimatmuseum „Aventinum“ hat sich ein Exemplar erhalten (Abb. 64).

3.8 Krippen aus den Jahren 1909 bis 1913

In diesen Zeitraum fällt neben der Fertigstellung der Krippe für den Linzer Dom (s. Kap. 3.4.2) die Entstehung weiterer wichtiger Osterrieder-Krippen, wie der Krippe für die Ludwigskirche in München (s. Kap. 3.8.1), der „Papstkrippe“ (s. Kap. 3.8.2) und der Krippe für die Peterskirche in München (s. Kap. 3.8.3). Wiederum ermöglichen zeitgenössische Zuschriften und Zeitungsmeldungen einige Datierungen (s. auch Krippenkatalog Kap. 6.2).

Zeitgenössische Stimmen: „Ihre Krippe wird allseits glänzend beurteilt“, schreibt aus *Altötting* (Abb. 65) Benefiziat Vogl im Januar 1910 an Osterrieder. Im *Ebratshofener* Pfarrarchiv findet sich zwar nichts über Kauf oder Preis einer Krippe, aber eine Postkarte von 1910 mit dem Bild der „Kaiserkrippe“, mit der Osterrieder Pfarrer Martin Geiger bittet, „[...] die leeren Kisten der Krippe, die ich jetzt dringend bräuchte und hier so teuer kommen, retour gehen zu lassen“. Von Pfarrer Haslach aus *Böhen* kommt im Juli 1910 folgende Bestellung:

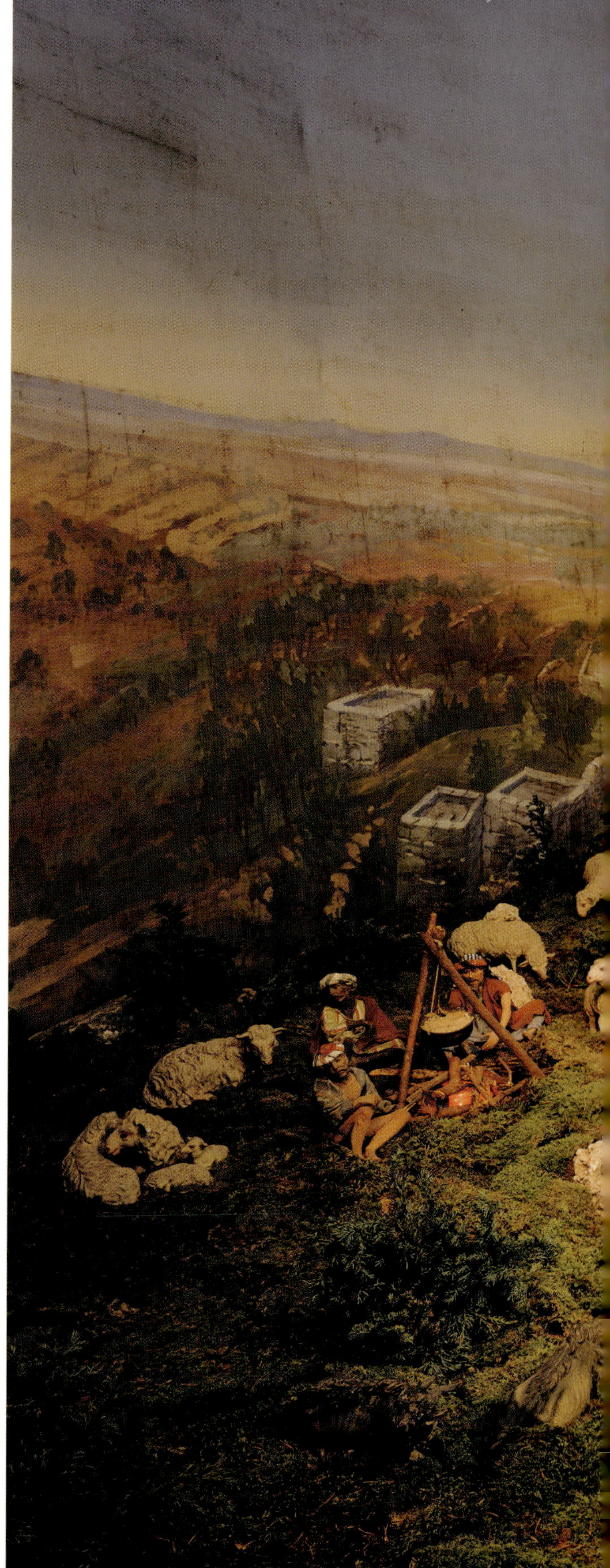

65 Geburtsszene, Krippe der Stiftskirche in Altötting. (Foto Siegfried Wameser, München)

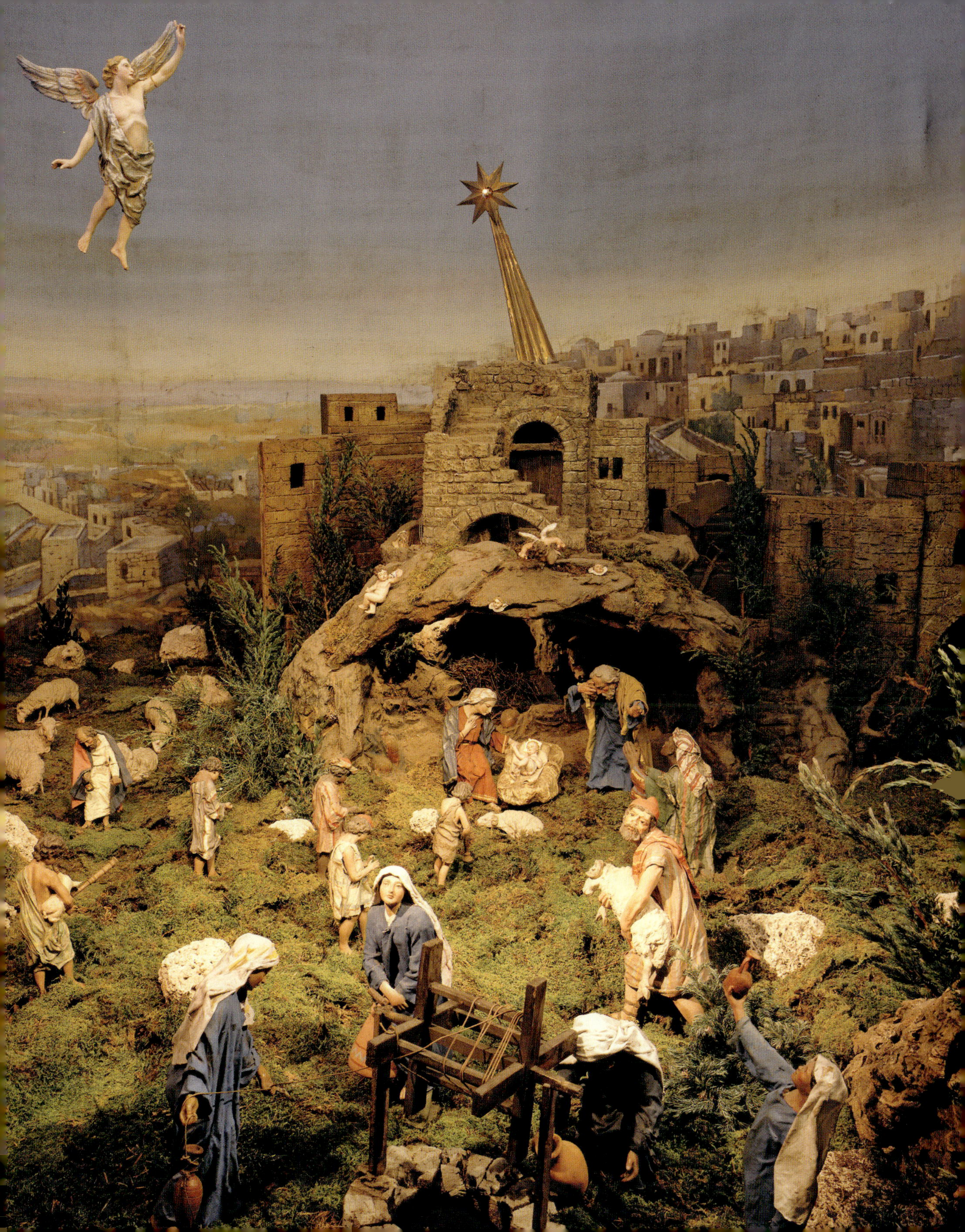

„Hochentzückt durch die im Kapuzinerkloster zu *Immenstadt* gesehene herrliche Bethlehems Krippe, möchte ich hiermit eine ebensolche bestellen." Mutmaßlich aus dem Jahre 1911 stammt die Krippe der Pfarrkirche St. Peter und Paul zu *Genderkingen*, über die 2007 ein schöner Bildband mit guten Texten erschien.[365] 1911 wurde in *Zürich* in der Buchhandlung der Evangelischen Gesellschaft eine Osterrieder-Krippe ausgestellt.[366] Die „Münchener Zeitung" schreibt 1912 in ihren kritischen Streifzügen durch die *Bayerische Gewerbeschau*: „Es „interessiert eine schöne, große Weihnachtskrippe mit sehr lebendig aufgefaßten und gutmodellierten Figuren von Seb. Osterrieder, die auch vor Augen zu bestehen vermögen, die in der Krippensammlung des Nationalmuseums geschult und verwöhnt worden sind [...]." Ebenfalls in dieser Gewerbeschau zeigte Osterrieder die noch nicht ganz fertiggestellte Krippe, die als Geschenk für Papst Pius X. vorgesehen war.[367] Zeugnisse und Zuschriften bezüglich der 1913 entstandenen Krippen in *Bergedorf*, *Grevenbroich* und *Cassel* betonen alle „deren einzigartige künstlerische Wirkung". Ein anonymer Leserbriefschreiber äußert sich zur neuen Krippe in *Kirchdorf am Inn* im „Rosenheimer Tagblatt"[368] folgendermaßen: „Die Kunst dem Volke! So lautet das Losungswort der Stadtleute. Nun steht in unserer Kirche so eine Weihnachtskrippe aus der Stadt. Aber Gott sei Dank, sie ist geschaffen worden von einem Künstler, der weitab von allen Kunstmoden und Kunstschlagwörtern mit der sinnig-religiösen Seele des altbayerischen Volksmannes empfunden und mit künstlerischer Sorgfalt gestaltet hat. [Die Krippe] ist naturgetreu und orientalisch gehalten, so daß man denken kann: Ja, so muß es dereinst in der heiligen Nacht ausgesehen haben, so müssen die Hirten gekleidet gewesen sein [...]." Und aus *Krumbach* schreiben die Schwestern des Englischen Instituts am 1. Januar 1914 an Osterrieder: „Wir sind so erfreut über die schönen Figuren, daß wir auch Lust auf einen Stall bekommen."

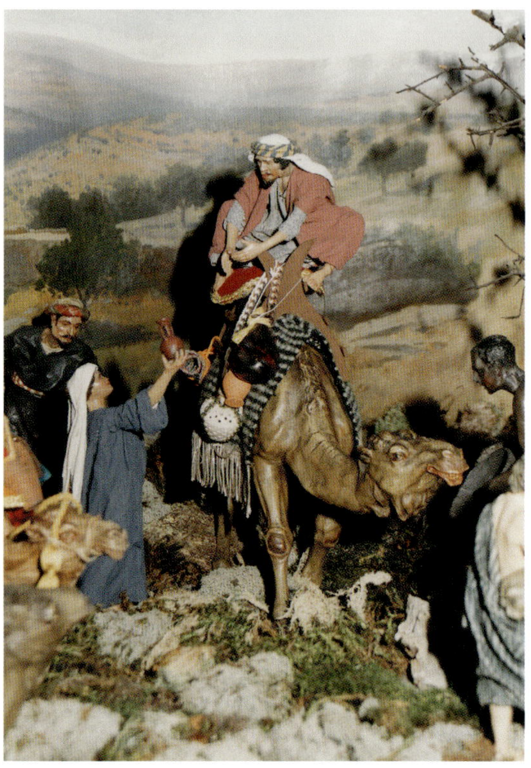

66 Krippenszene. St. Ulrichskirche in Deidesheim. (Foto Niklas, Deidesheim)

Zur Deidesheimer Krippe (Abb. 66): Interessante Einzelheiten von der Bestellung der Krippe über ihre Platzierung in der Kirche bis zu ihrer Bezahlung verdanken wir einer von Berthold Schnabel vorgenommenen Auswertung des Deidesheimer Pfarrarchivs.[369] Im Jahr 1912 wollte Pfarrer Kast für seine St.-Ulrichs-Kirche eine Krippe erwerben und hatte hierfür auch die Zusage seines Amtsvorgängers Metzger, sich an den Kosten zu beteiligen. Anhand des erhaltenen Briefwechsels sind wir über die verschiedenen Angebote unterrichtet, die Osterrieder unterbreitete. So hätte „die komplette große ethnographische Krippe incl. Holzgestell mitsamt Beleuchtung" 3.200 Mark gekostet. Aber es könnten, so Osterrieder, „Krippen mit Szenerie und Hintergrund auch in kleinerem Maßstab gefertigt werden z.B. 2½ m zu 2 m." Sie seien „auch in diesem Umfang sehr schön" und würden „von tausend Mark an geliefert". Osterrieder riet davon ab, die Krippe „auf einen Altar oder eine Mensa" zu stellen, vielmehr sollte man einen freien Platz in der Kirche suchen, „denn sonst könne man sich ja gleich mit dem italienischen Prunkstall begnügen". Als Pfarrer Kast den Kauf verschieben wollte, schlug Osterrieder vor, zum kurz bevorstehenden Weihnachtsfest „den in der großen Krippe enthaltenen Bethlehem-Stall zu nehmen, denn an Hand dieses Hauptstückes könnten Hochw. Herr Stadtpfarrer durch Vorzeigen der großen Photographie etwaigen Gönnern erklären, wie herrlich der Ausbau des großen Panoramas wäre [...] und wenn Geistl. Rat Metzger etwas mehr als die 420 Mark stiften will, könnten ja auch die Hauptfiguren zur 3 Königsszene für heuer mitgenommen werden, das wären 8 Figuren zu 180.– Mk.". Das noch längere Hin und Her beleuchtet manche Schwierigkeiten des Krippenhandels, beispielsweise dass der dritte Page, der zum Mohrenkönig gehörte, ein ganz neues Modell war und deshalb nicht gleich mitgeliefert werden konnte. Schließlich konnte Osterrieder für die 2,5 m breite Krippe mit historischer Grotte, kunstgerechtem Hintergrund, Figuren der Geburt Christi und der Hl. Drei Könige nebst mitgelieferter Fotografie 1.200 Mark in Rechnung stellen. Pfarrer Kast zahlte zunächst aber nur 500 Mark, weswegen Osterrieder im Februar 1914 mahnen musste; die letzte Rate ging bei ihm schließlich erst am 15. Februar 1915 ein.

3.8.1 Von der Isar an die Mosel – Die ehemalige Krippe von St. Ludwig in München

Die ehemalige Krippe der Ludwigskirche in München fehlt bis zum heutigen Tag in keiner Aufzählung der weitverstreuten Osterrieder-Krippen. Ihre Geschichte beginnt, wie Presseberichte ausweisen, Weihnachten 1910. Doch nach dem Zweiten Weltkrieg war die Krippe verschwunden. Man vermutete, dass sie durch Fliegerbomben vernichtet worden war. Heute weiß in der Pfarrei niemand mehr etwas über Osterrieder oder den Verbleib seiner Krippe, und auch im Pfarrarchiv finden sich keine Anhaltspunkte. Mit detektivischem Spürsinn hat Professor Münch, Bonn, die Krippenfiguren der Ludwigskirche wiederentdeckt, und zwar in der Kirche von Borg an der Mosel (s. unten).

Die für Osterrieders Wohnung und Atelier in der Theresienstraße zuständige Pfarrei war St. Ludwig. Wahrscheinlich räumte Osterrieder ihr für die vielszenige Krippe auch großzügige Lieferbedingungen ein. Erstmals im Januar 1911 wird die neue Krippe mehrfach in der Presse besprochen, was sich dann, jeweils um die Weihnachtszeit, bis zum Jahr 1915 fortsetzt. Offenkundig spiegelt diese Krippenschöpfung Osterrieders Eindrücke von der Ägypten- und Palästina-Expedition wider (s. Kap. 3.6). Der „Bayerische Kurier"[370] schreibt: „Eine neue Krippe ist heuer in der St. Ludwigskirche aufgestellt. [...] von dem bekannten Bildhauer Sebastian Osterrieder [...] im heiligen Land sehr eingehende Studien gemacht [...], daß man sich unwillkürlich dorthin versetzt glaubt. [...] Die Grotte ist genau ein Siebentel der wirklichen Grotte und das Tal der Hirten zur Linken ist ganz der Wirklichkeit nachgebildet. [...] Die Figuren sind sämtlich Meisterwerke [...] die Kleider sind der Natur nachgemacht [...] und mit Leim getränkt, erzielen dadurch eine ganz eigene plastische Wirkung." Einige Tage später äußert das „Neue Münchener Tagblatt":[371] „Moderne Krippe [...] insofern die perspektivisch-panoramaartige Krippendarstellung der Örtlichkeit Bethlehems, die hochfein geformten Figuren dem morgenländischen Typus [...] entspricht. Man beachte die Szene der Anbetung [...] durch die drei Weisen. Welch ein Reichtum von typischen Gruppen! [...] welche naturgetreue Wiedergabe, bis ins Kleinste gehende Ausrüstung des Karawanenzuges! [...] das bekundet künstlerische Erfindung [...]." Und Anfang März 1911 rühmt die „Augsburger Postzeitung":[372]

67 Anbetungsszene, Krippe mit Grottenstall, Herzogskasten Stadtmuseum Abensberg.
(Foto Siegfried Wameser, München)

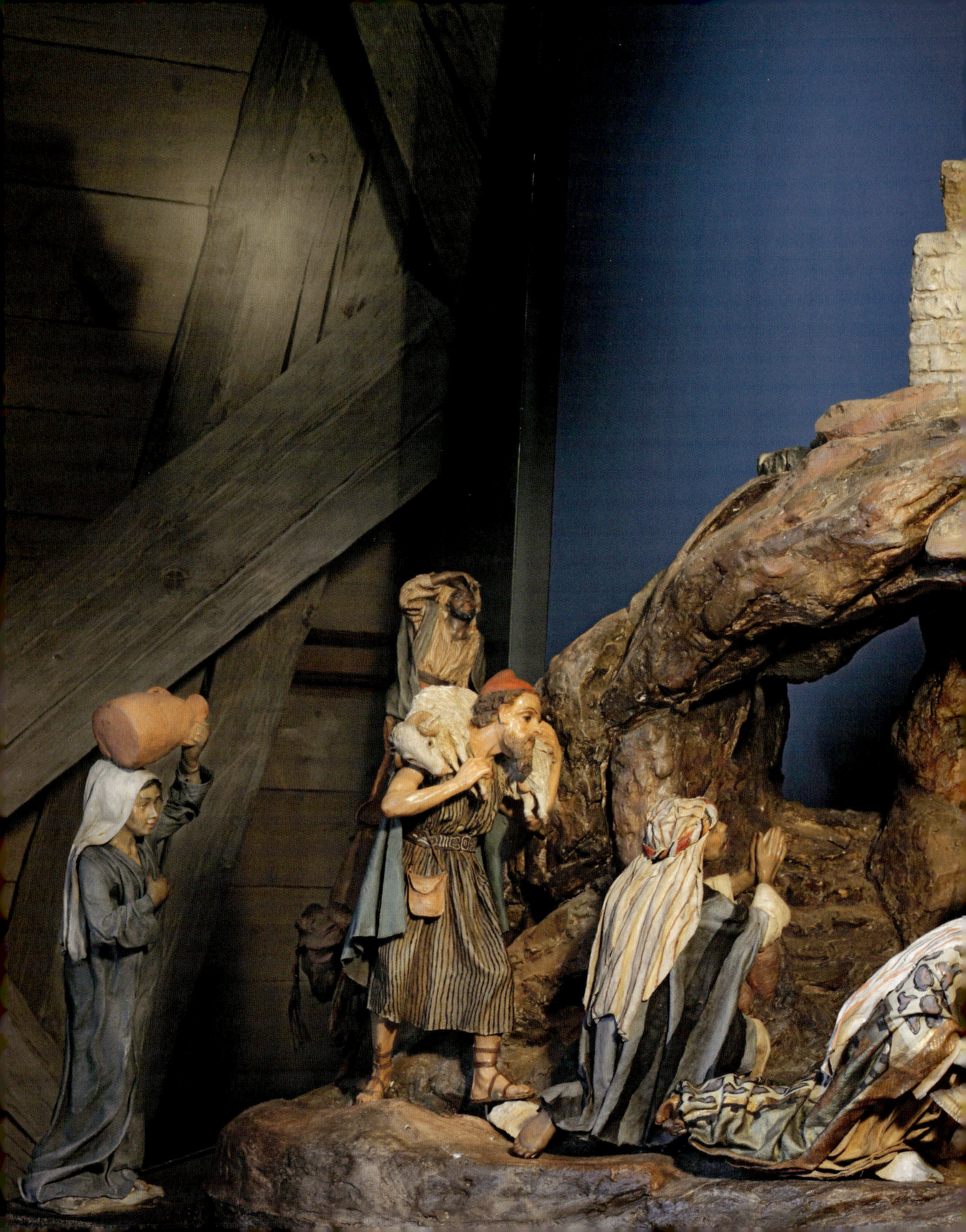

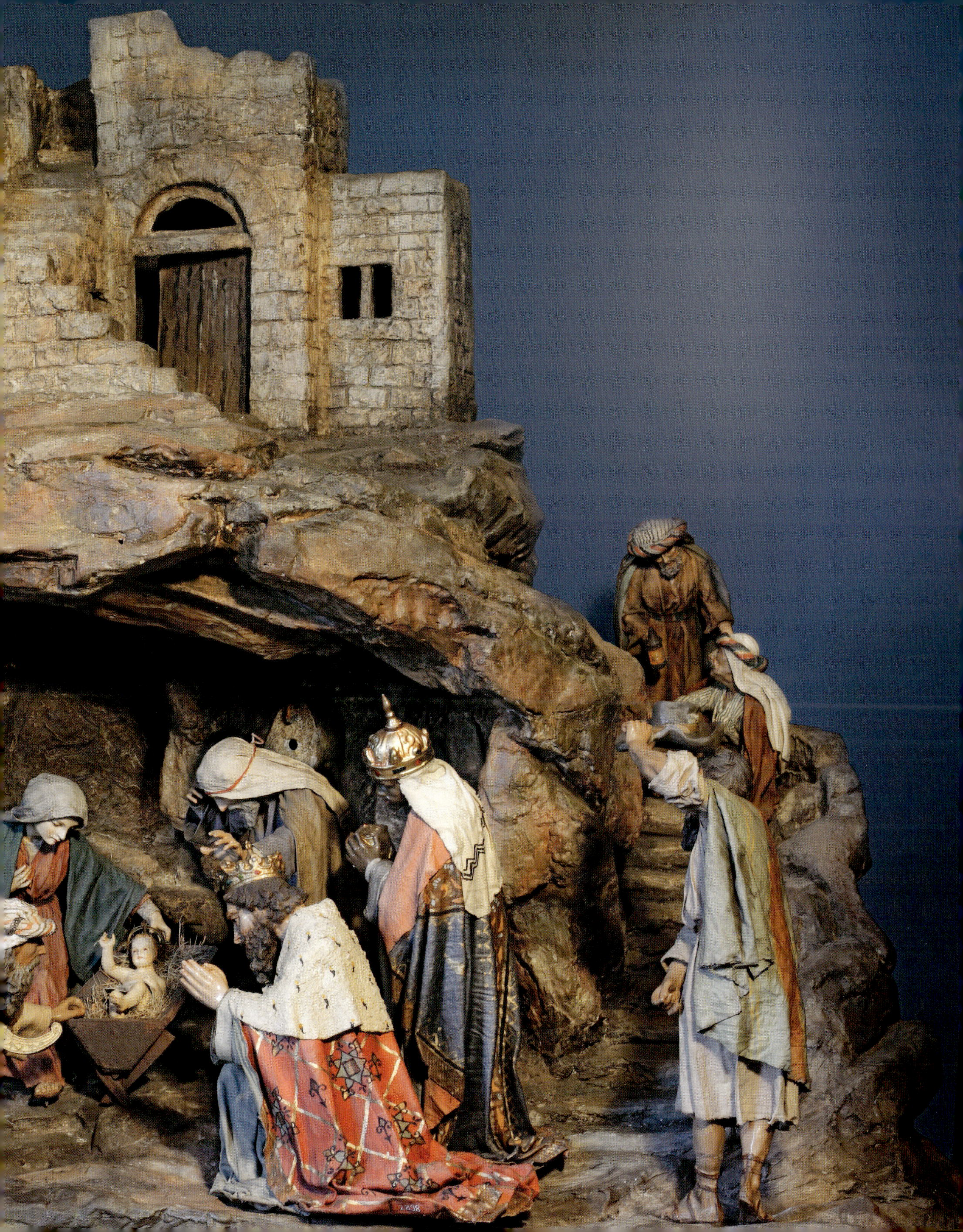

„Die neueste und originellste Krippe, ein Meisterwerk des Bildhauers Sebastian Osterrieder in der Ludwigskirche zu München, ist seit 8 Tagen in ihrer letzten Szenerie aufgestellt. Wie in den vergangenen, finden wir auch in der jetzigen historische, geographische und ethnographische Studien wieder gewissenhaft verwertet [...].“ Gemeint war damit die Szene „Die Hl. Familie in Nazareth“ (s. Abb 69). Ein Jahr später, im Februar 1912, schreibt die „Augsburger Postzeitung“:[373] „Die Krippe in der St. Ludwigs-Kirche zu München, die sich stets regsten Besuches erfreut, hat durch die kunstfertige Hand ihres Schöpfers [...] eine Bereicherung durch eine neue Darstellung – die Flucht nach Ägypten – erfahren. [...] Moment der Ankunft der hl. Familie in Heliopolis [...] entfaltet dabei ein reiches landschaftliches Bild mit einer Tempelruine und den für die Gegend charakteristischen Einrichtungen für Wassergewinnung, wie Schaduf, Sakieh etc., die uns des Landes Volk in trefflichen Typen von Wasserträgern und -trägerinnen vorführen. [...] Wir beglückwünschen die Ludwigskirche wie den Künstler zu dieser neuen Schöpfung [...]“ (s. Abb 70). Im Dezember 1913 berichtet der „Bayerische Kurier“:[374] „[...] Osterrieder [...] hat in der Ludwigskirche abermals seine Kunst gezeigt [...]. Der historische Hirtenturm, die Zysterne, alles ist wieder da. Die Figuren sind nach Lebenden modelliert. Einen wirksamen Kontrast bildet die reizvolle, schlichte Krippe in der Peterskirche, bei der der Künstler mehr den deutschen Renaissancecharakter betonte [...]“ (s. Kap. 3.8.3). Und im ersten Kriegsjahr, im Januar 1915, schreiben die „Münchner Neuesten Nachrichten“:[375] „[...] sehr zu begrüßen ist es daher, sowohl um der Krippensache, als auch um der Geschmacksveredelung willen, daß einzelne Kirchen auf diesem Gebiete mit vorzüglichen, künstlerisch einwandfreien Krippendarstellungen vorangegangen sind [...].“ Genannt werden dann die von Osterrieder stammenden Krippen in St. Ludwig und St. Peter, die voll von feinster Stimmung seien und ganz den Geist der Krippe im Nationalmuseum atmeten.

Die nächsten Jahrzehnte haben wir, wie oben schon gesagt, keine Nachrichten über den Verbleib dieser Osterrieder-Krippe. In dem 1951 erschienenen ersten Kirchenführer von St. Ludwig nach dem Zweiten Weltkrieg ist die Osterrieder-Krippe nicht mehr erwähnt. Ab 1952 stellte der bekannte Krippenfachmann und spätere Leiter der Krippensammlung des Bayerischen Nationalmuseums, Dr. Wilhelm Döderlein (1903–1964), seine eigene Krippe alljährlich in der Ludwigskirche auf. Sie enthält Figuren verschiedener Schnitzer, darunter Zehentbauer und auch Döderlein selbst. Döderleins Witwe verkaufte schließlich der Pfarrei diese

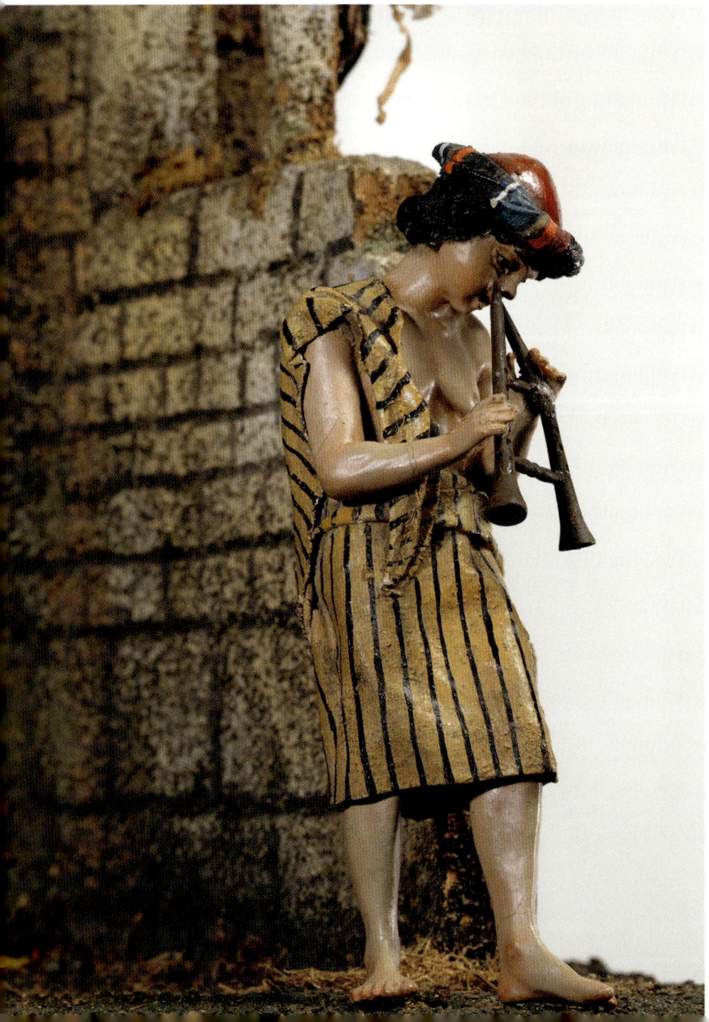

68 Flötenspielender Hirtenknabe. (Krippe München privat). (Foto Siegfried Wameser, München)

Krippe; so ist diese auch heute noch alljährlich zur Weihnachtszeit in St. Ludwig zu sehen.
Zum weiteren Verlauf der Geschichte der Osterrieder-Krippe von St. Ludwig muss das Augenmerk nun auf den Ort Borg an der Mosel und dessen „zwei" Osterrieder-Krippen gerichtet werden. Unsere Kenntnisse beruhen auf den Recherchen von Prof. Münch und der Dokumentation seiner Befragungen von Remi Heinz im Jahr 2008, dem langjährigen Betreuer der Krippe in Borg.[376]
Der spätere Dechant und Geistliche Rat Heinrich Josef Moskopf (1884–1966) war fünfzig Jahre lang, von 1916 bis 1966, Pfarrer von Borg. Wohl zum Weihnachtsfest 1924 schaffte er für seine Kirche St. Johannes der Täufer eine größere Osterrieder-Krippe mit „Renaissancestall" an. Im Januar 1925 schrieb er an Osterrieder: „Die Wirkung der Krippe ist großartig und meine Pfarrkinder, Jung und Alt konnten sich kaum von der Krippe trennen."
Borg ist ein zu Frankreich grenznaher Ort. Mit Kriegsbeginn 1939 mussten sich die Ortsbewohner nach Hessen evakuieren lassen, der Kirchturm wurde, wohl weil er zu markant in der Gegend stand, von der Deutschen Wehrmacht gesprengt. Beim Einsturz zerstörte er große Teile der Kirche. Der ruinöse Bau blieb dann im Krieg unbeaufsichtigt, nach Kriegsende fanden die Rückkehrer, zu denen auch Pfarrer Moskopf und Remi Heinz gehörten, nur noch den „ruinösen" Krippenstall vor, die Osterrieder-Figuren von 1924 waren verschwunden. Die Kirche wurde alsbald nach Plänen des alten Gotteshauses wieder aufgebaut.
Zur Wiederbestückung des leeren Krippenstalls verhalf folgender für Borg sehr glücklicher Umstand: Pfarrer Moskopf hatte einen Vetter, der zugleich der Onkel von Remi Heinz war, den Salesianerpater Peter Henn in Aschau-Waldwinkel (Chiemgau). Dieser „las 1954 in der Zeitung", dass die Pfarrgemeinde St. Ludwig in München ihre Osterrieder-Krippe zum Verkauf anbietet. Der Pater verständigte hierüber Pfarrer Moskopf. Dieser nahm sofort mit der Ludwigspfarrei Kontakt auf, fuhr nach München, kaufte für 1.000 DM die Krippe und nahm sie mit nach Borg, wo sie bis heute alljährlich aufgestellt wird. So weit Geschichte und Happy End der aus der Ludwigskirche in München verschwundenen Osterrieder-Krippe.
Wenn auch der genannte Preis für jene Zeit vielleicht als angemessen gelten kann, so ist dieser Verkauf heute kaum zu verstehen, und zumindest Osterrieder-Freunde sehen darin für die Ludwigskirche, ja für die Stadt München einen herben Verlust.
Die Krippe in Borg ist von Prof. Münch gut dokumentiert und auch mit Fotos von 1925 illustriert. Mit den weit über 30 Figuren kann auch heute noch das ganze biblische Geschehen der Weihnachtszeit dargestellt werden, wie dies seinerzeit in der Münchener Ludwigskirche der Fall war. Maria, auf dem Esel reitend, bei der Herbergssuche oder auf der Flucht, Maria und Josef im Stall, Maria von der Anbetung der drei Könige, die Könige mit ihren Pagen, die bekannten Osterrieder-Hirten – hier in Borg sind fast alle Figurentypen zu finden, die Osterrieder geschaffen hat. Und wer bewundert nicht die herrlichen Kamele und ihre ungewöhnlich lebensnahe Haltung! Sie müssen auch Osterrieder selbst ungemein beeindruckt haben. Diese „reich bepackten" Tiere und auch ihre gestenreichen Reiter, in den Angeboten mit „sieht nach dem Besuch bei Herodes wieder den Stern" oder „Karawanenführer gibt das Zeichen zum Aufbruch" oder „nach langer Reise durstig seine Hände einer Wasser reichenden Frau hinhaltend" beschrieben, wirken auch heute noch ungemein faszinierend und ziehen den Betrachter in ihren Bann (s. Figurenkatalog Kap. 6.1).
In Borg haben alle Figuren Bodenplatten, was ihre Positionierung in den einzelnen Szenen erleichtert. Fast alle Figuren sind mit Glasaugen bestückt, was sie als „erste Qualität" ausweist (s. Kap. 5). Ein Page und der sackschleppende Mohr sind komplett gegossen, alle anderen Figuren sind mit Stoffen kaschiert, von denen aber viele nicht mehr ihre originale Farbfassung haben.

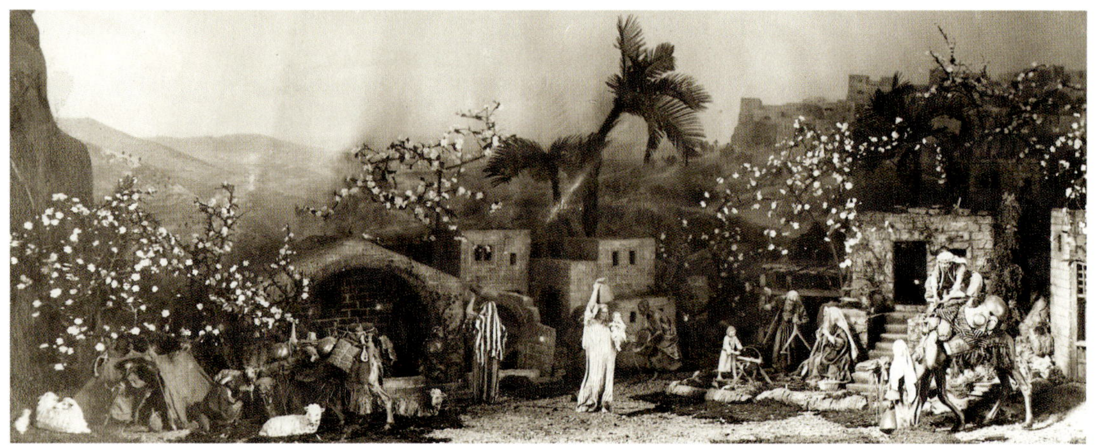

69 Die Hl. Familie in Nazareth. Ludwigskirche München, 1911. (Foto Familienarchiv)

Die Hl. Familie in Nazareth (Abb. 69): Diese Szene ist in Osterrieders Krippenprogramm von 1904 noch nicht erwähnt. Möglicherweise hat er sie 1911 für die Ludwigskirche erstmals gestaltet. Handschriftlich ist unter der alten Fotografie vermerkt: „Ägyptische Studie ‚Die hl. Familie in Nazareth', 4 m groß, aufgestellt in der St. Ludwigs-Stadtpfarrkirche, München, ausgeführt von Seb. Osterrieder ak. Bildhauer München." Prof. Münch hat diese Abbildung analysiert. So sei in Kenntnis der bei Osterrieder ausgeprägten malerischen Ausdrucksweise anzunehmen, dass „ägyptisch" als „orientalisch" zu lesen ist. Der architektonische Aufbau sei zweifellos orientalisch. Von rechts kommt der „Händler" durch den Torbogen geritten. Dann ist eine Händlerin in einem offenen Laden zu sehen. Es folgt eines der sog. „reich bepackten Kamele" mit dem „Wasser heischenden Reiter" und der „Frau mit Krug, Wasser reichend". Nach links schließt sich die auch im Diözesanmuseum Freising ausgestellte Gruppe „Haus Nazareth, Maria mit Spinnrocken, Josef, Holz hackend und der junge Jesus, Holz sägend" an. Weiter links erscheint eine „Frau mit Kind auf dem Arm und Wasserkrug auf der Schulter"; der Krug ist – gemäß Münch – der Form nach eindeutig ägyptisch. Es folgen weitere Figuren, nochmals ein Kamel und schließlich ein Hirtenzelt.

Nähme man, so Münch, „ägyptisch" und „Studie" jedoch wörtlich, dann sei auch denkbar, dass Osterrieder in der Ludwigskirche eine neue Szene, nämlich den „Aufenthalt der Hl. Familie [während ihrer Flucht] in Ägypten", ausprobiert, dann aber nicht in sein Programm aufgenommen habe. Tatsächlich gebe es ja eine ausgeprägte Tradition bei den Kopten bezüglich des Aufenthalts der Hl. Familie bei Verwandten in Ägypten. So zeige man z. B. im Stadtteil „Alt-Kairo" unter der Kirche St. Sergius und St. Bacchus ein offenes Gewölbe, in dem die Hl. Familie gewohnt haben soll.[377] Nach koptischer Überlieferung weilte die Hl. Familie 3 ½ Jahre in Ägypten, an ihre Reise erinnern noch heute entlang des Nils zahlreiche Kirchen und Klöster, „Perlen des Nils" genannt.

Ankunft der Hl. Familie in Heliopolis (Abb. 70): Heliopolis, im alten Ägypten eine bedeutende Tempelstadt, wurde schon vor 500 v. Chr. von den Persern verwüstet, war zur Zeit Jesu ein Ruinenfeld und ist heute eine kleine Ausgrabungsstätte mit einem zwischen Schuttbergen aufragenden Obelisken 10 km nordöstlich von Kairo. Legenden

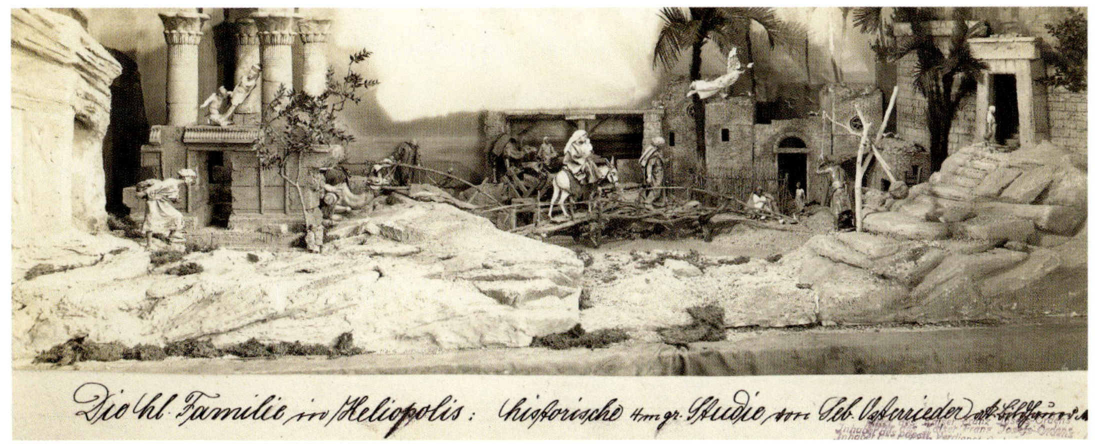

70 Flucht nach Ägypten. Die Ankunft der Hl. Familie in Heliopolis „im Besitz der Benediktiner-Abtei St. Stephan, Augsburg". (Originalfoto Osterrieder)

umranken diesen Ort, der hieroglyphisch „Haus der Sonne" und hebräisch „On" hieß. Dort soll die Hl. Familie unter einer Sykomore Rast gemacht haben oder im Haus des Aphrodisius aufgenommen worden sein. Die Sykomore, ein maulbeerbaumartiger Obst- und Schattenbaum, war bei den alten Ägyptern der Liebesgöttin Hathor geweiht. Osterrieder hat bei dieser in seinem Repertoire wohl neuen Fluchtszene wiederum auf seine ägyptischen Reiseeindrücke zurückgreifen können. Die alte Atelierfotografie wird weiter erläutert: „[...] ca. 4 m breite, $2\frac{1}{2}$ m tiefe historische Studie in Plastik und Malerei, [...] im Besitze der Benediktiner-Abtei St. Stephan, Augsburg". Osterrieders Heliopolis-Krippenszene hat der Stifter der Zweibrücker Krippe 1922 sehr anschaulich beschrieben (s. Kap. 4.1). Beide Krippen, die von St. Stephan in Augsburg und die Kirche Heilig Kreuz in Zweibrücken, sind im Krieg den Fliegerbomben zum Opfer gefallen. In neuerer Zeit hat Prof. Münch für die Pfarrkirche St. Maria und St. Clemens in Bonn-Schwarzrheindorf eine Szenerie mit ägyptischen Tempelmotiven nachgestaltet (Abb. 101e) (s. Kap. 4.4.4).

3.8.2 „Un grandioso presepio" – Die „Papstkrippe" und ihr Programm

„Eine großartige Krippe. Ein Geschenk an den Hl. Vater", so titelte der „Corriere d'Italia".[378] In kleinem Kreis habe der Bildhauer Osterrieder am 4. Juni 1913 dem Papst sein Werk, das schon in der Ausstellung christlicher Kunst in München zu bewundern gewesen sei, übergeben können. Die Hl. Familie und die sieben Hirten, die Geschenke darbieten, seien in feinster Weise aus Holz geschnitzt, wie lebendig erscheine das heilige Kind aus Elfenbein, der Stall sei ein wirkliches Kunstwerk. Hierzu hatte schon ein Jahr zuvor die „Allgemeine Rundschau"[379] berichtet, auf der „Bayerischen Gewerbeschau" befinde sich eine Weihnachtskrippe, die bestimmt sei, in den päpstlichen Besitz überzugehen „und in der Sixtinischen Kapelle aufgestellt zu werden". Großen Eindruck hatte auf den Berichterstatter offenbar die Verwandlung des Stalles von Bethlehem in den Chor einer romanischen Kirche gemacht. Auf der Ausstellung war er nur provisorisch zu sehen, da in Rom gerade seine Wände mit feinsten Mosaiken ausgestattet würden. Die drei Fenster würden farbige Glasmalereien zeigen, eine Stiftung des Kommerzienrates Franz Xaver Zettler in München.

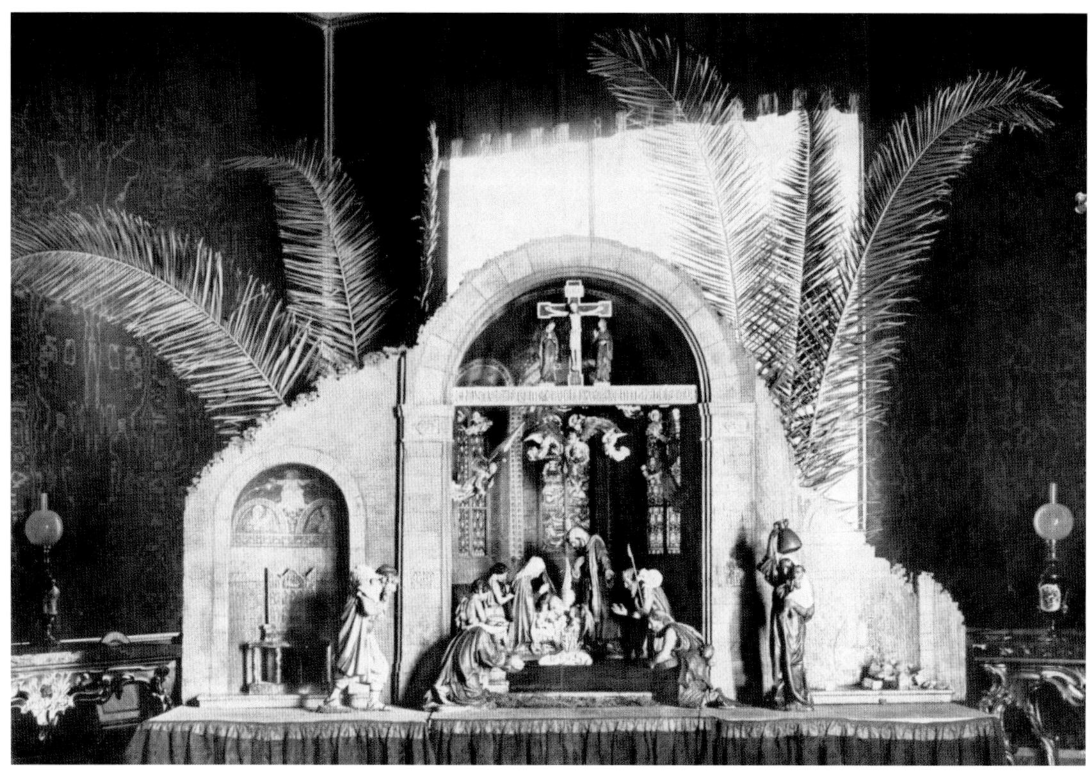

71 Papstkrippe, Geburtsszene, Figuren Lindenholz. (Originalfoto Osterrieder)

Aber auch schon jetzt seien die Gruppe der Hl. Familie, die umschwebenden Engel und die anbetenden Hirten ein hinreißendes Gesamtkunstwerk. „Weitere Figuren werden noch dazukommen [...]." Doch dies und die zukünftige Aufstellung der Krippe in der Sixtinischen Kapelle waren nur Wunschvorstellungen. Vielleicht hatte Osterrieder gehofft, seine Linzer Krippe in Rom wiederholen oder gar noch übertreffen zu können. Doch blieb es bei der auf der Gewerbeschau gezeigten Größe. Wer die Sponsoren der „Papstkrippe" waren, wissen wir nicht.

Die Bauten samt Wandschmuck wurden – wie gehört – nach Osterrieders Entwürfen in Rom angefertigt; seine Figuren schickte er kurz vor Weihnachten 1912 auf die Reise. Eine Übergabe an den Heiligen Vater am Dreikönigsfest kam, auch wegen einer Erkrankung des Papstes, nicht zustande. Eine Gelegenheit hierzu ergab sich, wie oben schon erwähnt, erst im Juni 1913: Im Roten Saal des Vatikanpalastes konnte Osterrieder Papst Pius X. die Krippe übergeben. Die „Kölnische Volkszeitung" und auch andere Blätter schrieben,[380] Osterrieder sei in Privataudienz empfangen worden und habe – auch namens einer Gruppe bayerischer Katholiken – eine von ihm kunstvoll ausgeführte, 3 m hohe Krippe zum Geschenk gemacht. Durch den sehr wohlwollenden Feuilletonartikel „Eine Münchener Weihnachtskrippe in Rom" in der „Augsburger Postzeitung"[381] sind wir sowohl von der Übergabe der Krippe als auch von deren programmatischer Gestaltung genauer unterrichtet. Der Verfasser, der sich als „ein treuer römischer Freund" ausgibt, war der Dominikaner-

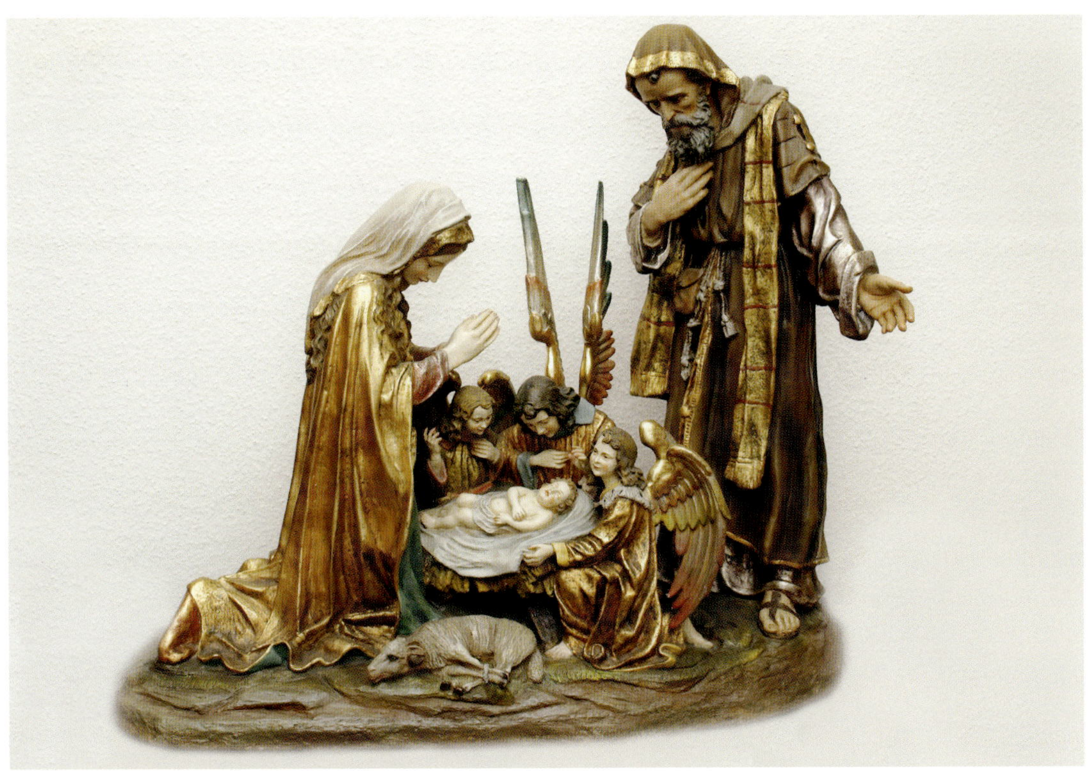

72 Figuren in der Form der Mittelgruppe der Papstkrippe. Hartguss, Traunstein privat. (Foto R. Zannantonio, Traunstein)

pater Maurus Kaiser.[382] Dieser hatte mit weiteren Patres Osterrieder auch in den Vatikan begleitet, als Dolmetscher gedient und dem noch gesundheitlich angegriffenen, aber freundlich und mit väterlicher Güte zuhörenden Papst den Leitgedanken des Künstlers erklärt.

Osterrieder habe sich das Geheimnis der Geburt des Herrn im Stall zu Bethlehem als das Samenkorn gedacht, aus dem sich der Baum des Lebens, d. h. der Baum des Hl. Kreuzes, zu vollem Wachstum entfalten solle, um mit seinen Früchten im Garten der heiligen, von Christus zu stiftenden Kirche die Seelen für ein höheres Leben in Gott zu nähren. Deshalb habe der Künstler den Stall von Bethlehem in den Chor einer romanischen Kirche verwandelt, mit drei Rundbogenfenstern, deren mittleres in feiner, miniaturartiger Glasmalerei den Stammbaum der jungfräulichen Mutter des Herrn darstelle, während am Chorgewölbe die Person des himmlischen Vaters und die Taube des Hl. Geistes über der Geburt des Gottessohnes thronten. Auf einem Querbalken unter dem Chorgewölbe erscheine Christus am Kreuz zwischen der Schmerzensmutter und dem Lieblingsjünger Johannes, um den Beschauer an die Vollendung des großen Geheimnisses auf dem Kalvarienberg zu gemahnen. Die ruinöse rechte Seitenapsis des Chores erinnere an das Ende des Alten Bundes. In der vollständigen linken Apsis hingegen sei der eucharistische Opferaltar aufgestellt, auf dem sich gemäß dem Neuen Bund das Geheimnis von Bethlehem und dessen Vollendung auf Kalvaria bis zum jüngsten Tag im hl. Messopfer erneuerten und so den Gläubigen Gnadenschätze erwüchsen. Der

Papst habe währenddessen seine Blicke mit sichtlichem Wohlgefallen auf die Mittelgruppe der Krippe, auf das überaus zart aus Elfenbein geschnitzte Jesuskind, auf Maria, Josef und die frommen Hirten, gerichtet – und auf die schwebenden Engel. Die einen von ihnen brächten singend und jubilierend ihre Freude zum Ausdruck, die anderen trügen wie bei der Krippe in Linz (s. Kap. 3.4.2) das Kreuz, den Kelch und die Dornenkrone[383] und wiesen auf das Geheimnis des Kreuzes hin. Sinnreich lasse der Künstler hier den mittleren Engel auf der Dornenkrone eine Tiara halten, die den Statthalter Christi auf Erden schmücke, aber auch, gleich einer Dornenkorne, tief und schmerzlich drücke. „E vero, è vero! Es ist nur zu wahr!", habe der Papst hierauf bemerkt.

Dieser Zeitungsartikel charakterisiert Osterrieders „Papstkrippe" als eine Programmkrippe mit alttestamentlichen, passions- und anderen theologischen Aspekten, als eine Krippe, die nicht nur das biblische Geschehen, sondern die ganze Heilsgeschichte umfasst. Es muss offen bleiben, ob Osterrieder dieses Krippenprogramm selbst entwarf oder mit theologischer, möglicherweise dominikanischer Beratung. Die Geburtsszene in einer Kirchenapsis hat Osterrieder nur bei der „Papstkrippe" verwirklicht; aber diese sollte wohl in ihrer Art auch einmalig sein. (Abb. 71)

Ohne die Kirchenarchitektur hat Osterrieder die Gruppe der Hl. Familie mit den drei Engeln an der Krippe in Hartguss (Abb. 72) unter der Bezeichnung „Krippe Sr. Heiligkeit Papst Pius X." und dem Hinweis „Figuren ständig auf Lager" in seinen Werbedrucken angeboten. (s. Kap. 3.9)

Pius X. stand 1913 in seinem letzten Lebensjahr. Er verfügte, die Krippe zum Weihnachtsfest 1913 in der Kapelle des Pilgerhauses von S. Marta (neben dem Petersdom) aufzustellen. Bis heute wird hier alljährlich das Figurenschnitzwerk Osterrieders gezeigt. Dieses Pilgerheim, jetzt „Domus Sanctae Marthae", wurde unter Papst Johannes Paul II. 1996 modernisiert; während des Conclaves ist es als Wohnstätte der Kardinäle vorgesehen. Zu Osterrieders Figuren sind in späterer Zeit die drei Könige hinzugekommen, deren Künstler sich offensichtlich an Osterrieders Königsfiguren für die Krippe in Santa Maria dell'Anima orientiert hat (s. Kap. 4.4.3). Osterrieders als Kirchenchor gestalteter Stall ist verloren gegangen und überhaupt ist die Krippengeschichte offensichtlich in Vergessenheit geraten. So wird in Nr. 180 (1999) von „Il Presepio", der Zeitschrift der italienischen Krippenfreunde, das Kunstwerk fälschlich auf die zweite Hälfte des 19. Jahrhunderts datiert und als ein Geschenk an Papst Pius IX. (1846–1878) bezeichnet. Die Nr. 186 (2001) zeigt die Figurengruppe der Hl. Familie auf dem Titelblatt und nennt die Krippe wiederum fälschlicherweise ein Geschenk an Papst Pius XI. im Jahr 1923.

Seit 1996 bis 2010 hat dankenswerterweise Sig. Antonio Milan von der Verwaltung des Domus S. Marthae die Osterriederkrippe sehr sachkundig betreut und nunmehr vor Ort auch historische Klarheit geschaffen. Die von ihm angefertigten eindrucksvollen neuen Bauten und Szenerien bringen Osterrieders Figuren voll zu ihrer Geltung.[384]

Der Papst hat seinerzeit den Künstler noch im selben Monat mit dem Orden „Bene merenti" in Gold (Abb. 73) ausgezeichnet, worüber mehrere Zeitungen berichteten.[385] Osterrieder war seinerzeit der zweite Deutsche, der diesen Orden erhalten hatte. Die Annahme und das Tragen fremder Auszeichnungen erforderten damals eine behördliche Bewilligung; sie wurde ihm im Oktober 1913 erteilt.[386]

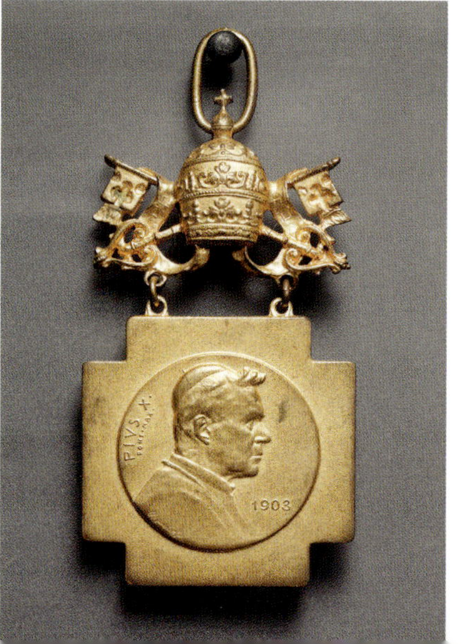

73 Päpstlicher Orden „Bene merenti" in Gold (Herzogskasten Stadtmuseum Abensberg). (Foto Siegfried Wameser, München)

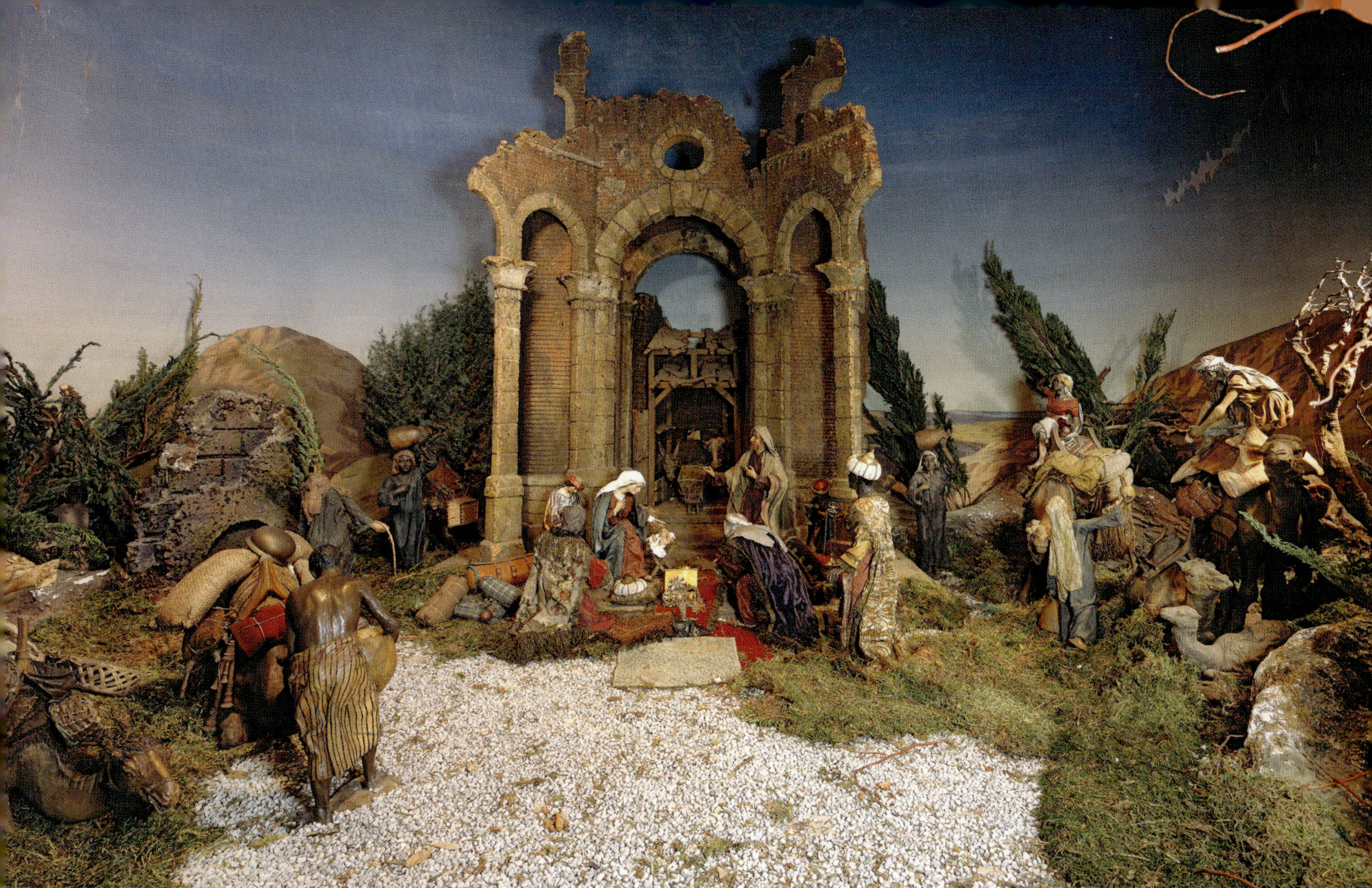

74 Krippe der Peterskirche in München. [Figuren des Josef und der Könige nicht mehr original Osterrieder.] (Foto Siegfried Wameser, München)

3.8.3 Die Krippe der Peterskirche in München

Neben der Ursulakirche in Schwabing ist es St. Peter, Münchens älteste Kirche, wo bis heute alljährlich in der Weihnachtszeit die figurenreiche Osterrieder-Krippe gezeigt wird. In St. Peter war zuvor lange Zeit keine Krippe mehr gestanden. Die neue Krippenabteilung im Bayerischen Nationalmuseum und vielleicht auch die seit 1910 in der Ludwigskirche gezeigte Krippe hatten bei der Münchener Bevölkerung jedoch immer stärker das Interesse an Krippen geweckt. So konnte das „Neue Münchener Tagblatt“ am Tag vor Weihnachten 1913 schreiben, es werde viele Münchner freuen, dass in St. Peter wieder eine Krippe zur Aufstellung komme.[387] Auch die „Augsburger Postzeitung“[388] brachte die damaligen Tendenzen zum Ausdruck: Es sei erfreulich, dass sich neben schlichten, naiven Darstellungen nunmehr auch künstlerische Krippen geltend machten. Die in der Katharinenkapelle unter dem Turmbau zum ersten Mal aufgebaute Krippe der Peterskirche zeige in der Hauptsache eine große, reiche Stallgruppe im Renaissancecharakter; weitere Architektur und landschaftliche Motive leiteten über zum Horizont. Die ganze, vom bekannten Münchener Krippenkünstler Sebastian Osterrieder gefertigte und komponierte Krippe mache einen auch in der Beleuchtung prächtigen Eindruck. Auch im Jahr 1931 findet die Peterskirche im Bericht des „Bayerischen Kuriers“[389] über eine Münchener Krippenfahrt Erwähnung: „Die Osterrieder-Krippe in der Peters-

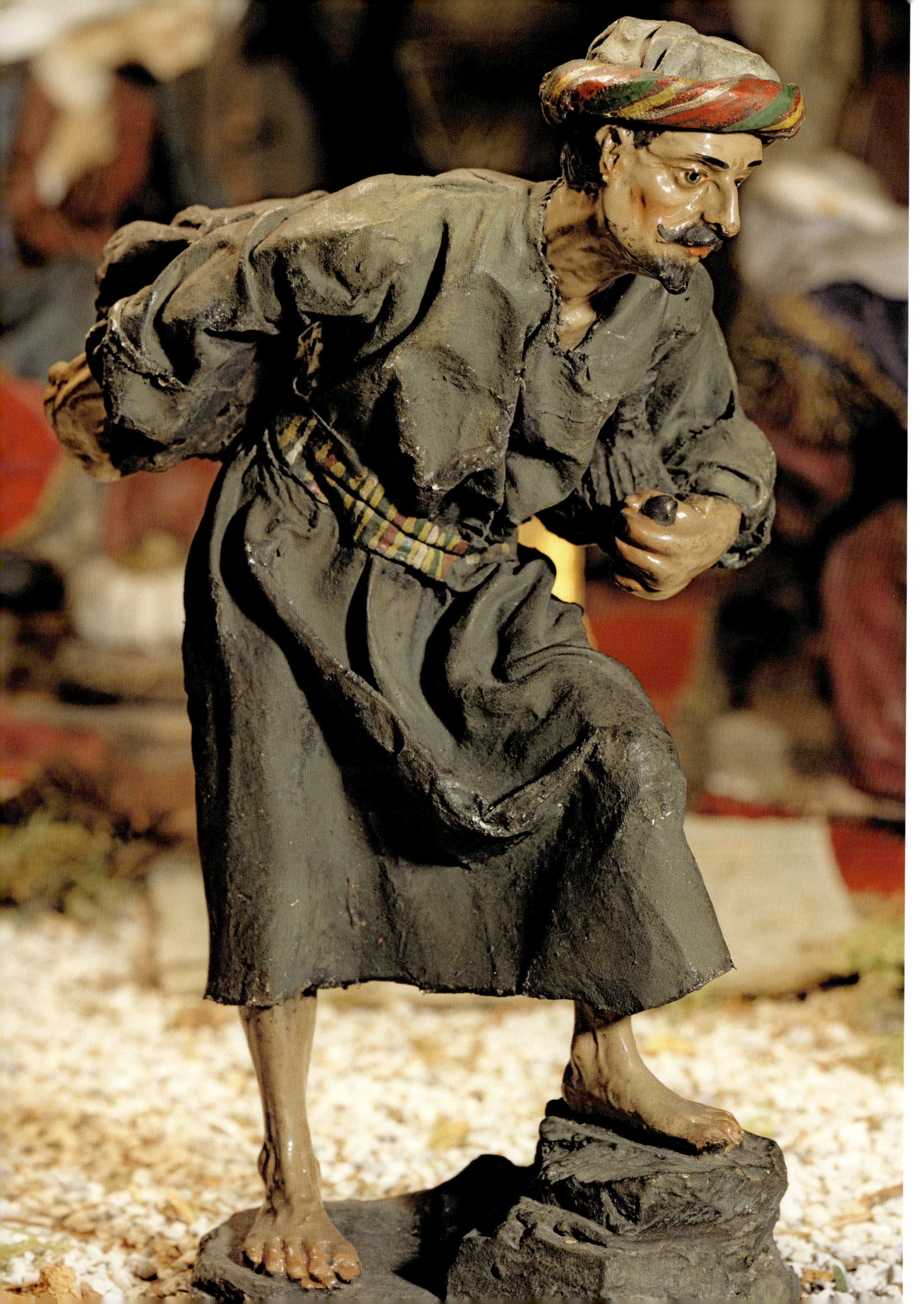

kirche, zur Zeit ‚Herbergssuche', verdient ebenfalls größtes Interesse." Osterrieders großen „Renaissance-Stall" kennen wir schon von der Scheyerner Krippe. Noch heute werden in der Peterskirche alljährlich mit den Osterrieder-Figuren die Verkündigungs-, Herbergssuche-, Geburts-, Anbetungs- und Fluchtszene gestaltet. Der ursprünglich sehr große Figurenbestand ist aber nicht mehr ganz vollständig. So fehlen von Osterrieder die Josefsfigur der Geburtsszene und zwei der Hl. Drei Könige; ein heutiger „Osterriederkönig" ist aus einem ehemaligen Hirten entstanden.

Aus Osterrieders Werkstatt stammt übrigens auch der sog. Opferkasten[390] in der Peterskirche; ein solcher hatte ihn selbst schon als kleinen Buben in Abensberg überaus fasziniert. In einem Glaskasten steht ein Kirchlein. Nach Einwurf von 5 (!) Cent läutet ein Engerl die Kirchturmglocke und aus der Kirchentür kommt in hellem Licht das Christkind hervor, erteilt den Segen und verschwindet dann wieder im Gotteshaus. In der Peterskirche kann man beobachten, wie auch heute noch jedes Kind davon verzaubert wird.

3.9 Gegossene Krippenfiguren im Großformat

Die Abformungs- und Gießmethode hat Osterrieder schon frühzeitig auch bei größerformatigen Arbeiten, vor allem bei seinen 65 bis 70 cm hohen Krippenfiguren, angewandt und bis zuletzt auch beibehalten. Diese Gussfiguren sind ihm so vollendet gelungen, dass sie sich in farbiger Fassung kaum unterscheiden lassen von seinen aus Lindenholz geschnitzten Vorbildern, die seit 1907 im Dom von Linz oder seit 1928 in S. Maria dell' Anima in Rom zu sehen sind.

Wie schon erwähnt, wurde besonders die Mittelgruppe mit der Hl. Familie und den beschützenden Engeln von Osterrieder in großer Anzahl angefertigt. Daher gehören diese Krippenfiguren bis heute zum Weihnachtszimmer vieler Familien (Abb. 72). Auch in Kirchen stehen großformatige Gusskrippen Osterrieders (s. Kap. 6.2: Bettemburg, Beuren, Diepolz, Esslingen, Illertissen, Uppsala, Wangen).

Aus *Beuren* schreibt Pfarrer Otten 1924 an Osterrieder: „Die ganze Gemeinde und Alle, die sie sahen sind ganz entzückt über Ihre Krippe und ich danke meinem Engel, daß er mich zu Ihnen führte. Ihr Werk ist eine Freudenbotschaft und eine Lehre zugleich." Von der Krippe, die für *Stockholm* bestimmt war und jetzt in Uppsala steht, berichtet Bischof Johannes Erik Müller, Apostolischer Vikar für Schweden, im Jahr 1925: „Außer einer sehr schönen Herz-Jesu-Statue lieferte Herr Osterrieder an mich eine reizende Krippe (Weihnachtsgruppe), die ebenso künstlerisch vollendet erdacht und durchgeführt als andächtig und zum Herzen sprechend ist. Jeder, der die Krippe sieht, ist gefesselt. Eine große Stockholmer Zeitung (Dagens Nyheter) hat [...] eine Abbildung gebracht. [...] die Krippe wird den anspruchvollsten Kunstsinn befriedigen und das Volk erbauen. [...] Herr Osterrieder verdient die beste Empfehlung."

Die prächtige, figurenreiche und sehr gut erhaltene Krippe im St.-Pauls-Münster in *Esslingen* kann sich von den Figuren her, auch wenn ihnen weniger Raum zur Verfügung steht, durchaus mit der Krippe in Linz messen. Die Krippe ist seit 1995 hervorragend dokumentiert durch das Bändchen „Heller Stern in dunkler Nacht" mit brillanten Aufnahmen von Winfried Aßfalg (s. Abb. 76–78). Sie illustrieren die anrührende Geschichte Wolfgang Tripps von dem kleinen (Osterrieder-)Pagen des Mohrenkönigs und dessen Erlebnis der Reise nach Bethlehem und der Begegnung mit dem Jesuskind in der Krippe.[391] Auch das im Schloss untergebrachte Heimatmuseum in *Illertissen* besitzt eine Osterrieder-Krippe im Großformat. Sie soll aus klösterlichem Besitz stammen. Der schon mehrfach erwähnte langjährige Osterrieder-Forscher Egon Eberle, Illertissen, der viele Osterrieder-Krippen entdeckt hat und aus dessen Feder zahlreiche Veröffentlichungen über das Leben des Künstlers und seine Krippen stammen, konnte die Gussfiguren für das Illertisser Museum erwerben (s. Kap. 4.4.1).

75 Araber, einen Wassersack am Rücken tragend. Krippe der Peterskirche München.
(Foto Siegfried Wameser, München)

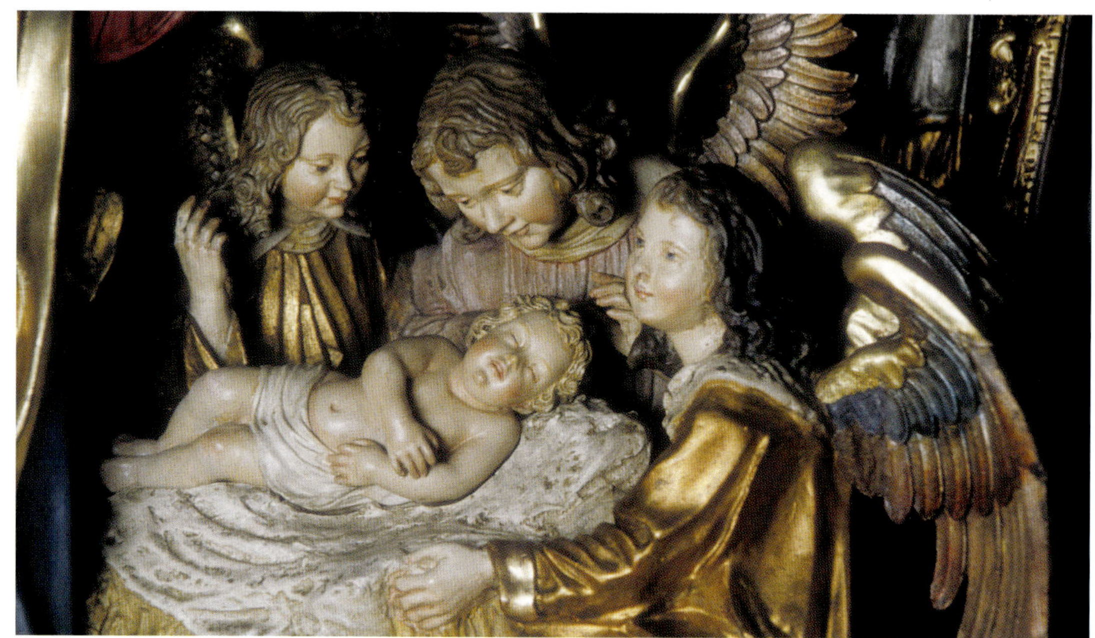

76 „Drei Engel sind ganz nahe bei dem Kind". Krippe im Münster von Esslingen. (Foto Winfried Aßfalg, Riedlingen)

3.10 Krippen während des Ersten Weltkriegs

Nach Kriegsbeginn ging Osterrieders Krippengeschäft zunächst fast uneingeschränkt weiter. So stammen etliche seiner heute noch zur Weihnachtszeit in den Kirchen stehenden Krippen aus diesen Jahren (außer den nachfolgend beschriebenen datierbaren Krippen auch die in Edling und Haldenwang; s. Krippenkatalog Kap. 6.2). In den beiden letzten Kriegsjahren, als die Lage auch in der Heimat immer schwieriger und in den Städten gehungert wurde, lassen sich dann aber kaum noch Krippenankäufe nachweisen. Trotz der schweren Zeiten wurde 1917 in München, wie bereits erwähnt, der Krippenverein gegründet.

Für seine Pfarrkirche in *Ebersberg* bestellte Pfarrer Guggetzer bei Osterrieder zwischen 1914 und 1920 Krippenfiguren und bezahlte sie aus der eigenen Tasche. Zum Dank dafür modellierte nach seinem Tod im Jahr 1950 die Bildhauerin Anni Schierl ein Portraitfigürchen des verdienten Geistlichen in Ton und gesellte es den Hirten bei.[392]

Im Jahr 1916 orderte Pfarrer Robert Hans für seine Pfarrkirche *Hettenleidelheim* „die möglichst gleiche" wie die Deidesheimer Krippe. Osterrieder schrieb zurück, die zu Deidesheim „mit bemalten Hintergrund und Bethlehem, der historischen Grotte, Szenerie, vorne abgeschlossener Umrahmung nebst den Figuren zur Verkündigungs-, Geburt- und H. 3 Königsszene" habe er zum Preis von 1200 Mark geliefert. Doch seien seit 1912 die Herstellungskosten deutlich gestiegen, beispielsweise koste ein Liter Terpentin statt damals 40 Pfennig nun 8 Mark und die Arbeitslöhne seien doppelt so hoch. Französischen Hasenleim könne man wie überhaupt vieles von dem benötigten Material kaum noch bekommen. Deshalb, so Osterrieder, habe er im letzten Jahr, als er die gleiche Krippe wie die in Deidesheim nach Edling lieferte, 1600 Mark verlangen müssen. Osterrieder bot schließlich einen Sonderpreis von 1300 Mark an, sofern die Krippe „auf einmal" bestellt würde, bei

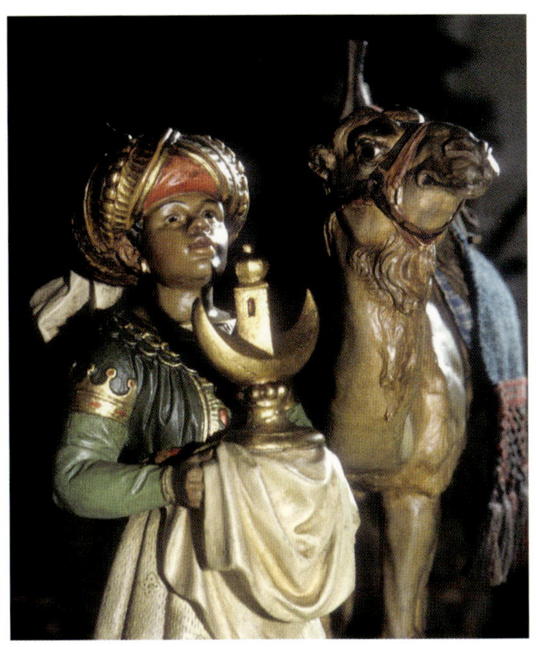

77 Mohrenpage mit Kamel.
(Foto Winfried Aßfalg, Riedlingen)

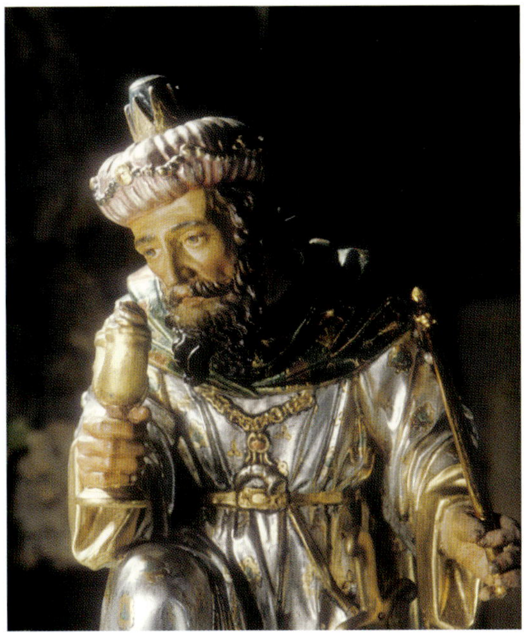

78 Anbetender König mit Geschenk.
(Foto Winfried Aßfalg, Riedlingen)

eventuell halb- oder einjährigen Raten. Für diesen Vorschlag machte er auch ästhetische Gründe geltend, denn bei einer Krippe werde nur durch „die einheitliche und historische Zusammenstellung der Haupteffekt erreicht". Schließlich bat Osterrieder den Geistlichen „recht bald Bescheid zu geben, da in der schweren Kriegszeit, besonders heuer, die Krippe als erbauendes und tröstendes Objekt anerkannt ist" und „bei den hunderten Krippendetails entsprechend Zeit notwendig ist".

Berthold Schnabel, der nach Deidesheim auch in Hettenleidelheim das Pfarrarchiv auswertete und so den Krippenkauf ausführlich dokumentieren konnte,[393] führt aus den Akten auch die von Osterrieder gebrauchten Figurenbezeichnungen auf, von denen hier zitiert seien: „Hirt mit Schaf am Arm, Hirt mit Hut, Ziege führend, Hirt mit Wassersack, Hirt, halb knieend mit Stab, Hirt mit ausgebreiteten Armen, Knabe mit Wasserschaff [offenem Wassergefäß], Hirt, zu Boden geworfen, aber erwachend, Hirt mit Laterne, Hirt mit Krug am Kopf, kleine Wasserfrau, Krug reichend, Beduine, ganz kleines Wassermädchen, 2 liegende Schafe, liegende Ziege, 1 Widder, 1 Wassersack, Krüge, Stäbe, Kästchen zu König, Mohrpage, Schafgruppe, 2 fressende Schafe, großes gehendes Kamel, reichst bepackt, Reiter hierzu und zu kleiner Wasserfrau, Maria und Jesuskind zu hl. 3 König, 3 König, 2 Pagen, Kissen, Stern". Zum Preis von 1300 Mark kamen noch 26 Mark für Verpackungsmaterial hinzu. Eigens mit 50 Mark wurden berechnet: „Zelt, Verkündigungs-Engel, Araber erwachend, sind nicht nach Deidesheim geliefert & auf Risiko zugesandt, da sie eine eigene Szene bilden – können daher zurückgesandt werden". Dies geschah allerdings nicht, sodass die Krippe 1376 Mark kostete.

Der Arbeit von Schnabel verdanken wir auch Kenntnisse von Osterrieders Anweisungen, in denen seine präzisen Überlegungen etwa hinsicht-

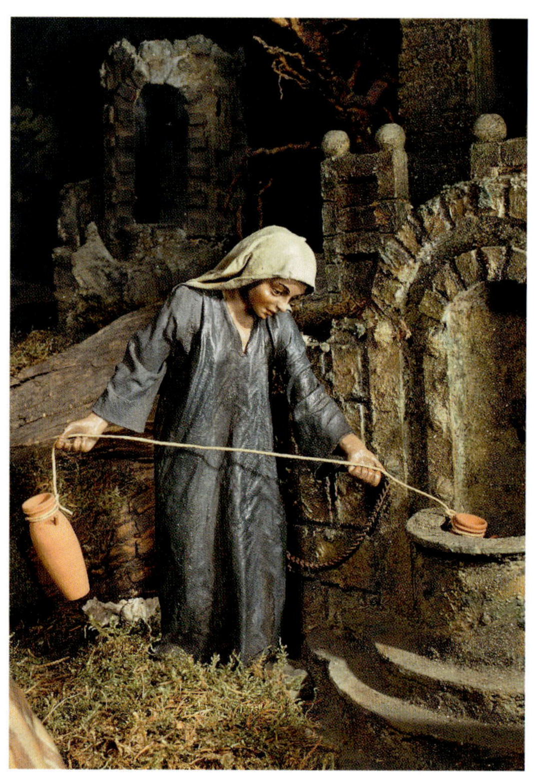

79 a Detail, Frau am Brunnen.

neben das Felsenstück [zu stehen], als Fortsetzung aus dem bemalten Wege. Der 2te Brunnen gehört vor den Brunnen neben der Grotte, damit der Brunnen & das Übrige tiefer wird. Der größte Baum gehört vorne an die linke Ecke neben dem Zelt. – Das liegende Kamel ist erst für die hl. 3 König-Szene gedacht. Ebenso der Hirt mit Wasserschaff [...]. Hellblaues Oberlicht wäre das Günstigste. – Da kein elektrisches Licht vorhanden, könnte von außen etwas weißes Licht (abgeblendet) so daß lediglich das Innere der Grotte beleuchtet, genommen werden. [...] Sollte die Leinwand mit der Malerei durch den Transport verknittert sein, so ist sie unten zu spannen und von hinten mit einem nassen Schwamm zu befeuchten, dann vergehen die Falten längstens in ein paar Tagen."
Die Figuren der 1916 angekauften Krippe sowie die Geburtsgrotte sind erhalten.
Die Osterrieder-Krippe des *Bayerischen Nationalmuseums in München* (Abb. 79 a–c) stammt wohl aus dem Jahr 1917. Sie war 1922 von Kommerzienrat Robert Haselberger in Aichach erworben worden. Durch Vermittlung Egon Eberles, Illertissen, verkauften die Haselberger-Erben die Krippe 1999

lich der Perspektive oder der Beleuchtung und überhaupt die Besorgtheit des Krippenkünstlers um sein Werk zum Ausdruck kommen. Ganz in der Tradition der italienischen Krippenbauer ist er zugleich Regisseur gewesen. Mit vorgefertigten, rot markierten Löchern in der Bodenplatte, in welche die Drahtzapfen (Dorne) an den Füßen der Figuren zu stecken waren, gab er zwingend vor, wie diese sich über eine Szene zu verteilen hatten, entsprechend ihrer Bewegung, Körperhaltung, Fußstellung, Blickrichtung, Gestik und Größe. Außerdem schrieb Osterrieder vor: „Der Brunnen ist bei der Geburt-Szene links von der Grotte zu stellen, hinterher das breite Felsteil, das also beinah mit der Felsmauer an die Malerei anstößt; gleich hinterher kommt der Schäfer zu stehen. – Das kleine Wassermädel kommt links hinten,

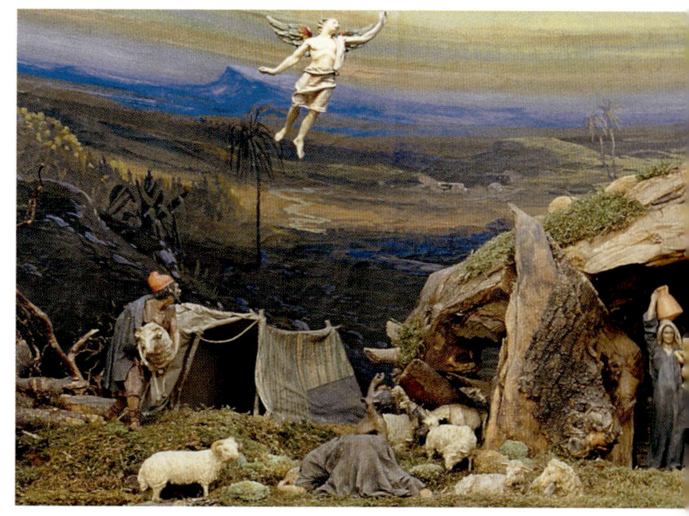

dem Bayerischen Nationalmuseum, wo sie in einer großen Vitrine nun Teil der weltberühmten Krippensammlung geworden ist und ganzjährig betrachtet werden kann.

Im Kriegswinter 1917/18 organisierte Osterrieder eine Verkaufsausstellung eigener Krippen, die offensichtlich reichhaltigst bestückt war. Darüber berichteten mehrere Zeitungen, die trotz mancher Wiederholungen hier zitiert seien. In den „Münchner Neuesten Nachrichten“[394] ist dabei auch der Tod Schmederers erwähnt:

„[...] Wir haben hier in München ja, dank dem eben erst verstorbenen Max Schmederer, eine unvergleichlich schöne Sammlung prächtiger Weihnachtskrippen, meist italienischer Herkunft, in unserem Nationalmuseum. Daß dieser Kunstzweig auch heute noch seine Meister hat, beweist eine Ausstellung von Weihnachtskrippen, die der Münchener Bildhauer Sebastian Osterrieder in einem Laden am Maximiliansplatz 12b veranstaltet. Das Wesentliche an den hier ausgestellten, künstlerisch wertvollen Krippen ist der naturgetreu orientalische Charakter, den Landschaft, Gebäude, Menschen und Tiere tragen. [...] Im Heili-

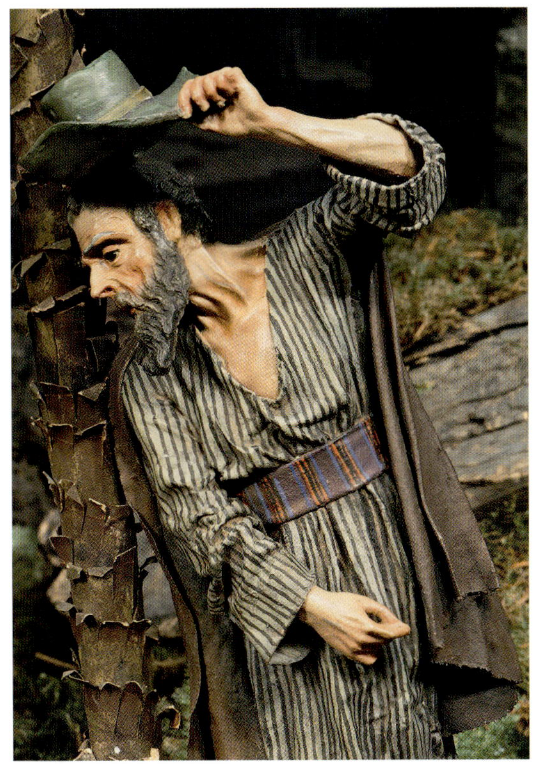

79 b Detail, Hirte, Ziege führend.

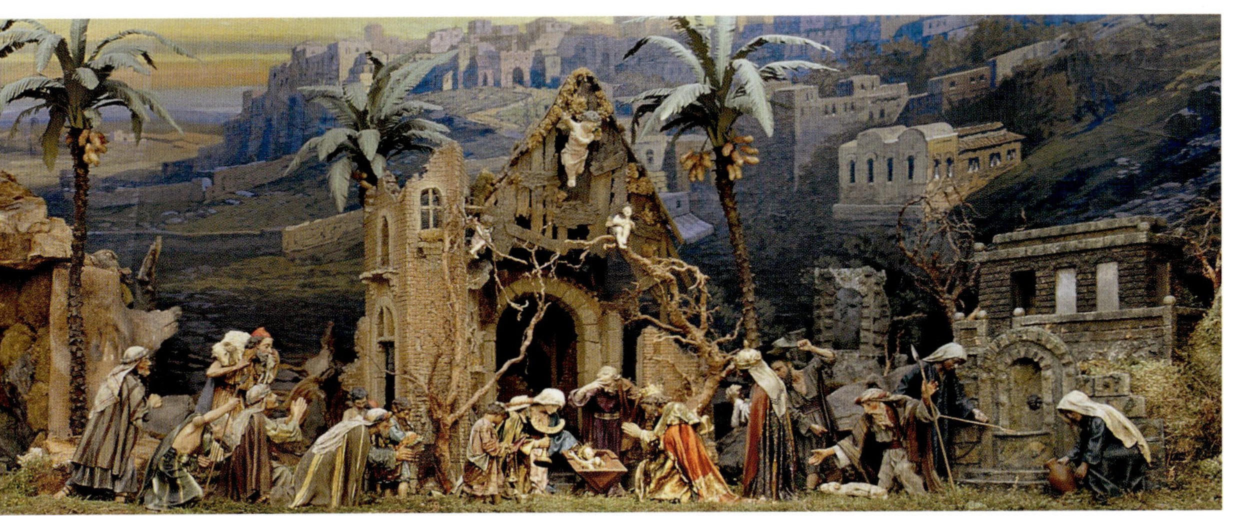

79 a–c Osterrieder-Krippe in der Krippensammlung des Bayerischen Nationalmuseums. (Fotos Walter Haberland)
79 a Verkündigung an die Hirten, Anbetung der Hirten.

gen Lande hat Osterrieder seine Studien gemacht, die hier ihren künstlerischen Ausdruck finden. Da ist eine Anbetung in Bethlehem zu sehen; Landschaft und Baulichkeiten sind so naturecht wie die Volkstypen. Eine andere Krippe bringt die in allen Einzelheiten genaue Nachbildung der Geburtsgrotte; eine weitere zeigt die Heilige Familie im Städtchen Nazareth mit seinem heute noch heilig gehaltenen Marienbrunnen. Sehr schön ist des weiteren eine Nachbildung der Grabmalskirche in Jerusalem, ausgeführt in Ebenholz, Perlmutter, Silber und Elfenbein [...]. Im Schaufenster, das eine ebenso künstlerisch vornehme wie echt weihnachtliche Note in das Straßenbild bringt, ist außer der Anbetung der Hirten auch eine Wiederholung der im Besitze der Deutschen Kaiserin befindlichen Anbetung der Heiligen drei Könige zu sehen, die das Anschauen wert ist [...]."

Der Bericht der „Bayerischen Staatszeitung"[395] hierzu lautet:

„[...] Auch heute werden noch künstlerische Weihnachtskrippen hergestellt. In München ist ein hervorragender Meister auf diesem Gebiete tätig, der schon manches Kunstwerk dieser Art geschaffen hat: der Bildhauer Sebastian Osterrieder. Heuer stellt er einige größere prachtvolle Krippen in einem Laden am Maximiliansplatze 12b (hinteres Landtagsgebäude) zur Schau, die Vorübergehende verweilen lassen und deren Bewunderung erregen. Im Schaufenster steht eine Wiederholung der prächtigen, aus Kork und Holz gefertigten Krippe, die ihren Platz im deutschen Kaiserschlosse gefunden hat. Im Laden selbst ist eine Anbetung der Hirten vor dem nach Studien an Ort und Stelle aufgenommenen Bethlehem aufgebaut. Die Grotte mit der Krippe aus diesem größeren Kunstwerke ist noch einmal für sich aufgestellt und daneben, wieder vor einem nach der Natur gemalten Hintergrunde, in einer echt orientalischen getreuen Szenerie, die Männer, Frauen und Tiere beleben, die Heilige Familie vor ihrem kleinen Hause in Nazareth. Alle Einzelheiten in diesen Kunstwerken, das Landschaftliche wie das Figürliche, sind von Künstlerhand mit Liebe ausgeführt. Die Gestalten von Männern, Frauen und Kindern, die zu malerischen Gruppen zusammengestellt sind, hat Osterrieder nach dem Leben modelliert. Der Künstler hat auch für Kirchen und Friedhöfe schon manches schöne Werk religiöser Kunst geschaffen und genießt als Schöpfer von Weihnachtskrippen den Ruf eines Meisters über Bayern, ja über Deutschland hinaus."

3.10.1 Die Krippe in Zeil am Main

Die Osterrieder-Krippe der St.-Michael-Kirche in Zeil ist der Größe der Figuren nach ein Unikat (Abb. 80/81). Auch ihre Entdeckung als ein Werk Osterrieders verdanken wir Prof. Friedrich Münch, der seit bald vierzig Jahren nicht nur die Krippe in Bonn-Schwarzrheindorf (s. Kap. 4.4.4) fachmännisch betreut, sondern darüber hinaus weitere Osterrieder-Krippen gefunden und erforscht hat. Auf die Krippe in Zeil kam er durch eine Abbildung in dem 1978 in Würzburg erschienenen Buch von Christoph Daxelmüller „Krippen in Franken". Das Bild zeigt eine Geburtsszene mit typischen Osterrieder-Figuren; der Text nennt den Künstler nicht, sondern spricht pauschal von „nazarenisch" und gibt als Entstehungszeit „1880" an. Bei seinen Zeil-Besuchen 1982 und 1987 erfasste Prof. Münch die Figuren fotografisch und konnte nach weiteren Recherchen im Sommer

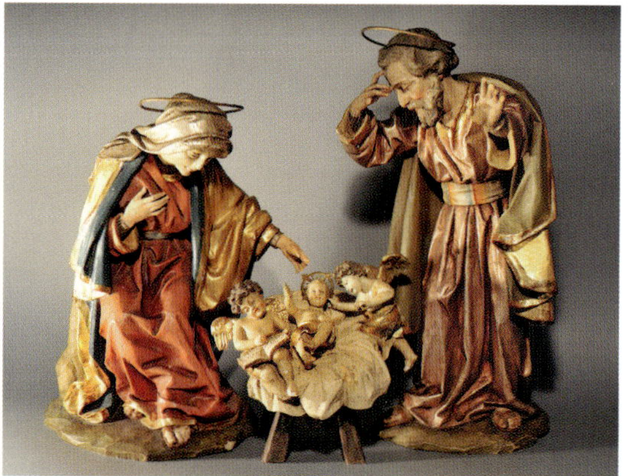

80 Die Hl. Familie der Krippe in Zeil, Lindenholz. (Foto Werner Dressendörfer, Bamberg)

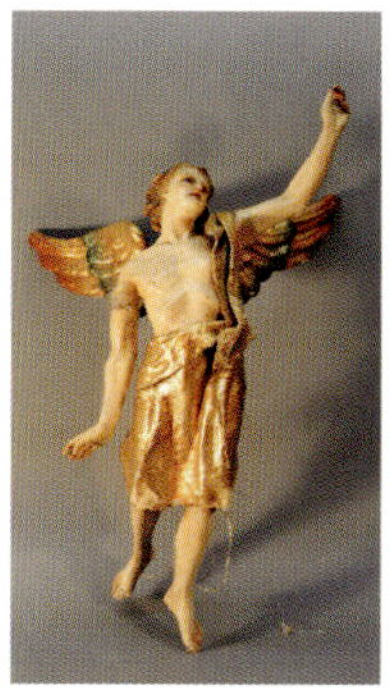
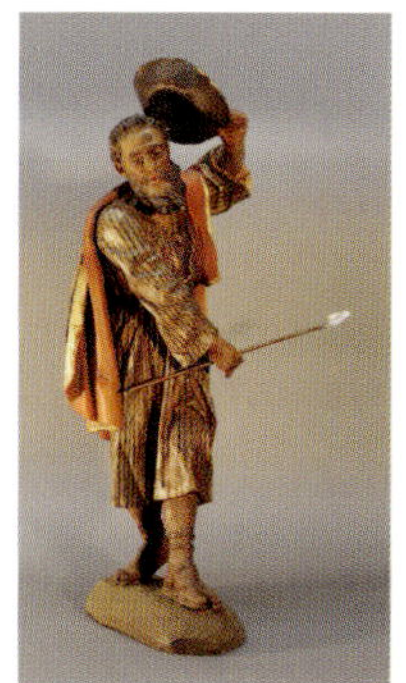
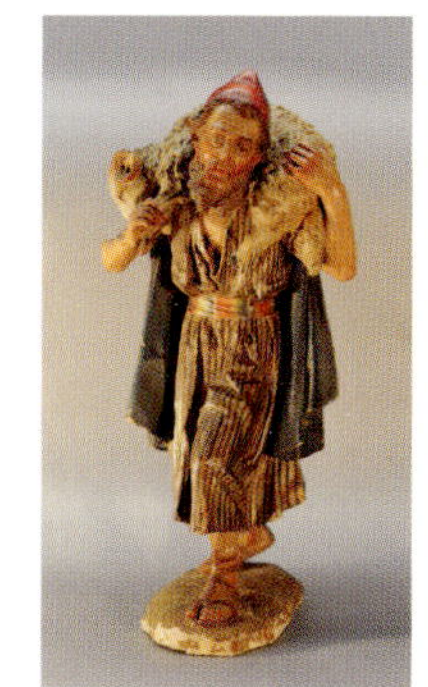
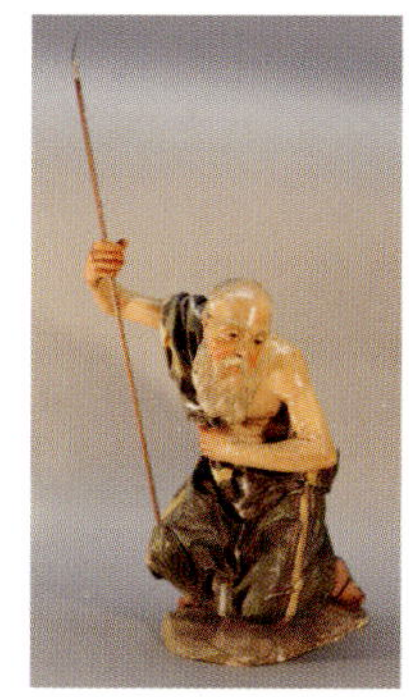
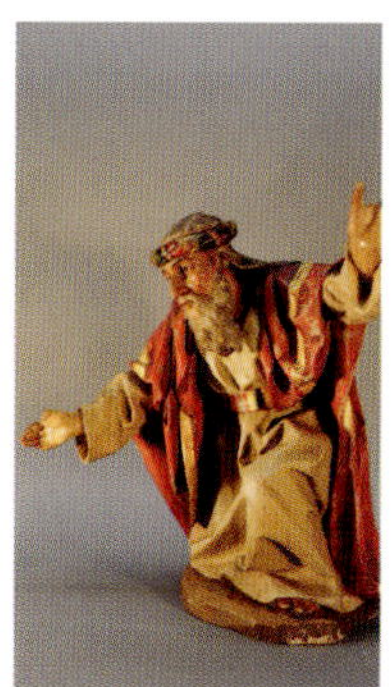
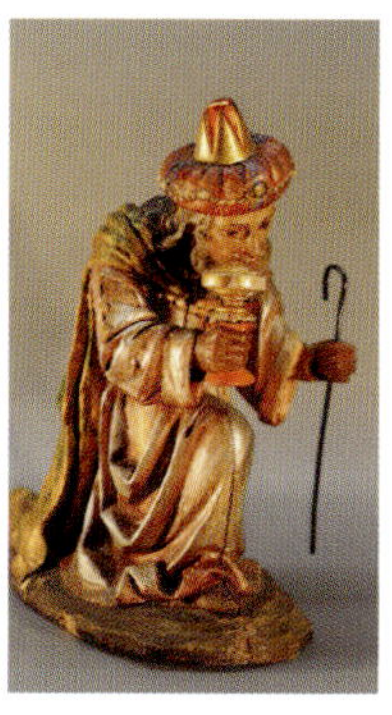
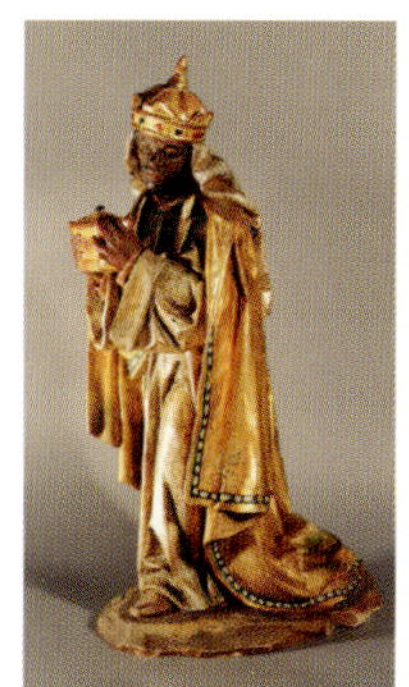
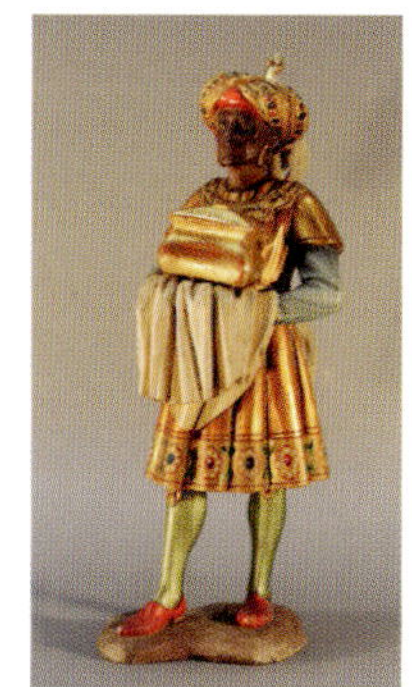
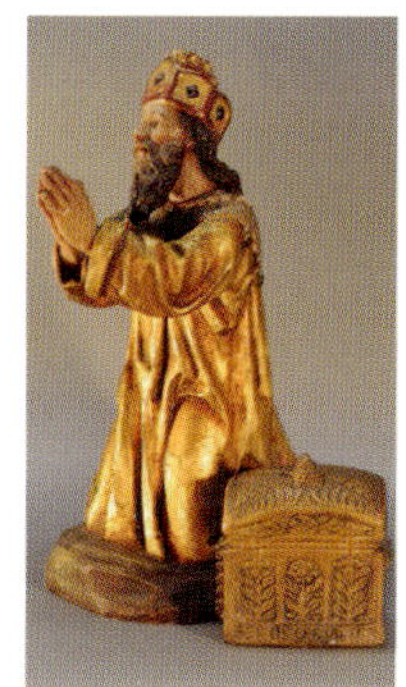
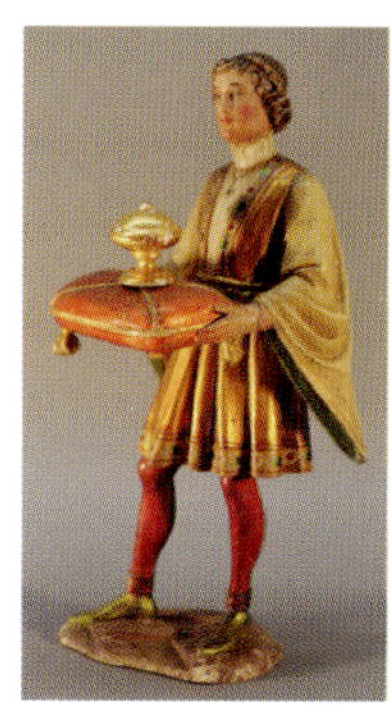
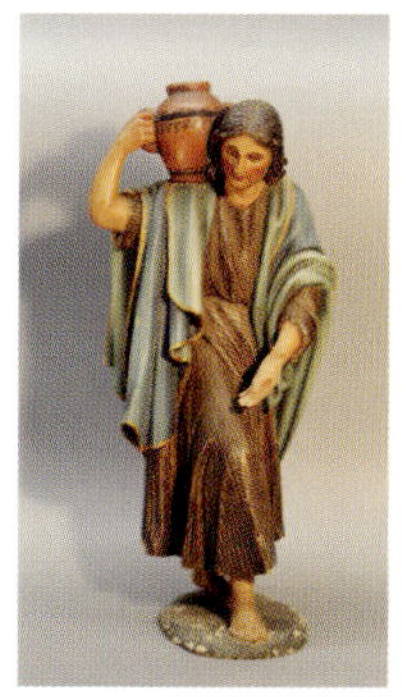
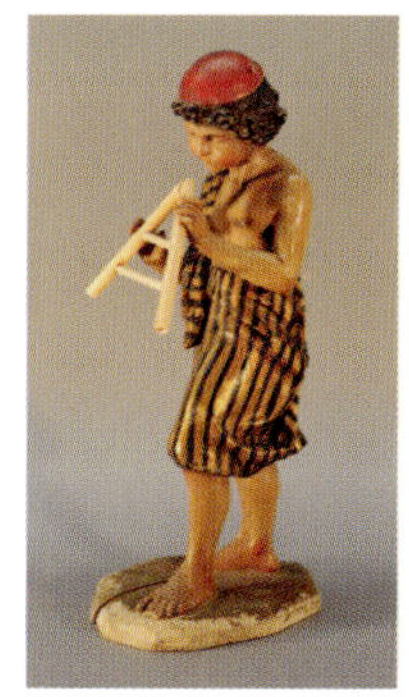
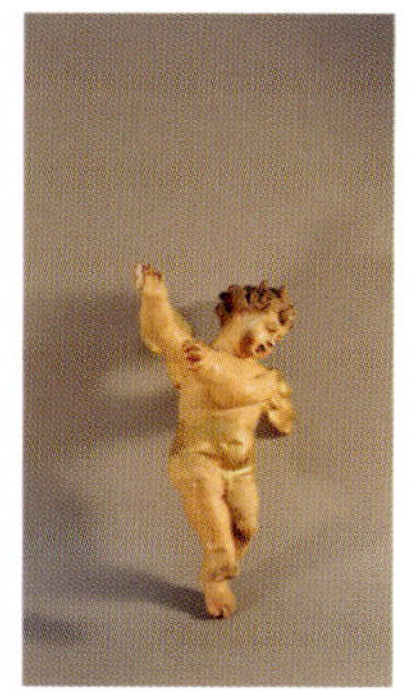
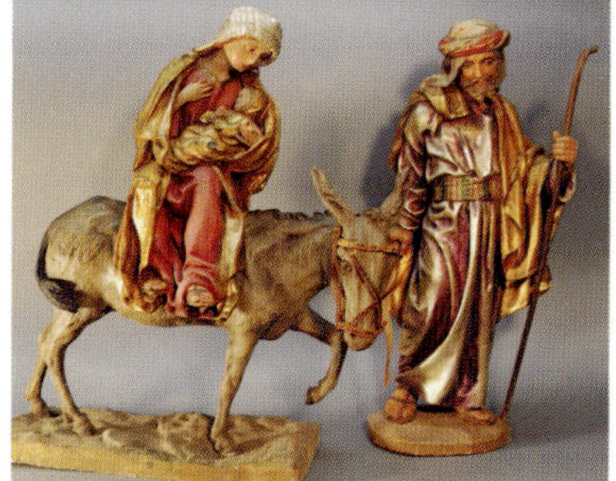

81 Krippenfiguren der St.-Michael-Kirche in Zeil am Main. Lindenholz. (Fotos Werner Dressendörfer, Bamberg)

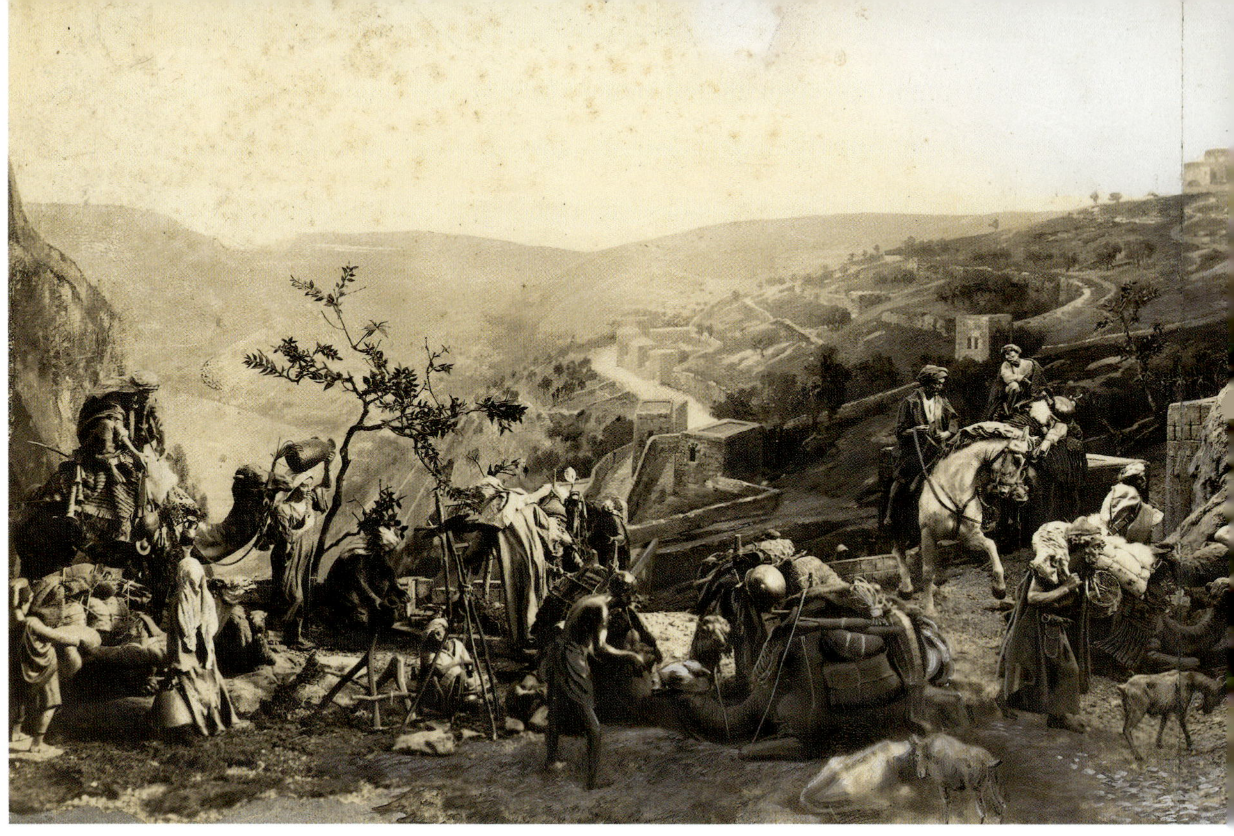

82 Anbetung der Könige. „Studie aus Bethlehem mit historischer Grotte. Weihnachtskrippe des Domes zu Freising“. (Originalfoto Osterrieder)

2008 ihre Geschichte umfassend dokumentieren. Zudem hat Prof. Werner Dressendörfer, Bamberg, im November 2008 ein vollständiges Fotoinventar der Figuren erstellt. Sie sind wie die der Linzer, der „Papst“- und der „Anima“-Krippe aus Lindenholz geschnitzt und sorgfältig farbig gefasst, unterscheiden sich von diesen aber durch ihre geringere Größe. Der stehende Josef beispielsweise ist mit seinen 34 cm nur etwa halb so hoch wie der in Linz.

Die Krippe gehörte Pfarrer Peter Vogt; er hatte sie 1932 mit nach Obertheres in Unterfranken gebracht, wo er bis zu seinem Tod 1938 die Pfarrei versah.[396] Er vererbte die Krippe seiner Pfarrhaushälterin Elise Grimm, die sie im Jahr 1942 der Katholischen Kirchenstiftung Zeil um 3.000 Reichsmark verkaufte. Im Vertrag heißt es: „[...] eine Krippe mit ca. 50 Figuren, in der Hauptsache gefertigt (im Kriegswinter 1914/15) von Herrn Professor Osterrieder, München, darstellend die Herbergsuche, die Geburt Christi, die Anbetung der drei Weisen und die Flucht nach Ägypten. Das letzte Bild: Das Haus von Nazareth soll von einem anderen Künstler gefertigt sein [...].“ Diese Nazareth-Figuren sind in starker Anlehnung an Osterrieder qualitätvoll geschnitzt und gefasst, wurden aber sowohl von Prof. Münch wie auch von Prof. Dressendörfer als nicht von Osterrieder stammend eingestuft. Die Hl. Familie, die Hirten mit ihren Schafen und die Könige mit ihren Pagen, der Elefant und die Kamele sind jedoch auf den ersten Blick als Werke Osterrieders zu erkennen.

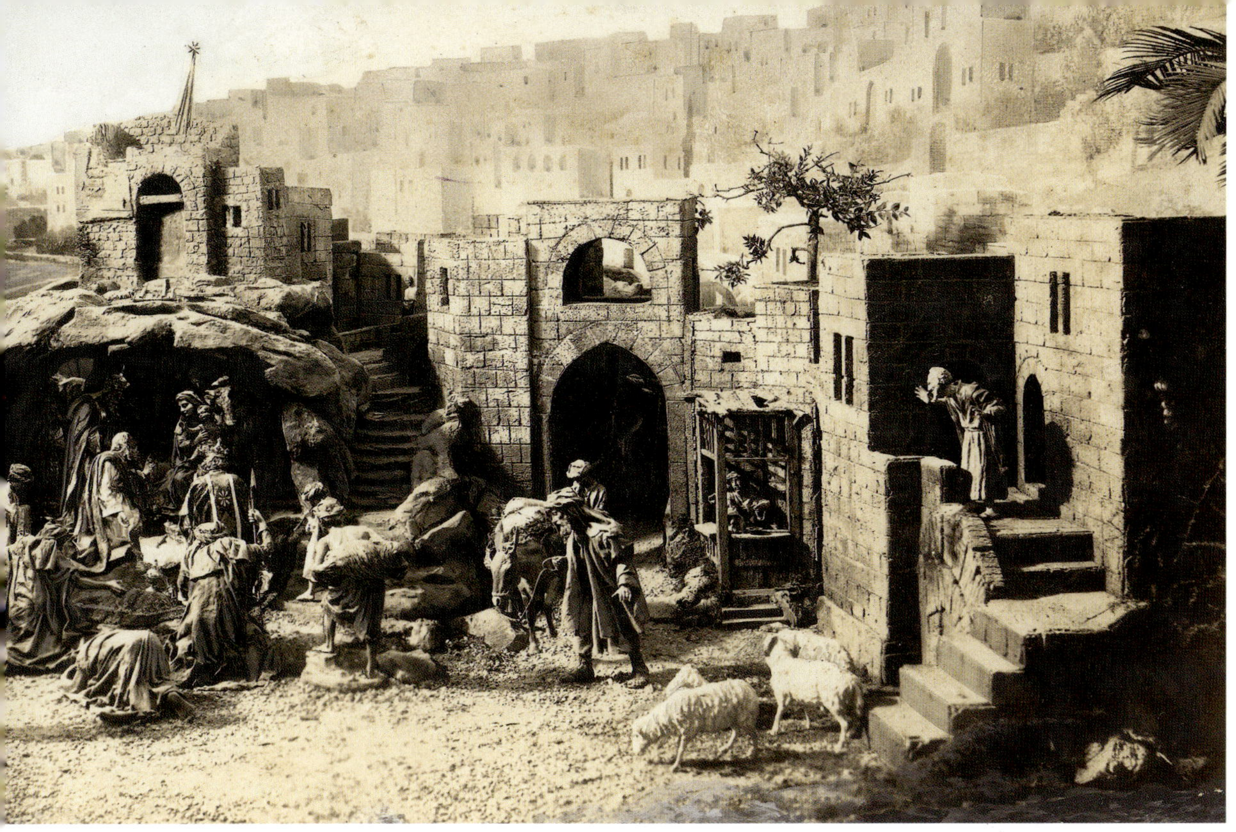

3.10.2 Die Freisinger Domkrippe

Im Jahr 1925, zehn Jahre nach ihrer ersten Aufstellung, würdigte Canonicus Schauer in einem Schreiben an Osterrieder die künstlerische Auffassung, die feinempfundene Wiedergabe der orientalischen Landschaft und die beredsamen Typen der großen Krippe im Freisinger Dom. Sie war erstmals zur Kriegsweihnacht 1915 in der Krippenkapelle des Domes gezeigt worden, ohne dass die Anschaffung sicher schien. Osterrieder war zu einer Probeaufstellung bereit gewesen in der Zuversicht, dass sich angesichts des Kunstwerks die nötigen Spender schon finden werden. So ist es dann wohl auch gekommen. Das „Freisinger Tagblatt“[397] beschäftigte sich 1915 ausführlich mit dieser Krippe:

„[...] mit hohem technischen Können ist hier die Aufgabe gelöst, ein möglichst naturwahres Bild der biblischen Ereignisse zu schaffen. Wie in einem Panorama sehen wir uns ganz in den Orient versetzt. Ein trefflich gemalter Rundhorizont als Hintergrund zeigt uns die Palästinalandschaft, die Wohnungen und Bauten, die Gewohnheiten und Trachten der Orientalen. Jeder Jerusalempilger würde [...] Örtlichkeiten des hl. Landes sofort wiedererkennen. Neben der Naturtreue und [...] orientalischen Stimmung [...] ruht aber der Hauptton auf dem biblischen Hauptvorgang: Geburt und Anbetung des Christkindes [...] ist hier so schön und stimmungsreich gelöst, daß jeder [...] Freude und Gemütserhebung aus der Krippenkapelle des Domes mitnehmen wird. [...] Die Aufstellung der Krippe ist nur für dieses Jahr garantiert, weil Mittel zum Ankauf leider nicht vorhanden sind, und die Kriegszeit einen derartigen Gedanken noch erschwert [...].“

Der Bericht dieses Tagblattes im folgenden Jahr 1916[398] endet mit einer kleinen allgemeinen Bemerkung zur Lage der Künstler in den schweren

Kriegszeiten, nachdem ausführlich Osterrieders neue Krippenszene „Jesus in Nazareth" „wegen ihrer Eigenart und ihres belehrenden Wertes" gewürdigt worden ist. Bei Jahreskrippen folge in der Regel auf das Thema „Der 12-jährige Jesus im Tempel" gleich das der „Hochzeit zu Kanaa". Der „Meister der Freisinger Domkrippe" habe sich hingegen der weiteren Szene „Jesus in Nazareth" gewidmet und den ganzen Kulturzustand Nazareths zur Jugendzeit Jesu, dessen natürliche Wirklichkeit und übernatürliche Weihe trefflich miteinander zu verbinden gewusst. Maria sei mit dem Spinnen beschäftigt, Josef fertige einen Pflug oder Kamelsattel und Jesus arbeite mit der Säge. Die Frauen holten Wasser am (heute noch vor Ort fließenden) Brunnen, der jetzt nach Maria benannt sei; die Form der Krüge und ihre Tragweise, die kleinen Kinder auf dem Arm, das Stehenbleiben und Plaudern – alles wirke echt. Das gelte auch für die ankommende oder aufbrechende Karawane. Außerdem ist zu lesen:

Nicht zu übersehen ist eine kleine kulturgeschichtliche Gruppe: die Mühle. Sie besteht nur aus zwei Personen, zwei Steinen und einer Schüssel. Ein Mann und eine Frau reiben mit einem Stein, den sie gemeinsam in der Hand halten, die Getreidekörner auf einem in der Erde festruhenden Steine. Gerade legt der Mann neues Getreide auf [...]. (S. auch Kap. 3.6, Abb. 55)

Auf die Feststellung „Sehr zu beklagen wäre es, wenn die herrliche Darstellung des Jugendlebens Jesu heuer [...] zum letzten Male im Freisinger Dome zu sehen wäre" folgt im Zeitungsbericht der Spendenaufruf:

Hier handelt es sich [...] um Kunst und Religionsveranschaulichung. Vieles geschieht zurzeit für Krieger und andere durch den Krieg Betroffene. Man vergesse nicht, daß auch die Künstler vom

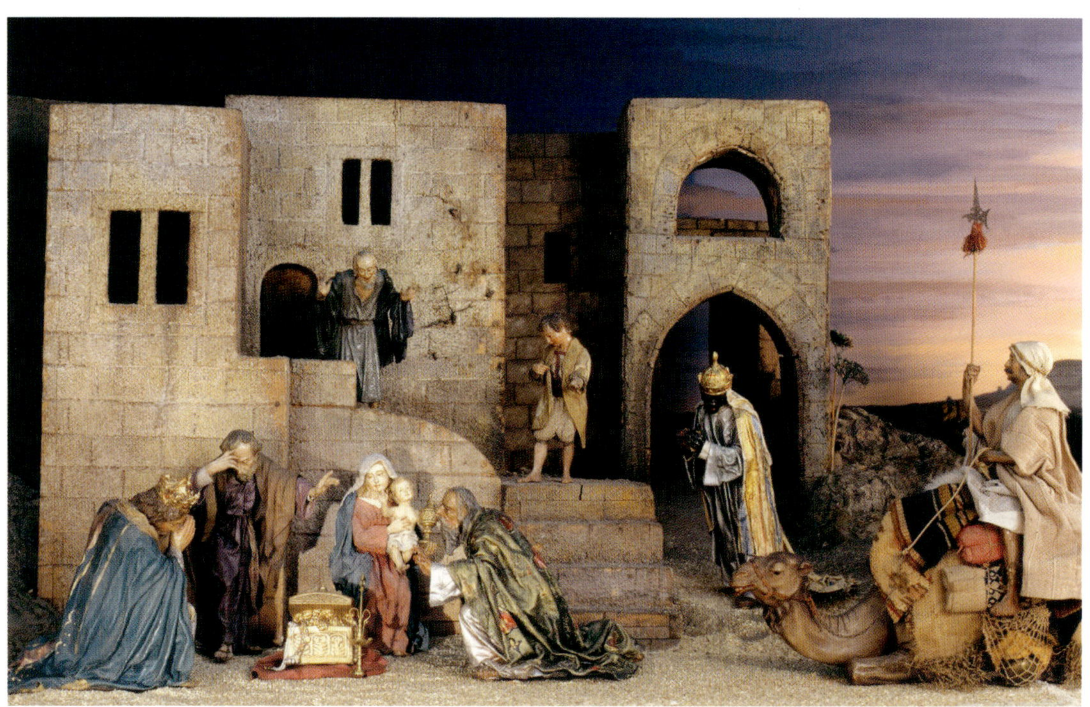

83 a–c Ausstellungsszenen im Diözesanmuseum Freising. (Fotos Diözesanmuseum Freising, Carola Wicenti);
83 a: Anbetung der Könige.

Kriege sehr schwer getroffen sind. Schon bilden sich Vereinigungen, die für geschädigte Künstler sammeln und derartige Aufrufe drangen von Berlin bis in bayerische Mittelschulen. Viel besser ist es, dem Künstler Arbeit zu geben und ihm seine Werke abzukaufen. Das ist ehrenvoller als Almosen, gibt Freude und regt zum Schaffen an. Möge Freising, die Mutter Münchens, auch mütterlichen Sinn für Münchens echte Künstler (*) haben.
Die Fußnote (*) ist ein vielsagender Hinweis auf Osterrieders Krippenpreise: „Hierbei sind allerdings ein paar große Papierscheine nötig."
Das Originalfoto Osterrieders (Abb. 82) zeigt die Anbetungsszene der Krippe im Freisinger Dom. Die Krippe ist seit 1976 als Leihgabe im benachbarten Diözesanmuseum Teil der Dauerausstellung. In den einzelnen Szenen (Abb. 83 a–c) erkennt man die Verwendung von Architekturteilen der Szenerie der Abb. 82. Die Krippe und ihr Schöpfer Osterrieder erfuhren im Jahr 1917 in den Monatsblättern für christliche Kunst durch Th. J. Scherg[399] eine eingehende Würdigung. Scherg hebt die Naturwahrheit der Darstellung hervor sowohl hinsichtlich der Landschaft als auch hinsichtlich der Personen, wobei an der Hl. Familie und der Engelwelt auch das Übernatürliche deutlich zum Ausdruck komme. Sodann würden die Köpfe und Gesichter sich weit über einfaches Kunsthandwerk erheben, sie seien voller Ausdruck und Leben. Auch die Haltung der Einzelfiguren zeige Tätigkeit und gegenseitige Bezugnahme, die zur Zusammenfassung in einzelnen Gruppen führe. Hier breche die Karawane auf, dort gingen die Frauen zum Brunnen, trügen Holz, mahlten Getreide, alles sei überstrahlt von Eintracht und Liebe. Eine dritte Besonderheit sei die vielfache Verwendbarkeit der Figuren Osterrieders. So könnten die Karawanenleute je nach Szene als Kommende, als Rastende oder auch als Aufbrechende „eingesetzt" werden. Es könne der „erstaunte Jude", der verwundert die Arme hebt, bei der Herbergssuche empört, in der Heiligen Nacht über das große Geschehen in seiner Nachbarschaft entzückt, bei der Pracht und Herrlichkeit der Ankunft der Könige verblüfft und bei der Flucht überrascht erscheinen (s. auch Kap. 4.4.2). Und als vierte Besonderheit sei das Stimmungsvolle der Osterrieder-Krippen hervorzuheben. [...] Die Krippen seien nicht nur auf Tageslicht, sondern vor allem auch auf künstliche Beleuchtung berechnet. Es gebe abendliche Dämmerung bei der Ankunft von Maria und Josef in Bethlehem, himmlisches Strahlen in der Heiligen Nacht, gedämpft leuchtende Sterne bei der Flucht und taghell glänzendes Licht über dem Haus in Nazareth.

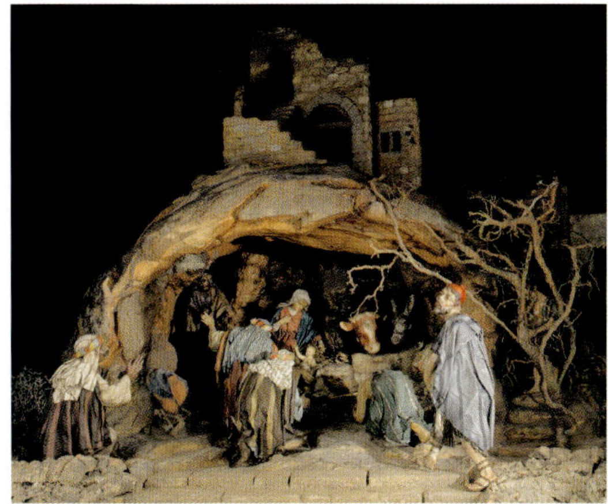
83 b Geburt.

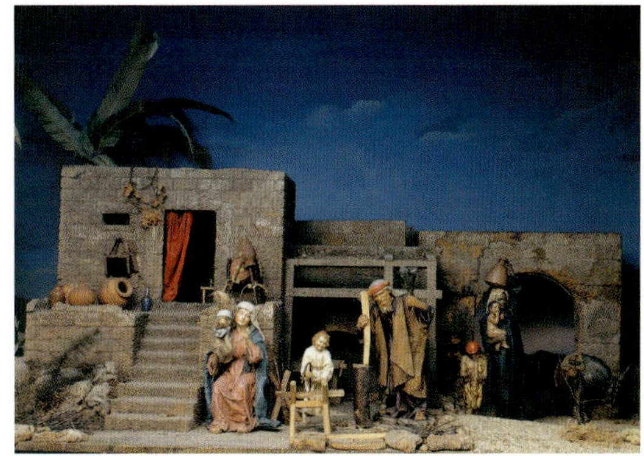
83 c Die Hl. Familie in Nazareth.

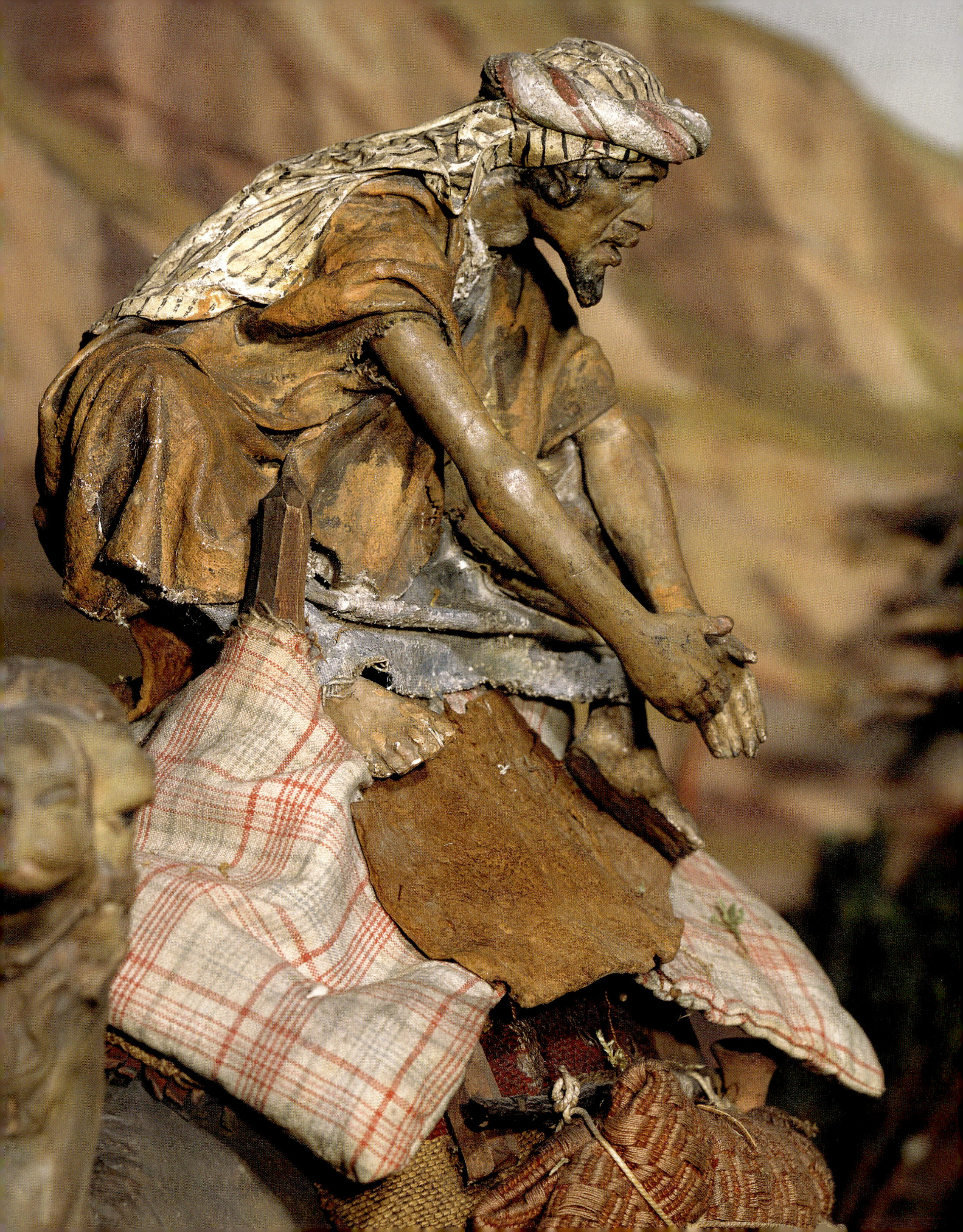

Kapitel 4

Schwierige Zeiten auch für den Altmeister der Krippenkunst (1919–1932)

84 Kamelreiter, nach einem gereichten Wasserkrug greifend.
Peterskirche München. (Foto Siegfried Wameser, München)

Die Großstadtbevölkerung und auch die Familie Osterrieder erlebten und erlitten den Hunger, die Not und die Unsicherheit nach dem verlorenen Krieg. In der Stadt stärker als auf dem Land waren Lebensmittel Mangelware und der Tauschhandel blühte. Selbst für das Fahren mit der Eisenbahn benötigte man noch 1919 einen Erlaubnisschein mit Bild (Abb. 85). Osterrieder erscheint darauf sichtlich abgemagert. Freischaffende Künstler hatten es in solchen Zeiten besonders schwer. Eine silbergetriebene Kleinplastik, die den Turnierkampf des bayerischen Herzogs Christoph darstellt (Abb. 89), konnte Osterrieder damals nach Basel verkaufen, was wertvolle Devisen einbrachte und das Überleben erleichterte. Unzählige junge Männer waren im Krieg gefallen, und so erhielt Osterrieder von einigen Städten und Gemeinden Aufträge für Kriegerdenkmäler (s. Kap. 4.2). Der Krippenverkauf blieb weiterhin in Gang. Osterrieder wurde nun als „Altmeister der Krippenkunst" apostrophiert und fand als Künstler Anerkennung. In Kunstzeitschriften wurde er 1924 meist im Zusammenhang mit seinem 60. Geburtstag gewürdigt. Professor Dr. Georg Hager, Generaldirektor des Bayerischen Nationalmuseums, gratulierte Osterrieder in der „Zeitschrift des Bayerischen Kunstgewerbevereins" und erwähnte dessen jahrzehntelange Mitgliedschaft sowie seine gründliche handwerkliche Schulung in der Akademieklasse von Professor Rümann.[401] In der „Allgemeinen Rundschau" verwies Professor Dr. Richard Hoffmann in seiner Geburtstagslaudatio auf die großen plastischen Werke Osterrieders, von der kolossalen Kreuzigungsgruppe in Biberbach bis zur überlebensgroßen Pietà in Jetzendorf. Seit frühester Jugend habe Osterrieder keine Mühe und Opfer gescheut, die Weihnachtskrippe in künstlerische Bahnen zu lenken. Kaum ein Künstler der Gegenwart wende so viel Können, Mühe und Liebe der Krippensparte zu.[402] In verschiedenen Briefen oder Zeitungsmeldungen ist „Professor Osterrieder" zu lesen. Er hat sich selber nie so genannt. Durch Osterrieders Tochter Antonie ist überliefert, dass kurz vor Kriegsende Osterrieder auf der Liste derjenigen stand, die diesen ehrenhalber von König Ludwig III. verliehenen Titel erhalten sollten. Nach dessen Abdankung habe Osterrieder „den Professor von den neuen Herren nicht haben wollen".

Über Osterrieders Werkstattbetrieb im Jahr 1924 konnte Elisabeth Murrhard berichten. Die damals 20-Jährige wurde später selber eine bekannte, in Schriesheim/Bergstraße lebende Krippenkünstlerin. Professor Münch konnte Frau Murrhard 1982 telefonisch interviewen.[403] Durch einen Onkel sei sie Osterrieder empfohlen worden und habe einige Zeit in seiner Werkstatt hospitieren dürfen. Auf diese Lehrzeit bei Osterrieder habe sie sich später

Dauer-Reise-Ausweis

giltig für die Zeit vom**) 8. Mai bis**) 8. August

für Herrn*) ~~Frau*)~~ Fräulein*) … Osterrieder

Stand Bildhauer aus …

wird behufs Erlangung von Fahrkarten bestätigt, daß er*) ~~sie*)~~

zum Zwecke …

die Bahn …

und ~~zurück~~*) benützen muß.

Gegen Vorzeigung dieses Ausweises wird bei der Reiseantrittstation — soweit nicht anders verfügt ist — zunächst eine Zulassungskarte abgegeben. Auf Grund dieser Zulassungskarte — wenn solche nicht abgegeben werden auf Grund dieses Ausweises — ist die Fahrkarte zu lösen.

Der Ausweis ist nicht übertragbar. Mißbrauch wird strafrechtlich verfolgt. Die Beförderung hängt lediglich von der Zahl der im Zuge verfügbaren Plätze ab. Ein Anspruch auf Beförderung wird durch diesen Ausweis nicht gewährt.

München, den 8. Mai 1919.

(Stempel der ausstellenden Behörde, Organisation usw.)

Unterschrift:

3 ℳ Gebühr.
Art. 131/II K. G.
U. Verz. Nr. …

*) Nicht Zutreffendes durchstreichen.
**) Dauerausweise werden höchstens für die Zeit von 3 Monaten ausgestellt.

85 Reiseausweis 1919. (Familienarchiv)

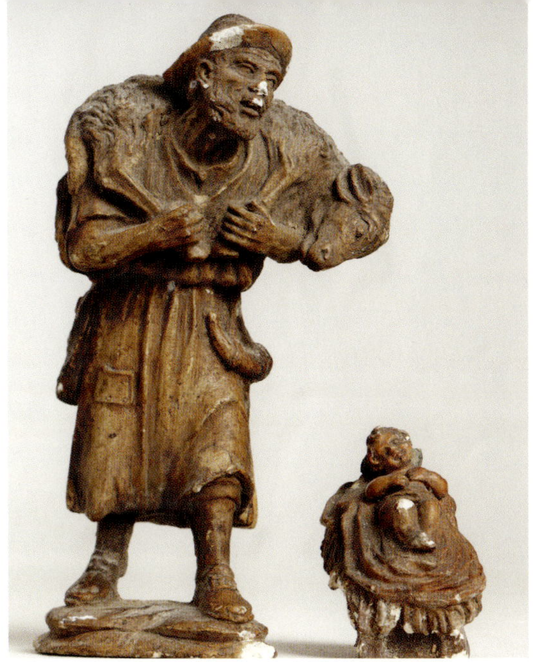

86 Jesuskind und Hirt mit Schaf auf dem Rücken, Vollgussfiguren. (Hartguss) (Herzogskasten Stadtmuseum Abensberg) (Foto Siegfried Wameser, München)

stolz berufen können. Sie habe hier die Technik des Kaschierens gelernt, die sie später auch bei ihren eigenen (im Übrigen allerdings ganz anders gestalteten) Figuren genutzt habe. Osterrieder habe sie versprechen müssen, die Rezepturen des Kaschierens niemandem weiterzugeben. Die Geheimnisse des Figurengießens seien ihr aber verschlossen geblieben. Osterrieder habe den Betrieb straff geführt. Die drei bis vier Mitarbeiter hätten das Legen der getränkten Stoffe (zum Kaschieren) sicher beherrscht. Die Bemalung der Figuren sei wohl mit Leimfarben erfolgt. Zur abschließenden Begutachtung ging jede Figur noch einmal durch Osterrieders Hand.

Auch wenn beachtliche Auslandsaufträge hinzugekommen waren, ging ab Mitte der 20er-Jahre die Nachfrage nach Osterrieder-Krippen wohl etwas zurück. Hierfür gab es mehrere Gründe. Hauptsächlich trugen Währungsverfall und Inflation und die daraus resultierende allgemein schwierige Wirtschaftslage in Deutschland dazu bei, sodann möglicherweise auch Osterrieders nachlassende Gesundheit. Ursachen könnten aber auch die Wandlung des Kunstgeschmacks sowie die wachsende Konkurrenz durch andere Krippenkünstler gewesen sein. Da auch nicht mehr alle Kunden die der hohen Qualität entsprechenden Preise zahlen konnten oder wollten, musste Osterrieder reagieren, die Werbung verstärken, aber auch Kundenwünschen entgegenkommen. Auf einer Werbepostkarte von 1925 empfiehlt er sein „reichhaltiges Lager (Verkündigung Mariens bis einschl. Nazareth-Szene)". Weiter heißt es: Seine als Osterrieder-Krippen weltbekannten, ca. 30 cm hohen Figuren, in altsizilianischer Technik gehalten und meist mit Glasaugen versehen, seien nunmehr auf Wunsch auch mit Podium (s.a. Kap. 4.4.4) lieferbar, um deren leichtere Aufstellung und größere Haltbarkeit zu erreichen, sowie auch in Holzschnitzerei. Für Kirchen ebenso geeignet seien die „ca. 70 cm hohen Figuren aus der Papstkrippe" (s. Kap. 3.9). Der Postkartentext wirbt abschließend für die „Ständige Ausstellung von Krippen und religiösen plastischen Werken" in der Clemensstraße 25. Interessenten würden „auf Wunsch Abbildungen und eventuell auch Musterfiguren zugesandt" erhalten. Osterrieder firmierte in jenen Jahren als „Spezialist für kunstgerechte historische Weihnachtskrippen", wie einige erhaltene Rechnungsformulare zeigen, und bot seine Figuren nun in dreierlei Preiskategorien an (s. Kap. 4.4.4).

4.1 Krippen aus den Jahren 1919 bis 1923

Das Krippengeschäft war nach dem Krieg zunächst vergleichsweise wieder gut angelaufen. Osterrieder-Krippen waren weiterhin gefragt. Vielleicht war es der durchlebte Krieg, der den Sinn der Menschen verstärkt auf religiöse Inhalte und auf die bescheideneren, aber doch schönen Dinge des Lebens lenkte. Die finanziellen Möglichkeiten von Osterrieders Hauptauftraggebern, den Pfarrern und ihrer Pfarreien, waren allerdings durch die heraufziehende Inflation zunehmend eingeschränkt. Auch aus diesen Jahren sind von einer größeren Zahl an Krippen (s. Krippenkatalog Kap. 6.2: Heimenkirch, Hergensweiler, Landau i. d. Pfalz, die figurenreiche Krippe des Doms zu

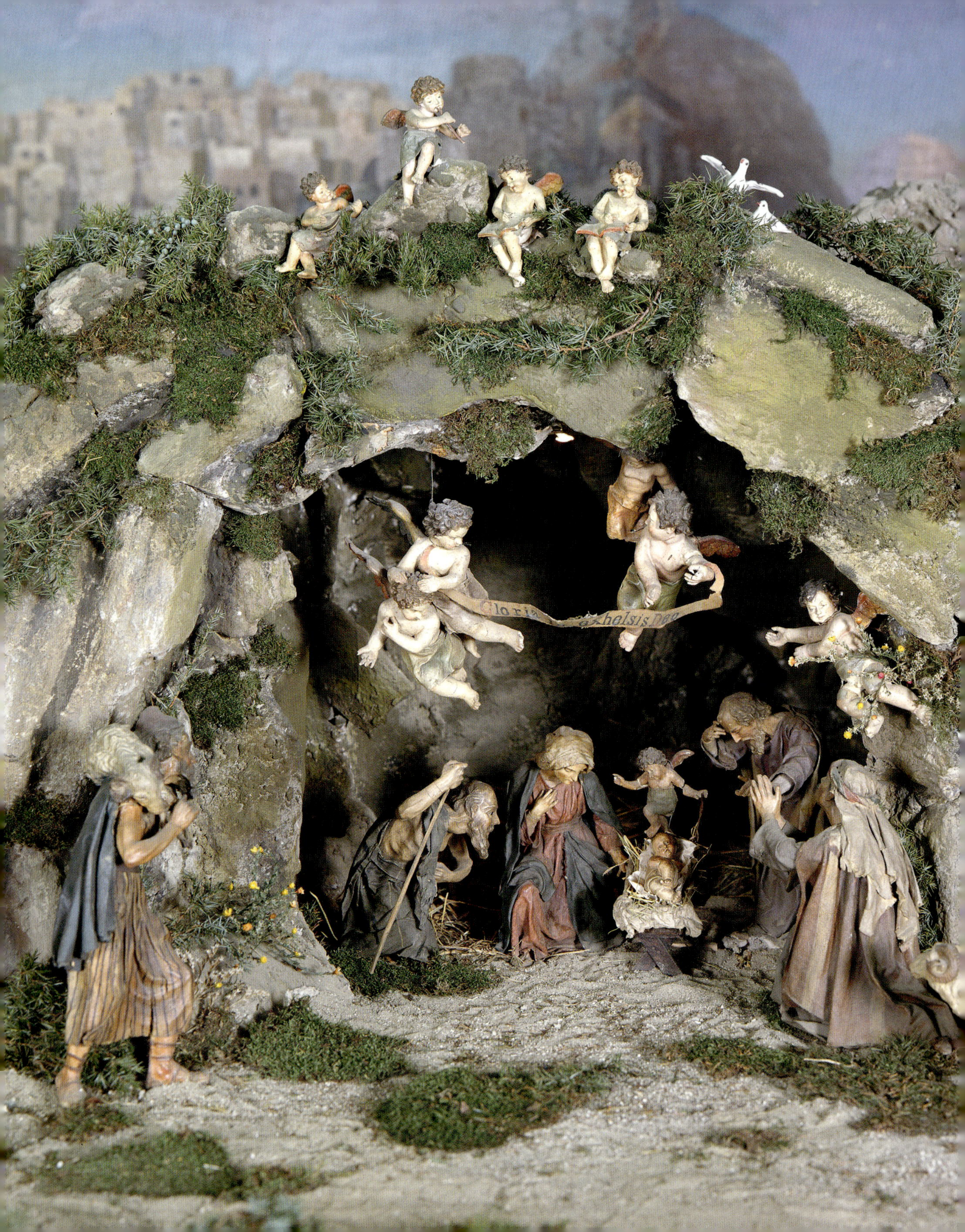
Gloria
exhelsis Deo

Luxemburg, Nürnberg/St. Ludwig, Erfweiler) heute nur einige wenige exakt datierbar dank der Existenz von Belegen:

Paderborn: Anfang Januar 1919 erhielt Osterrieder ein Dankschreiben von Dompropst Dr. Woker in Paderborn: „Je mehr man Ihre Krippen begreift und je mehr man deren Art vergleicht mit anderen Darstellungen, umso mehr fällt das Urteil zu Ihren Gunsten aus. Krippen müssen volkstümlich sein, die Figuren eher klein und Leben atmen. [...] Die Krippe gefällt allgemein außerordentlich und wünsche ich Ihnen weiteren Erfolg mit Ihren Krippengedanken." Die Paderborner Domkrippe wurde leider im Zweiten Weltkrieg zerstört.

Zweibrücken: Ende Dezember 1919 schrieb ein Professor Ritter über die „historische Krippe der Stadtpfarrkirche Zweibrücken und deren so positive Reaktionen bei den Betrachtern" an Osterrieder: „Nun macht es mir erst recht Freude, Jung und Alt den Genuß eines solchen Krippenwerkes ermöglicht zu haben [...]." Zwei Jahre später ergänzte dieser Spender die bisherigen drei Krippenszenen noch um Osterrieders „Ankunft der Hl. Familie in Heliopolis" (Abb. 70). Die „Zweibrücker Volkszeitung"[404] spricht diesbezüglich von „künstlerischer Vollendung und malerischer Schönheit" und zählt auf, was hier alles zu sehen ist: die Pyramide des Cheops, die rätselhafte Sphinx, der Tempel der Isis und der gegenüberstehende wuchtige Felsentempel aus der Zeit der 4. Dynastie sowie in der Nähe der Tempel der Hathor, der Göttin der Freude und der Liebe. Weiter heißt es: „Ein dürftiger Steg führt über einen kleinen Nilarm in ein armseliges Felachendorf. Dem scharf beobachtenden Auge des Künstlers ist nichts entgangen. [...] Man sieht das primitive Schaduf (Zieh- oder Schöpfbrunnen) wie die vom Kamel bewegte Sakje (Schöpfrad oder Baggermaschine), die von einem Engelputto umgestürzte Götzenstatue wie den vom gefüllten Ziegenschlauch belasteten Wasserträger. Mitten hinein [...] stellt der Meister die hl. Familie, Joseph und Maria und das göttliche Kind auf der Flucht vor der mörderischen Hand des Herodes [...]." Auch die Zweibrücker Osterrieder-Krippe ging durch Kriegseinwirkung verloren.

Vöhringen/Illerberg („Bidell-Krippe"): Der krippenbegeisterte Schmiedemeister und Altbürgermeister Konstantin Bidell von Attenhofen bei Weißenhorn trug ab 1919 eine sehr große Osterrieder-Krippe zusammen.[405] Bidell habe, so wird erzählt, in der damaligen schlechten Zeit oft in München zu tun gehabt und dabei mit Osterrieder gegenseitig hilfreiche Tauschgeschäfte (Lebensmittel gegen Krippenfiguren) gemacht. Allerdings gab es für Bidell bald einen herben Verlust. Die „Münchner Neuesten Nachrichten" berichten 1926 über eine Tagung des Bayerischen Krippenvereins und einen „Antrag des Schmiedemeisters Bidell (Attenhofen), die Krippenvereinsleitung möge ihm seine, einem Brand zum Opfer gefallene, 30.000 Mark werte, vielbewunderte Osterrieder-Krippe wieder aufbauen helfen", was allerdings abgelehnt wurde.[406] Die Krippenbegeisterung hat sich in der Familie vom Großvater Konstantin über den Vater Lukas bis heute vererbt: Der jetzige Eigentümer, Anton Bidell, Vöhringen, hat den bestehenden Stall gebaut. Die umfangreiche Sammlung Osterrieder'scher Krippenszenen ist auf einer Fläche von 38 qm ganzjährig aufgebaut und in der Weihnachtszeit nach Voranmeldung zu besichtigen (Abb. 87).

Hergensweiler: Neben der Krippe befindet sich in der St. Ambrosius-Kirche auch ein von Osterrieder gestaltetes Heiliges Grab.

Tegernsee, Pfarrkirche St. Quirin: Mutmaßlich am Weihnachtsfest 1921 schmückte die Osterrieder-Krippe erstmals die ehemalige Klosterkirche. Die Rechnung über 668 Mark an Pfarrer Ernst Bauer vom 4.1.1922 ist erhalten und führt die Preise der Figuren wie folgt auf: „Maria und Josef je 28 M, Jesuskind 15 M, Opferlamm 5 M, Knabe mit

87 Bidellkrippe in Vöhringen/Illerberg.
(Foto Erich Lidel, Graben)

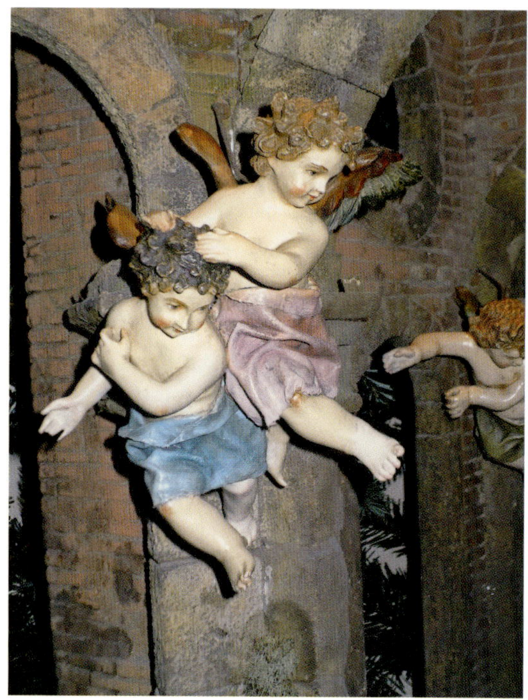

88 Putti, Krippe der Schlosskirche Blieskastel (Foto Hermann Kast, Blieskastel)

Dudelsack 28 M, Hirt mit Schaf 28 M, knieender Hirt mit Stab, Hirt mit ausgebreiteten Armen und Hirt mit Hut je 30 M, Ziege 15 M, Hirt mit Schaf auf dem Rücken 35 M, Knabe mit Flöte 26 M, anbetender König, König mit Kelch, Kissen und Geschenken sowie der Mohrenkönig je 40 M, bezwungenes Pferd 50 M, Reiter 30 M, großes gehendes Kamel, reich bepackt, 50 M, Reiter, die Hand ausstreckend, 30 M, großes liegendes Kamel 45 M, Reiter mit Hand an der Stirne 30 M, Verpackung 10 M." Leider ist diese Krippe seit Kriegsende 1945 verschollen.

Blieskastel, Schlosskirche: Mitten in die Zeit der zunehmenden Inflation fällt die Anschaffung der Osterrieder-Krippe von Blieskastel (Abb. 88). Dr. Gertraud Lamla hat darüber in der „Saarpfalz"[407] berichtet. Ein Brief Osterrieders an Dekan Langhäuser vom 12. September 1922 ist auch ein Dokument zur damaligen Geldentwertung. Die offenbar nachbestellten Figuren hatte Osterrieder vereinbarungsgemäß einer Krippensendung nach Erfweiler (das wie Blieskastel in dem damals von Frankreich annektierten Saargebiet lag) beigefügt, wohl um Frachtkosten zu sparen. Nach der Auflistung der gelieferten Figuren merkt er zum Rechnungsbetrag in Höhe von 2.250 Mark an: „Da seit Februar/März die Arbeitslöhne um das 7 fache, Öl, Leim, Holz sowie Lebensmittel noch höher stiegen, ist es selbstvertretend, daß ich die Figuren auch nicht annähernd zu den im Februar gemachten Preisen mehr geben kann. Ich nehme an, daß die für beide Teile rechtschaffene Lösung wie ich sie mit H. H. Pfarrer [Johannes] Haas [Pfarrer von Erfweiler] persönlich traf, auch von Ihnen eingehalten wird. Nämlich die Mark mit ebenso viel Franken zu bezahlen, als sie bei unserer Offerte vom 18. Februar bezw. Ihrer Bestellung hierauf zu zahlen gehabt hätten. Das sind Mk. 2250.– zum Kurse von M 2100.– = ca. Franken 110.–. Wenn Sie die Figuren erst jetzt bestellen würden, würden Sie das doppelte in Mark bezahlen müssen, als ich mit der Valuta vom Februar für obige Figuren erhalte. Bitte ja um rascheste Bezahlung, da auch ein Valutasturz eintreffen kann, vielleicht läßt sich Ihre Zahlung mit der H. H. Pfarrer Haas zusammen machen [...]."

4.2 Andere Bildhauerwerke Osterrieders in den 20er-Jahren

Nach der schon erwähnten Pietà für Bayerdilling bei Rain am Lech von 1910 und einer kleineren für die Josefskirche in München von 1911 hat Osterrieder eine weitere Pietà in Holz ausgeführt. Sie wurde von Generalvikar und Domkapitular Dr. Michael Buchberger für die St.-Johann-Nepomuk-Kirche (Asamkirche) in München angekauft. Auch diese Gruppe war überlebensgroß. Über eine gleiche, von Osterrieder in Stein gehauene Gruppe erstellte am 27. Oktober 1920 Professor Dr. Richard Hoffmann ein Gutachten. Danach habe das Modell

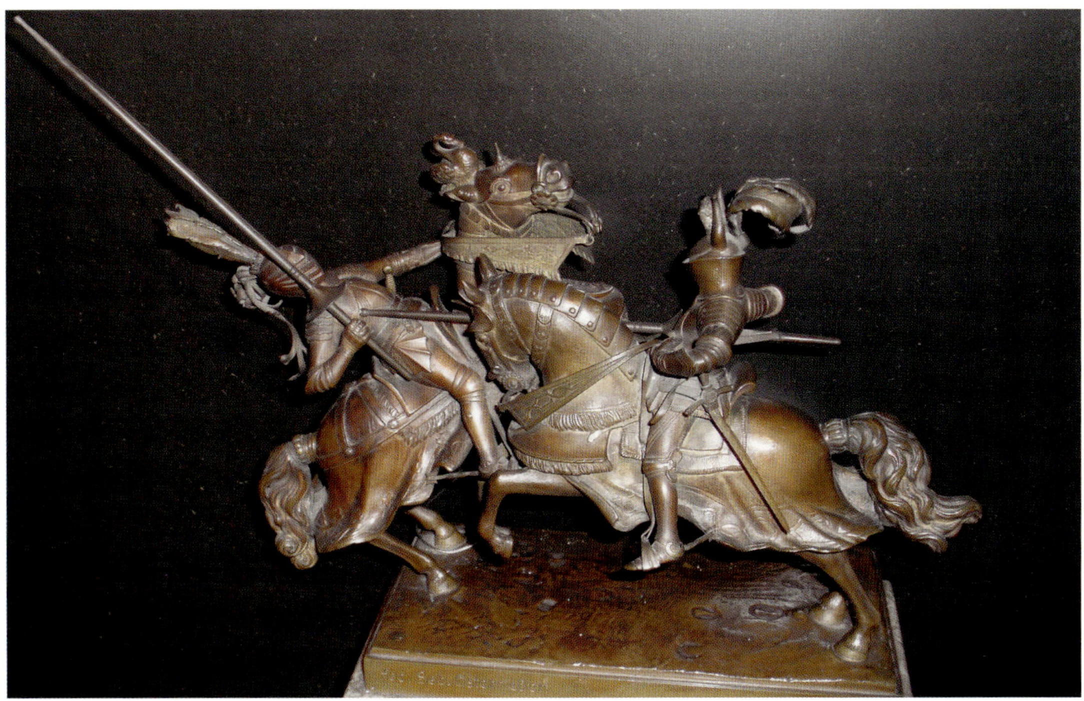

89 Turnierkampf Herzog Christophs des Starken. Bronze. (Herzogskasten Stadtmuseum Abensberg)

schon vor Jahren in der Kunstausstellung berechtigtes Aufsehen erregt. Die Auffassung sei tief ergreifend, die Muttergottes von weicher Empfindung, der Leichnam anatomisch meisterhaft. Der gemäßigte Realismus und der kompositorische Aufbau wirkten sehr geglückt. Die Verwendung der Gruppe als Kriegerdenkmal, zumal dessen Aufstellung im Freien, sei sehr zu begrüßen. Mutmaßlich war es Generalvikar Buchberger, der das Gutachten in Auftrag gegeben hatte. Er stammte aus Jetzendorf im Landkreis Pfaffenhofen an der Ilm und wollte seinem Geburtsort die Pietà für die neue Kriegergedächtniskapelle schenken. 1921 wurde Osterrieders Jetzendorfer Pietà feierlich eingeweiht.[408] Der Künstler schuf weitere Pietàs beispielsweise für die Kriegerdenkmäler in Oberroning bei Rottenburg und Gaimersheim bei Ingolstadt. Eine stehende Christusfigur ziert das Kriegerdenkmal von Siegenburg/Lkr. Kelheim.

Die Bronzeplastik „Herzog Christoph der Starke besiegt 1475 im Turnierkampf einen polnischen Ritter“ ist heute ein kleines Glanzstück im Stadtmuseum Abensberg.[409] Neben den Krippenfiguren zeigt einmal mehr dieser Bronzeguss die Osterrieder'sche Meisterschaft in der Kleinplastik (Abb. 89). An Christoph, genannt „der Kämpfer“, einen von der Volkssage verklärten Haudegen, erinnert heute noch im Kapellenhof der Münchener Residenz ein schwerer Stein, den er angeblich hochschleudern hatte können. Dieser starke Wittelsbacher ist 1450 als ein Sohn Herzog Albrechts III. von Bayern-München geboren und 1491 auf der Rückreise von einer Pilgerfahrt ins Heilige Land auf der Insel Rhodos gestorben. Ein Mitregieren war ihm von seinem älteren Bruder Herzog Albrecht IV. verwehrt worden, wogegen Christoph aufbegehrte. Daraufhin ließ der Bruder ihn durch den Grafen von Abensberg (!) vorüberge-

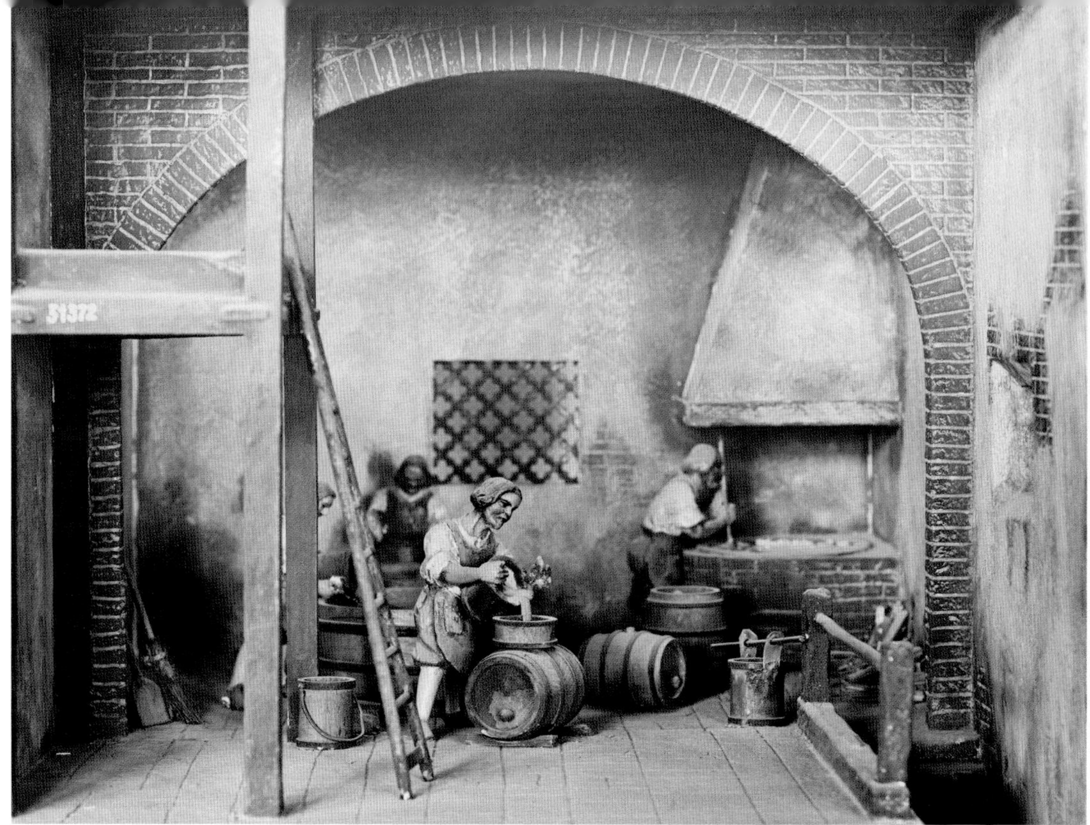

90 Modell mittelalterliche Brauerei. (Detail) (Deutsches Museum München)

hend gefangen setzen. Der geschichts- und heimatbewusste Osterrieder war bei der Gestaltung dieses Themas voll in seinem Element: Mit Herz und Hand modellierte er den Ritterzweikampf. Eine Replik dieser bronzenen Kleinplastik befindet sich im Stadtmuseum Landshut. Ein weiteres, in Silber getriebenes Exemplar konnte Osterrieder der Familie Burkhardt in Basel verkaufen; es wird dort heute im Stadtmuseum aufbewahrt.

Für die Abteilung „Brauerei" des Deutschen Museums wurde Osterrieder im Februar 1922 von Oskar von Miller beauftragt, das Modell einer mittelalterlichen Bierbrauerei zum Preis von 4.000 Mark innerhalb von drei Monaten herzustellen (Abb. 90).[410] Lieferung und Rechungsstellung erfolgten offenbar erst im November 1922, als diese 4.000 Mark keinen Wert mehr darstellten. Unter Hinweis auf seine Ausgaben für Schreiner, Drechsler, Former sowie Malerarbeiten und „nachdem die Mark so katastrophal gefallen ist und man sich hierfür kaum mehr ein paar Stiefel sohlen lassen kann, geschweige ein paar neue erschwingen", bat Osterrieder, den Betrag den jetzigen Verhältnissen anzupassen, „es waren 2 Wochen Arbeitszeit daran". Das Museum berief sich auf die nicht eingehaltene Lieferzeit. In der Folge blieb die Sache wohl offen, denn Ende Januar 1924 wandte sich Katharina Osterrieder an „S. Exzellenz hochgeschätzten Herrn Reichsrat" mit der Bitte, eine Lösung herbeizuführen. Diese war offensichtlich großzügig, denn Oskar von Miller schrieb im Februar 1924 zurück: „In Würdigung der künstlerischen Leistungen Ihres Herrn Gemahls wollen wir den entstandenen Verlust unsererseits tragen und für das Modell 100 Goldmark zur Verfügung stellen, welcher Betrag größer ist, als es dem Werte von 4000 Papiermark zur Zeit der Bestellung entsprach."

In Altötting gesellten sich zu Osterrieders hoher Turmfigur und den Standbildern an der Fassade der Basilika (s. Kap. 3.7) in den 20er-Jahren noch zwei weitere bildhauerische Arbeiten. Pläne für ein Tillydenkmal in Altötting gehen bis zum Jahr 1902 zurück. Hoch zu Ross, aber als demütiger Pilger sollte Tilly erscheinen – das war Osterrieders Vorstellung, als er vor dem Ersten Weltkrieg begann, ein 3 m hohes Reiterstandbild des Feldmarschalls zu modellieren. 1914 war ein Modell fertiggestellt, doch noch viele weitere Jahre arbeitete Osterrieder an diesem für ihn auch als Künstler wichtigen Werk. Er maß seine Arbeit sicherlich an Ludwig Schwanthalers Tillydenkmal in der Münchner Feldherrnhalle. Das Altöttinger Denkmal entsprach auch ganz den Wünschen der Auftraggeber, der Marianischen Männerkongregation Altötting. Tilly war auch selbst Mitglied derselben. Die Männerkongregation wollte das Denkmal schließlich 1932, im 300. Todesjahr Tillys, auf dem Kapellplatz in Altötting aufstellen. Viele widrige Umstände, darunter nicht zuletzt Geldmangel, haben den Bronzeguss verhindert. So blieb für Osterrieder das Denkmal ein unerfüllter Wunsch.[411] Die Kongregation erwarb schießlich das Modell und lagerte es 1929 in der Kapelladministration für fast 70 Jahre ein.

Dankenswerterweise führte dann 1997 Otto Strehle sen. in seiner Kunstgießerei zu Neuötting dieses imposante Bronzedenkmal in Eigenregie aus (Abb. 91). Damit begannen aber acht Jahre dauernde, zeitweise erbittert geführte Auseinandersetzungen zwischen Gegnern und Befürwortern einer Denkmalserrichtung auf dem Kapellplatz. Die Medien berichteten laufend und kontrovers über diesen „längsten Kampf, den der Feldherr und Marienverehrer Tserclaes Graf von Tilly durchzufechten hatte".[412] Osterrieders Werk stand dabei eher im Hintergrund, Hauptstreitpunkte waren die historische Persönlichkeit, der katholische General Tilly, und seine Erstürmung, Brandschatzung und Vernichtung Magdeburgs im Dreißigjährigen Krieg. Die „Süddeutsche Zeitung" schrieb 2005 hierzu: Obwohl Tilly unter den Heerführern seiner Zeit als besonnen gegolten habe, hänge ihm diese Untat bis heute nach, wenn

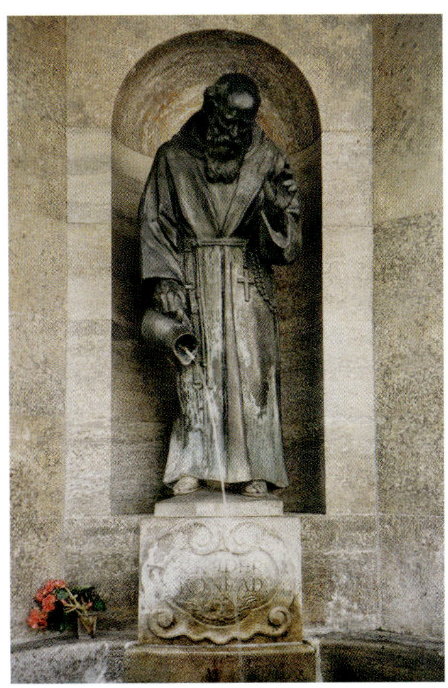

92 Bruder-Konrad-Brunnen. (Postkarte)

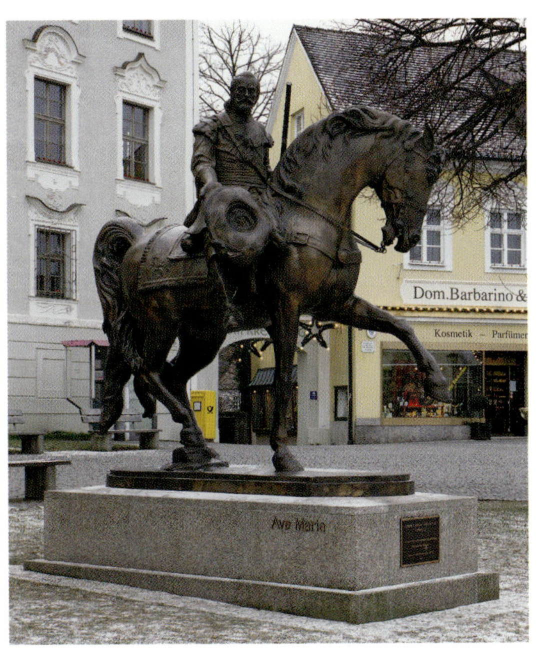

91 Tilly-Denkmal auf dem Kapellplatz in Altötting. (Foto Siegfried Wameser, München)

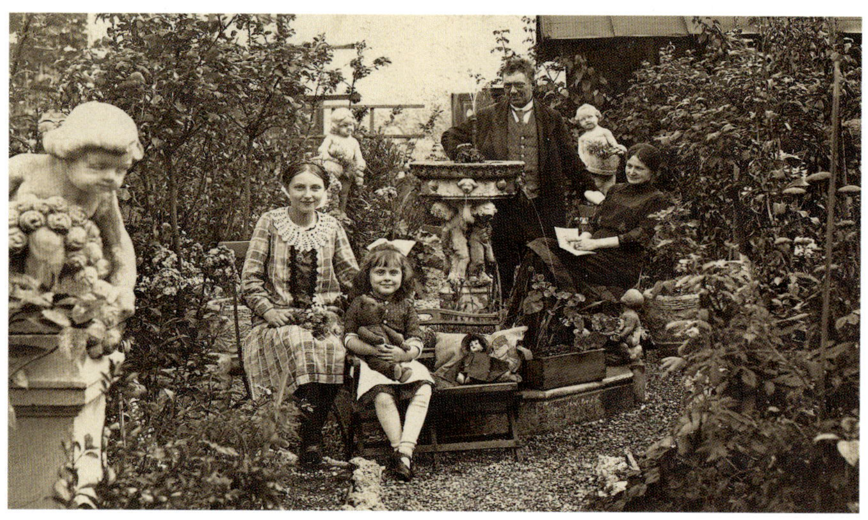

93 Familie Osterrieder im Garten an der Clemensstraße. (Familienarchiv)

nicht in der Geschichtswissenschaft, so doch in Teilen der protestantischen Bevölkerung.[413] Nach vielen Anfeindungen und einer provisorischen Platzierung in einer Seitenstraße wurde schließlich, fast 73 Jahre nach Osterrieders Tod, am 9. April 2005 das Denkmal am ursprünglich vorgesehenen Standort auf dem Kapellplatz aufgestellt.[414] Jetzt endlich kann der kaiserliche Feldmarschall zur Gnadenkapelle blicken und mit gezogenem Hut die Schwarze Madonna grüßen. Sebastian Osterrieder dürfte es freuen.

Auch der Bruder-Konrad-Brunnen ist noch heute ein besonderer Anziehungspunkt in Altötting (Abb. 92). Seit 80 Jahren kommen die Pilgerscharen am Brunnen des seligen, später heiligen Kapuzinerbruders Konrad an der Ecke des Klosters neben der St.-Anna-Kirche vorbei und benetzen sich mit dessen Wasser. Die Bronzestatue des Klosterpförtners mit einem Krug in der Hand, aus dem Wasser fließt, ist eine Stiftung des Altöttinger Stadtrates Joseph Geiselberger.[415] Weil das Wasser über eine Fingerreliquie des Kapuzinerheiligen rinnt, gilt es als heilsam. Den Kapuzinern war Osterrieder als Künstler wohlbekannt: In Sichtweite ihres Altöttinger Klosters schmücken seit 1912 seine Fassadenfiguren die Basilika St. Anna. In München versah das Kapuzinerkloster in der Maxvorstadt die St. Josefspfarrei, zu der auch Osterrieder gehört hatte, solange er in der Georgenstraße wohnte.

Bruder Konrad war 1818 als Johann Birndorfer in Parzham bei (Bad) Griesbach geboren. Nach dem frühen Tod der Eltern sollte er den großen Hof übernehmen. Aber er war sich nicht sicher, ob er zum Bauern berufen sei. Durch Wallfahrten und Predigten kam er zu dem Entschluss, seinen Geschwistern den Hof zu überlassen und ins Kloster zu gehen. 1849 trat er in den Kapuzinerorden in Altötting ein. 41 Jahre lang, bis zu seinem Tod 1894, verrichtete Bruder Konrad, wohltätig und völlig selbstlos, seinen Dienst als Pförtner im Kloster St. Anna, dem heutigen St.-Konrad-Kloster. Die Menschen verehrten ihn schon zu Lebzeiten. 1930 sprach die katholische Kirche Bruder Konrad selig, schon vier Jahre später wegen seines bescheidenen, vorbildhaften Lebensstils und seiner Frömmigkeit heilig. Für Abertausende von Pilgern im Jahr ist der Bruder-Konrad-Brunnen ein beliebtes Fotomotiv. Aber kaum einer weiß, dass Bildhauer Sebastian Osterrieder das Denkmal des beliebten Heiligen geschaffen hat.

4.3 Leben in Schwabing – Das Atelier in der Clemensstraße

Im letzten Lebensabschnitt Osterrieders war der Münchner Stadtteil Schwabing seine Heimat. Noch im Kriegsjahr 1917 hatten die Osterrieders ein an der Clemensstraße 25 gelegenes größeres Gartengrundstück erwerben können. Auf ihm stand ein kleines einstöckiges Haus, in dessen Erdgeschoss schon früher ein Bildhauer sein Atelier hatte. In den ersten Jahren nutzte die Familie Osterrieder das Grundstück nur als Garten (Abb. 93). Aus erhaltenen Bauplänen ist ersichtlich, dass sie offenbar die Absicht hatte, hier ein Wohn- und Atelierhaus zu errichten, mit großzügigen Ausstellungs- und vor allem ausreichenden Lagerräumen. Es waren wohl der Weltkrieg und seine Folgen, die solche Pläne vereitelten. Im Jahr 1922 erwarb das Ehepaar Osterrieder das nahe gelegene Mietshaus Bismarckstraße 19, konnte wegen der bestehenden Wohnraumbewirtschaftung aber erst zwei Jahre später ins eigene Haus, genauer: in die im 2. Stock gelegene Wohnung, einziehen. Damit waren die Zelte in der Georgenstraße 113 endgültig abgebrochen, denn schon 1923 – es war in der Zeit der galoppierenden Inflation, und die Mieten wurden unbezahlbar – hatte Osterrieder sein Atelier und die Werkstätten von dort in die eigenen Räume in der Clemensstraße verlegt. Bei allem Künstlertum hatten Sebastian Osterrieder und seine Frau Katharina den Bezug zur Realität des Lebens nicht verloren, denn durch den rechtzeitigen Erwerb dieser Immobilien konnten sie ihr Vermögen über die Inflation retten.

Die Tochter Antonie, verheiratete Kaess, hat sich in den 1980er-Jahren liebevoll an ihren Vater erinnert: Sein Schönstes sei sein positiver, lebensfroher Charakter gewesen. Man dürfe im Leben, so sein Leitspruch, nie nach oben schauen, wenn man Sorgen hat, sondern nur nach unten; da sehe man immer noch viele, denen es viel schlechter gehe als einem selbst. Der Vater habe dunkelbraunes, gelocktes Haar gehabt, das auch im Alter nicht ergraute, und seine Augen waren groß und wunderschön blau. Mit seiner Größe von 1,78 m sei er in der Jugend und während des Weltkrieges sehr schlank gewesen. Bei Schuhgröße 40 und kleinen Händen eigentlich zartgliederig, sei seine spätere Stattlichkeit nicht von ungefähr gekommen. Er liebte die echt bayerische Kost mit Schweinsbraten, Knödeln und Schmalzkücheln. Der Vater sei ein ausgesprochener Kontaktmensch gewesen, der überall offene Türen fand, auch selber sehr gastlich fast an jedem Tag Freunde nach Hause mitbrachte. Interessiert und sehr belesen sei er eine ausgesprochene Künstlernatur gewesen, offen für alles Schöne und Gute, habe Antiquitäten gesammelt und sei von keiner seiner zahlreichen Reisen ohne ein neues Stück zurückgekommen. Deren spätere Verkäufe halfen der Familie Osterrieder, die Inflation zu überstehen. Vater habe das Leben auf seine Art genossen, war aber bei der Arbeit, wenn er eine künstlerische Idee hatte, nicht zu bremsen. Sobald es einmal nötig war, machte er sich temperamentvoll Luft und sprach seine Meinung laut und deutlich aus, war aber gleich wieder gut und nie nachtragend. Vater sei ein fröhlicher Mensch gewesen, schon am frühen Morgen habe er es mit Volksliedern und Opernmelodien, von denen er fast jede kannte, gezeigt. Nachmittags nach seinem Mittagsschlaf sei dann der Besuch im Café Stephanie, Ecke Amalien-/Theresienstraße, seit Jahrzehnten ein Künstler- und Literatenlokal, gekommen, wo Osterrieder begeistert Billard mit seinen Freunden spielte. Antonie Kaess abschließend: „Vaters Vermächtnis war: Tut jeden Tag jemand etwas Gutes, dann seid ihr nie unglücklich, denn die Freude, die man gibt, kehrt immer zu einem zurück!“

Ab 1924 gehörten die Osterrieders nun zur Pfarrei St. Ursula. Nach der Krippe in der Ludwigskirche und der Pietà in der Josefskirche war Osterrieder auch hier bald mit einem Werk vertreten, denn schon im gleichen Jahr erwarb die Kirchenstiftung St. Ursula eine große Osterrieder-Krippe (s. Kap. 4.4.2).

Seite 6 Süddeutsche Sonntagspost Nr. 51

Hindenburg – ein Bayer?

Die merkwürdige Entdeckung des Münchner Bildhauers Osterrieder

Wir geben dem folgenden Artikel wegen seines allgemeinen Interesses Raum. Selbstverständlich müssen die darin aufgestellten Behauptungen erst einer ernsthaften Kritik der speziellen Geschichtsforschung unterzogen werden.

Sebastian Osterrieder, ein Münchner Bildhauer, will in der nächsten Zeit ein Buch über die Familiengeschichte derer von Hindenburg herausgeben. Diese Neuerscheinung hat insoferne eine besondere Bedeutung, als sie zum ersten Male auf Grund geschichtlicher Quellen nachweisen will, daß die Familie Hindenburg aus Bayern, und zwar aus Abensberg in Niederbayern stammt. Osterrieder hat sich als Bildhauer besonders durch die große Weihnachtskrippe im Dom zu Linz, und durch monumentale Reiterfiguren einen Namen gemacht. Seine Arbeiten haben an höchster Stelle, beim Vatikan in Rom, Anerkennung gefunden.

Es gibt Menschen, die jahrelang erfolglos suchen, um geschichtliches Material zu erforschen, und es gibt Menschen, die geradezu von einem wahren Finderglück besessen sind. Ein Typus dieser zweiten Kategorie ist der Bildhauer Sebastian Osterrieder. Auf seinen Studienreisen ist ihm reiches geschichtliches Material in die Hände gefallen und eine anhaltende Kette von glücklichen Funden hat ihn dazu bestimmt, sich heimatgeschichtlichen Studien zu widmen.

Die merkwürdige Entdeckung dieses Münchner Gelehrten ist zweifellos die Feststellung, daß die Familie unseres Reichspräsidenten aus Bayern stammt, und zwar aus dem altbayerischen Hause der Babonen, das in Abensberg beheimatet vor dem Kaiser und antwortete auf die Frage, was er zur Entschuldigung für sein großes Gefolge vorzubringen habe: „Es sind Euer Kaiserlichen Majestät Diener und all meine Söhne, die schenke ich und überantworte sie Eurer Kaiserlichen Majestät (Kaiser Heinrich war bekanntlich kinderlos). Gott wolle Glück dazu geben, daß sie mit ihrem Namen Eurer Kaiserlichen Majestät im Frieden eine Zierde, im Krieg ein Beistand seien." Der Kaiser soll daraufhin von der Anhänglichkeit des Babonen so gerührt gewesen sein, daß er alle Söhne an seinen Hof rief und ihnen später Schlösser und Marktflecken schenkte, auf denen sie als eigene Herren saßen.

In Abensberg, dem Stammsitz des Babonenhauses, ist auch die Heimat der ersten Grafen von Hindenburg. Es hat hier eine Hintenburch-Hundsburg gestanden.

Eigenartig ist auch, was die Geschichtsschreiber über die Babonen sagen. Nikolaus, der letzte Graf von Abensberg, soll 2,16 Meter, nach anderen Quellen sogar 2,32 Meter groß gewesen sein. Nach überlieferten Stichen ist die große Ähnlichkeit des Reichspräsidenten mit seinen bayerischen Ahnen deutlich erkennbar, charakteristisch ist die hohe breite Stirne und die Kopfbildung überhaupt.

Die letzte Erwähnung fand der Name Hindenburg in Bayern im Jahre 1774, und zwar gelegentlich der Konversion, der sich ein Baron von Hindenburg, Ritter des preußischen Johanniterordens, am 21. Januar im Kapuzinerkloster in München unterzog.

Der Reichspräsident hat sich für die Unter-

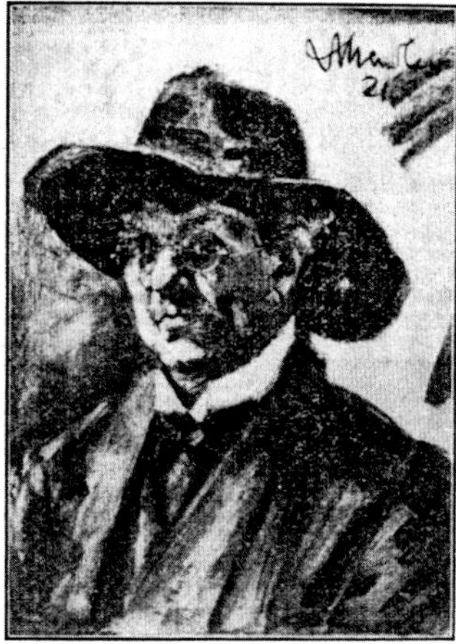

Sebastian Osterrieder

und sie meinem Familienarchiv einverleibt. Für Ihre freundliche Mühewaltung und die mir erwiesene Aufmerksamkeit spreche ich Ihnen meinen besten Dank aus.

Mit freundlichem Gruß!

gez.: von Hindenburg.

94 Süddeutsche Sonntagspost, Osterriederportrait. (Familienarchiv)

Im Atelier lag für die Besucher bzw. potenziellen Kunden ein dickleibiges Musteralbum bereit. Es hat durch Fliegerbomben, die im Zweiten Weltkrieg die Gebäulichkeiten in der Clemensstraße trafen, zwar merklich gelitten, kann aber in der Osterrieder-Ausstellung im Abensberger Museum besichtigt werden. Auf den Albumblättern finden sich eine ganze Reihe (leider) vergilbter Fotografien von Osterrieders Arbeiten.[416]

Osterrieders wacher Geist weckte in ihm neben den künstlerischen auch immer wieder andere Ideen. Eine davon war, dass er für Bamberg 1924 zum Tod Kaiser Heinrichs des Heiligen vor 900 Jahren ein Festspiel kreieren wollte. Nach Osterrieders szenischen Vorgaben verfasste der poetisch und schriftstellerisch hervorgetretene Pater Bonifaz Rauch (1873–1949), ein Benediktiner im Kloster Metten[417], ein als Maschinenskript erhaltenes „St. Heinrich-Kunigundis-Spiel". Anders als 25 Jahre zuvor in Landshut verlief diese Initiative für Bamberg aber im Sande.[418]

„Hindenburg – ein Bayer?", Osterrieder war auch für diese Schlagzeile gut. Bei seinen Nachforschungen über die Abensberger Grafen stieß er auf eine „Hintenburch", die in Abensberg gestanden habe. Der Stammvater Babo habe mit seinen zwei Ehefrauen 32 Söhne und 8 Töchter gehabt, ein Enkel sei der erste Graf von Hindenburg gewesen. Osterrieder war überzeugt, dass der Generalfeldmarschall und seit 1925 Reichspräsident Paul von Hindenburg von dem bayerischen Uradelsgeschlecht der Abensberger, den Babonen, abstamme. Er ging mit seiner Entdeckung in dem Zeitungsartikel „Die Wiege des Geschlechts der Hindenburge" 1928 an die Öffentlichkeit.[419] Ein weiterer Bericht hierzu in der „Süddeutschen Sonntagspost"[420] ist auch deshalb von Interesse, weil dort ein Kohleportrait Osterrieders aus dem

Jahr 1921 abgebildet ist (Abb. 94). Das Original ist leider verschollen.

Als Altmeister der Krippenkunst war sein Urteil gefragt und hatte Gewicht. So ist seine gutachterliche Mitarbeit bei der Solothurner „Ambassadorenkrippe“ im Jahr 1929 überliefert. Die Krippe ist ein einmaliges Ensemble von ursprünglich über 60 lebensgroßen, ausdrucksstarken Barockfiguren mit Wachsköpfen und wertvollen Stoffkleidern. Sie stammt ursprünglich aus dem Solothurner Frauenkloster St. Josef und ist nach wechelvoller Geschichte heute im Besitz des Historischen Museums Blumenstein in Solothurn. In einem dortigen Bericht heißt es: „Mit rund der Hälfte der Figuren war 1929 die Szene ‚Anbetung der Drei Könige‘ vom Münchner Krippenspezialisten Sebastian Osterrieder arrangiert worden.“[421]

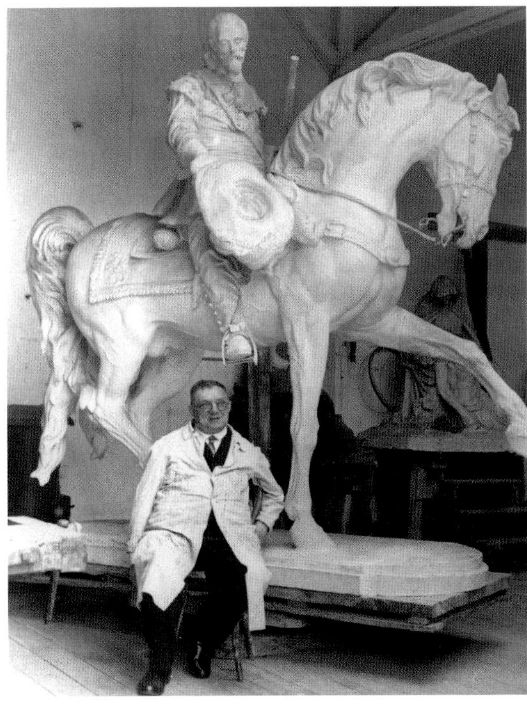

95 Osterrieder vor dem Modell des Tillydenkmals. 1929. (Foto Familienarchiv)

Leider haben sich von den Ateliers und Werkstätten Osterrieders in der Theresienstraße und in der Georgenstraße keine Aufnahmen erhalten. Vom Atelier in der Clemensstraße hingegen gibt es welche, die Osterrieder vor seinem Tillymodell zeigen: stehend oder sitzend, mal im Anzug und mit großem Künstlerhut, mal im weißen Arbeitskittel (Abb. 95). Die Fotos wurden wohl 1929 vor dem Abtransport nach Altötting gemacht. Auf diesen und auch einigen Abbildungen im oben genannten Musteralbum lassen sich im Hintergrund unscharf auf Wandkonsolen und auch auf dem Boden Plastiken oder Modelle früherer Arbeiten erkennen. Bilder etwa von den einzelnen Arbeitsschritten der Krippenfigurenherstellung fehlen leider ganz.

Osterrieders Verhältnis zu seiner Vaterstadt Abensberg hatte nach dem Krieg etwas gelitten. Er war sehr enttäuscht darüber, dass der Auftrag für das Kriegerdenkmal nicht an ihn gegangen war. Verbürgt ist, dass er sein Honorar der Stadt bei der Enthüllung hätte stiften wollen. Er argumentierte wohl richtig, dass ihm, hätte er das vorher gesagt, von den Mitbewerbern vorgeworfen worden wäre, nur deswegen den Denkmalsauftrag erhalten zu haben. Aber auch darüber scheint Gras gewachsen zu sein, denn in späteren Jahren besuchte er Abensberg noch einige Male.

Der fünf Jahre jüngere Bruder Franz Xaver Osterrieder (1869–1949) hätte nach seines Vaters Wunsch wohl Geistlicher werden sollen. Er betrieb zunächst das väterliche Geschäft weiter, verkaufte es in Abensberg 1904 und wurde als Versicherungsagent in München sehr erfolgreich. In jüngeren Jahren war er verheiratet gewesen und hatte drei Töchter gehabt, die alle als Kleinkinder bei einer Diphterieepidemie verstarben. Einige Zeit nach der Scheidung wurde er Lebensgefährte der Schriftstellerin Franziska Hager (1874–1960). Er lebte nun als freier Kunstschriftsteller und Privatgelehrter, legte Sammlungen zu seinen vielfachen Interessensgebieten an, publizierte (u. a. die „Münchener Kunstbriefe“) und war Mitarbeiter zahlreicher Lexika. Mit seinem langen Bart und breit-

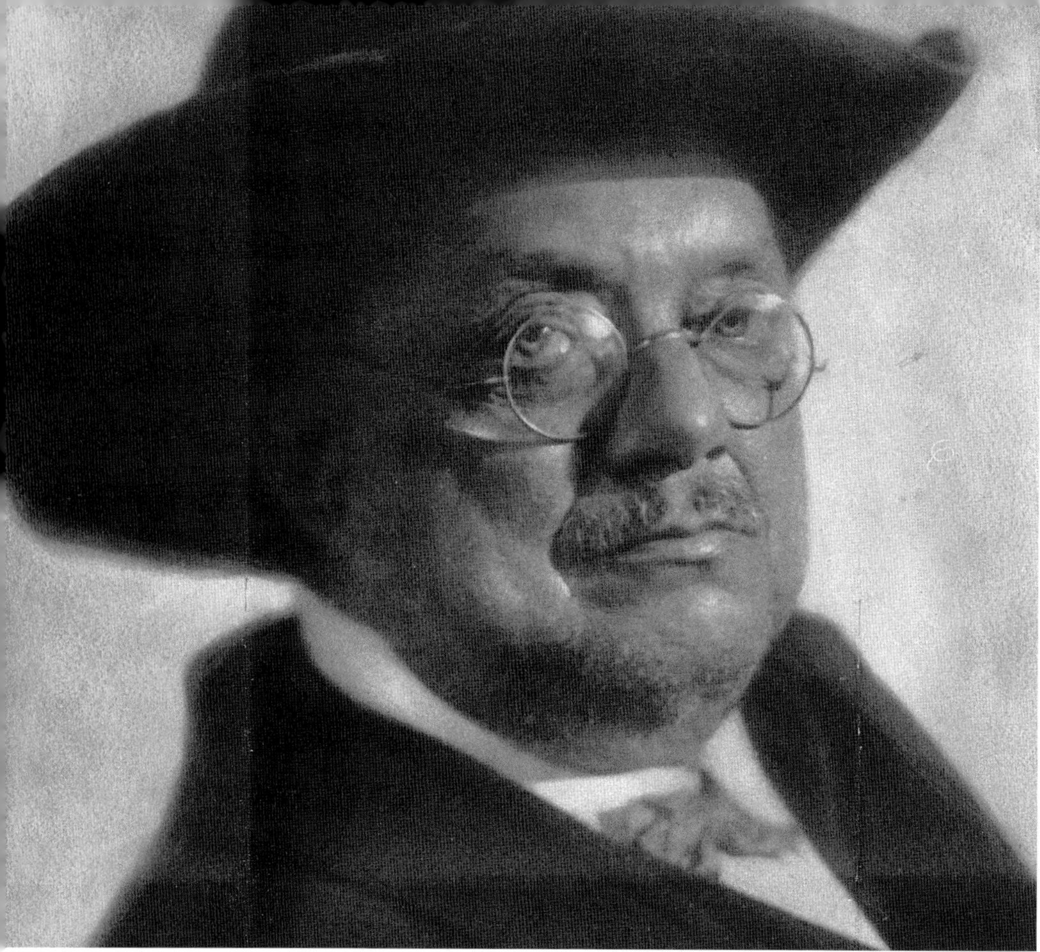

96 Sebastian Osterrieder, 1925. (Foto Familienarchiv)

krempigen Hut war auch er in München eine stadtbekannte Erscheinung, in seiner hageren Gestalt das glatte Gegenteil seines Bruders. Als einen Philanthropen sowie verdienten Heimat- und Volkskundefreund kennzeichnen ihn Zeitungsartikel, die zu seinem 60. und 70. Geburtstag erschienen. Der Schriftsteller Ernst Hoferichter würdigte 1929[422] sein uneigennütziges Wesen, seine kunst-, musik- und heimatgeschichtliche „Sammelwut", seine verdienstvollen Stiftungen an Archive in München. Franz Xaver Osterrieders schriftstellerischer Nachlass wird unter „Osterriederiana" in der Staatsbibliothek verwahrt. In Abensberg regte er die Gründung eines Heimatvereins an und vermachte diesem den Großteil seiner Sammlungen; 1927 schenkte er dem Verein sogar ein Haus in der Von-Hazzi-Straße. Er wurde Ehrenbürger der Stadt und erhielt auf dem Abensberger Friedhof ein Ehrengrab.

Als es 1932 dem Bruder Sebastian gesundheitlich nicht mehr gut ging, hat Franz Xaver ihn auf dessen Wunsch in seinem Auto einige Male durch sein geliebtes München gefahren, besonders zu den Häusern in der Theresienstraße und Georgenstraße, wo er jeweils viele Jahre gelebt hatte. Die Osterriedergasse in Abensberg ist nach beiden Brüdern benannt. Schon zu Lebzeiten Sebastian Osterrieders wohnte von der eigenen Familie niemand mehr in Abensberg. Die ältere Schwester Therese, Stiftsdame in Herxheim in der Pfalz, war schon 1917 gestorben.

Sebastian und Katharina Osterrieder lebten in der ständigen Sorge um die 1914 geborene zweite Tochter Mathilde, die wegen eines Geburtsschadens später in einem Heim leben musste. Ein freudiges Ereignis für Osterrieders war 1929 die Hochzeit der Tochter Antonie mit dem Chemiker Dr. Ing. Franz Josef Kaess (1903–1993). Die kirchliche Trauung vollzog Michael Kardinal Faulhaber in der Hauskapelle des erzbischöflichen Palais.

Sebastian Osterrieder hat um seine Person zeitlebens kein Aufhebens gemacht. Leider hat er sich auch ausgesprochen ungern fotografieren lassen. Er sah sich mit seinen Krippen als künstlerischer Einzelgänger und trat deshalb größeren Künstlervereinigungen nicht bei. Jedoch im Bayerischen Kunstgewerbeverein und in der Deutschen Gesellschaft für christliche Kunst war er jahrzehntelang Mitglied. Beim Münchner Krippenverein war Osterrieder sogar – wie schon erwähnt – Gründungsmitglied.

„Ein Münchner Krippenschnitzer. Besuch beim Altmeister der deutschen Krippenkunst" titelte Hans Spielhofer 1929 seinen Zeitungsartikel in den „Münchner Neuesten Nachrichten".[423] Osterrieder führt ihn darin durch das Atelier, Spielhofer lässt sich alles zeigen und erklären. Es ist der Tag vor dem Abtransport der großen Schnitzfiguren zur Animakirche in Rom. Osterrieder kommt ins Erzählen. Da dürfen natürlich nicht die Geschichte seiner Entdeckung der Pacher-Altarbilder auf dem Dachboden eines Klosters in Tiberias/Palästina[424] und die des Stammbaumes des Reichspräsidenten Hindenburg fehlen. Dann folgt Osterrieders Fund der Kriegskorrespondenz Andreas Hofers samt Briefen von Haspinger und Raffl an Wiener Behörden bei einem Goldarbeiter in der Türkenstraße. Osterrieder fährt fort: „Von Palästina wanderte ich mit meinem Photoapparat nach Aegypten, das ich ja für Mariens Flucht brauchte, und nahm dort die seltsamen Ziehbrunnen auf mit dem Wasserschöpfrad, wovon ich Modelle dem Deutschen Museum gab, Kamele an der Tränke, wie sie Lasten tragen und wie diese ihnen aufgebürdet werden, wie die Aegypter Getreide mahlen; für die Löwenbrauerei machte ich dort nebenbei Studien für Plastiken über die altägyptische Bierbrauerei." Spielhofer schildert freundlich die malerische Unordnung auf Tischen, Bänken, Stühlen sowie Fenstergesimsen und vernimmt all die Geschichten von Osterrieders vielen Krippen. Osterrieder zeigt das Besucherbuch mit den interessanten Einträgen. Vielleicht hat Osterrieder an diesem Tag das Gefühl gehabt, diese seine Geschichten nicht mehr oft erzählen zu können. Spielhofer jedenfalls schreibt mit viel Sympathie Sätze wie „Osterrieders Schaffen hat eine tiefe Erlebnisfähigkeit und tiefe Gläubigkeit für das Wunder der Weihnacht, für das Wunder der Erlösung zur Voraussetzung. Das Geheimnis von Bethlehem immer wieder in anderen Augen [zu] versammeln und auf immer neuen Stirnen zu spiegeln [...], über die ganze Welt das größte Glück erstrahlen zu lassen: das treibt den Meister von einer Schöpfung in die andere. Seine Religiosität hat nichts zu tun mit Anempfindung, Berechung, Geschäftsgeist. [...]". Und Spielhofer endet sehr nachdenklich: „Wenn man die gewissenhafte phantasievolle Durcharbeitung der Osterrieder-Figuren vergleicht mit dem eiligen Schema maschinell hergestellter Figuren, wie sie heute [1929!] sich anbieten, so möchte man beinahe sagen: Osterrieders Kunst ist nicht von dieser und nicht für diese Welt. Es ist eine Kunst, die aufgeblüht ist in einer Zeit, die wohl schöner und feiner, reicher und langsamer war als die unsere, die ungeheuer viel Zeit und Muse hatte, Muse zum Wachsen und Reifen und Begreifen. Sie ist hinübergeblüht in ihr leidvolles, verarmtes Erbe. Sie schaut den hastigen, bedürfnislosen Menschen von heute an in stummer Anklage im Blick, mit der Anklage dessen, der selig ist in sich selbst."[425]

Über drei Jahrzehnte wirkte Osterrieder als freischaffender Bildhauer, der bereits erwähnte Bruder-Konrad-Brunnen von 1930 war seine letzte große Arbeit. Über 30 Jahre war die Krippenherstellung der Schwerpunkt seines künstlerischen Schaffens. Hier blieb er zeitlebens anerkannt. Hier musste er aber bis zuletzt auch immer um neue Kunden werben.

4.4 Das Verbreitungsgebiet der Osterrieder-Krippen wird immer größer (1924–1932)

„Meister Osterrieder ragte besonders hervor", war ein Presseecho auf die von der Deutschen Gesellschaft für christliche Kunst 1924 und 1925 veranstalteten Ausstellungen. Osterrieder war dort jeweils mit sechs Krippen vertreten, von denen es u. a. hieß: „Die weitaus besten der prachtvollen Hartguss-Prunkkrippen stammen auch heuer wieder von S. Osterrieder."[426] Soweit feststellbar, entstanden Krippen 1924 für Beuren, Wurzach, München (St. Ursula, Schwabinger Krankenhaus und St. Johann Baptist/Solln); 1925 für Borg an der Mosel, München (Asamkirche St. Johann Nepomuk); 1926 für Illertissen und Bonn-Schwarzrheindorf; 1928 für Herxheim in der Pfalz und München-Laim/Zwölf Apostel; sowie 1929 für Kempten/St. Anton (s. Krippenkatalog Kap. 6.2). Der „Anzeiger von *Wurzach*"[427] beschreibt ausführlich das neue Kunstwerk der St. Verenakirche, das in einer Nische des Antoniusaltares Aufstellung gefunden hat. Ein 5,5 m breiter, gemalter Hintergrund (s. Abb. 41) zeige die Stadt Bethlehem, eine Studie nach der Wirklichkeit. Mit ihren 55 Figuren würde die Krippe nicht nur den Text des Evangeliums veranschaulichen, sondern auch ethnographische Belehrung geben. Die Krippe habe, heißt es 1965 an anderer Stelle,[428] damals 2.000 Mark gekostet. Im Jahr 1925 bestätigt Weihbischof Michael Buchberger, dass Osterrieder für die

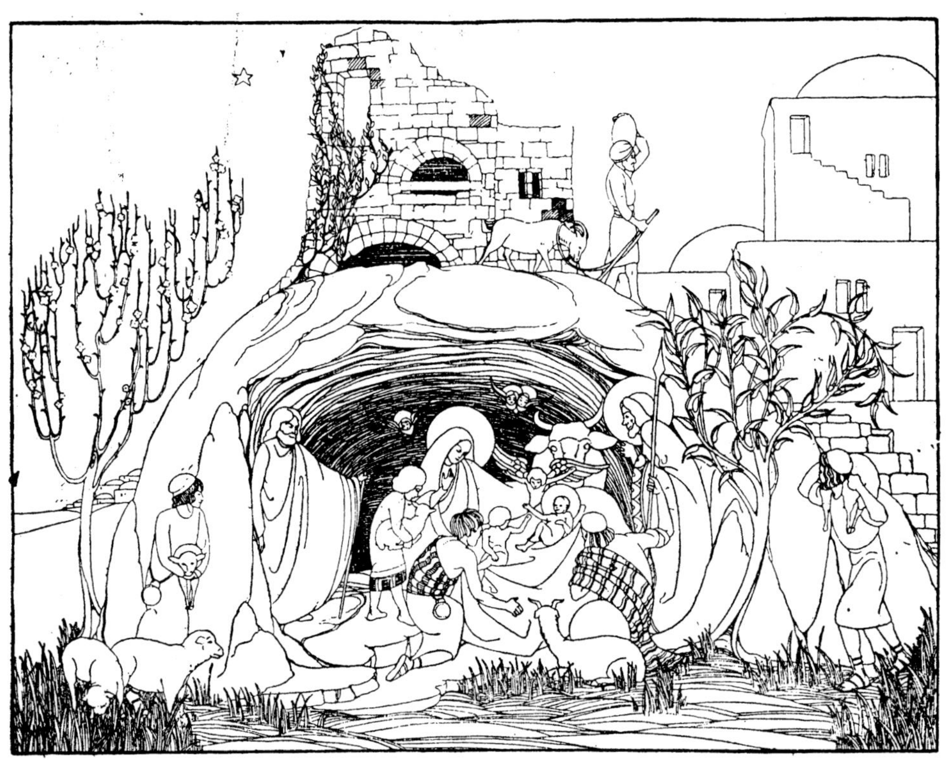

97 Krippe der St. John's Catholic Cathedral, Zeichnung in Cleveland Press. (Familienarchiv)

Johann-Nepomuk-Kirche in München „eine künstlerisch und religiös überaus feine Weihnachtskrippe (und ebenso eine tiefempfundene künstlerisch hervorragende Pieta) geliefert hat". Die neue Krippe der eben erst geweihten Notkirche „Zu den Hl. Zwölf Aposteln" lobt 1928 der „Bayerische Kurier"[429] wegen ihrer religiös-künstlerisch empfundenen Aufstellung, „von der jedermann ein Stückchen Weihnachtsevangelium mitnimmt".

Auch ins Ausland haben in jenen Jahren Osterrieder-Krippen ihre Wege gefunden. Die Krippe für Bischof Müller in Stockholm wurde schon genannt (s. Kap. 3.9). Eine figurenreiche Krippe mit gegossenen Großfiguren steht in Bettemburg/Luxemburg. Seit dem Jahr 1923 hat der Dom von Notre Dame zu Luxemburg eine figurenreiche Osterrieder-Krippe. Nicht zuletzt dank Förderung durch Kardinal Faulhaber konnte 1928 die Krippe mit geschnitzten Großfiguren in der deutschen Nationalkirche S. Maria dell'Anima in Rom aufgestellt werden.

Sogar aus Übersee, wohl auf Empfehlungen aus Deutschland hin, haben Osterrieder damals einige Krippenbestellungen erreicht. So soll eine Krippe nach Veracruz in Mexiko sowie eine nach La Pareia in New Mexico gelangt sein. Für die USA führt Gerhard Bogners „Neues Krippenlexikon" Osterrieder-Krippen in der Kathedrale St. Peter in Belleville, in der Kathedrale St. Johannes in Cleveland, in der Marienkirche von Tiffin und in der St.-Patrik-Kirche in Toledo, alles Städte im Staat Ohio, auf.[430]

Die Osterrieder-Krippe für die St. John's Catholic Cathedral in Cleveland/Ohio hatte der aus Deutschland stammende Bischof Joseph Schrembs auf eigene Rechnung bestellt. Mit großer Überschrift und einer über drei Spalten gehenden, sehr geglückten, jugendstilartigen Strichzeichnung der Geburtsszene (Abb. 97) kündigte am 16. Dezember 1925 die örtliche Zeitung[431] an, dass bei der Fünfuhr-Frühmesse des Christtages erstmals die neue 5.000-Dollar-Krippe in der Kathedrale zu sehen sein werde. Der hierzu interviewte Msgr. Smith stand ausführlich Rede und Antwort: Die Erfolgsstory dieser Krippe sei zugleich die ihres herausragenden Schöpfers, des in München lebenden Künstlers Sebastian Osterrieder, eines der wenigen Menschen, die ihr ganzes Leben der Herstellung von Weihnachtskrippen gewidmet hätten. Nach Schilderung der von Osterrieder in Italien und Bethlehem gemachten Studien wurde auf die zunächst gezeigte Geburtsszene mit den Hirten und dem Verkündigungsengel hingewiesen. Für das Fest der Epiphanie wurde „a grand spectacle" versprochen: die Anbetungsszene, bei der das göttliche Kind, auf dem Schoß der Mutter Maria sitzend, die drei Könige segnet; außerdem seien deren Pagen, Diener und schwerbeladenen Kamele zu bewundern. Und der Monsignore schloss stolz: Diese insgesamt allerschönste Krippe der Welt habe der ehrwürdigste Herr Bischof seiner Kathedrale geschenkt.

4.4.1 Die Krippen in Illertissen

Auf Veranlassung des Bezirksamtmanns Jäger wurde 1926 für die katholischen Schwestern des Kreiskrankenhauses Illertissen eine Osterrieder-Krippe angeschafft, die bis heute alljährlich zur Weihnachtszeit im Eingangsbereich gezeigt wird, auch nach dem erfolgten Weggang der Schwestern. Seit 1955 betreut Egon Eberle diese Krippe. Darüber hinaus hat sich Eberle intensiv mit Osterrieders gesamtem Krippenschaffen beschäftigt. Gerade in seiner schwäbischen Umgebung gibt es eine Konzentration von Osterrieder-Krippen. Der Krippenkauf eines Pfarrers veranlasste oftmals die benachbarten Pfarreien, entsprechend nachzuziehen, da auch sie eine so schöne Krippe haben wollten. Eberle legte ein Verzeichnis[432] der ihm bekannt gewordenen Osterrieder-Krippen an, wertete die Krippenliteratur aus, suchte und fand Kontakte zu anderen Osterrieder-Kennern und stand deshalb auch mit Antonie Kaess, der Tochter Osterrieders, wie auch mit der Familie des Autors in Verbindung. 1995 besichtigte er deren Krippe sowie den damals noch in München lagernden

Mantelformen-Nachlass. Eberle erlangte zunächst im schwäbischen, dann bald auch im ganzen bayerischen Raum den Ruf eines Osterrieder-Fachmanns, nicht zuletzt durch seine vielen Berichte über Osterrieder-Krippen in der örtlichen und überregionalen Presse[433], durch seine zahlreichen Artikel, die er für die Fachzeitschriften[434] verfasste, und durch seine Krippenfahrten, die viele Teilnehmer fanden. Er konnte auch selbst eine Osterrieder-Krippe erwerben und vermittelte die Dauerleihgabe einer von der Sparkasse Illertissen angekauften Krippe an das dortige Museum. Erst vor Kurzem konnte er schöne, ursprünglich aus Klosterbesitz stammende Großfiguren einer Osterrieder-Krippe (Abb. 98) für das Illertisser Schlossmuseum erwerben. Es ist das Verdienst Eberles, dass der Bekanntheitsgrad der Künstlerpersönlichkeit Osterrieder und der Kunstwert seiner Krippen in den letzten Jahrzehnten nicht nur erhalten blieben, sondern wesentlich zunahmen.

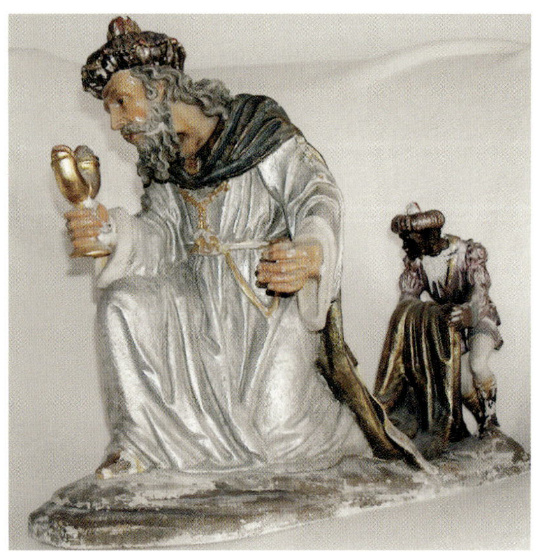

98 König und Page. Schlossmuseum Illertissen. (Foto Wilhelm Klinger, Brannenburg)

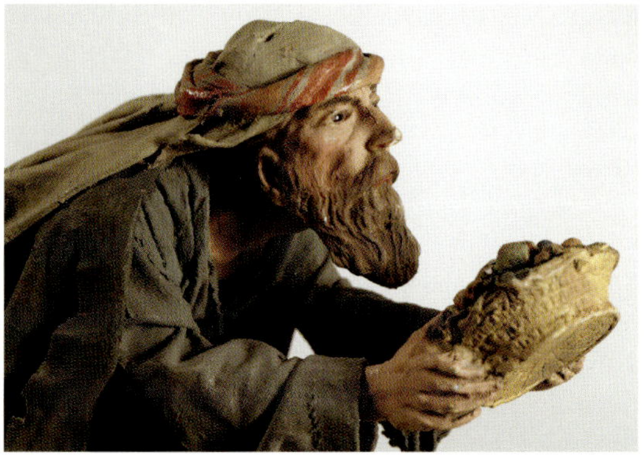

99 a–g Krippenfiguren der Ursulakirche München. (Fotos Sibylle Appuhn-Radtke, München)

4.4.2 Die Krippe von St. Ursula in München

Im engeren Bereich der Stadt München sind es heute „nur“ die Peterskirche am Rindermarkt und die Ursulakirche in Schwabing, wo zur Weihnachtszeit Osterrieder-Krippen aufgestellt sind, darüber hinaus noch in St. Johann Baptist in Solln und in der Zwölf-Apostel-Kirche in Laim (sowie in der Krippensammlung des Bayerischen Nationalmuseums; s. Kap. 3.10). Zu Osterrieders Lebzeiten waren auch in der Ludwigskirche, in der Asamkirche, in der alten Schwabinger Kirche St. Silvester und in den Krankenhäusern von Schwabing und Harlaching seine Krippen gestanden (s. Krippenkatalog Kap. 6.2: München). Über ihre Funktion in der Pfarrgemeinde hinaus trägt die Krippe von St. Ursula bis heute dazu bei, in der Öffentlichkeit Interesse und Verständnis für Osterrieders künstlerische Weihnachtskrippen zu wecken.

Die von der Kulturjournalistin Annette Krauß M. A. gut betreute Krippe in St. Ursula umfasst 44 Figuren (Abb. 97 a–g), darunter allein fünf Marien- und drei Josefsfiguren, sodann acht Hirten sowie die drei Könige und – nicht zu vergessen – sechs Schafe und vier Kamele. Außer den beiden im Ankaufsprotokoll genannten Szenen „Geburt und Anbetung Christi“ können mit diesen Figuren die Verkündigung an Maria, der Traum Josefs, die Herbergssuche oder die Flucht nach Ägypten dargestellt werden. Manche „Nebenfiguren" wie das neben einem Esel schlafende Kind, der Sackträger, ein Reiter oder der Wirt mit dem Geldbeutel am Gürtel können Verwendung finden, wenn am dritten Advent die Herbergssuche gezeigt wird. Außer den biblischen Themen wird im Jahreskreis auch die volkstümliche Szene „Haus von Nazareth" gezeigt – nach dem apokryphen Thomas-Evangelium, das Wundergeschichten aus der Kindheit Jesu erzählt. Dann stehen in der Zimmermannswerkstatt die Figuren des Josef, der mit dem Beil arbeitet, und des sägenden Jesusknaben mit der jüdischen Kopfbedeckung „Kippa". Die einfachen Hirten am Heiligabend machen deutlich, dass die Armen die ersten Zeugen der Geburt des Heilandes waren. Oft blickt von einem etwas entfernten und erhöhten Standort aus Osterrieders Krippenfigur des „geistig Armen" auf das Krippengeschehen. Lächelnd reißt er die Arme hoch aus Freude über die Geburt Christi. Diese Figur wird zuweilen auch als „lachender Jude" bezeichnet, was schon deshalb missverständlich ist, weil letztlich alle Figuren an der Krippe – mit Ausnahme der Könige – Juden darstellen. Möglicherweise kann diese Statuette mit den „Santons", den typischen Krippenfiguren der Provence, in Zusammenhang gebracht werden, zu denen auch der „Ravi" an der Krippe gehört, ein einfältiger Mensch, der „ravi de la naissance" – entzückt von der Geburt Christi – ist.[435]

In der Zeitschrift „Das Bayerische Handwerk" wird 1927 in einem längeren, mit zwei ganzseitigen Abbildungen von Osterrieders Nazareth-Szene illustrierten Beitrag von Professor Nasse über zeitgenössische Krippenkunst[436] die „Ursula"-Krippe erwähnt: „Wie in der Kunst der Gegenwart ganz allgemein, wird man auch hier selbstverständlich die verschiedensten Stilrichtungen feststellen können. Konservative Tradition steht neben mehr expressiver, moderner Fortschrittlichkeit. So geht die histo-

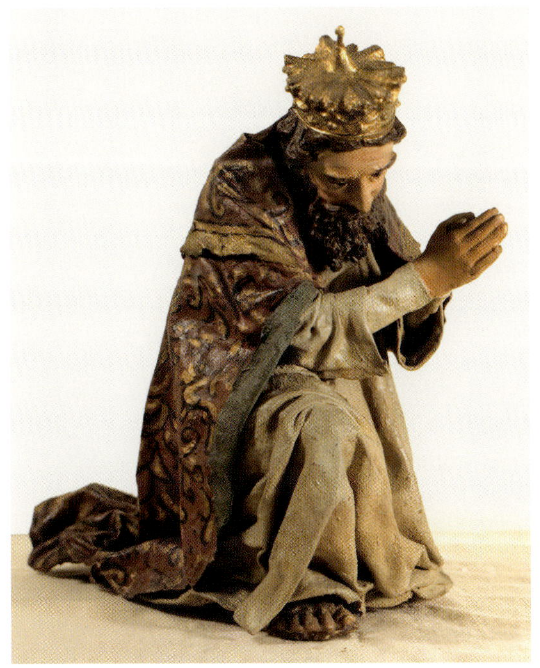

99 b

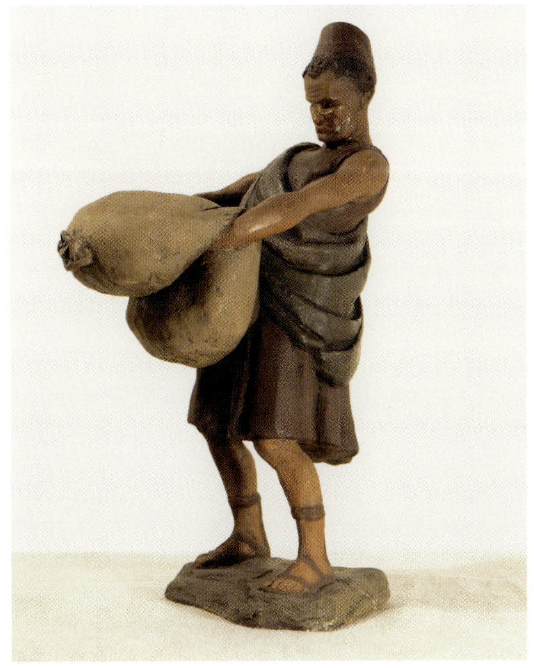

99 c

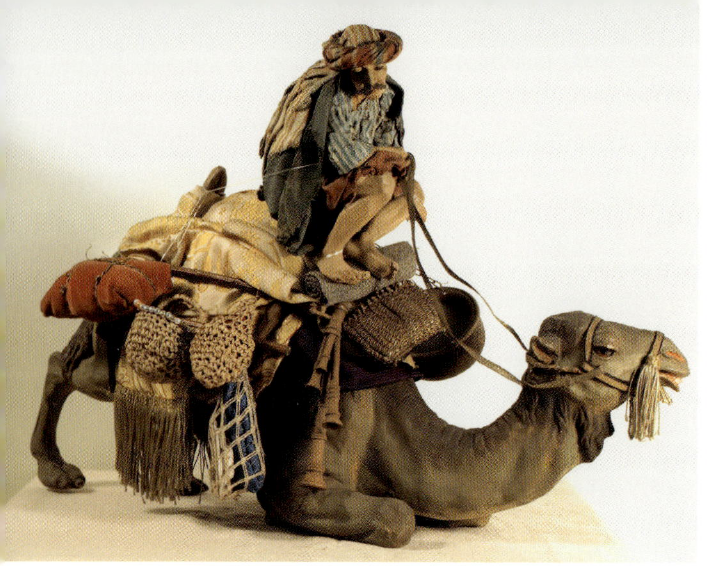

99 d

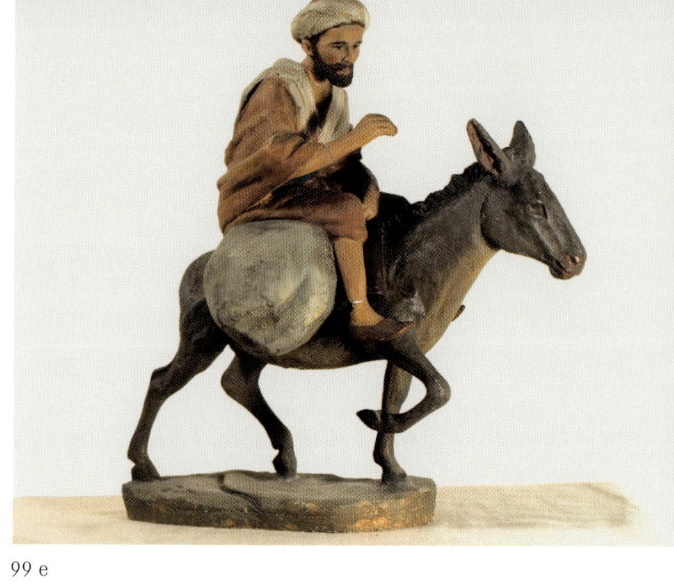

99 e

rische Krippe, die Sebastian Osterrieder 1924 für St. Ursula in München schuf, bewusst auf die großen sizilianisch-neapolitanischen Meister zurück [...].“ Nüchtern und kurz steht im Sitzungsprotokoll der Kirchenverwaltung von St. Ursula vom 31. März 1924: „Zum Ankauf der Krippe von Professor Osterrieder (2 Darstellungen: Geburt und Anbetung Christi) um den Preis von 1600 M, zahlbar in zwei Jahren, 4%ig verzinslich, wird die Genehmigung erteilt.“[437] Wie schon erwähnt, hatte Osterrieder ab 1923 sein Atelier nahe der Ursulakirche in der Clemensstraße und ab 1924 seine Wohnung in der benachbarten Bismarckstraße; der Künstler freute sich sicher über den Krippenkauf seiner Pfarrei. Die „1600 M“ waren im März 1924 noch „Rentenmark“ (Abkürzung Rent.M.), deren Einführung im November 1923 die schreckliche Inflation (zum Wechselkurs 1 Billion Papiermark: 1 Rent.M.) abgelöst hatte. Ende August 1924 wurde im Verhältnis 1:1 die „Reichsmark“ (RM) eingeführt. Der Preis der Krippe entsprach damals fast dem Jahresverdienst eines Arbeiters (1.750,– RM). 1 kg Butter kostete 4,60 RM, 1 kg Schweinefleisch 2,40 RM, 1 l Milch 35 Pfennige, 1 Ei 20 Pf., 1 kg Kartoffeln 8 Pf.[438] Die Vergleiche zeigen, welchen Vermögenswert diese Osterrieder-Krippe (sowie verhältnismäßig auch der Liter Milch!) damals darstellte.

Die kleinen Osterrieder-Kunstwerke sind nunmehr alle etwa 80 bis 100 Jahre alt und stellen neben ihrem künstlerischen auch einen materiellen Wert dar. Die „Ursula“-Krippe kann als Beispiel dazu dienen, die Probleme, die viele Pfarreien mit ihren Osterrieder-Krippen heute haben, darzulegen und praktikable Lösungswege aufzuzeigen, damit sie weitere hundert Jahre „ihren Dienst tun können“. Die Stabilität der Gussfiguren und ihrer kaschierten Bekleidung ist gefährdeter als die der geschnitzten Statuetten. Stoßfreie und absolut trockene Lagerung ist unabdingbare Voraussetzung für ihre Haltbarkeit. Viele Figuren haben im Lauf der Jahre Schäden davongetragen. Ursachen hierfür sind meist unachtsamer Umgang mit den Figuren und ihre unsachgemäße Lagerung. Für Restaurierungen sollten, wie in St. Ursula geschehen, zunächst sorgfältige Diagnosen gestellt und dann vernünftige Therapiepläne erarbeitet werden. Auf lange Sicht ist dies kostengünstiger, denn schnell ist an einer Figur mehr Schaden als Nutzen angerichtet.
Gute Voraussetzungen für die Erhaltung einer Krippe sind immer dann gegeben, wenn, wie in St. Ursula, ein(e) verantwortliche(r) Krippenpfleger(in) von der Pfarrei eingesetzt ist. Es ist ein Ehrenamt, das einen auch fordern kann. In der Pfarrei St. Ursula arbeiten Stadtpfarrer Dekan David Theil und die Kirchenverwaltung unter Lei-

tung von Kirchenpflegerin Petra Schweier mit der bereits genannten engagierten und sachkundigen Annette Krauß M.A. vertrauensvoll zusammen. Wie vielerorts sind auch bei der „Ursula“-Krippe im Laufe der Zeit an mehreren Figuren unsachgemäße Reparaturen oder Übermalungen erfolgt.
Vor der Restaurierung wurden zunächst sämtliche Osterrieder-Figuren fotografiert. Die Einzelaufnahmen von Sibylle Appuhn-Radtke, Professorin am Zentralinstitut für Kunstgeschichte in München, halten einerseits den Zustand und die einzelnen Schadensbilder fest, andererseits dokumentieren sie den gesamten Bestand an Figuren im Archiv der Pfarrgemeinde. Auf dieser Basis konnte im April 2007 die Restauratorin Uta Ludwig[439] eine Sichtung des umfangreichen Figurenbestandes vornehmen und Vorschläge für ein längerfristiges Restaurierungsprogramm ausarbeiten. Sodann haben Dr. Hans Rohrmann, der zuständige Kunstreferent des erzbischöflichen Ordinariates, und Dr. Christoph Kürzeder, der Krippenbeauftragte der Erzdiözese, gemeinsam eine kulturhistorische Einordnung vorgenommen, den konservatorischen Zustand und die erforderlichen Maßnahmen fest-

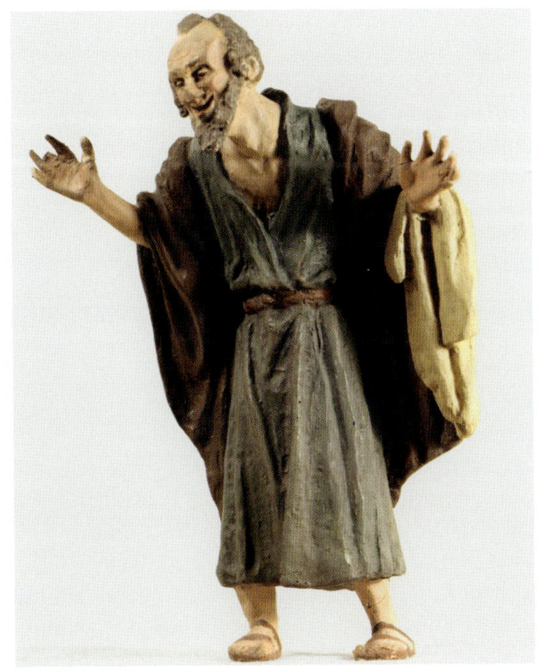

99 f

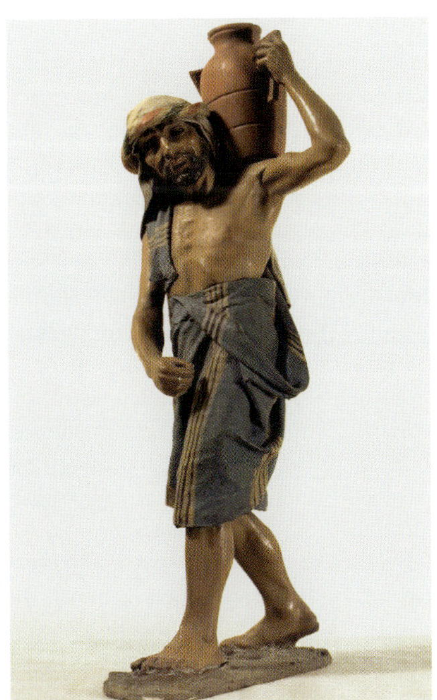

99 g

gestellt und empfohlen, demgemäß von der Sachverständigen Ludwig einen Kostenvoranschlag erstellen zu lassen. Das Resümee ihres Gutachtens „In Anbetracht der Geschlossenheit des Bestandes, seiner kunst- und kulturgeschichtlichen Bedeutung sowie der lebendigen Einbindung der Krippe in Pastoral und Liturgie der Gemeinde ist eine umfassende Restaurierung unbedingt angeraten“ hatte zur Folge, dass das Ordinariat Mittel für ein längerfristiges Rettungsprogramm bewilligte. Ziel der Maßnahmen, bei denen auch die Pfarrei einen Kostenanteil trägt, ist die „Sicherung des wertvollen, aber konservatorisch gefährdeten Bestandes“. Zudem haben viele kleine und größere Geldspenden, die in den Opferstock der Krippe eingeworfen wurden, dazu beigetragen, dass die Restaurierung von 2009 bis 2011 zum Abschluss geführt werden konnte.

In einem ersten Schritt wurden zu Dreikönig 2009 die Bruchstellen an den Beinen von drei Kamelen behoben, sodass diese wieder standfest in der Krippe aufgestellt werden konnten. Insgesamt wurden mittlerweile alle Figuren, die Schadensbilder aufwiesen, durch Uta Ludwig gesichert – das heißt: Brüche wurden gekittet, die Farbe angeglichen, Dorne für die Standfestigkeit wieder eingefügt. Bei einigen ausgewählten Figuren (Maria/ Haus von Nazareth, Frau am Brunnen, „Ravi“) wurde die unsachgemäße Übermalung abgenommen, sodass sich ihr Gesamtbild wieder dem ursprünglichen Zustand annähert. Darüber hinaus versucht Annette Krauß erfolgreich, durch Öffentlichkeitsarbeit und Veranstaltungen das Interesse der Kirchengemeinde und der übrigen Bevölkerung für diese Krippe zu wecken bzw. wachzuhalten. In München-Schwabing ließ sich auch die Erfahrung machen, dass kleine redaktionelle Krippenbeiträge in den lokalen Werbeblättern aufmerksam gelesen werden und zu einem vermehrten „Kripperlschauen“ führen.

4.4.3 Die Krippe der deutschen Nationalkirche in Rom

Versteckt und nur durch verwinkelte Seitengassen erreichbar liegt in der Nähe der Piazza Navona die „Anima“, Priesterkolleg und Kirche der „Deutschen“ (gemeint sind die Deutschsprachigen) in Rom. S. Maria dell'Anima ist eine Stiftung, die 1350 erfolgte und der Krankenpflege sowie der seelsorgerischen Betreuung vor allem deutscher Pilger dienen sollte. Später wurde das Kolleg auch Arbeits- und Wohnstätte junger Menschen, meist deutschsprachiger Studenten der päpstlichen Hochschulen. Osterrieder hatte bei seinem ersten Romaufenthalt im Jahr 1897 kurzzeitig in einem Atelier der Anima gearbeitet. Der Grundstein zur deutschen Nationalkirche S. Maria dell'Anima wurde im Jahr 1500 gelegt. Die dreigeschossige Ziegelfassade mit Pilastergliederung ist den Gestaltungsprinzipien der Renaissance verpflichtet. Auffallende Merkmale des reich ausgestatteten Innenraumes der Kirche, die heute zum Kunsterbe der Stadt Rom gehört, sind die nischenartig-halbrunden Seitenkapellen, die bis in Höhe der Seitenschiffe emporgeführt sind. Im Presbyterium befindet sich das Grabdenkmal des Papstes Hadrian VI. (1522/23); er war vor Benedikt XVI. der letzte Pontifex aus deutschem Raum und vor Johannes Paul II. der letzte Nichtitaliener auf dem Stuhl Petri. Für das erst kürzlich aufwendig restaurierte, ca. 1521/27 vom Raffael-Schüler Giulio Romano gemalte Hochaltarbild waren die Augsburger Bankiers Jakob und Marcus Fugger die Auftraggeber. Es stellt die Hl. Familie dar.

Vielleicht hat dieses Altarbild in dem mehrfachen Rombesucher Osterrieder schon früh den Wunsch geweckt, auch in der Anima mit einem Krippenwerk vertreten zu sein. Nach der „Papstkrippe“ im Jahr 1913 waren es wiederum Gönner und Förderer gewesen, darunter erneut Münchens Erzbischof Michael Kardinal von Faulhaber, durch deren Hilfe Osterrieders großfiguriges Schnitzwerk beim Weihnachtsfest 1929 endlich zur Aufstellung kam. Der schon erwähnte Hans Spielhofer[440] schreibt 1929 in einem Beitrag in den „Münchner Neuesten Nachrichten" über seinen Besuch beim Altmeister der deutschen Krippenkunst: „[...] Auf einem Tische, fertig zum Versand, die holzgeschnitzte Krippe, die Osterrieder für die Anima in Rom in Auftrag bekommen hat. Die unwesentlichen Teile, Rahmenstücke, werden in Rom selbst hergestellt; Osterrieder hat den Kern geliefert, die Figuren. Wie alle seine Krippengestalten, sind auch diese von einer faszinierenden Durcharbeitung im seelischen Ausdruck und von einer erstaunlichen Farbigkeit. In der Stilisierung sind sie der Kirche des Anima-Kollegs angepaßt." Was Spielhofer hier „unwesentliche Rahmenstücke" nennt, ist die von Osterrieder entworfene, anspruchsvolle und – weil zerlegbar – auch aufwendige „Stallarchitektur" von $3\frac{1}{2}$ Metern Höhe (Abb. 100). Auch 80 Jahre später ist die Krippe noch intakt und wird alljährlich von Weihnachten bis Lichtmess präsentiert. In den ersten Jahren stand die Krippe in der der hl. Barbara geweihten Seitenkapelle, der von vorn zweiten auf der Evangelienseite, heute wird sie gegenüber in der Fuggerkapelle aufgestellt.

Anlässlich der am 24. Dezember 1929 vollzogenen Krippenweihe erinnerte Josef Weisthanner in seinem Bericht im „Bayerischen Kurier"[441] auch an die 1913 übergebene „Papstkrippe". Die neue „Anima"-Krippe reihe sich würdig an dieses Werk an. Sei dort der Stall in den Chor einer romanischen Kirche verlegt worden, so habe ihn der Meister diesmal in den Ruinen eines antiken Tempels platziert, der exzellent mit der Architektur der Barbarakapelle harmoniere.

Die aus Lindenholz geschnitzte Figurengruppe der Hl. Familie mit Jesuskind und Engeln entspricht in Größe (Josefsfigur 65 cm hoch) und Ausführung ganz der Linzer Domkrippe und wohl auch der verschollenen „Papstkrippe". Auch die vier Hirten und die jungen Flöten- und Dudelsackspieler sind genau die gleichen Typen wie in Linz. Das gilt auch für die drei über der Krippe schwebenden Engel mit den symbolträchtigen Leidenswerkzeugen Christi in ihren Händen. Ein Blickfang der

100 Krippe, Santa Maria dell'Anima in Rom. (Foto P. Nerses Sakayan, Rom)

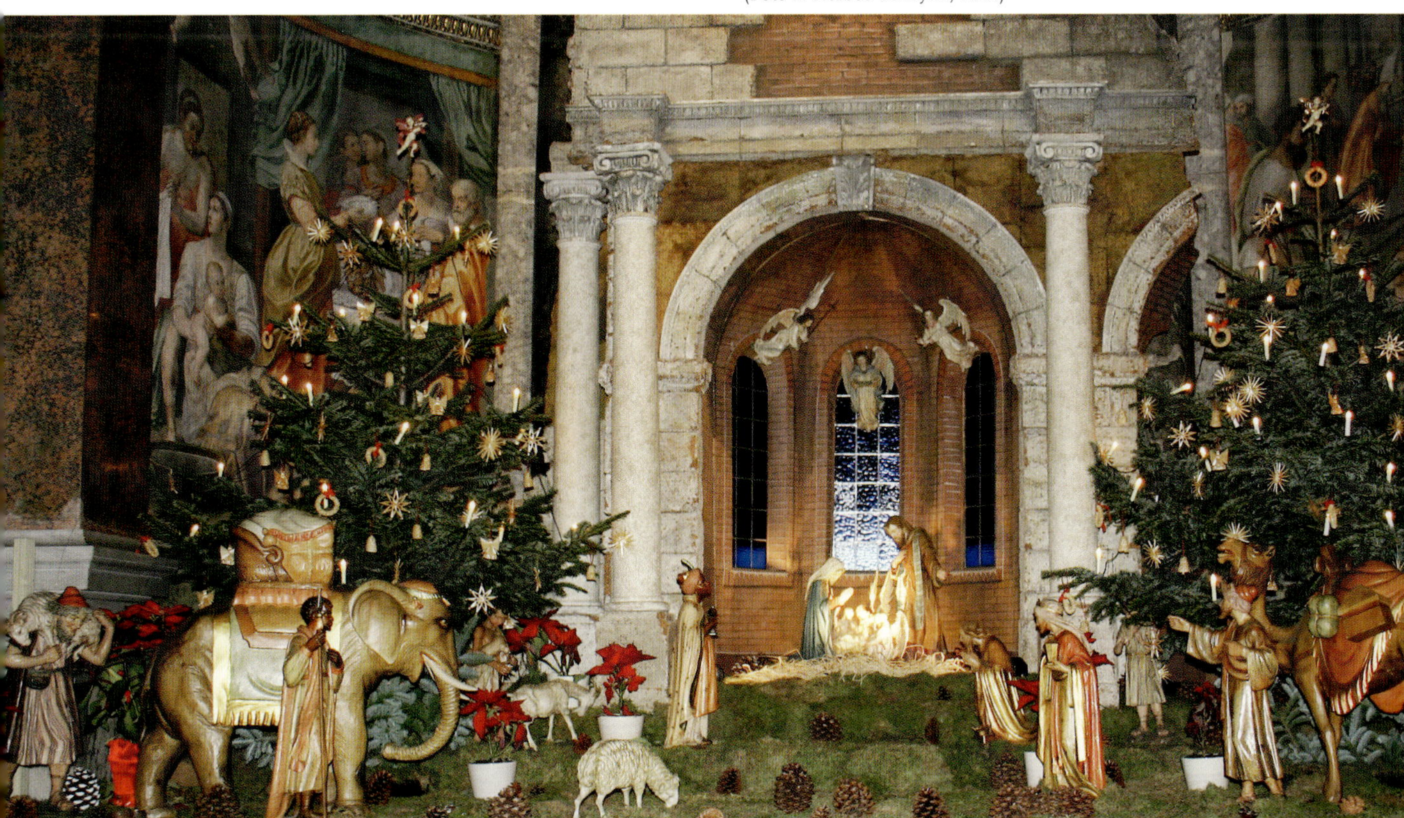

Krippenszenerie sind beidseits das bepackte Kamel und der Reitelefant aus dem Tross der Könige. Die beiden Tiere, ihre Führer sowie die Hl. Drei Könige selbst sind ihrem Stil nach Fremdkörper im Gesamtwerk Osterrieders. Möglicherweise wollte oder musste er damals Zugeständnisse an einen veränderten Kunstgeschmack machen.

Am 10. Dezember 1929 hat Kardinal Faulhaber bei einem seiner Atelierbesuche in der Clemensstraße mit seiner markanten Schrift in Osterrieders Besucherbuch[442] geschrieben: „An Herrn Seb. Osterrieder, den Meister der gemütvollen bayerischen Krippenkunst. Im abgelaufenen Jahre hat sich unser Wunsch erfüllt, in der Anima in Rom eine Krippe von Ihrer Meisterhand zu erhalten. Im neuen Jahr möge sich Ihr Wunsch erfüllen, das Reiterstandbild Tillys vor der Gnadenkapelle in Altötting zu sehen."

4.4.4 In Schwarzrheindorf: Osterrieders letzte große Krippe

Die in der Auswahl sorgfältig überlegten Bestellungen von Krippenfiguren durch Pfarrer Karl Witte für seine Kirche St. Clemens in Schwarzrheindorf (Bonn-Beuel) beginnen im Jahr 1926. Die davon Ende 1931 eingetroffenen Figuren waren wohl überhaupt die letzten, die von Osterrieders Werkstatt ausgeliefert wurden (Abb. 101 a–g).

Diese Schwarzrheindorfer Krippe wird seit 1971 von Professor Friedrich Münch fachmännisch und mit großer Liebe in sehr beispielhafter Weise betreut. Mit eigener Hand nimmt er notwendige Reparaturen und Restaurierungen vor, kenntnisreich gestaltet er alljährlich die Aufstellung und verfasst schriftliche Erklärungen zu den verschiedenen Szenen. Von ihm stammt auch die umfassende Dokumentation der Krippe samt des im Pfarrarchiv verwahrten Schriftwechsels und der Rechnungen sowie einer Kommentierung. Sein in der Festschrift „1832–1982 Gottesdienst in

101 a–g Krippenfiguren der Schwarzrheindorfer Kirche. (Fotos Florian Münch, Bonn)

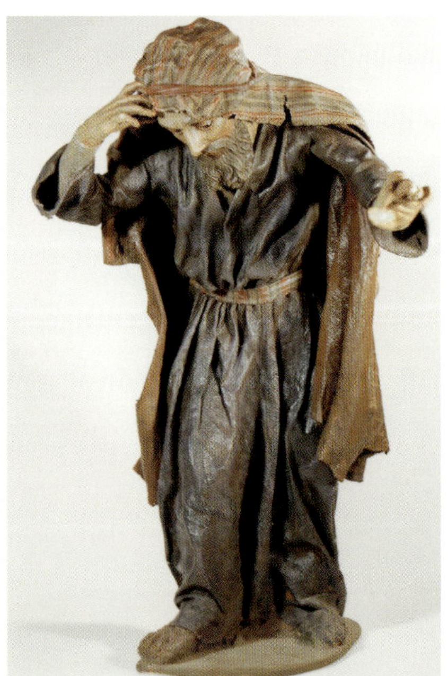

101 b

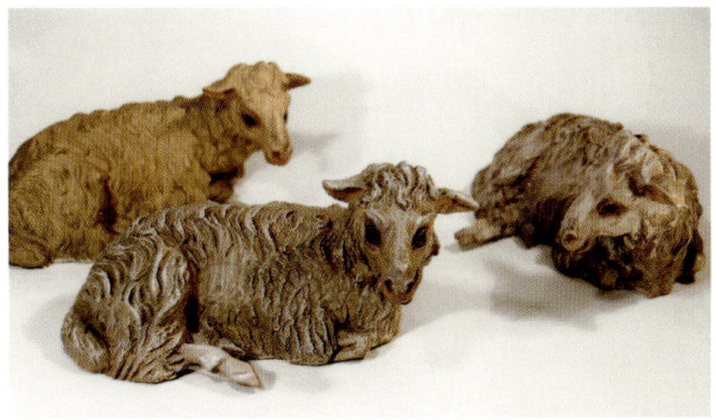

101 c

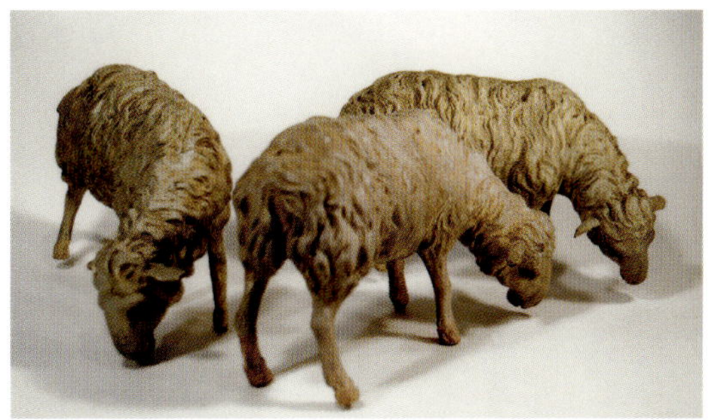

101 d

Schwarzrheindorf“[443] abgedruckter Beitrag „Die Osterrieder-Krippe. Zur Entstehungsgeschichte einer Gemeindekrippe“ ist über den örtlichen Bezug hinaus allgemein für das Wissen um Geschichte und Wesen der Weihnachtskrippe sehr bedeutsam und sodann auch eine wichtige Quelle für die Erforschung der letzten Arbeiten Osterrieders, insbesondere des damaligen differenzierteren Figurensortimentes. Münch hat darüber hinaus den Schicksalswegen anderer Osterrieder-Krippen erfolgreich nachgespürt und auch manche bisher unbekannte Krippe entdecken können, wie die von ihm offengelegten Geschichten der Krippe der Ludwigskirche in München (s. Kap. 3.8.1) und der Krippe in Zeil am Main (s. Kap. 3.10.1) beispielhaft belegen. Seine enormen Kenntnisse, seine umfangreiche Materialsammlung und seine zahlreichen Forschungsergebnisse hat Prof. Münch uneigennützig und vorbehaltlos auch für das vorliegende Buch zur Verfügung gestellt, wofür ihm hier nochmals hohe Anerkennung und großer Dank ausgesprochen seien.

Wie bei seinen Angeboten wohl immer, hatte Osterrieder auch für Schwarzrheindorf zunächst eine „vollständige Krippe“ vorgeschlagen.[444] Realistischerweise hatte er im Schreiben vom Februar 1926 aber zugleich auch auf eine „einfachere Lösung“ hingewiesen: „Wenn Herr Pfarrer eine schöne historische Krippe wollen und doch vorerst nicht viel anlegen wollen, würde ich raten, zuerst mit der Grotte und den Geburtfiguren zu beginnen [...].“ Im Oktober schließlich konnte Osterrieder bestätigen: „[...] es freut uns, daß Sie sich nunmehr entschlossen haben, den Hauptteil der Krippe heuer zu beschaffen. Ihre gütige Bestellung lautete auf folgende Figuren: Hl. Familie, 5 Hirten verschiedener Größe darunter ein Knabe, 6 Schafe, 1 Hund, Ochs und Esel. Da wir keinen Hund haben, dürfen wir dafür wohl eine Ziege liefern [...].“ Aufschlussreich ist auch der weitere Schriftwechsel. U. a. schreibt Osterrieder Anfang des Jahres 1928 an Pfarrer Witte: „Es freut uns, aus Ihrem Schreiben entnehmen zu können, daß gesamte Krippenfiguren zufrieden stellen und die Beschauer erfreuten [...], daß Hochw. Herr Pfarrer an den Weiterausbau jetzt schon denken, ist sehr gut, da wir bei den vielen Modellen, die wir besitzen, das Begehrte voraus in Angriff nehmen können [...].“ Von einer Sendung 1929 lässt Pfarrer Witte einige Figuren zurückgehen mit der Bemerkung: „[...] leider entsprechen sie nicht meinen Erwartungen. [...] Unter den vielen Angeboten der Krippenkünstler hatte ich mich für Ihre Figuren entschieden, weil mir die Technik, mit der die Figuren angefertigt waren, besonders gut gefiel [...].“ Darauf antwortete Osterrieder Anfang 1930 Grundsätzliches:[445]

„Soviel ich nun erkenne, reflektieren Hochw. Herr Pfarrer nur auf die ganz fein ausgeführten Figuren. Diese 1. Sorte ist mit Glasaugen versehen, mit Nägel und nicht mit Podium [= kleine Bodenplatte] gehalten, die Kleidung mit Leinwand kaschiert

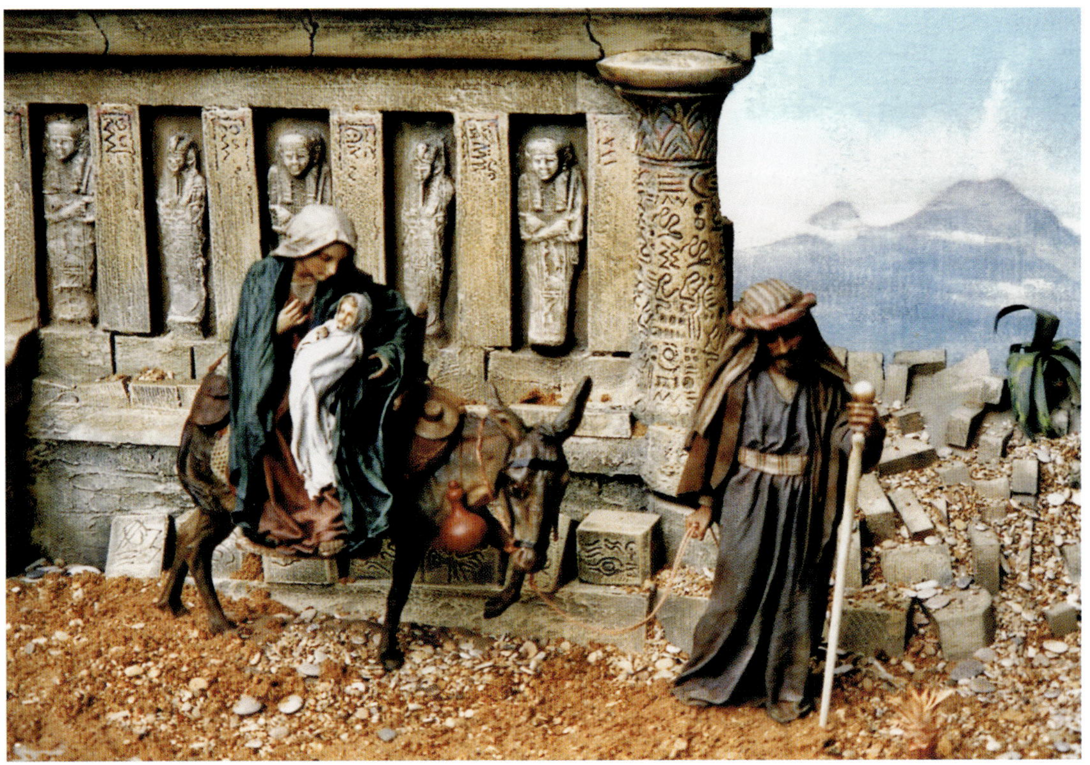

101 e

und bemalt. Unsere 2. Sorte hat keine Glasaugen und an den Füßen meist Podium; die 3. Sorte hat weder Glasaugen noch Kaschierung und sind Kleider und Akt schon so gehalten, wie die allgemeinen Figuren es sind. [...] Die erste Ausführung hat ja Museumswert und kam schon vor dem Krieg sehr teuer, weshalb kein zweiter Künstler in Deutschland bekanntlich solche Reichhaltigkeit von Modellen in dieser Ausführung herstellte. Jetzt nach dem Kriege, wo selbst Löhne und Material ins Ungesunde gestiegen sind, ist, zumal wir uns in den alten Tagen noch redlich um unser täglich Brot sorgen müssen, an die Herstellung erstklassiger Ausführung kaum zu denken.

Hier wird der Zwang zu künstlerisch-handwerklichen Kompromissen deutlich und spiegeln sich der Wandel der Arbeits- und Lebensverhältnisse und die sozialen Probleme."

Münch führt noch weitere kleine Sendungen auf; so beinhaltet beispielsweise im Januar 1931 eine Rechnung: „Fluchtszene, Maria-Jesuskind-Josef und ein Esel bepackt". Osterrieders letzter Brief an Pfarrer Witte datiert vom 13. Dezember 1931 und mündet in die betroffen machende Bitte: „[...] Ich wäre ja in der besonders auch für uns so schweren Zeit sehr dankbar, etwas liefern zu können [...]." Witte reagierte sofort, wie die Rechnung vom 23. Dezember 1931 zeigt: „Hirt mit Krug auf der Schulter und ein Englein." Wegen Osterrieders Tod im Juni 1932 war an einen weiteren Ausbau der Schwarzrheindorfer Krippe nicht mehr zu denken. In seiner „Entstehungsgeschichte" geht Münch abschließend auch auf die bis heute lebendige Funktion der Krippe in Schwarzrheindorf ein: So „dürfen wir erkennen, daß diese schon historisch gewordene Krippe nicht nur als kostbarer Besitz überkommen, sondern auch in ihrem eigenen festlichen Bezugsrahmen lebendig geblieben ist. Das Schicksal unzähliger Krippen, Museumsgut, historisches Relikt, Sammlerstück zu werden, ist ihr bisher erspart geblieben. Ihre Einbeziehung ins Leben verdankt sie gewiß der qualitätvollen Arbeit des Krippenkünstlers, wie aber auch, und das will uns sehr bedeutsam erscheinen, der Rückbesinnung auf ihren ursprünglichen Zusammenhang im geistlichen Spiel."[446] Wir fügen hinzu: „und weil diese Krippe so beispielhaft betreut wird!"

Wie oben schon erwähnt, hat Prof. Friedrich Münch zum Weihnachtsfest 2006 für die Kirchenbesucher Erklärungen der Krippenszenen verfasst; sie können auch im Kontext mit dem einhundert Jahre zuvor formulierten Osterrieder'schen Krippenprogramm gelesen werden. Das Anreden der Menschen in ihrer Sprache – jetzt, wo oft nicht mangelndes Interesse, sondern, nicht nur bei Kindern, schlicht Unkenntnis vom Krippengeschehen besteht – ist hier vorbildlich gelöst; auf diese Weise kann das Krippenverständnis wachgehalten werden. Wir danken Prof. Münch, dass wir die Texte in der Schwarzrheindorfer Kirche hier abdrucken dürfen.

Nach dem Zitat des Lukasevangeliums 2,10–14 folgt der einleitende Satz:

„Seit dem Weihnachtsfest des Jahres 1926 findet der Festschmuck der Pfarrkirche von Schwarzrheindorf seinen besonderen Ausdruck in einer Krippe des Münchner Bildhauers Sebastian Osterrieder (1864–1932). [...] Drei große Szenen können aufgestellt werden: Vom Heiligen Abend bis Dreikönig die Anbetung der Hirten, an Dreikönig bis zur Hälfte Januar die Huldigung der Weisen aus dem Morgenland und abschließend bis Maria Lichtmess die Flucht nach Ägypten [...]."

Anbetung der Hirten: Das Geschehen ist an einem abgelegenen Ort vor und z. T. in eine Ruine verlegt.

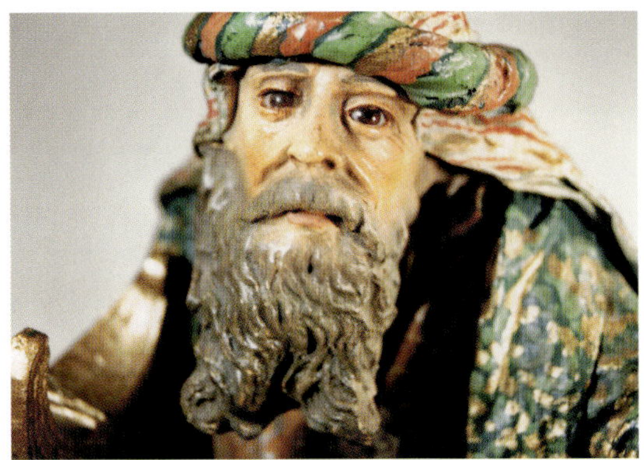

101 f

Sollten diese als Reste eines Tempels zu verstehen sein, so bedeutet dies „der alte Bund ist vergangen, mit der Geburt Jesu wird ein neuer Bund geschlossen". In die Ruine ist ein einfacher Stall eingebaut, in dessen Hintergrund die Köpfe von Ochs und Esel sichtbar sind. Ochs und Esel sind die „klugen" Tiere, von denen der Prophet sagt: „Ein Ochs erkennt seinen Herrn und der Esel die Krippe seines Herrn, aber Israel versteht nicht" (Jes. 1,3). Mauern und Ruinenreste lassen einen umfriedeten, einen friedvollen Bezirk entstehen. Ein kahler Baum unterstreicht das Bild irdischer Vergänglichkeit. Mooswiese und grüne Pflanzen vergegenwärtigen das Leben. Weidende und ruhende Schafe sind mit der Natur in friedvollem Einklang. Die jugendliche Mutter Maria wendet sich fürsorglich dem Kind Jesus in der Futterkrippe zu, das segnend die Rechte hebt. Josef, so sein verwunderter Ausdruck, scheint das Wunder der Geburt noch nicht recht fassen zu können. Zwei kleine Hirtenjungen musizieren auf Flöte und Dudelsack, dem uralten Hirteninstrument. In seiner meditierenden Phantasie hört der Betrachter eine einfache Weise. Ein ganz alter Hirte wendet uns den nackten Rücken zu, verehrend ist er niedergesunken und hält sich an seinem Stab. Betend nähert sich ein anderer dem Stall. Auf Knien gesunken streckt ein würdiger Stammesältester einen Korb mit Früchten hin. Ein „guter Hirt" trägt ein Schaf auf den Schultern herbei – Bild aus einem Gleichnis Jesu –, während ein weiterer Hirte einen schweren Hammel mit seinen kräftigen Armen schleppt. Und da ist noch ein Hirte, ehrfürchtig zieht er seinen Hut, während er mit der rechten Hand eine Ziege führt. Körperhaltungen, Wendungen und Neigungen der Köpfe, Stellungen der Beine und Gestik der Arme/Hände – ausnahmslos wunderbar beobachtet und lebensecht gestaltet, jede Figur ein eigener Charakter, eine individuelle Persönlichkeit. Eine besinnliche, in sich ruhende Stimmigkeit liegt auf dem Geschehen. Heilige Nacht. Ja, und die schwebenden und musizierenden Englein. Huldigung der Weisen aus dem Morgenland: Als 1164 die Gebeine der Heiligen Drei Könige Köln erreichten, geriet nicht nur Köln aus dem Häuschen. Ein vielgestaltiger Kult um die Verehrung entwickelte sich, der bis heute lebendig ist. In den Krippen entfaltete sich um die malerischen Gestalten Glanz und Pracht. Die Könige in den Krippen – die in der Bibel als Magier, Sternkundige, auftreten – tragen üppige, orientalisch vorgestellte Gewänder. Sie bringen ihre zeichenhaften Gaben dar – Gold für den König, Weihrauch für den Gottessohn, Myrrhe für den sterblichen Menschen. Die Hirten haben inzwischen die Szene verlassen. In der unverändert ärmlichen Umgebung bezeigen die Könige ihre tiefe Verehrung vor dem König der Könige. Etwas hat sich in der Krippe grundlegend geändert: Maria hält nun ihren Sohn vor sich auf dem Schoß, bedeutet in der Kirchensprache: „Die Mutter ist der Thron für den Sohn". Wie auf vielen alten Bildern kann die Figur des Hl. Josef in dieser Szene weggenommen werden. Nichts soll ablenken von der Begegnung der Weltkönige mit dem Himmelskönig. Die Gestalten der anbetenden Könige – wovon mir der Mohrenkönig besonders hingebungsvoll scheint – werden begleitet von drei Arabern, dem „Karawanenführer mit erhobenem Arm" auf dem Kamel, einem geduldig am Boden hockenden „Kamelführer" und einem schön modellierten „Diener mit Wasserkrug auf der Schulter". [...] Schließlich ist das „sich niedertuende Kamel" mit gepacktem Sattel ein Blickfang nicht nur für die Kinder. In der Dreikönigsszene ist ein Brunnen dazugestellt. Tiere und Menschen der Karawane sind durstig, hier ist Wasser, auf das „lebendige Wasser deutend, wie es Jesus der Samariterin am Jakobsbrunnen angeboten hat" (Joh. 4,10). Die Könige haben nach langer Reise ihr Ziel erreicht. Patrone aller Reisenden – Patrone auf der Reise durchs Leben.

Die Flucht nach Ägypten: Bethlehem liegt weit hinter ihnen. Sie sind in Sicherheit. Aber wird ihnen hier Heimat werden? – Tatsächlich ist die Krippenszene völlig umgebaut: Sand und Gestein und wieder Trümmer, Ruinen eines ägyptischen Tempels.

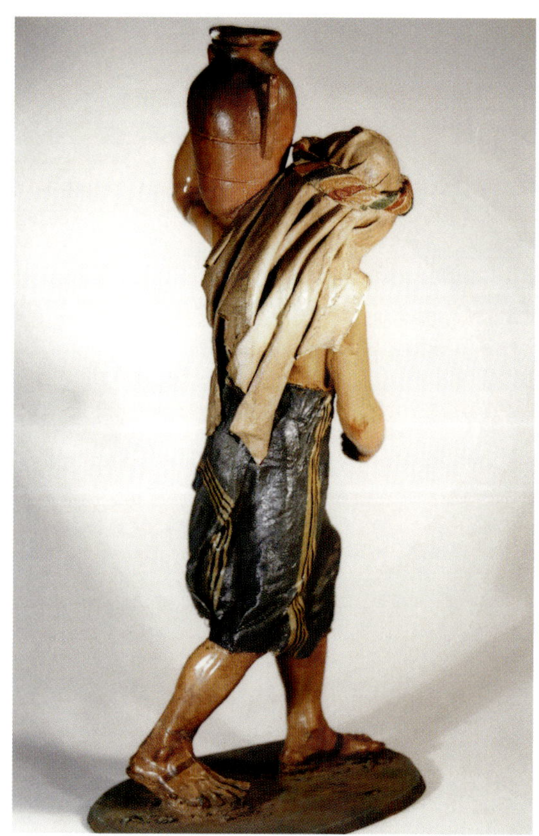

101 g

Die Tempelfassade ist mit Göttergestalten geziert. Für unsere Krippe wurden diese von sog. „Uschepti"-Figuren abgeformt. „Uscheptis" wurden dem Toten mit ins Grab gegeben, sie riefen „Hier bin ich", wenn der Tote im Jenseits zur täglichen Feldarbeit gerufen wurde und schufteten für ihn. Alter Heidenglaube mit aller Heidenweisheit wird diesem auf der Flucht befindlichen Kind weichen. Eine alte Legende weiß, dass die Götter von den Säulen kippten, als das Kind Jesus vorüberkam. Auch von den Palmen im Land Ägypten berichtet eine Legende. Sie hätten demütig ihr hohes Haupt geneigt, damit Josef einige Datteln erreichen konnte. Bei den koptischen Christen in Ägypten gibt es eine reiche Erzähltradition über den Aufenthalt der Heiligen Familie am Nil.
Der Brunnen ist versandet. Sie werden Mangel leiden in der Fremde. Doch alles wird sich wenden, ein Engel wird Josef erscheinen: „Steh auf, nimm das Kind und seine Mutter und ziehe in das Land Israel, denn die dem Kind nach dem Leben trachteten, sind gestorben" (Matth. 2,20). In den sog. „Fastenkrippen" stellt sich nun das öffentliche Leben Jesu bis zu Tod und Auferstehung dar.

4.5 Tod und Nachrufe

Sebastian Osterrieders Leben endete am 5. Juni 1932. Der Tod kam nicht ganz unangekündigt, Osterrieder erlag einem erneuten Schlaganfall. Darüber hinaus machte ihm sein wohl lebenslanges Asthmaleiden die letzten Jahre beschwerlich. Dennoch verließen ihn sein Frohsinn und Humor sowie immer neue künstlerische Pläne bis zuletzt nicht. Ganz kurze Zeit durfte Osterrieder auch noch Großvater sein: Am 23. Mai hatten seine Tochter Antonie und Schwiegersohn Dr. Ing. Franz Josef Kaess „hocherfreut die glückliche Ankunft ihres Stammhalters Herbert Maria Kaess" anzeigen können. So lagen in jenen Tagen bei Familie Osterrieder Freude und Trauer nah beieinander. Sehr viele Menschen nahmen an Osterrieders Tod Anteil. Ein langer Trauerzug begleitete den Sarg von der Aussegnungshalle des Münchener Nordfriedhofes zum Grab. Dr. Johann Baptist Hartmann schreibt in seinem Nachruf: „Eine große Anzahl hoher Persönlichkeiten aus kirchlichen, Universitäts- und Künstlerkreisen nebst einer Abordnung aus seiner Vaterstadt Abensberg war zugegen. Stadtpfarrer Geistl. Rat Lugbauer von St. Ursula würdigte die hervorragenden Charaktereigenschaften und das umfassende künstlerische Schaffen des Verstorbenen. Kardinal von Faulhaber, die Bischöfe von Passau und Regensburg, fürstliche Persönlichkeiten und Vertreter von Behörden und Organisationen sandten Kränze und Beileidschreiben, um ihre Wertschätzung zum Ausdruck zu bringen."[447] In der ganzen Zeitungslandschaft wird über Osterrieders Tod und Begräbnis berichtet und werden Leben und Werk des Erneuerers der künstlerischen Weihnachtskrippe gewürdigt.[448] Dabei sprachen nicht wenige Autoren als echte Freunde, die den Menschen Osterrieder gut und lange gekannt hatten und, mit seinem Künstlertum vertraut, an die Vielzahl seiner Werke und Leistungen erinnern konnten.[449]
Sebastian Osterrieder war christlich geprägt und als Künstler sein Leben lang der christlichen Kunst verpflichtet. Treffend hat dies Kardinal Faulhaber bei einem Atelierbesuch am 30. März 1927 ins Besucherbuch[450] geschrieben: „Für Meister Osterrieder sind Glaube und Kunst wirklich zwei Geschwister." Dieser Meister lebte in einer unruhigen Zeit, die den Menschen viele tatsächliche oder auch nur vermeintliche Fortschritte sowie kriegerische und wirtschaftliche Katastrophen gebracht hatte. Damit einhergehend waren damals die Kunst und der Kunstgeschmack revolutioniert worden. Osterrieder selbst war sich immer treu geblieben. Mag mit den Jahren seine Kunst dem Geist der Zeit vielleicht auch etwas fremd geworden sein, die Liebe der Menschen zu seinen Krippen hat die Zeiten bis heute überdauert.

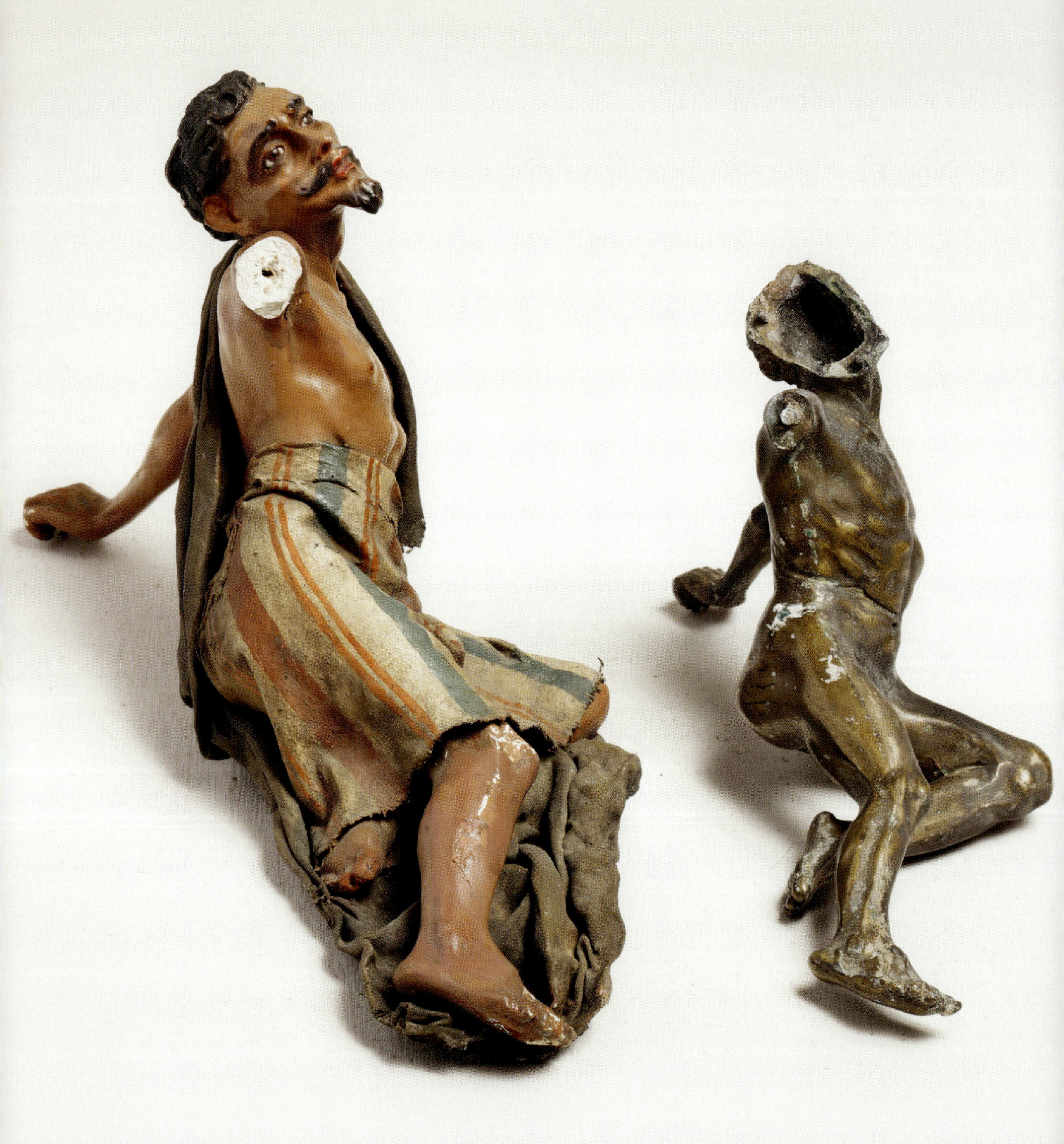

Kapitel 5

Zu Osterrieders Methoden der Figurenherstellung

102 Hirte der Verkündigungsszene, rechts Bronzepatrize der kleineren Version des Hirten (s. Kapitel 3.1 und Kapitel 5.4.2). (Foto Siegfried Wameser, München)

Sebastian Osterrieder hat weder über seine angewandten Methoden noch zu den von ihm verwendeten Materialien Angaben gemacht oder schriftliche Rezepturen hinterlassen. Vieles war und blieb sein Betriebsgeheimnis. Anhand der Krippenfiguren selbst sowie der erhaltenen Restbestände an Mantelformen und insbesondere den sogenannten Halbpatrizen lässt sich jedoch seine Arbeitsweise gut erschließen. Osterrieder hat lange darauf hingearbeitet, die „Halb-Serienfertigung" seiner kunstvollen Figurenkreationen zu vervollkommnen. Sein Ziel war von Anfang an gewesen, die Krippenfiguren in größeren Stückzahlen herzustellen. Er entwickelte entsprechende Techniken, um die von ihm geschnitzten oder modellierten Kleinplastiken abformen und nachgießen zu können. Nach der Überlieferung ist ihm hierbei „ein sehr geschickter Former namens Otto Schmidt"[501] zur Seite gestanden.

Die entscheidenden Hinweise auf den Gebrauch der Mantelformen und den Leimguss verdankt der Autor dem Bildhauer Hubertus von Pilgrim, em. Professor der Akademie der Bildenden Künste in München. Seine ausführlichen Erläuterungen zu den handwerklich-technischen Vorgängen bei Osterrieders vorindustrieller (begrenzter) Serienproduktion gingen in die nachfolgenden Darlegungen ein.

Seine authentisch praktischen Leimgusserfahrungen teilte freundlicherweise Herr Gerd Schramm dem Autor mit. Er ist der Schwiegersohn des schon genannten Bildhauers Otto Zehentbauer (1880–1961) und hat in dessen letzten Lebensjahren bei ihm im Atelier mitgearbeitet. Zehentbauer[502] hatte in seinen Studienjahren bis 1910 nebenher bei Osterrieder gearbeitet (s. Kap. 3.4), war später selbst ein bekannter Krippenkünstler geworden und hatte die Osterrieder'sche Hartgussmethode übernommen.

Der Assistenzarzt für Radiologie Thomas Huber, Abensberg/Regensburg, nahm mit den heute zur Verfügung stehenden Möglichkeiten der Medizintechnik aufschlussreiche Untersuchungen an Osterrieder-Figuren vor. Seinen Röntgenbildern sind die Erkenntnisse zu den für die Figurenstabilität erforderlichen, ganz unterschiedlich dimensionierten Draht-„Armierungen" zu verdanken. Seine mit der Computertomografie hergestellen Bilder halfen entscheidend mit, die Methode zu erklären, mit der Osterrieder seine Figuren mit den so lebensecht wirkenden Glasaugen bestückt hat.

Gips, Kreide und Hasenleim werden in den vielen zeitgenössischen Berichten über Osterrieder als Komponenten seiner Gussmasse angegeben, die er selbst als „französischen Hartguss" bezeichnete. Die vielfach mit Osterrieder-Figuren befasste Restauratorin Uta Ludwig, Unterwössen,[503] hat ihre speziellen Erkenntnisse dankenswerterweise dem Autor uneigennützig mitgeteilt. Darüber hinaus hat Uta Ludwig eine qualitative und quantitative chemische Analyse der Gussmasse sowie auch des Inkarnates (hautfarbene Fassung) der Figuren und der Farbfassungen der kaschierten Textilien veranlasst. Auch hier hat der Autor zu danken, dass die Untersuchungsergebnisse mit einfließen können.

5.1 Mantelformen

Mantelformen bestehen aus Gips und stellen zwei mit Eingusslöchern versehene, schalenartige Formhälften dar. Eine Mantelform wird zur Herstellung der beim Leimguss erforderlichen elastischen Negativform („Matrize") benötigt. Die Mantelform ist wie ein passendes Etui für das darin liegende, abzuformende Originalmodell („Patrize"). Die Mantelform gibt der flüssigen Matrizenlösung beim Übergießen der Patrize die äußere Form.

Nachlassbestand an Mantelformen: Was an Mantelformen und Mantelformhälften aus der bombenzerstörten Osterrieder-Werkstatt übrigblieb, ist in seiner Zusammensetzung zufällig. Diese Reste waren offensichtlich aus Schutt geborgen worden und zeitweise der Witterung ausgesetzt gewesen. Aus den Beschriftungen und Nummerierungen

103 Maria der Nazarethszene in der dazugehörenden Mantelformhälfte. Bei der sitzenden Hohlfigur ist die seitliche Gussnaht gut zu erkennen. Die intensive Braunfärbung (von Schellack herrührend) zeigt ihre Verwendung als Patrize. (Foto Siegfried Wameser, München)

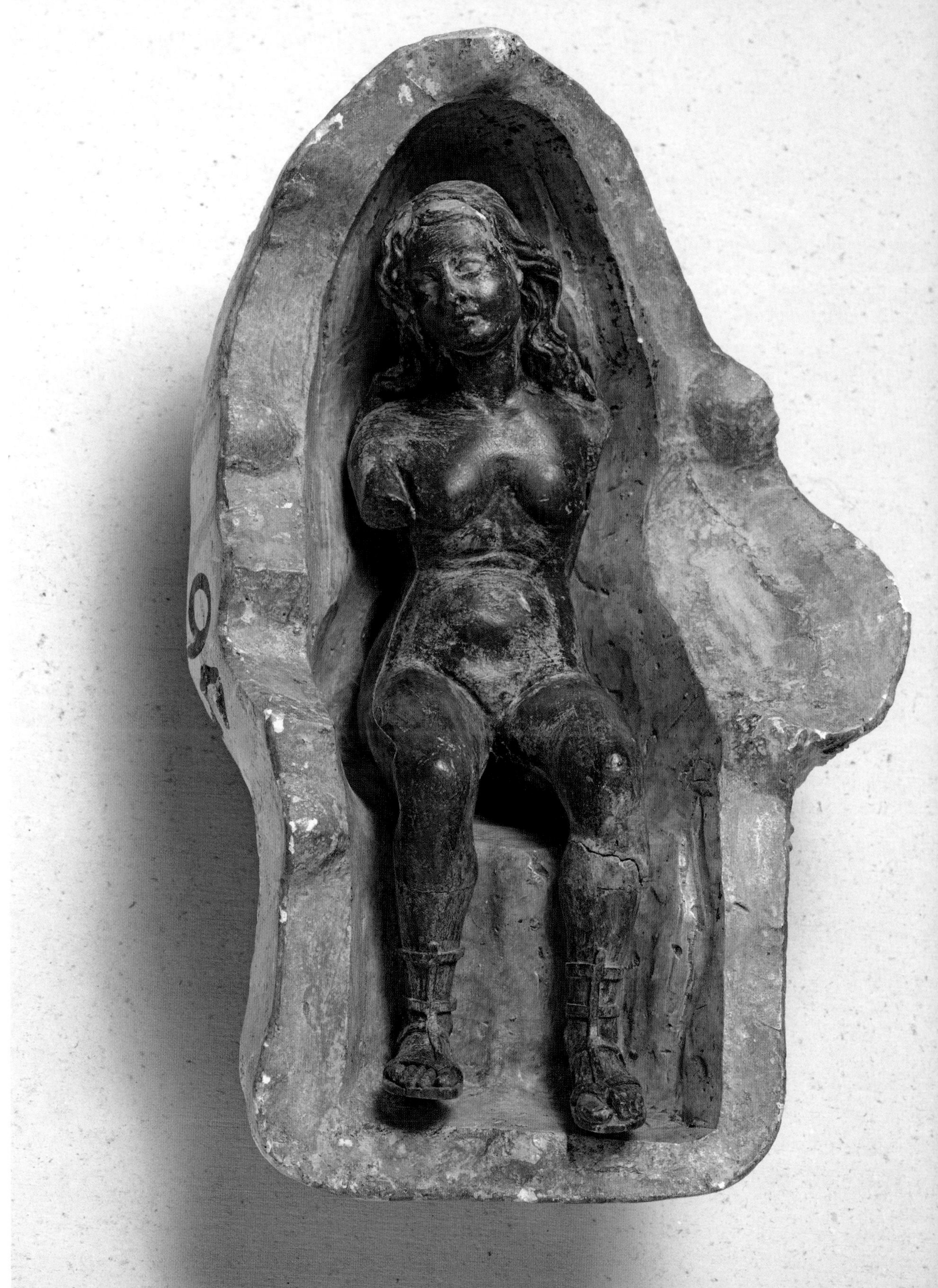

kann geschlossen werden, dass die ca. 150 Formen und Formenteile nur einen kleinen Bruchteil des Osterrieder'schen Formenlagers darstellen. Dieser Formenbestand ist insgesamt ein sehr hilfreiches Anschauungsmaterial, mit dessen Hilfe Osterrieders Herstellungsmethoden gut studiert werden können. Der Bestand wurde vom Verfasser im Jahr 2005 grob erfasst sowie dokumentiert und dann anschließend von den Osterriedererben dem Aventinus-Museum in Abensberg als Dauerleihgabe übergeben. Im Bestand enthalten sind etwa 20 Mantelformen, in deren Hohlraum die dazugehörigen geschnitzten oder modellierten (durch die Einölungen [s. Kap. 5.4.1] braun bis schwarzbraun gefärbten) Patrizen bzw. Patrizenteile meist stark beschädigt noch vorhanden waren (Abb. 103, 104). In großer Zahl finden sich Mantelformhälften mit gipsgegossenen „Halbpatrizen" (s. Abb. 106–109) verschiedenster Art (Figuren, Arme, Beine, Gesichter, Schafe, Ziegen usw.). Davon sind etwa 30 komplette Formen, d. h. mit ihren beiden Hälften erhalten (Abb. 105 a–c). „Insgesamt belegt der wenn auch sehr lückenhafte Restbestand des Osterrieder'schen Formenlagers sein sehr professionelles, routiniertes und im Detail einfallsreiches Arbeitsverfahren" (H. v. Pilgrim).

104 Mohrenpage, Vollgusspatrize zwischen ihren Mantelformhälften. (Foto Siegfried Wameser, München)

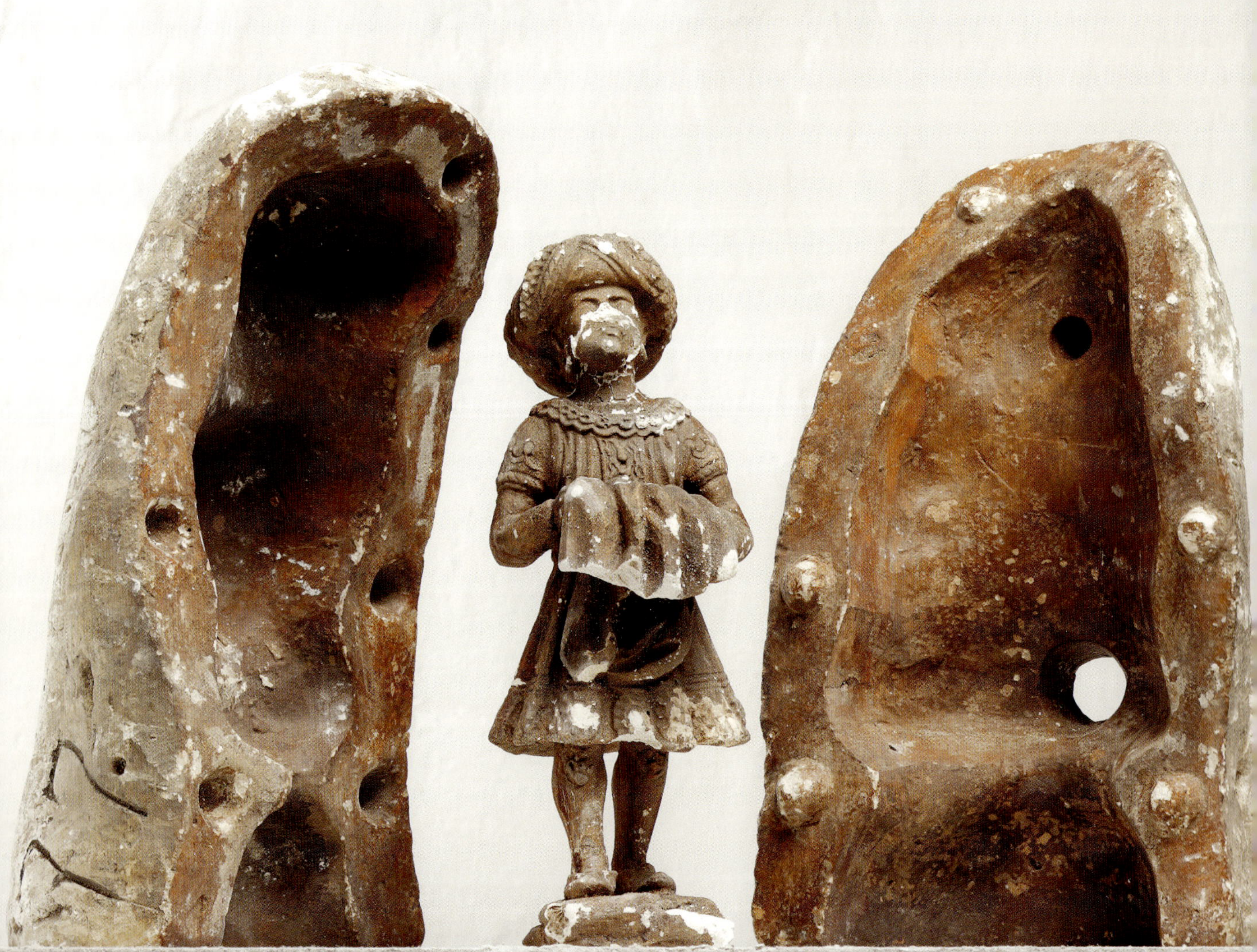

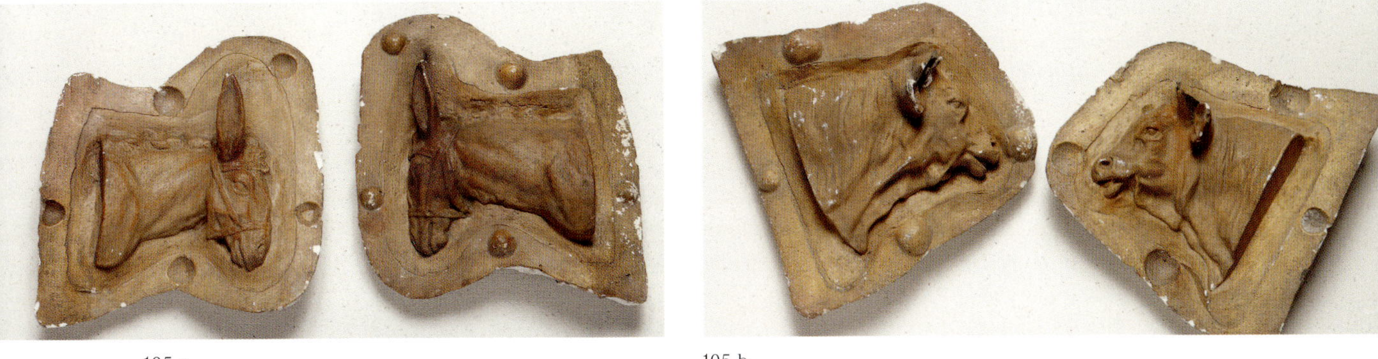

105 a

105 b

105 a–c Beispiele von Halbpatrizen, von denen beide Figurenseiten erhalten sind. (Fotos Siegfried Wameser, München)

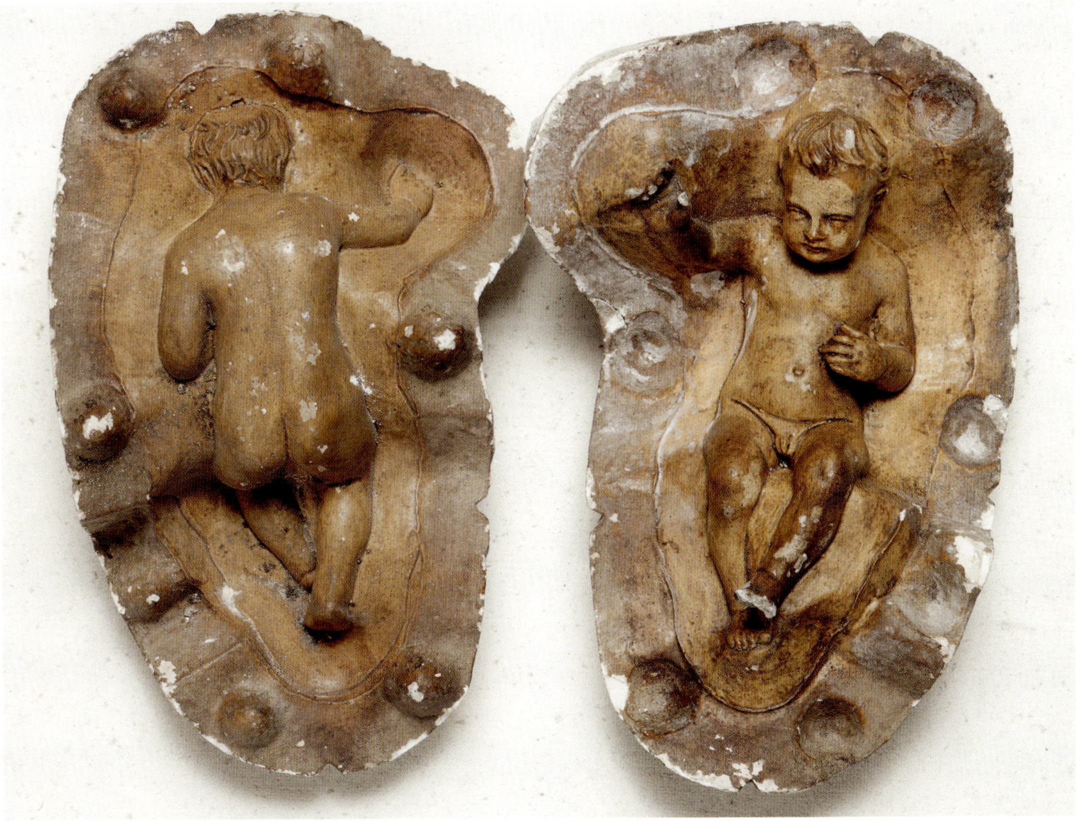

105 c

Herstellung der Mantelform: Zur Herstellung der Mantelformhälften wird an die Patrize (Zeichnung 1 a) eine 1–2 cm starke Umhüllung aus Ton oder Wachs anmodelliert und das so entstandene Gebilde außen gerundet und geglättet (Zeichnung 1 b).

Sodann wird diese Patrizenummantelung bis zu ihrer Mittellinie in Gipsmasse eingebettet, die dabei entstehende Schale mit einem Eingießloch versehen sowie der breite Passrand geformt. Nach dem Festwerden des Gipses hat man eine Mantelformhälfte erhalten (Zeichnung 1 c). Nun wird auch noch die herausragende Hälfte der Patrizenummantelung mit Gipsmasse umgeben, auch diese entstehende Mantelformhälfte mit einem Eingießloch versehen und deren Passrand dem der anderen Hälfte angepasst. Nach dem Erhärten des Gipses hat man die zweite Mantelformhälfte erhalten (Zeichnung 1 d). Beide Hälften werden nun getrennt und die Patrizenummantelung entnommen (die Patrize kann aus ihrer vorübergehenden Ummantelung mit Ton oder Wachs wieder befreit werden). Beide Hälften bilden die fertige Mantelform (Zeichnung 1 e). Neben ihren Eingusslöchern haben die Mantelformen auch da und dort Entlüftungsöffnungen, damit sich beim Eingießen der Matrizenlösung keine Luftblasen bilden können. Die breiten Passränder sind wechselseitig so mit Erhöhungen und Vertiefungen („Noppen" und „Pfannen") versehen, dass beide

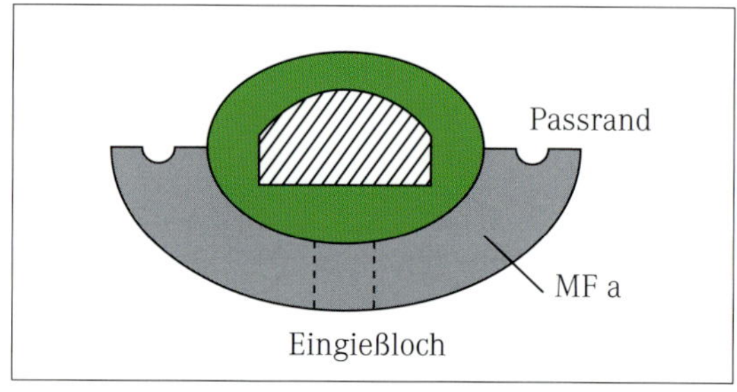

1 c Mantelformhälfte a (MF a).

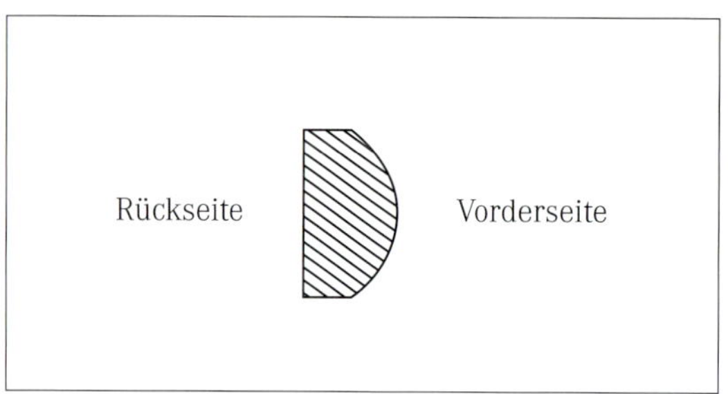

1 a Figur (Patrize).

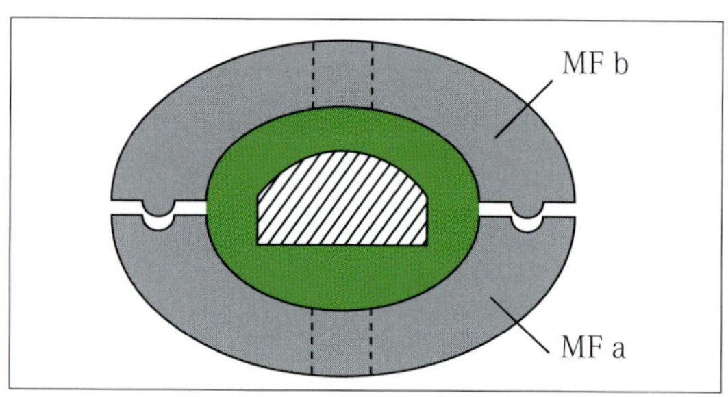

1 d Herstellung der Mantelformhälfte b (MF b).

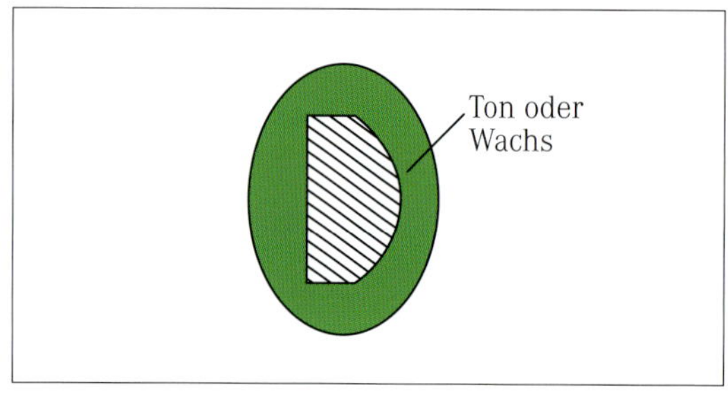

1 b Ummantelung der Patrize.

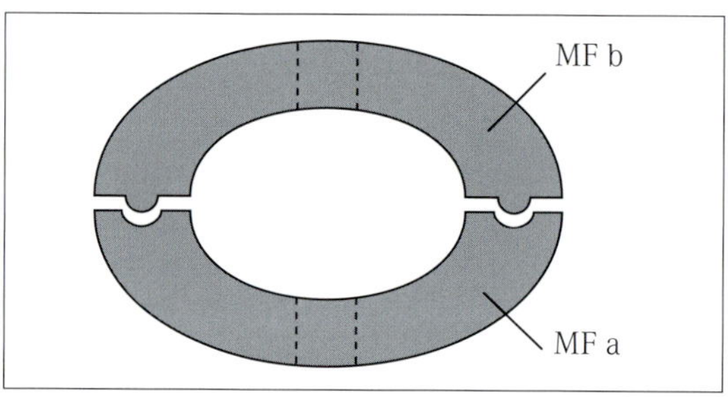

1 e Mantelform.

Mantelformhälften passgenau und unverrückbar zusammengefügt werden können und so mit den innen anliegenden elastischen Matrizen (s. Kap. 5.4.1) die gesamte Gussform bilden.

Herstellung von Halbpatrizen: Halbpatrizen sind Mantelformhälften aus einem Stück mit dem (positiven) Gipsabguss einer Figurenhälfte des Originalmodells (Beispiele Abb. 105–109). Zu ihrer Herstellung gießt man flüssige Gipsmasse in die in ihrer Mantelformhälfte liegende Matrize (s. Kap. 5.4.1, Zeichnung 3ca) und passt an der Oberfläche die Gipsmasse genau der Mantelformhälfte an. Nach dem Erhärten des Gipses hat man die Halbpatrize der Figuren-Vorderseite erhalten (Zeichnung 2 a).

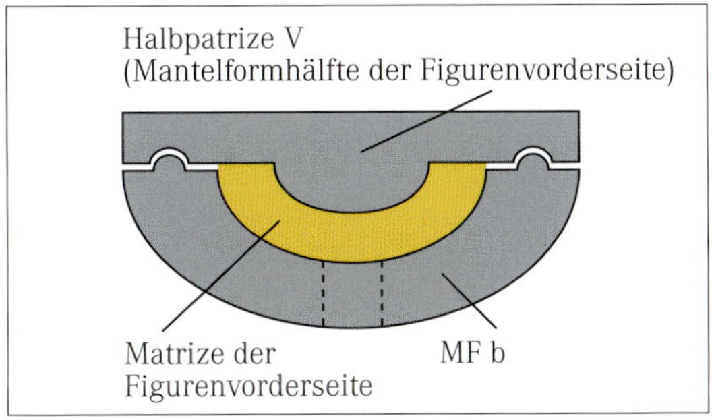

2 a Herstellung der Halbpatrize der Figurenvorderseite.

Ebenso verfährt man mit der anderen Matrizenhälfte und erhält die Halbpatrize der Figuren-Rückseite (Zeichnung 2 b).

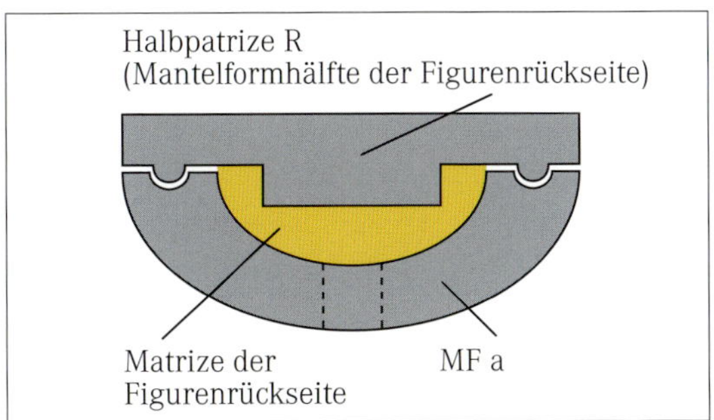

2 b Herstellung der Halbpatrize der Figurenrückseite.

Mit der jeweils dazugehörenden Mantelformhälfte lassen sich von diesen Halbpatrizen beliebig oft die entsprechenden Leimformen (Matrizenhälften) herstellen (Zeichnung 2 c).

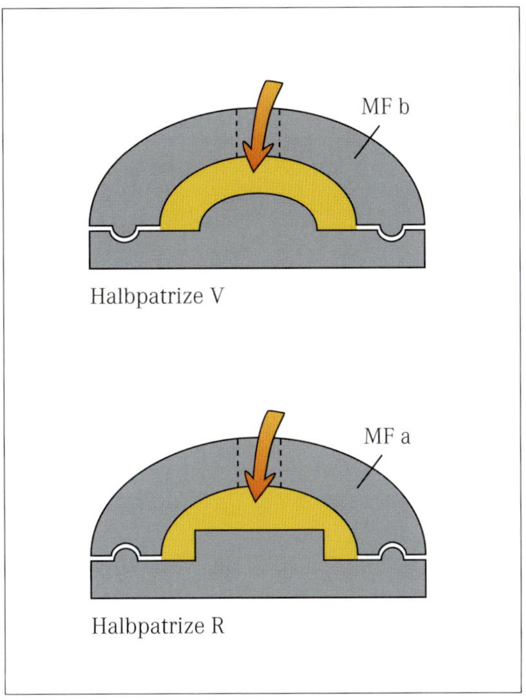

2 c Halbpatrizen V und R zur Herstellung der Matrizenhälften der Figurenvorder- und -rückseite.

106–109
Beispiele von erhaltenen Halbpatrizen mit zusammengehörenden Figurenteilen. (Fotos Siegfried Wameser, München)

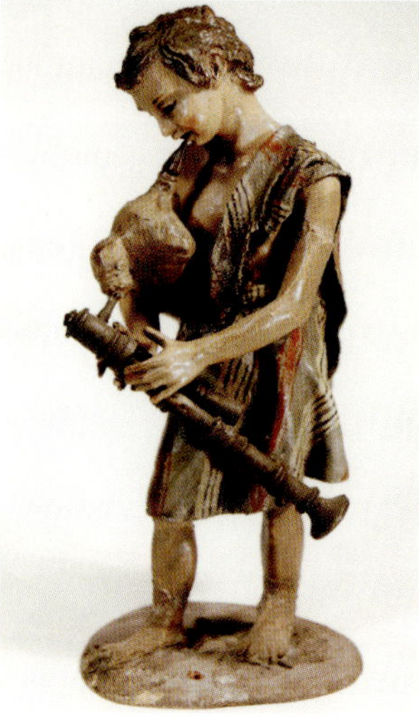

106 a Hirtenknabe mit Dudelsack. Kirche Bonn-Schwarzrheindorf. (Foto Florian Münch, Bonn)

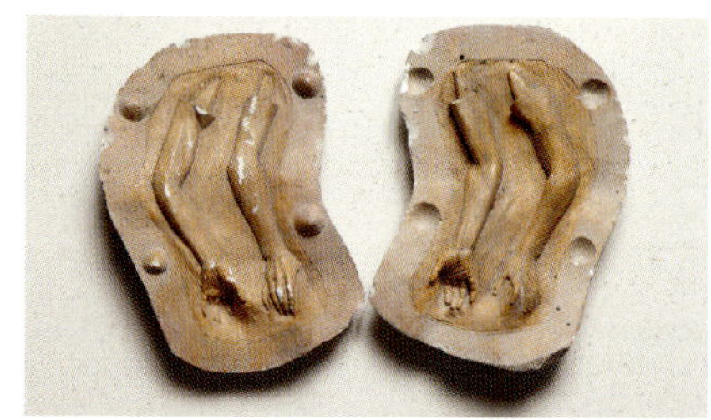

107 a

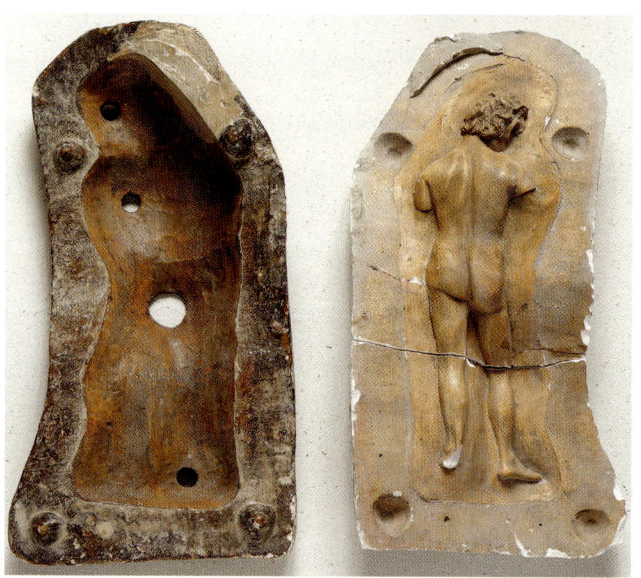

106 Halbpatrize Figurenrückseite des Hirtenknaben mit Dudelsack (s. Abb. 106 a) und dazugehörige Mantelformhälfte.

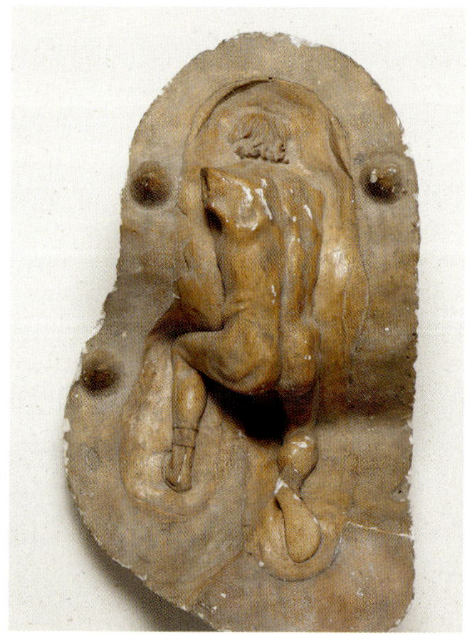

107 Halbpatrize Figurenrückseite des knienden Hirten. (s. Abb. 120), 107 a seiner ausgebreiteten Arme.

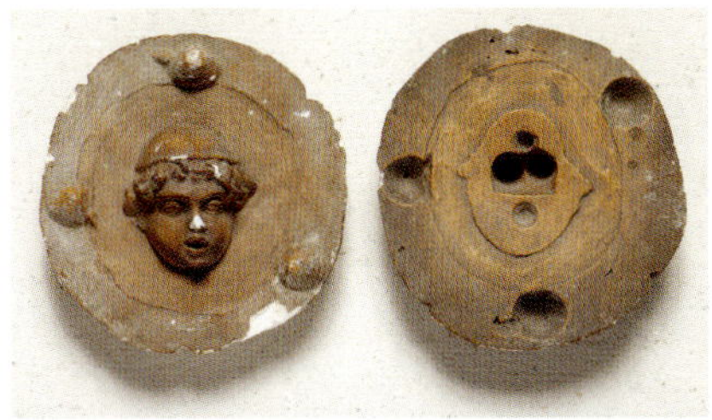

108 b

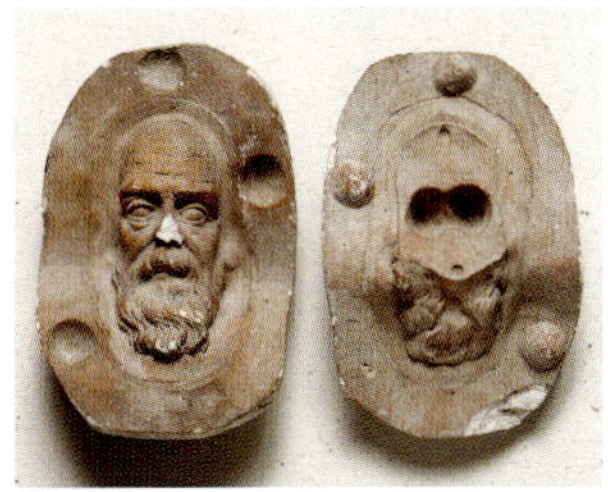

109 b

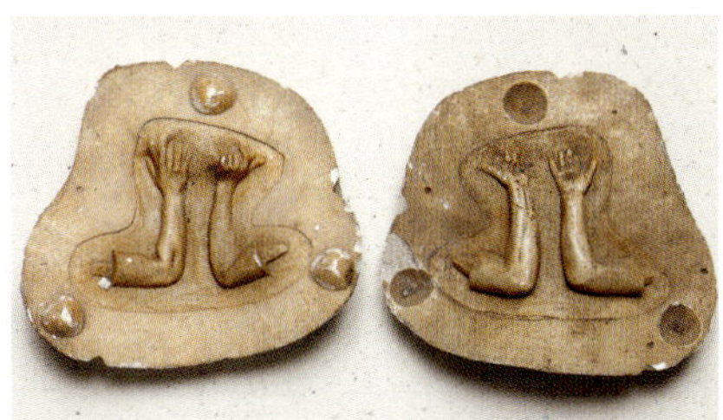

108 a

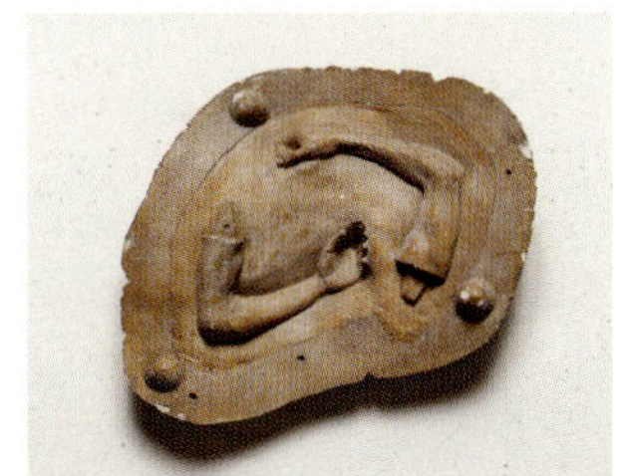

109 a

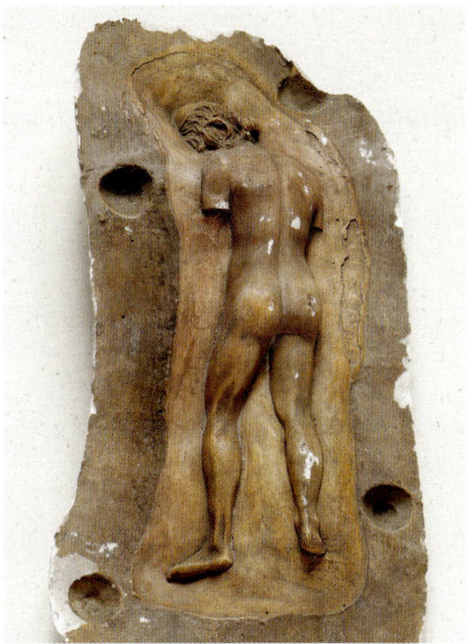

108 Halbpatrize Figurenrückseite des flötenspielenden Hirtenknaben. (s. Abb. 68), 108 a seiner Arme, 108 b der vorderen Kopfpartie und zur Positionierung der Glasaugen.

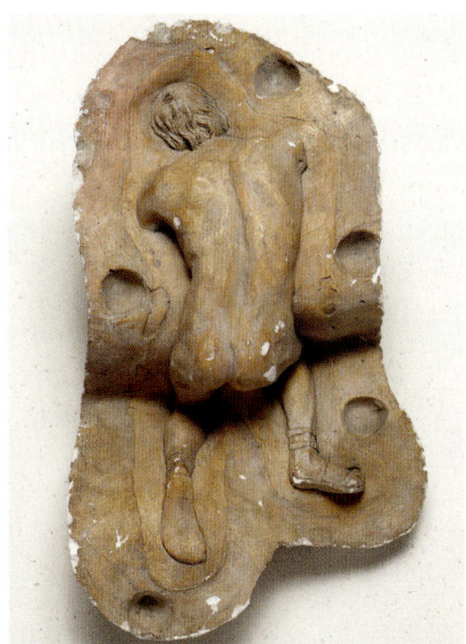

109 Halbpatrize Figurenrückseite des knienden Hirten mit rechter Hand an Stab. (s. Abb. 30, 114), 109 a des rechten Armes, 109 b der vorderen Kopfpartie und zur Positionierung der Glasaugen.

5.2 Zu Leimart und Gussmasse

Knochenleime werden durch Auskochen von Knorpeln, Knochen, Bindegeweben, Lederhaut usw. und anschließendes Eindicken gewonnen. Die enthaltenen „Kollagene“ (Gerüsteiweiße) sind Leimbildner. Knochenleim ist wie alle Tierleime ein Warmleim. Er ist eine feste Masse, die sich bei Erwärmen verflüssigt. In dünner Schicht verstrichen, ist Knochenleim schon immer die geeignete Methode gewesen, Holzflächen nachhaltig zu verbinden. „Hasenleim“, der aus Haut und Knochen von Kaninchen und anderen Kleintieren gewonnen wird, weist unter den Knochenleimen eine besondere Elastizität auf und dient schon immer als Leim im Möbel- und Instrumentenbau. Er kann sehr dünn aufgetragen werden und findet deshalb, vermischt mit Kreide, Verwendung in der Malerei, um Leinwände und Holztafeln zu grundieren. Eine erhitzte Knochenleim-Wasser-Mischung erstarrt beim Erkalten je nach Wassergehalt zu einer unterschiedlich elastischen Masse. Sie kann eine Konsistenz von gummiartig bis wackelpuddingartig haben. Die gleichen Eigenschaften hat Gelatine, die ebenfalls aus kollagenhaltigem Material mittels Hydrolyse gewonnen wird, in Form von dünnen Blättern, Granulat oder Pulver im Handel ist und im Lebensmittelbereich zur Bereitung von Sülze oder Aspik dient. Erwärmter wasserverdünnter Hasenleim („die zugegebene Wassermenge erfolgte gefühlsmäßig“ [G. Schramm]) wurde in die Mantelform auf die Patrize gegossen, erstarrte beim Abkühlen zu einer gummiartigen Konsistenz, die als elastische Negativform (Matrize) für die Osterrieder'schen Figurengüsse besonders geeignet war. „Eine solche Hasenleim-Negativform konnte fünf- bis maximal sechsmal als Gussform genutzt werden. Danach war die Oberfläche der Leimform zu porös, und man erhielt beim Guss keine glatten Oberflächen mehr“ (G. Schramm).

Knochenleimzusätze bewirken beispielsweise beim Stuckieren ein langsameres Abbinden (Erhärten) des Gipses. Sie ermöglichen dadurch ein längeres Bearbeiten und Formen der Gipsmasse, zusätzlich erhöhen sie den Härtegrad des Gipses. Dies ist auch das Geheimnis des Skulpturenhartgusses, der bei Osterrieder immer als „französischer Hartguss“ bezeichnet wird. Die Gussmasse bestand aus Alabastergips (gebrannter Gips) und „Champagner-Kreide“ (ausgefälltes, besonders feinkörniges Kalziumkarbonat), in die eine erhitzte Hasenleim-Wassermischung eingerührt wurde. „Je mehr Hasenleim, desto härter wurde der Guss. Das Mischungsverhältnis war 2/3 Gips zu 1/3 Kreide, die Menge der eingerührten Hasenleimlösung bemaß sich danach, ob man eine mehr dünnflüssige oder eine mehr dickflüssig-klebrige Gussmasse haben wollte. Die Gussmasse wurde nie in die Negativform ‚gegossen‘, sondern immer mit einem weichen Pinsel an die Matrizenwand getupft“ (G. Schramm). Härte, Festigkeit und damit ganz wesentlich die Stabilität der (weitgehend hohlen) Osterrieder-Figuren hingen vom Hasenleimgehalt der Hartgussmasse ab.

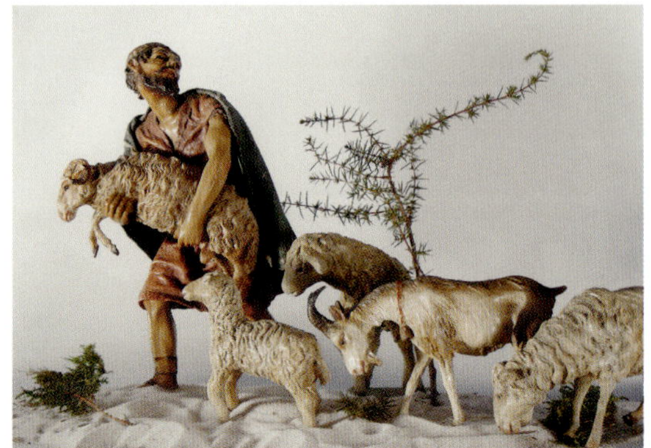

110 Hirte, ein Schaf in den Armen haltend, Ziege, Schafe, St. Martinskirche in Oberstadion. (Foto Winfried Aßfalg, Riedlingen)

Zu der erwähnten, von der Restauratorin Uta Ludwig veranlassten Analyse teilt Prof. Dr. Rainer Drewello, Labor Drewello & Weißmann, Naturwissenschaftliche Untersuchungen für Kunst und Denkmalpflege, Bamberg, das Folgende mit:

Hinsichtlich der kristallinen Bestandteile der Gussmasse entspricht diese einer Mischung von Kalk zu Gips von etwa 2:1 Gewichtsanteilen. Zur

Bestimmung des organischen Anteils [Hasenleim] ergab die CHNS-Verteilung 12,39 % Kohlenstoff, 2,96 % Wasserstoff, 1,03 % Stickstoff und 11,28 % Schwefel. Für Glutinleime [Knochenleime] werden in der Literatur als summarische Hauptkomponenten 27 % Glycin, 15 % Prolin, 13 % Hydroxyprolin, 11,5 % Glutaminsäure, 11 % Alanin, 5 % Arginin, weitere Komponenten 17,5 % angegeben. Ein eventueller Ölzusatz wird nicht berücksichtigt. Aus den molaren Anteilen wird für Glutinleim ein Stickstoffgehalt von 15 mol-% angenommen. Unter diesen Voraussetzungen lasse sich in der Gussmassenprobe der Osterriederfigur ein Proteinanteil [Hasenleimanteil] von 6–7 % erschließen.

5.3 Radiologische Diagnostik von Osterrieder-Figuren

In vielfacher Hinsicht gaben die Untersuchungen des schon genannten Assistenzarztes für Radiologie Thomas Huber näheren Aufschluss über Osterrieders Herstellungsmethoden.[504] Hier sein Bericht: (alle Aufnahmen Thomas Huber, Abensberg, Regensburg)

Die moderne radiologische Bilddiagnostik hat es möglich gemacht, Objekte von innen zu betrachten, ohne diese dabei beschädigen zu müssen. Auf diese Weise wurden schon viele Kunstobjekte untersucht, und es sollten nun auch Osterrieder-Figuren auf ihre Herstellungstechnik untersucht

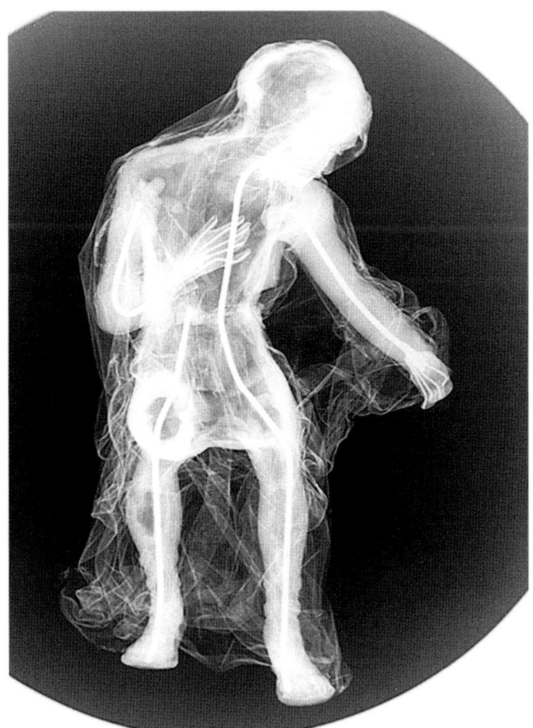

111 a Maria der Nazarethszene.

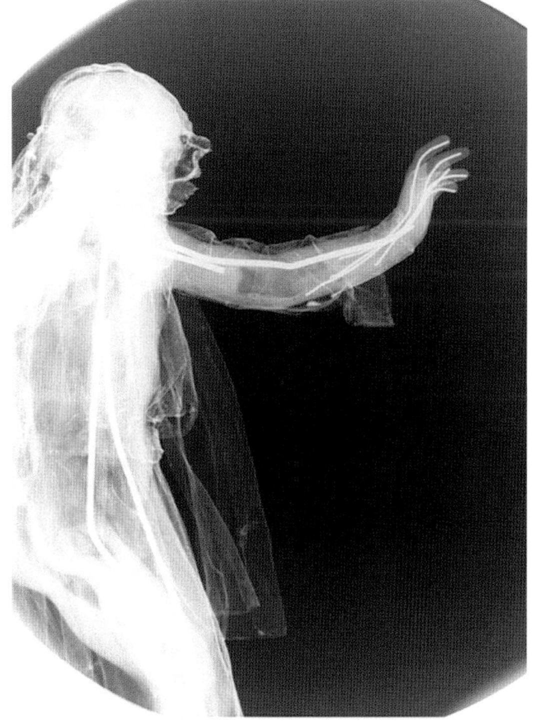

111 b Josef mit Kopfbedeckung.

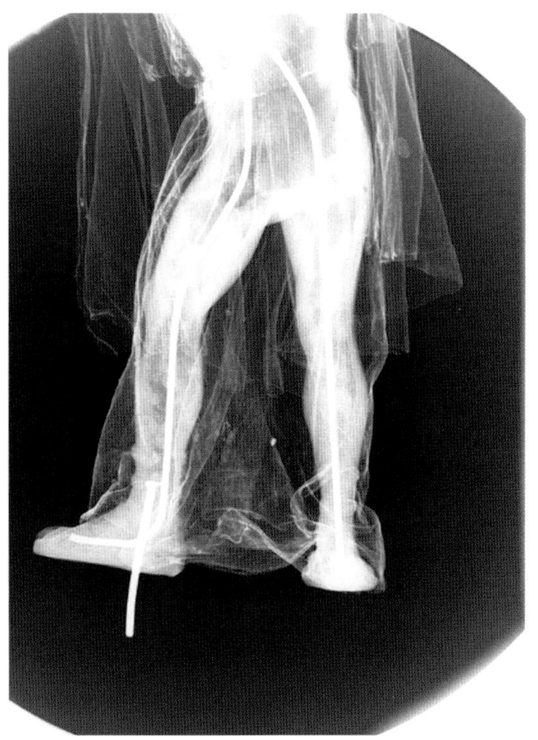

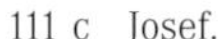

111 c Josef.

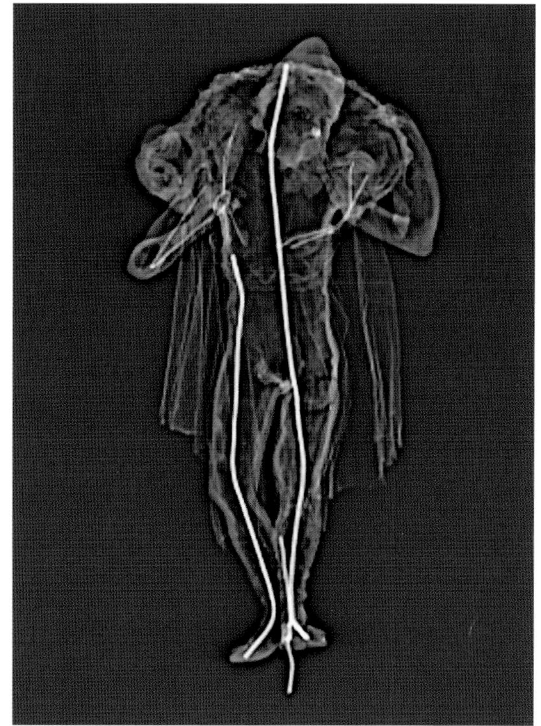

111 d Hirte mit Hammel auf dem Rücken.

werden. Einfachste Methode ist die konventionelle Röntgentechnik: Das Prinzip beruht auf der Schwächung des Röntgenstrahles durch unterschiedlich dichte Materialien. Kalk und kalkhaltige Strukturen schwächen dabei den Röntgenstrahl stärker als Weichteilgewebe oder Stoffe. Noch stärker abschwächend wirken dabei Metalle. Das erhaltene Röntgenbild stellt ein Negativ-Bild dar, also erscheinen Metalle schließlich weiß.

Im Rahmen der Untersuchung wurden Maria, Josef und ein Engel geröntgt. Dabei traten zuerst die Armierungsdrähte in den Figuren zum Vorschein (Abb. 111 a). Dünne Drähte ließen sich bis in die Fingerspitzen verfolgen. Mutmaßlich war es aufwendig und verlangte viel Geschick, die Drähte in die Gussmasse einzulegen ... In den Armen (Abb. 111 b) finden sich dickere Drähte, die sich im Oberarm mit einem aus dem Rumpf ragenden Draht überlappen. Beide Beine sind armiert (Abb. 111 c), mit einem Knick reicht der Draht bis in den Vorderfuß. Der Armierungsdraht eines Beines ragt bis in den Hinterkopf. Der aus der Sohle tretende nagelförmige Dorn zum Aufstellen der Figur ist unabhängig von den Armierungsdrähten eingegossen. Bei dem ein Schaf tragenden Hirten sind auch die Beine des Tieres mit Armierungsdrähten verstärkt (Abb. 111 d).

Klar ist zu erkennen, dass Rumpf und Hinterkopf der Marienfigur Hohlräume aufweist und der Armierungsdraht frei durch die Körperhöhle steigt. Ebenfalls sind in Teilen der Arme und Beine Hohlräume feststellbar.

Zur Beurteilung des Kopfes und der Glasaugen ist das konventionelle Röntgenbild ungeeignet, da viele Überlagerungen entstehen und sich feine Strukturen nicht mehr abbilden. Hier bietet sich die Computertomografie (CT) an: Dieses Schnittbildverfahren verwendet Röntgenstrahlen, die um das zu untersuchende Objekt rotieren. Gleichzeitig bewegt sich das Objekt in horizontaler Richtung, sodass schließlich eine „Spirale" entsteht. Aus diesem dreidimensionalen Datensatz können beliebige Schnitte rekonstruiert werden. Mittels CT konnten genaue Aufschlüsse über den Aufbau der Osterrieder-Figuren gewonnen werden.

Die Gussmasse ist unterschiedlich dick: Kleine Lufteinschlüsse und hellere Verunreinigungen sind mittels CT gut zu erkennen. Als „Patient" diente der Hirte mit dem Schaf auf den Schultern (Abb. 111 d). Es bestätigten sich auch hier die Hohlräume des Rumpfes, der Beine und Arme. Die Hirtenfigur ist im Kopf- und Schulter-Arm-Bereich aus mehreren Teilen zusammengesetzt. Durch ihre höhere Dichte ist die Kittsubstanz in den Anschlussfugen klar zu erkennen. Die Kittmasse erscheint heller als die Gussmasse wegen ihres höheren Kalkgehaltes, z. B. eines höheren Gips-

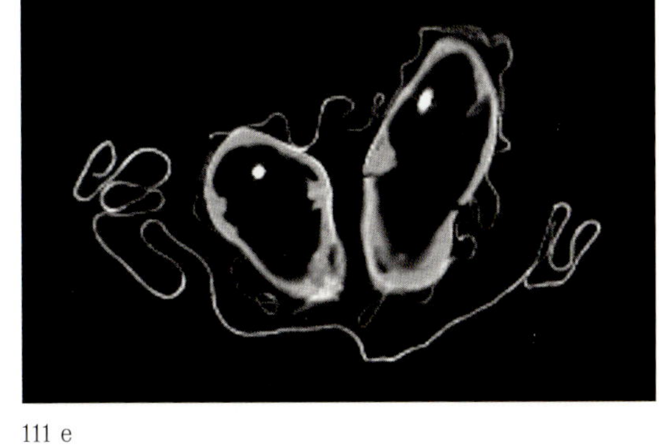

111 e

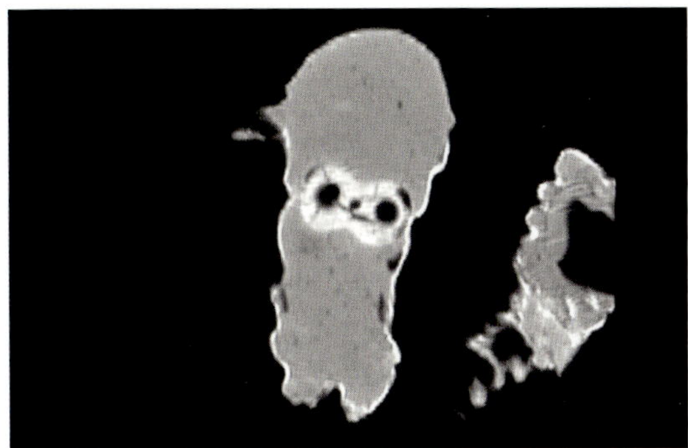

111 g

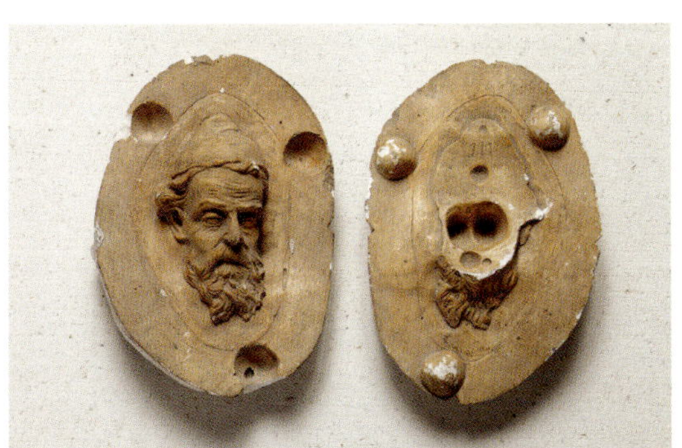

111 f Halbpatrizen zur Matrizenherstellung für den Guss der vorderen Kopfpartie und der Positionierung der Glasaugen. (Foto Siegfried Wameser, München)

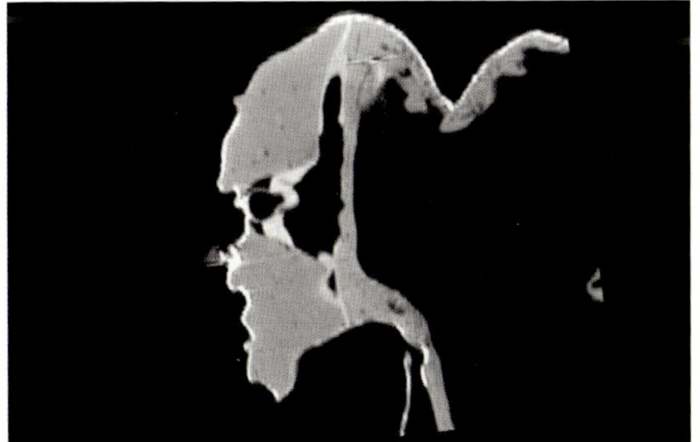

111 h

oder Kreideanteiles. Die Kittstellen sind an den fertigen Figuren nicht sichtbar, da insbesonders die nicht von der kaschierten Bekleidung abgedeckten Stellen vor der Farbfassung mit Kreidegrund überzogen wurden. Auch die kaschierten Gewebe wurden nach der fertigen Drapierung auf den Körpern nach Bedarf mit einer dünnen Kreidegrundschicht versehen. Die Grundierungen sind auf den Bildern immer als heller Rand zu erkennen (Abb. 111 e).

Ein schwieriger Arbeitsgang war auch die Fertigstellung des Kopfes und seine Bestückung mit den Glasaugen: Mittels zweier Halbpatrizen (Abb. 111 f) einmal des Gesichtes mit Bartvorderseite, zum anderen der Bartrückseite und des Kopfinneren mit Glasaugenhalterungen mussten die entsprechenden Matrizen hergestellt werden zum anschließenden Guss dieser Kopfteile. Diese wurden sodann zum Vorderteil des Kopfes zusammengefügt und anschließend mit dem Hinterkopf verkittet. Im CT-Bild (Abb. 111 h) ist diese Kittnaht deutlich sichtbar.

Die Augen sind kleine geblasene Glaskugeln mit Ansatzstück. Diese werden von hinten in die zuvor geöffneten Augenhöhlen eingesetzt. Im CT-Bild ist wiederum die hellere Kittmasse, mit der die Glaskörper von hinten fixiert wurden, um die Glasaugen herum deutlich zu erkennen (Abb. 111 g/h). Man sieht sogar kleine Risse in der Kittmasse, die beim Trocknungsvorgang entstanden.

5.4 Der Osterrieder'sche Hartguss

Wie bereits in Kapitel 5.2 dargelegt, konnten das geschnitzte oder modellierte Figurenmodell (Patrize) und die dazugehörige Mantelform beliebig oft verwendet werden. Die perfekten Leimformen jedoch, die glatte Oberflächen gewährleisten und auch feingliedrige Details wiedergeben mussten, erlaubten allenfalls fünf Gusswiederholungen. Heute ersetzt deshalb das beständigere, aber teurere Silikon den obsolet gewordenen Knochenleim. Dieser konnte allerdings zu neuerlichem Gebrauch immer wieder durch Erwärmen verflüssigt werden. Auch konnten mittels der bereits erläuterten Halbpatrizen-Mantelformen einfach und zeitsparend immer wieder die benötigten Leimmatrizen hergestellt werden.

„Diesen Wiederholungsvorgang rationalisiert zu haben, ist ein origineller methodischer Einfall von Osterrieder“ (H. v. Pilgrim).

5.4.1 Figurenguss

Die nachfolgenden Zeichnungen 3a–e sollen schematisch die aufeinanderfolgenden Arbeitsschritte der Abformung (Matrizenherstellung ohne Benutzung einer Halbpatrize) erklären.

Anmerkung zu allen im Buch beschriebenen Gussvorgängen

An dieser Stelle sei angemerkt: Sehr wichtig ist es, Verklebungen der Matrizenlösung mit der Patrize bzw. der Gussmasse mit der Matrize sowie auch der Matrize mit der Innenseite der Mantelform zuverlässig vorzubeugen. Dies geschieht durch das vor jedem Gussvorgang erfolgende Bestreichen aller Oberflächen mit wasserabstoßendem Öl („Rüböl“ = Rapsöl [G. Schramm]) oder flüssigem Paraffin, der Patrizen auch mit Schellack, was deren Braunfärbung erklärt.

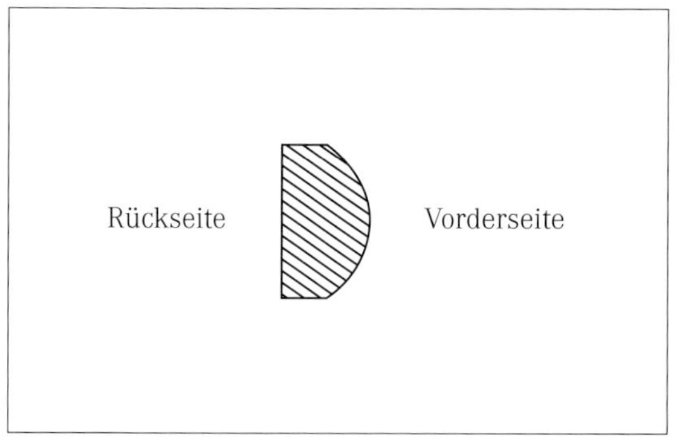

3 a Figur (Patrize).

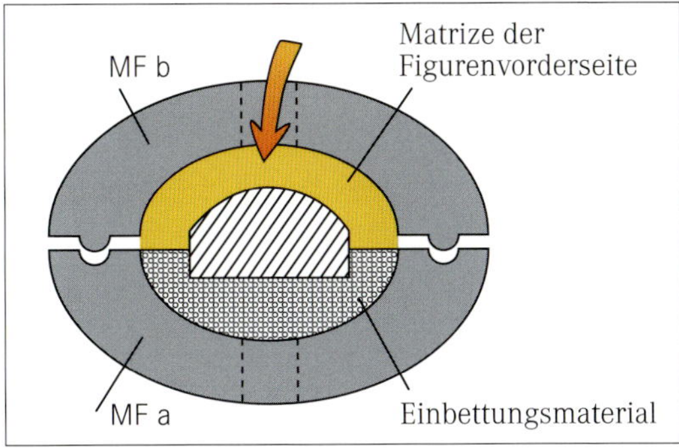

3 a Mantelformhälften (MF a und MF b).

Herstellung der Matrize der Figuren-Vorderseite (Zeichnung 3 a): Die Patrize wird mit ihrer Figurenrückseite zur Häfte in der Manteform a bis auf Passrandhöhe in geeignetem Material (Sand oder Ton) eingebettet. Die dazugehörige Mantelform b wird aufgesetzt. Heiße Hasenleim-Wasser-Lösung wird eingegossen. Nach dem Erkalten erhält man die elastische Matrize der Figuren-Vorderseite.

Herstellung der Matrize der Figuren-Rückseite (Zeichnung 3 b): Die Mantelformhälfte b wird mitsamt der Matrize der Figuren-Vorderseite und der Patrize abgehoben und rücklings abgestellt. Die Mantelformhälfte a wird vom Einbettungsmaterial befreit und auf die Mantelformhälfte a aufgesetzt. Nun wird wiederum die heiße Matrizenlösung eingegossen. Nach dem Erkalten erhält man die elastische Matrize der Figuren-Rückseite.

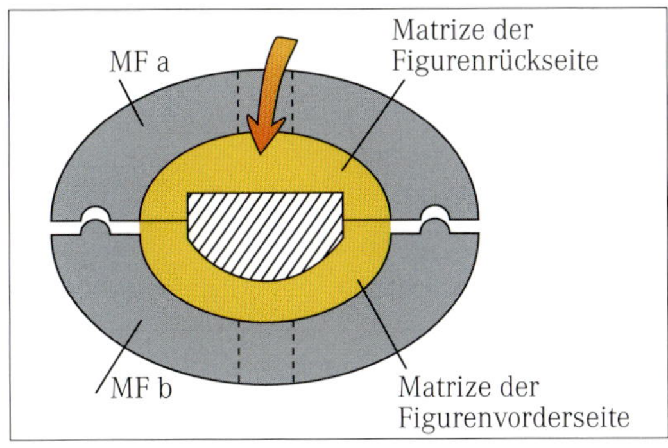

3 b

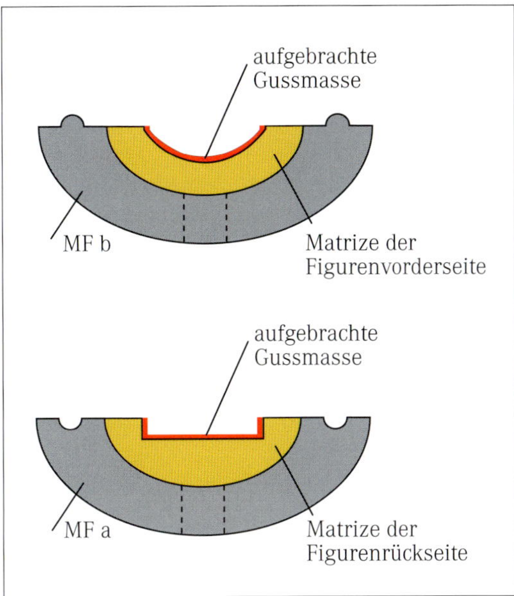

3 ca

Vorbereitung der beiden Matrizenhälften für den Figurenguss (Zeichnung 3 c): Die Matrize der Figuren-Vorderseite und die der Figuren-Rückseite liegen in ihren Mantelform-Hälften. Es wird mit weichem Pinsel tupfenderweise eine erste Schicht Gussmasse auf die Matrizenwände bis zum Rand gleichmäßig aufgebracht (Zeichnung 3 ca).

Auf diese Gussschicht kommen entsprechend zurechtgeschnittene Rupfenstücke. Sodann werden die bereitliegenden Drahtarmierungen verlegt: im Rumpf ein vom Kopf bis in den Vorderfuß reichender Stützdraht, in den Armen usw. dickere Drähte, in den Fingern bis zum Handgelenk dünne Drähtchen. Hier und an anderen kleingliedrigen Körperstellen (wie Füßen, Armen, Knien, Unterschenkeln usw.) wird kein Rupfen ausgelegt, sondern die Matrize voll mit Gussmasse gefüllt und darin die Armierung eingebettet. An diesen Stellen sind die Figuren voll gegossen (Zeichnung 3 cb).

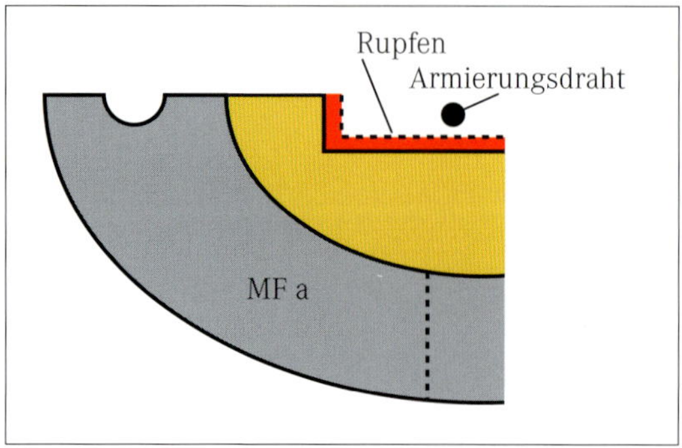

3 cb

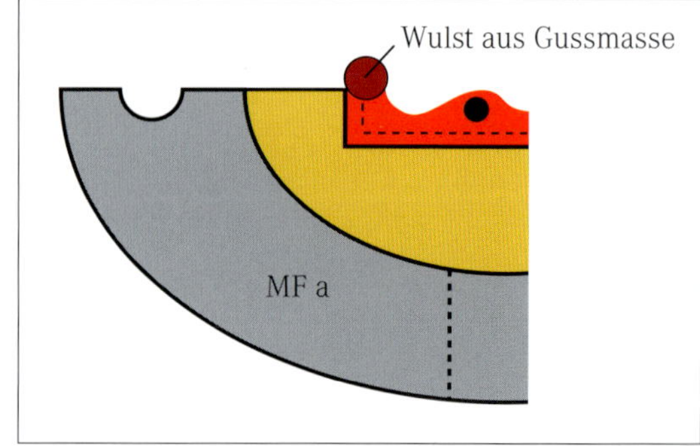

3 cd

Durch weiteres Auftupfen wird eine zweite Schicht von Gussmasse auf die Rupfenflächen hoch bis zum Formrand in die Matrize eingebracht. Der Rupfen ist so zu einem Gerüst in der Gussmasse geworden (Zeichnung 3 cc).

Zusammenfügung der Mantelform (Zeichnung 3 d): „Jetzt werden die beiden Mantelformhälften schnell zusammengeklappt, die Mantelform zusammengequetscht und mit beiden Händen gehalten und geschüttelt damit die Gussmassen sich verbinden und zusammen aushärten" (G. Schramm).

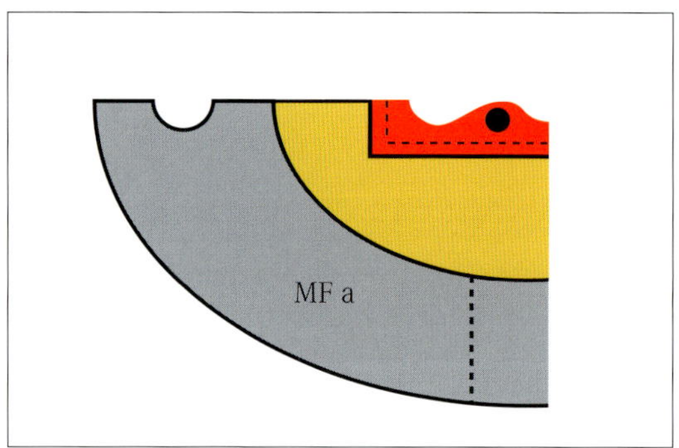

3 cc

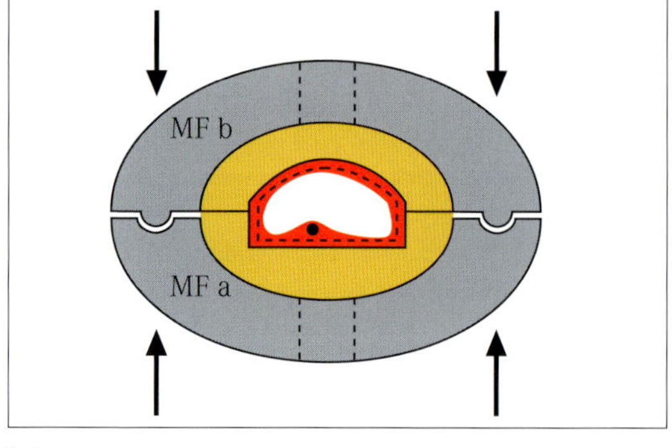

3 d

„Nun wird bei einer der beiden Matrizenhälften entlang dem Formrand ein aus frischer Gussmasse (mit etwas höherem Hasenleimgehalt und damit etwas höherer Klebkraft) geformter Wulst gelegt" (G. Schramm) (Zeichnung 3 cd).

Herauslösung der Hartgussfigur (Zeichnung 3 e): Die Mantelform wird geöffnet, ihre beiden Hälften werden beiseitegelegt. Die beiden elastischen Leimformhälften (Matrize der Figuren-Vorderseite und Matrize der Figuren-Rückseite) werden von der gegossenen Figur abgehoben und wieder in ihre Mantelformhälften zurückgelegt. „Die gewonnene Hartgussfigur ist weitgehend hohl, dadurch leichter, standfester und wesentlich stabiler als eine reine Gipsfigur" (G. Schramm).

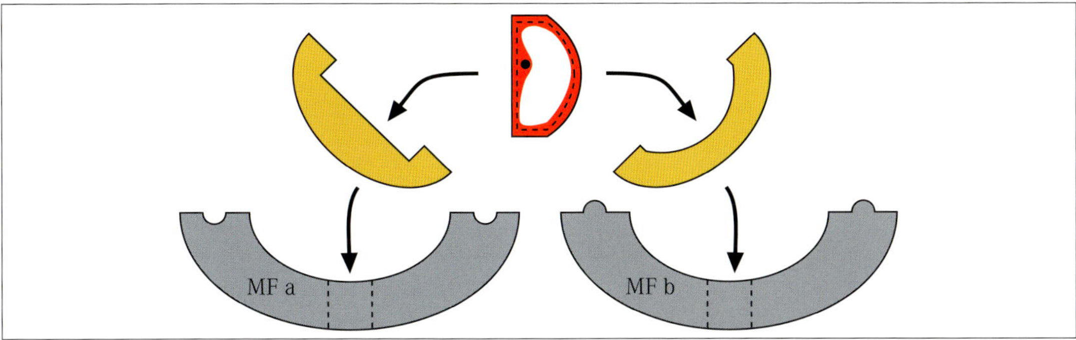

3 e

Die gegossene Figur (bzw. der gegossene Figurenteil) kann nun der Nachbearbeitung zugeführt werden (Entfernung der Gussnähte, gegebenenfalls Ergänzung von Fehlstellen). Wurden Figurenteile, z. B. die Arme, in getrennten Güssen mit eigenen Mantelformen und Matrizen hergestellt, sind sie nun mit ihren Anschlussfugen (Beispiele siehe Abb. 107 a, 108 a, 109 a) an den entsprechenden Stellen der Figur zu verkitten, wobei wieder Gussmasse mit höherer Klebkraft Verwendung findet. Dabei können die Arme unterschiedlich mit dem Rumpf verbunden und damit Haltung und Gestik der Figur variiert werden.

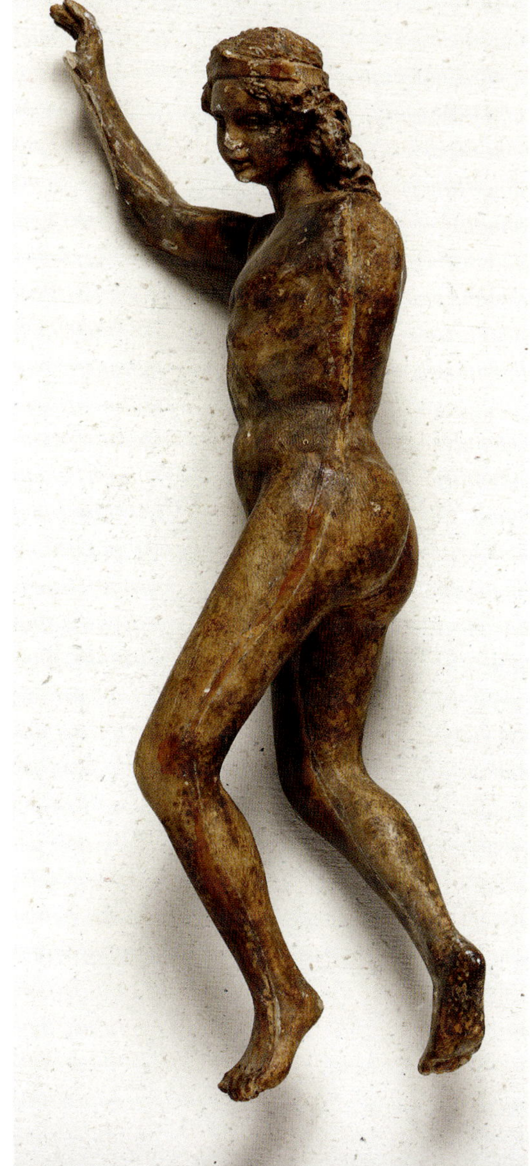

112 Verkündigungsengel. Die vom Kopf bis zu den Füßen reichende Gussnaht ist gut zu erkennen. (Foto Siegfried Wameser, München)

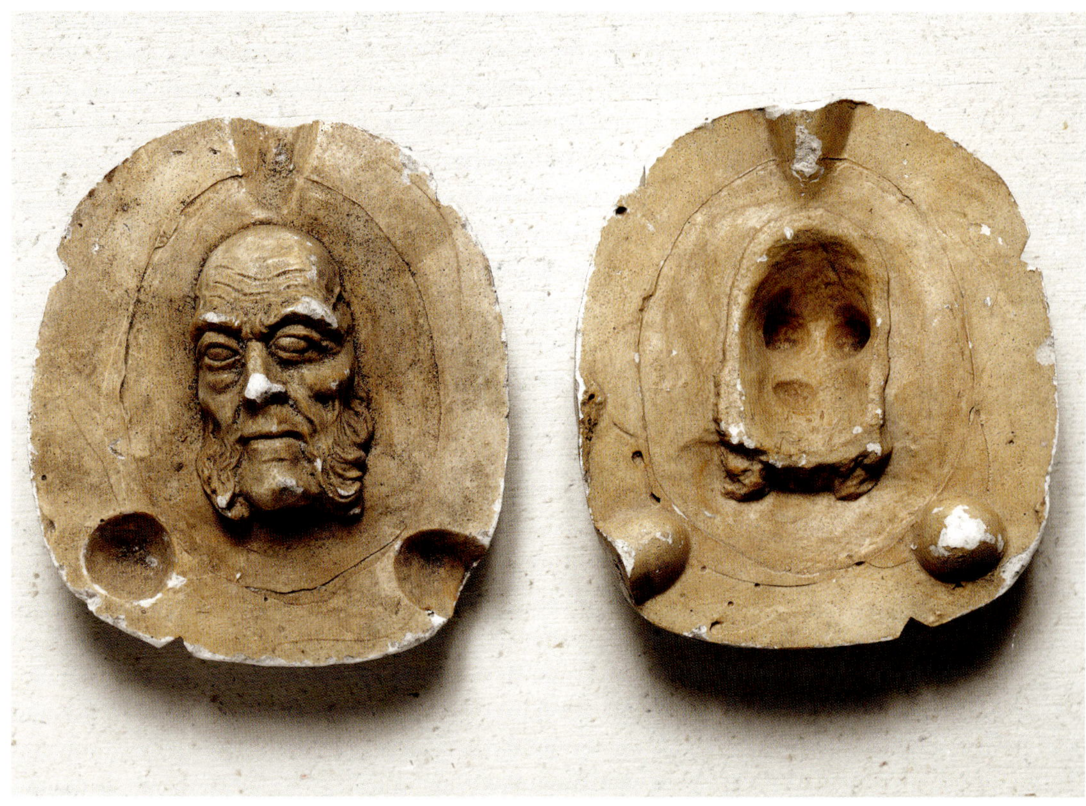

113 a *siehe 113 b* (Foto Siegfried Wameser, München)

5.4.2 Figurenköpfe und Glasaugen

Bei den „einfacheren" Figuren, wie z. B. den Putti oder der Maria der Nazarethszene (Abb. 103), konnte das Gesicht gemeinsam mit der Figuren-Vorderseite mittels einer Matrize gegossen werden. Eine solche Herstellung erlaubte aber nicht die Bestückung des Kopfs mit Glasaugen. Bei „komplizierteren", künstlerisch-ausdrucksstärkeren Figuren mit vorgerecktem Kopf und/oder nicht am Körper anliegendem Vollbart (z. B. Abb. 114) musste jeweils die Kopfvorderseite mit Gesicht und Bart eigens gegossen und sodann mit dem Hinterkopf mittels frischer Gussmasse „verkittet" werden. Bei der erhaltenen Metallpatrize eines Hirten (Abb. 102) ist dies gut zu erkennen. Sie diente zur Herstellung der Matrize der Figuren-Rückseite mit Hinterkopf sowie der Matrize der Figuren-Vorderseite mit Halspartie und Bartansatz. Der daraus gegossenen Figur fehlten – wie bei der Patrize – die vordere Kopfpartie und gegebenfalls der Vollbart. Diese Teile mussten, wie erwähnt, eigens gegossen werden und bedurften entsprechender Matrizen, die von Halbpatrizen (z. B. Abb. 108 b, 109 b, 111 f, 113 a) abgeformt worden waren. Die so gewonnene Kopfvorderseite konnte dann mit dem Hinterkopf verkittet werden. Bei solchen Figuren war auch eine zusätzliche Ausstattung mit Glasaugen möglich.

Die Glasaugen sind bei den Osterrieder-Figuren ein besonderes Qualitätsmerkmal. Diese Figurenausstattung bedurfte einer großen Kunstfertigkeit,

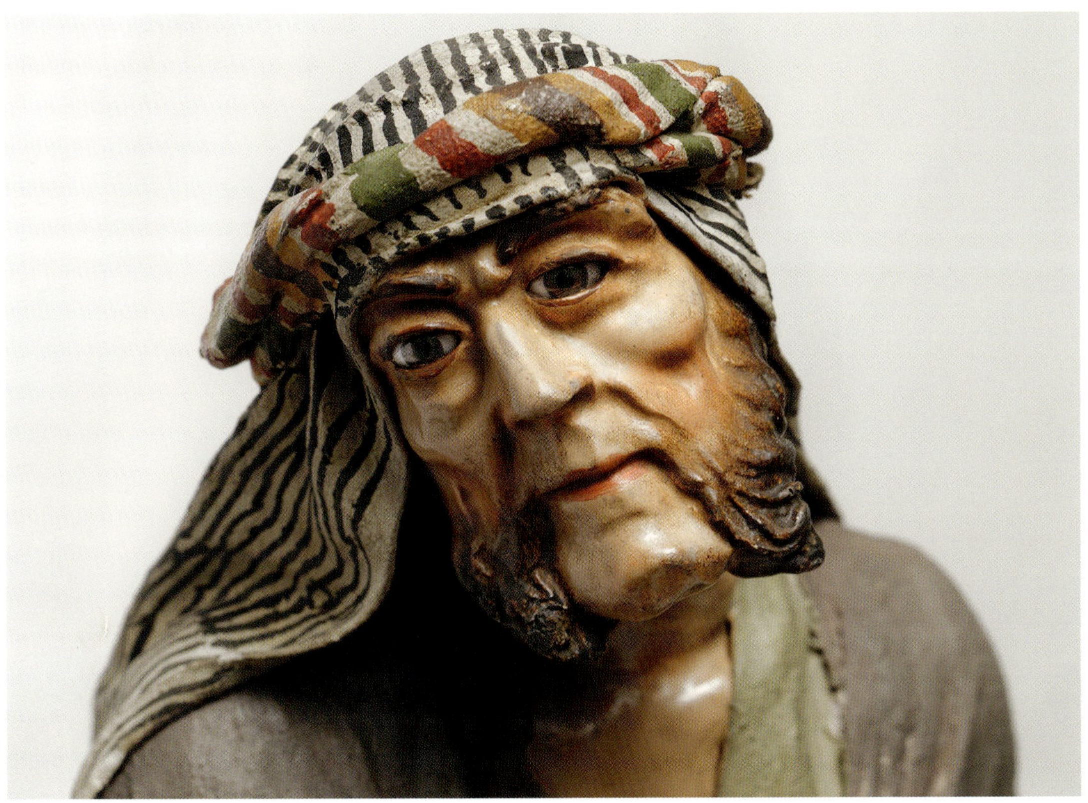

113 b Hirt, gehend, mit gefalteten Händen, Detail zusammen mit den Halbpatrizen zur Matrizenherstellung für den Guss der vorderen Kopfpartie und der Positionierung der Glasaugen. (Stadtmuseum Abensberg). (Foto Siegfried Wameser, München)

weswegen solche Figuren auch einen höheren Preis hatten. Osterrieder selbst bezeichnete sie mit „Museumsqualität“[505]. Die entsprechenden Halbpatrizen aus dem erhaltenen Formenbestand sowie die radiologischen Untersuchungen von Thomas Huber (s. Kap. 5.3) machen es möglich, Osterrieders Methode der Glasaugenherstellung zu rekonstruieren und eine Erklärung für die hierzu notwendigen Matrizen und Gießvorgänge zu finden. Es wurde dabei zunächst verfahren, wie oben beschrieben; dann aber wurden in dem „maskenartigen“ Kopfteil die Augenhöhlen geöffnet und die Glasaugen von hinten eingesetzt.

5.5 Zur farblichen Fassung und kaschierten Bekleidung der Osterrieder-Figuren

Um die Saugfähigkeit des Untergrundes zu reduzieren und einen homogenen Malgrund zu erhalten, wurde der Kreidegrund mit einer dünnen Leimlösche als „Sperrschicht“ versehen. Somit waren die Voraussetzungen für einen gleichmäßigen Farbauftrag gewährleistet. Für die Fassung wurden Öl-Tempera-Farben verwendet, für das Inkarnat (die fleischfarbene Fassung der Figuren) laut chemischer Analyse Bleiweiß mit geringem Kalkzusatz. Als Pigmente wurden rotbraune Erde, Zinnober, Lithopone (Deckweiß) sowie gelbe und rote Ockerphasen nachgewiesen. Im Gegensatz zur dichten, feinkörnigen sowie mattglänzenden

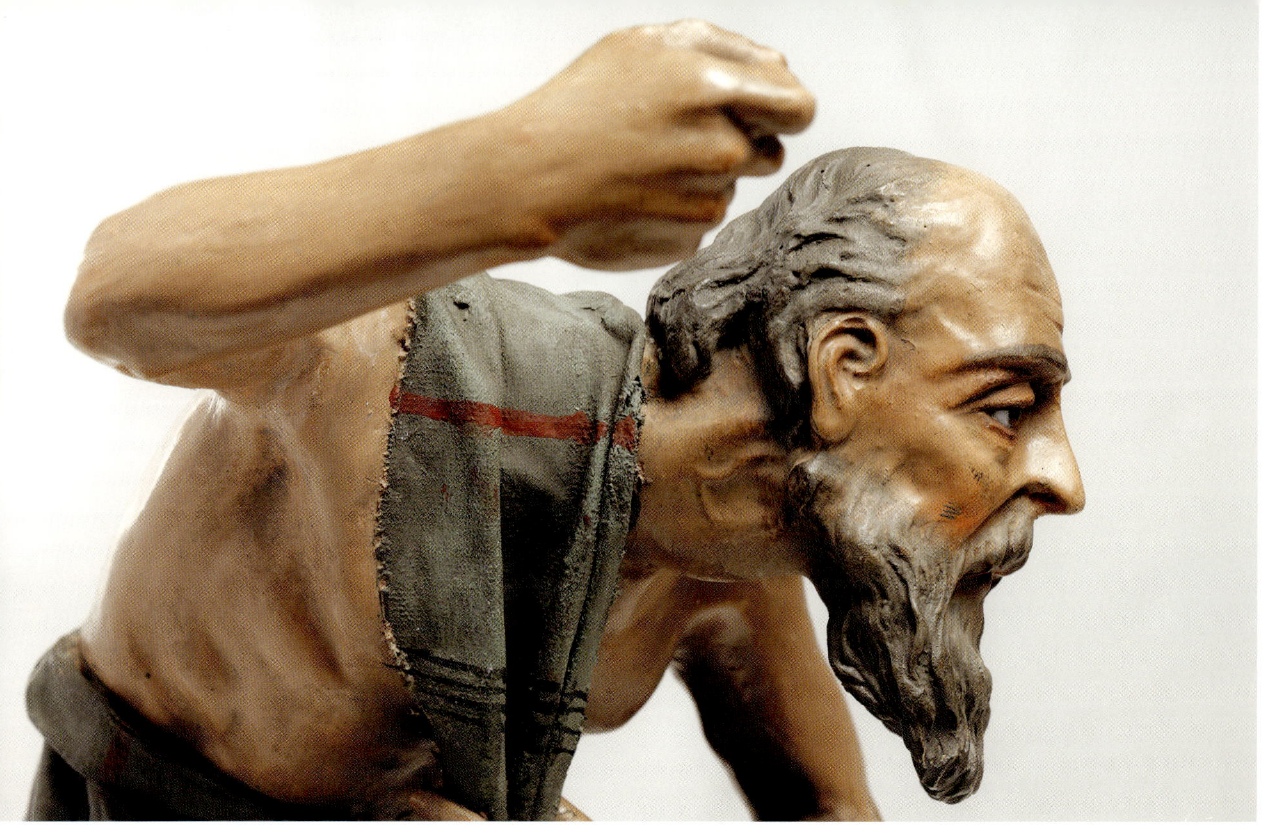

114 Kniender Hirt mit Hand am (nicht vorhandenen) Stab (Stadtmuseum Abensberg). (Foto Siegfried Wameser, München)

Oberfläche der Inkarnate steht die dünner aufgetragene, die Gewebestruktur mit einbeziehende, meist stumpfe Malschicht der Bekleidungen. Sie sollten auch nach ihrer farbigen Fassung ihren textilen Charakter beibehalten. Nicht zuletzt das Zusammenspiel dieser gegensätzlichen Oberflächenwirkungen begründet die besondere Virtuosität und Einzigartigkeit der Osterrieder-Figuren. Umso problematischer sind also restauratorisch vielleicht gut gemeinte, aber eben nicht sachgerechte, pastos (dick) aufgetragene Übermalungen der Gewänder, die die Gewebestrukturen völlig egalisieren (s. Kap. 5.6).

Anders als bei dem von Osterrieder für seine Figuren-Akte entwickelten Leimgussverfahren konnte er für deren kaschierte Bekleidung auf Vorbilder zurückgreifen. Hier kam ihm seine Mitarbeit im Bayerischen Nationalmuseum beim Aufbau der Schmederer'schen Krippensammlung zugute. Die in ihrer Bewegung so lebensecht wirkenden, kaschiert bekleideten Figuren etwa des „Bethlehemitischen Kindermords" dort aus der Zeit um 1700 haben Osterrieder sicher besonders angeregt. Ihr Schöpfer Giovanni Antonio Matera (1653–1708) aus Trapani gilt als der namhafteste Vertreter sizilianischer Krippenkunst und auch der Kaschiertechnik. Überliefert ist, dass Osterrieder in seinem Atelier immer mehrere Mitarbeiter hatte, die nach seinen Vorgaben die Kleidung kaschierten. Vorher entsprechend zugeschnittenes feines Leinen oder auch andere Stoffe wurden in heißes, mit Kreide gesättigtes Leimwasser getaucht, nach dem Herausnehmen ausgewunden und anschließend kunstvoll um die Figuren drapiert. Hier war schnelles und routiniertes Arbeiten erforderlich, weil „die vollgesogenen Textilien rasch erkalteten, trockneten und durch den Leimgehalt hart wurden".[506] Halm hat in seinem Feuilletonbeitrag[507] die Osterrieder'sche Technik besonders gewürdigt. Durch diese Art des Kaschierens ergäben sich immer wieder neue Varianten des Faltenwurfs. Gerade weil Osterrieders Figuren voll

ausgearbeitete Akte sind, habe durch die an die Körperformen kaschierten Gewänder die außerordentlich malerische Wirkung erzielt werden können.
„Die Kaschiertechnik wurde zu Osterrieders Markenzeichen. Sie hat es ihm erlaubt, eine Halb-Serien-Produktion zu etablieren mit gegossenen Figurenkörpern, deren Bekleidung jedoch jeweils handgearbeitet ist und dadurch bei aller Rationalisierung der Herstellung individuelle Züge trägt" (N. Gockerell).
Nach dem Trocknen und Erhärten der Kaschierungen waren die Gewänder durch den Kreidezusatz auch schon grundiert und konnten nun farbig gefasst werden. Nina Gockerell[508] verweist auf die äußerst differenzierte Bemalung dieser Kleinskulpturen. Und auch schon 1908 ist in einer Pressebesprechung auf die „farbenzarte" Fassung der Osterrieder-Figuren aufmerksam gemacht worden.[509] Durch entsprechende Schattierungen konnten besondere Effekte erzielt werden. Selbst die schlichte Kleidung der Hirten war farblich gut abgestimmt und oft mit sorgfältigst ausgeführten Stoffmustern bemalt. Prächtig und sehr oft auch ausgesprochen kunstvoll war die Bemalung der Gewänder der drei Könige. Insgesamt deuten unterschiedliche Fassungen der Figurengewänder darauf hin, dass mehrere Maler im Atelier tätig waren.
Über Osterrieders Helfer bei den Kaschierungen und Fassmalerarbeiten ist nur wenig überliefert. In den Jahren vor 1910 war der schon genannte Otto

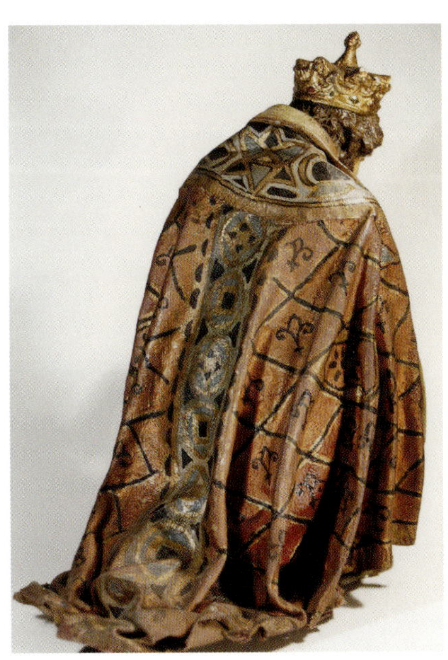

115 König kniend. Krippe Schwarzrheindorf. (Foto Florian Münch, Bonn)

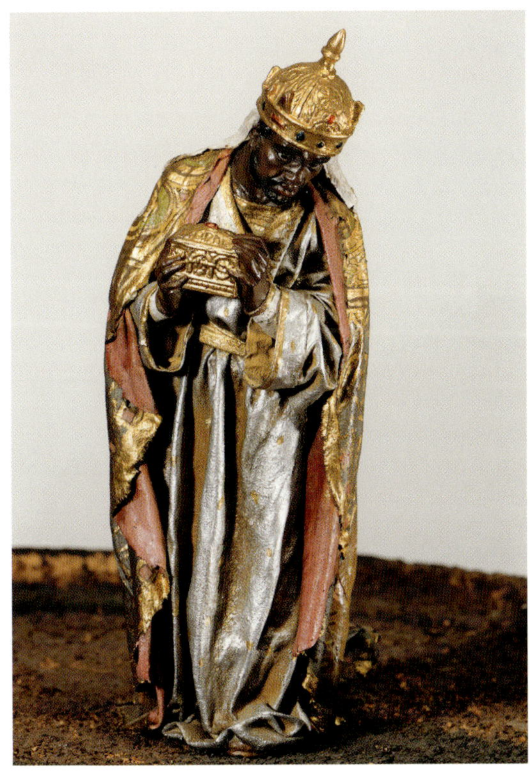

116 Mohrenkönig. Krippe München – privat. (Foto Siegfried Wameser, München)

Zehentbauer nach eigener Schilderung „jahrelang mit Glasaugen einsetzen und Kleidung kaschieren“[510] beschäftigt. Überliefert ist die Mitarbeit von „Tante Schossi“, der künstlerisch sehr begabten Josefine Hoffmann[511], die bis zum Tod des Künstlers lange Jahre kaschiert und die Figuren bemalt hat. Schon genannt wurde die Krippenkünstlerin Elisabeth Murrhard, die 1924 bei Osterrieder die Technik des Kaschierens gelernt hat (s. Kap. 4).

5.6 Zum Thema Restaurierung

Wie im vorigen Kapitel schon angesprochen, erhielten Figuren bei Restaurierungen leider zuweilen neue Farbfassungen, die nicht annähernd mehr der ursprünglichen Qualität der Osterrieder-Werkstatt entsprechen. Hier ist anzumerken, dass die farbig gefasste Bekleidung bei sachgemäßer Aufbewahrung der Osterrieder-Figuren bis heute grundsätzlich noch keiner farblichen „Überarbeitung“ bedarf. Allerdings ist oft die sorgfältige Abnahme von oberflächlichen Schmutz- und Staubablagerungen auf den Figuren angezeigt. Der hauptsächliche Grund für erforderliche Restaurierungen sind mechanische Beschädigungen der Figuren. Sehr oft sind dies Brüche mit einhergehenden Fehlstellen an exponierten Stellen der Gesichter (Nase, Frisur- und Bartenden) und der Gliedmaßen (Arm- und Fußansätze, Finger, Zehen). Auch ist oft der aus der Sohle ragende Dorn, der der Figur im Krippenboden Halt gibt, abgebrochen oder abgerostet und zum Teil durch einen groben Nagel ersetzt. Auch die Verbindung der Beine mit der „Plinthe“ (Bodenplatte der Figur, von Osterrieder „Podest“ genannt) ist oft beschädigt. Materialbedingt können die Eisendrahtarmierungen mehr oder weniger stark korrodiert sein. Im Allgemeinen lassen sich mit einer entsprechenden Kittmasse derartige Beschädigungen der Gussmasse beheben sowie Kittungen und mögliche Fassungsausbrüche retuschieren, ohne dabei die Originalfassung zu übermalen. Generell gilt dies auch für Schäden an den kaschierten Textilien. In jedem Fall verlangt der Kunstwert der Osterrieder-Figuren, dass nur fachmännisch an solche Restaurierungsarbeiten herangegangen wird. Die originalen Faltenwürfe der Bekleidung sind ein ganz wichtiger, individueller Teil jeder Figur. Sehr zu bedauern sind die Beispiele einer äußerst unsachgemäßen, fast zerstörerischen Behandlung der „kleinen Patienten“. Über Wasserdampf die Kaschierungen aufzuweichen und die Figuren dann zu entkleiden, wie es leider gemacht wurde, ist unverzeihlich! Die neue Bekleidung bei den auf diese Weise misshandelten Figuren ist schon auf den ersten Blick als nicht „original Osterrieder“ zu erkennen. Für den qualifizierten Restaurator ist es selbstverständlich, nötige Arbeitsschritte an den „nackten“ Figurenteilen durchzuführen, ohne dabei die Gewänder in irgendeiner Weise anzutasten.

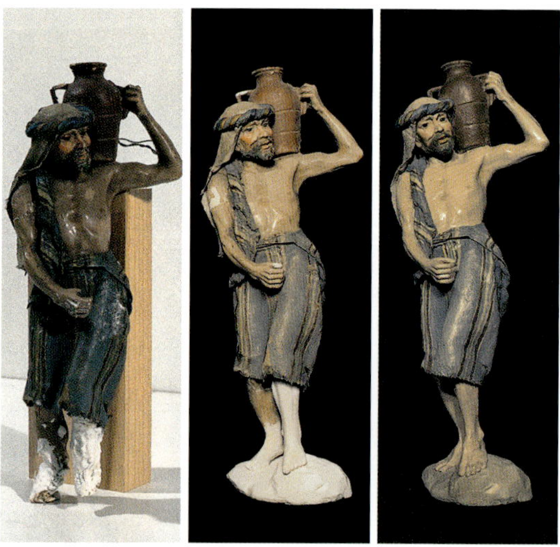

117 Vor, während und nach der Restaurierung. (Fotos Uta Ludwig, Unterwössen)

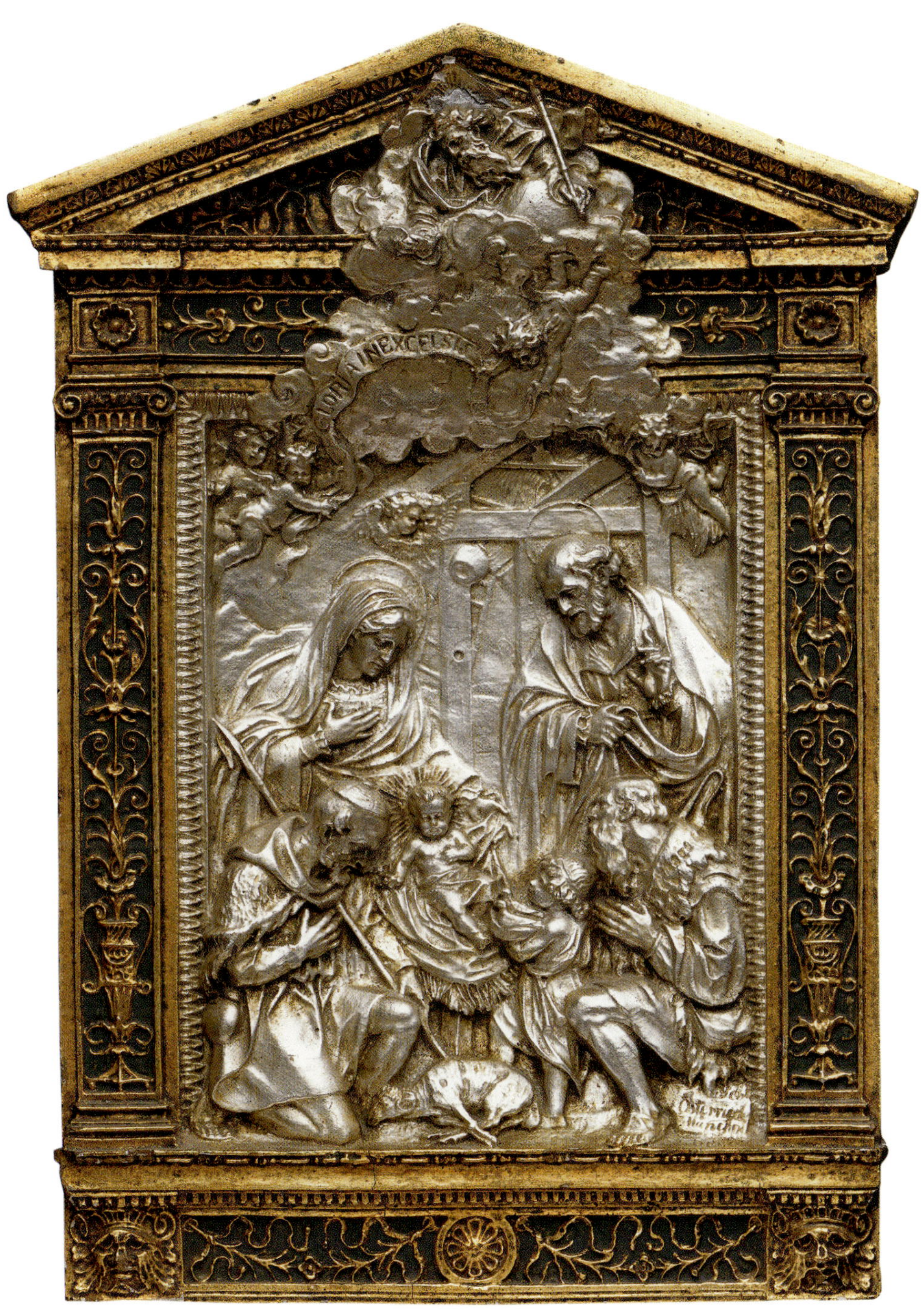

118 Relief Geburt Christi, Leimgussprägung, s. Kap. 3.2. (Foto Siegfried Wameser, München)

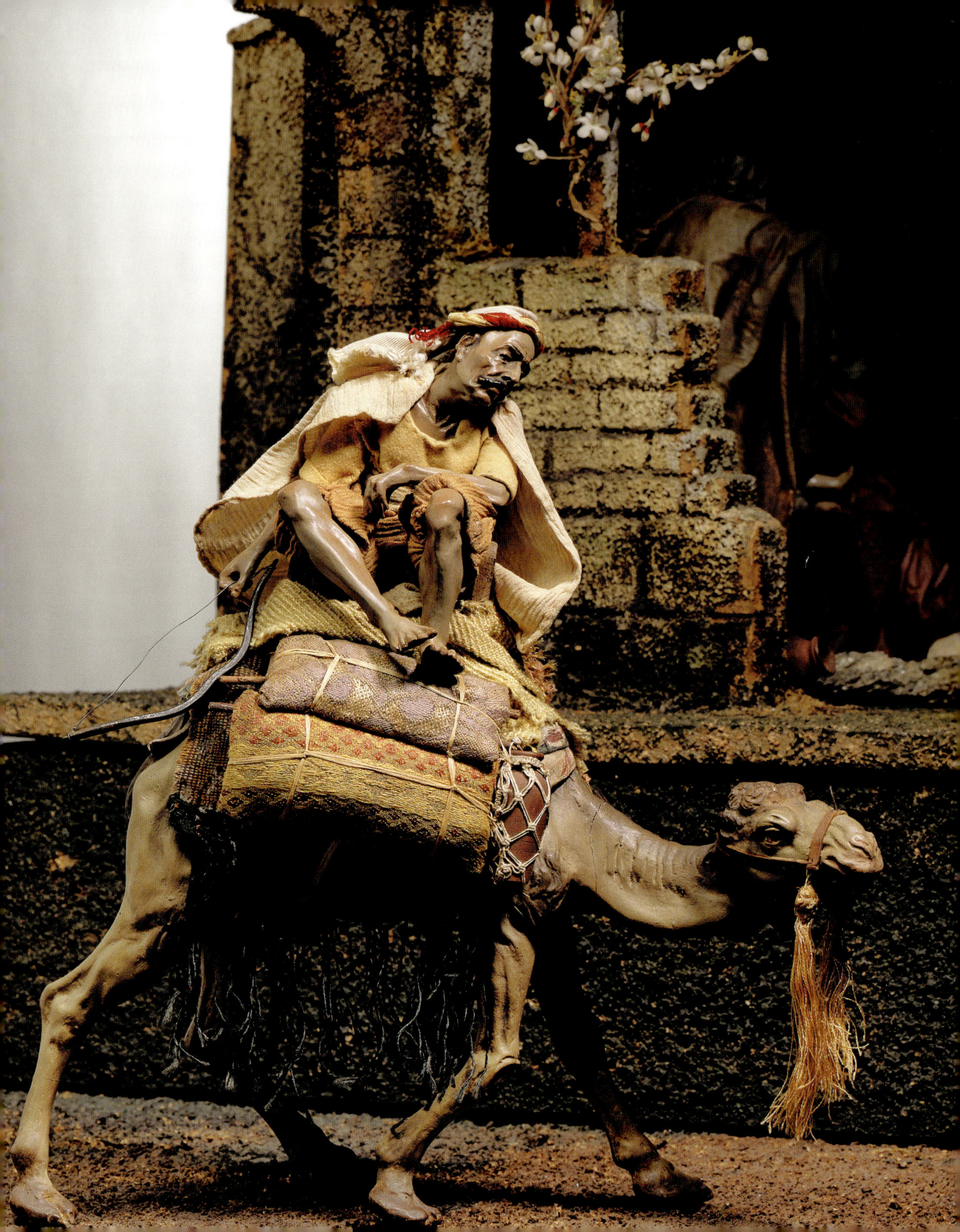

Kapitel 6

Katalog

- Figurenkatalog
- Krippenkatalog nach Ortsnamen
- Krippenorte nach Postleitzahlen

119 Kamel mit Reiter. Krippe München privat.
(Foto Siegfried Wameser, München)

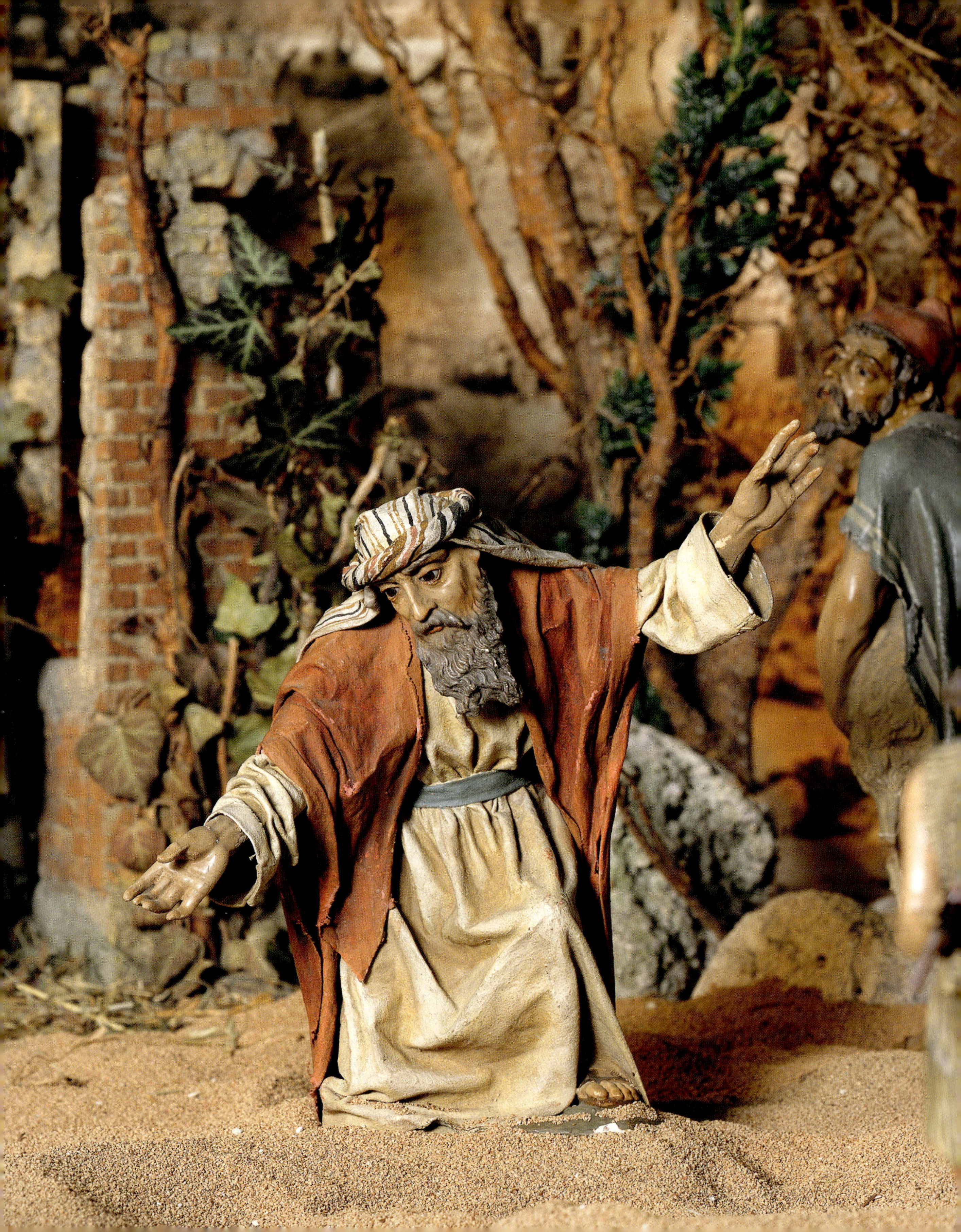

6.1 Figurenkatalog

Dieser Katalog ist eine Zusammenstellung der typischen Osterrieder-Figuren in Hartguss, mit kaschierter Bekleidung und zumeist mit Glasaugen versehen. Regelfall sind auch der aus einem Fuß ragende Dorn zur Positionierung der Figur im Krippenboden. Osterrieder hat später die gleichen Figuren auch mit Bodenplatte („Podium“) geliefert (Zu Ausstattung und „Sorten“ der Osterrieder-Figuren s. auch Kap. 3.1 , Kap. 4 und Kap. 4.4.4). Die Zusammenstellung basiert auf den Dokumentationen der Krippen in Bonn-Schwarzrheindorf, Borg (ehem. München/St. Ludwig), München/St. Peter und München/St. Ursula. Der Autor ist dankbar für Ergänzungen oder Korrekturen.

Engel

Engel an der Krippe oder oben am Stall schwebend sind typisch für die Osterrieder-Krippen, ebenso die Putten, die hier in vielen Variationen, oft auch musizierend, vorkommen.

- Verkündigungsengel
- Putten, an der Krippe sitzend
- Putten, mehrere Typen
- Puttenpaare, mehrere Typen
- kleine Putten mit Musikinstrumenten
- Engelsköpfchen, in Baumgeäst schwebend

Maria

- sitzend (Verkündigung Mariä)
- auf Esel reitend (Herbergssuche)
- sitzend, zur Krippe gebeugt (Geburtsszene)
- halb kniend, zur Krippe gebeugt (Geburtsszene)
- sitzend, das segnende Jesuskind in Händen (Anbetung der Könige)
- kleinere Ausführung auf Esel reitend, mit Kind in den Armen (Flucht nach Ägypten)
- sitzend, ausgebreitete Arme, meist mit Spinnrocken hantierend (Hl. Familie in Nazareth)

Josef

- beide Arme nach oben reckend (Herbergssuche; auch als Hirt verwendet)
- stehend, mit Kopfbedeckung, eine Hand an der Stirn, Blick zu Maria und dem Kind gewendet (Geburts- und Anbetungsszene)
- wie oben, barhäuptig
- mit orientalischer Kopfbedeckung, seitlich gewendet, den Esel führend (Flucht nach Ägypten)
- mit orientalischer Kopfbedeckung und Wanderstab (Fluchtszene oder Hirt?)
- mit orientalischer Kopfbedeckung, mit Beil ein Holzstück bearbeitend (Hl. Familie in Nazareth)

Jesus

- Kind, in Krippe liegend, Segenshand erhoben (Geburtsszene)
- Kind, in Tüchern gewickelt (Flucht nach Ägypten)
- Knabe, stehend, mit Kippa (jüdischer Kopfbedeckung) und Säge am Sägbock (Hl. Familie in Nazareth)

Hirten

Der Blick dieser Osterrieder-Figuren ist in der Regel nach oben (zum Verkündigungsengel) oder auf das Kind in der Krippe gerichtet. Die Hirten mit ihren Schafen sind hauptsächlich Begleitfiguren der Geburtsszene, werden aber auch in den figurenreichen Anbetungsszenen verwendet.

Hirt, kniend

- mit beiden Händen einen Korb mit Obst (oder mit einem Huhn) darbringend
- mit ausgebreiteten Armen
- mit erhobenen Händen betend
- meist barhäuptig, mit rechter Hand an Stab
- mit rechter Hand an Stab, in der linken einen Obstkorb haltend
- mit Schaf auf dem Rücken

120 Hirt mit ausgebreiteten Armen. Krippe Margarethenberg. (Foto Siegfried Wameser, München)

Hirt, stehend oder gehend

- mit Mütze, einen Hammel auf den Schultern tragend
- den Hut ziehend, eine Ziege führend
- gehend, mit gefalteten Händen
- mit Mütze, ein Schaf in den Armen haltend
- Blick nach oben gerichtet, die Arme hochgereckt (s. a. Josef/Herbergssuche)
- mit Stock
- einen Wasserkrug auf der Schulter tragend
- eine Laterne in der Hand

Hirt, sitzend oder am Boden kauernd

- den Blick und eine Hand nach oben gerichtet, eine Stützhand am Boden
- Hände über dem Kopf, Gesicht zum Boden gewendet
- mit dem Gesicht nach unten fast flach am Boden liegend

Hirtenknabe

- mit Flöte
- mit Dudelsack
- mit Kippa und Flöte, neben liegendem Esel sitzend

Könige

Die Blicke der Könige sind immer auf das segnende Jesuskind gerichtet. Die Könige haben Geschenke, Opfergaben und eine Schatztruhe (meist rückseitig mit OSTERRIEDER signiert) in Händen oder neben sich.

- König, kniend, mit Krone, mit gefalteten Händen betend
- König kniend, mit orientalischer Kopfbedeckung oder barhäuptig, mit ausgebreiteten Armen
- Mohrenkönig, stehend, mit Krone, mit Geschenk in Händen

Pagen

Die Pagen stehen in der Regel hinter den Königen, in ihren Händen Szepter, Tücher oder Kissen mit Geschenken und Opfergaben haltend.

- Page, mit beiden Händen ein Geschenkkissen tragend
- Page, wie oben, andere Farbfassung
- Mohrenknabe mit Turban auf dem Kopf (Vollguss)

Frauen, in blauem Gewand, mit weißem Kopftuch

- kniend, mit Wasserkrug
- halb stehend, mit einem Wasserkrug
- stehend, mit linker Hand einen Wasserkrug auf dem Kopf tragend
- stehend, mit einem Kind auf dem Arm
- stehend, mit einem Kind auf dem Arm und einen Wasserkrug auf dem Kopf tragend
- stehend, einem Kamelreiter einen Wasserkrug hochreichend
- stehend, mit Händen das Kübelseil ziehend
- klein, für den Krippenhintergrund (die Perspektive verstärkend)
- zwei sitzende Frauen, mit Steinmühle Korn mahlend (Vollguss)

Reiter auf Pferd

- als Beduine
- gelegentlich auch als „Kaiser Wilhelm II."
- Rossebändiger

Verschiedene Volkstypen

- Händler, auf bepacktem Esel reitend
- Jude, lächelnd, mit ausgebreiteten Armen
- dunkelhäutiger Diener, unbekleideter Oberkörper, mit Stab in Händen
- dunkelhäutiger Diener, unbekleideter Oberkörper, mit Futterschüssel in Händen
- Mohr mit Fez, mit beiden Händen Sack schleppend (ganz gegossene Figur)
- Araber, gebeugt gehend, mit beiden Händen einen Sack am Rücken haltend
- Knabe, neben liegendem Esel sitzend

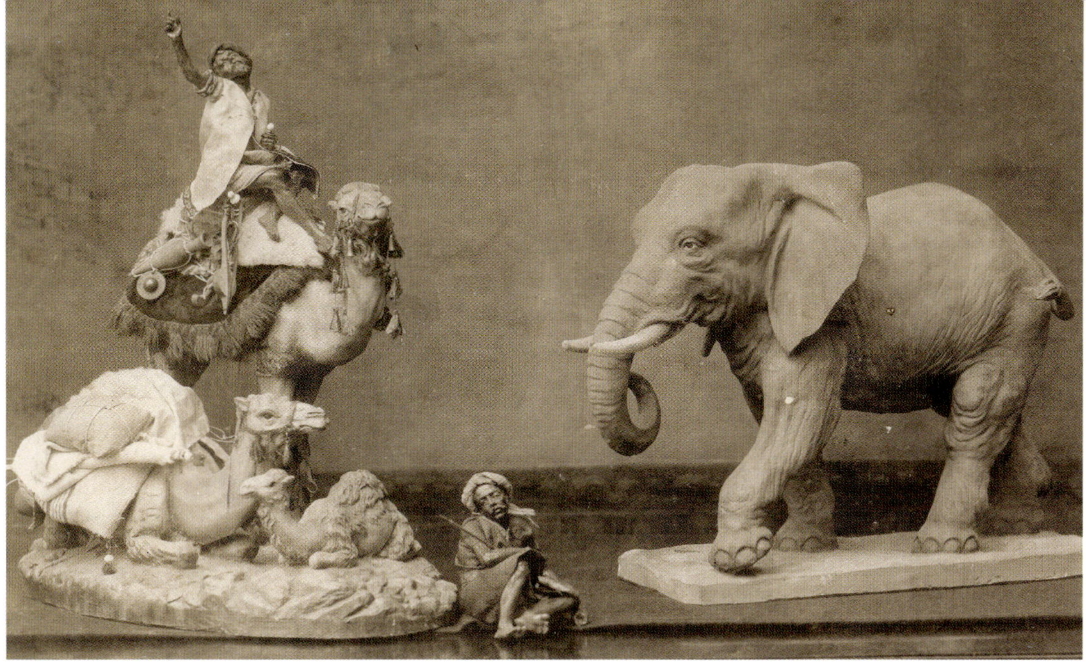

121 Werbeblätter „Aus den Krippenwerken des akad. Bildhauers Seb.Osterrieder, München. Gesetzlich geschützt." Kamelgruppe mit Reiter, auf den Stern deutend", Elefant. (Familienarchiv)

Kameltreiber
- hockend (auf Kamel reitend oder am Boden sitzend)
- mit erhobenem Arm (sieht den Stern oder gibt das Zeichen zum Aufbruch)
- mit beiden Händen nach dem Wasserkrug greifend
- mit Lanze in der Hand

Tiere

Durch Osterrieders ausführliche Tierstudien sind kunstvolle und lebensechte Figuren entstanden, die aus den Szenerien seiner Krippen nicht wegzudenken sind.

Ochs und Esel
- nur Kopfpartie (für Stall)
- Ochs auf der Weide
- Esel, stehend (Herbergssuche)
- Esel, gehend (Flucht nach Ägypten)

Kamele
- stehend, bepackt
- liegend, bepackt
- gehend, bepackt, größerer Typ
- gehend, bepackt, mittlere Größe
- Gruppe: 1 Kamel stehend, bepackt; 1 liegend, bepackt; 1 Junges

Elefant
- stehend oder gehend
- mit prunkvollem überdachten Sattel

Pferde
- Schimmel, hochspringend, gesattelt
- Fuchs, stehend, auf der Weide
- Rappen, stehend auf der Weide

Schaf
- stehend
- grasend
- Opferlamm, mit gebundenen Beinen am Boden liegend
- Widder, stehend
- Schafgruppe, stehend, mit Widder
- drei lagernde Schafe

Ziege
- stehend, mit gesenktem Kopf, Glöckchen am Halsband (Begleitfigur eines Hirten)
- liegend

6.2 Krippenkatalog nach Ortsnamen

Vorbemerkung: Egon Eberle, Illertissen, hat im Jahr 2002 im „Bayerischen Krippenfreund“ ein Verzeichnis der Werke Osterrieders veröffentlicht, das 110 Krippenorte enthält.[601] Im nachfolgenden Katalog sind die dort genannten Orte mit **E** („Eberleliste“) gekennzeichnet. Eberle hat in seiner genannten Veröffentlichung um Hinweise auf weitere Krippen und Werke Osterrieders gebeten. Die eingegangenen Meldungen von 24 Krippen hat er dem Autor freundlicherweise weitergegeben. Diese Ortsnamen sind im Katalog mit **EE** („Eberleliste-Ergänzung“) gekennzeichnet. Von Egon Eberle sind während der letzten Jahrzehnte die meisten dieser Osterrieder-Krippen persönlich in Augenschein genommen worden. Er hat seine große Kennerschaft dankenswerterweise für diesen Krippenkatalog zur Verfügung gestellt.

Sodann dankt der Autor herzlich allen freundlichen Helfern, die ihn während der Vorbereitungen für dieses Buch auf zusätzliche Krippenstandorte aufmerksam machten; Prof. Friedrich Münch, Bonn, Berthold Schnabel, Deidesheim, Pfarrer Jörg Thurnheer, Brunnen/Schwyz, und Diakon Joachim Hunecke, Grabenstätt, seien hier für viele weitere genannt. Der Dank des Autors gilt aber auch allen hilfsbereiten, jeweils im Katalog genannten Mitwirkenden, Pfarrern, Kirchen-, Krippen- und Heimatpflegern sowie Eigentümern, die ihm zu den einzelnen Krippen zahlreiche Fragen beantworteten. Die nachfolgenden Kurzbeschreibungen beruhen auf den dem Autor zur Verfügung gestellten Informationen. Dieser Katalog kann wegen der mutmaßlich sehr großen Zahl unbekannter Krippen in Privatbesitz nicht vollständig sein. Um das weitere Aufspüren und Dokumentieren von Osterrieder-Krippen anzuregen, sind im Katalog auch Orte aufgeführt, wo zu Krippen noch Fragen offen sind.

Wenn im Katalog nichts anderes vermerkt ist, handelt es sich um Krippen, die in den Kirchen von Weihnachten bis Lichtmess aufgestellt sind und um typische Osterrieder-Figuren in Hartguss (stehende Figuren von 25–30 cm Höhe) mit kaschierter Bekleidung.

Soweit die entsprechenden Informationen verfügbar waren, ist in den Kurzbeschreibungen der Standort der Krippen, in der Regel die örtliche Kirche, genannt. Es folgen Angaben über das Entstehungsjahr der Krippe; geschätzte Jahreszahlen sind mit * versehen. Es erfolgen sodann Angaben über den Stall, die aufgestellten Krippenszenen, die Anzahl der vorhandenen bzw. erhaltenen figürlichen Teile, gegebenenfalls mit kennzeichnenden, stichpunktartigen Angaben. Soweit Krippen im Textteil erwähnt sind, ist auf das entsprechende Kapitel verwiesen.

Bei der Beschreibung der Ställe lehnen sich die Kurzbeschreibungen an Kapitel 3.2 an mit den Bezeichnungen Prunk-(Renaissance-)Stall, Deutscher Stall und Grotten-(Höhlen-)Stall. Praktisch alle Original-Osterrieder-Grottenkrippen haben über der Grotte das „Haus der Abweisung“, wo Maria und Josef bei der Herbergssuche abgewimmelt wurden.

Die Szenen und ihre figürliche (Mindest-)Ausstattung werden wie folgt bezeichnet:

- *Verkündigung Mariä:* Maria und Verkündigungsengel
- *Verkündigung Hirten:* Hirten, Blick nach oben gerichtet, Hirtenfeld und Hirtenzelt, Verkündigungsengel
- *Geburt:* Hl. Familie im Stall, Ochs und Esel, Putten, anbetende, gabenbringende Hirten
- *Anbetung:* Bei der Hl. Familie meist eine andere Marienfigur (das segnende Jesuskind in Händen haltend), 3 Könige (Pagen und weiteres Gefolge werden erwähnt), Gefolge, Hirten
- *Flucht:* Maria mit Kind, auf dem Esel reitend, und Josef, den Esel führend
- *Nazareth:* Hl. Familie – Maria meist mit Spinnen beschäftigt, Josef mit dem Beil als Zimmermann, der junge Jesus am Sägbock arbeitend

Abkürzungen
Gem. (Gemeinde) | lt. (laut) | Lkr. (Landkreis) | Mitt. (Mitteilung) | rest. (Restauriert) | s. (siehe) | s. a. (siehe auch) | s. d. (siehe dort)

Abensberg, Lkr. Kelheim (1) **E**
Stadtmuseum Abensberg Herzogskasten, Dauerausstellung. Prunkstall (Bodenplatte 1,25 x 0,80 m, Höhe 1,20 m). Geburtsszene. Ca. 26 figürliche Teile. – Die sog. „Kaiserkrippe" (s. a. Kap. 3.3.1) aus dem Jahr 1907 konnte im Jahr 2000 von dem eigens hierfür gegründeten „Abensberger Krippenverein" aus dem Kunsthandel für Osterrieders Geburtsstadt erworben werden. Postkartenserie. (Abb. 47, 113, 114) [Mitt. Tobias Hammerl, Abensberg]

Abensberg, Lkr. Kelheim (2) **E**
Krippe, seit 1999 im Stadtmuseum Abensberg (früher „Aventinus-Museum"); Grottenstall (Bodenplatte 1,25 x 0,80 m, Höhe der Grotte 0,65 m, mit Haus der Abweisung 1,0 m). Szenen: Geburt und Anbetung simultan. Ca. 18 figürliche Teile. (Abb. 67) [Mitt. Adolf Buchenrieder u. Tobias Hammerl, Abensberg]

Adelshausen, Gemeinde Karlskron, Lkr. Neuburg-Schrobenhausen
Kath. Pfarrkirche St. Peter. Krippe mit Szenen Geburt und Anbetung [Mitt. Ludwig Schwender, Ingolstadt].

Aichach s. **München** (6): Bayer. Nationalmuseum

Altdorf s. **Seedorf**

Altötting (1) **E**
Kath. Pfarr- und Wallfahrtskirche St. Philipp und Jakob, Stiftskirche. Krippe 1909 (s. a. Kap. 3.8). Grottenstall. Szenen: Verkündigung an die Hirten, Geburt, am Brunnen, Anbetung. 67 figürliche Teile, darunter 2 Marien, Könige und Pagen, Musikanten, Eselsreiter, 7 Kamele und Reiter, zahlreiche Putti, Verkündigungsengel. Figuren nicht sachgerecht übermalt, Kaschierungen teilweise verändert. (Abb. 5, 65) [Mitt. Reinhold Ullermann, Altötting, Uta Ludwig, Unterwössen]

Altötting (2 u. 3) **EE**
Krippe im Rupertinum und Krippe im Kapuzinerkloster, nicht öffentlich zugänglich. [Mittl. Egon Eberle, Illertissen; Bodo Underberg, Burghausen]

Andechs, Lkr. Starnberg **E**
Benediktinerkloster. Krippe nicht mehr vorhanden.

Aretsried, Markt Fischach, Lkr. Augsburg **EE**
Kath. Pfarrkirche St. Pankratius. Hüttenstall. Szenen: Geburt, Anbetung. [Mitt. Egon Eberle, Illertissen]

Armstorf, Lkr. Erding
Kapelle im Bildungshaus der Franziskanerinnen/Kloster Armstorf. Deutscher Stall. Geburtsszene. [Mittl. Dr. Helmut Wirner, München]

Aschaffenburg s. **St. Augustin-Meindorf**

Aschau im Chiemgau, Lkr. Rosenheim
Kath. Pfarrkirche Mariä Himmelfahrt. Krippe 1912 gestiftet von Frhr. Theodor v. Cramer-Klett. Prunkstall. Szenen: Geburt, Anbetung. 41 figürliche Teile, darunter Hirten, Könige mit Pagen, 2 Kamele, Elefant. [Mitt. Günter Berger, Aschau]

Attenhofen s. **Vöhringen-Illerberg**

Attersee, Land Salzburg **E**
Wallfahrtskirche Maria Attersee. Krippe lt. Pfarrchronik 1910 von den Schwestern Hochrainer angeschafft (lt. Pressebericht Kirchdorf/Krems [s. Kap. 3.4] 1908/09). Deutscher Stall. Geburtsszene. Ca. 18 figürliche Teile; rest. [Mitt. Johann u. Martina Neuwirth, Attersee]

Augsburg (1) **E**
Benediktinerabtei St. Stephan. Die große Krippe von *1914 wurde durch Bombeneinwirkung zerstört. Figuren für alle Szenen waren vorhanden. Zur ehem. Heliopolis-Szene (Kap. 3.8.1) (Abb. 70). [Mitt. P. Emmanuel Andres und Fr. Rupert Gebhard, Augsburg St. Stephan]

Augsburg (2) **E**
Privat. [Mitt. Egon Eberle, Illertissen]

Babenhausen, Lkr. Unterallgäu **E**
Kath. Pfarrkirche St. Andreas. Stall von Osterrieder. Geburtsszene. [Mitt. Egon Eberle, Illertissen]

Bad Heilbrunn, Lkr. Bad-Tölz-Wolfratshausen
Krippe, der Kath. Pfarrgemeinde St. Kilian 1916, (Kaufpreis 850 Mark), von Pfarrer Meyershofer geschenkt als Dank für die Ernennung zum Ehrenbürger. Szenen: Geburt, Anbetung; 19 figürliche Teile zuzügl. Schafe und Engel, liegendes Kamel. [Mitt. Elisabeth Schmid, Bad Heilbrunn]

Bad Wörishofen, Lkr. Unterallgäu (1) **E**
Kath. Pfarrkirche St. Justina. Krippe *1925. Szenen: Geburt, Anbetung, Flucht. 34 figürliche Teile, darunter 3 Marien, 2 Josef, 6 Hirten, 3 Könige und 2 Pagen, Wasserfrau, 2 Kamele, Elefant, Putten, Verkündigungsengel. [Mitt. Josef Huber, Bad Wörishofen]

Bad Wörishofen, Lkr. Unterallgäu (2) **E**
Privat. Krippe Deutscher Stall und weitere Bauten. Figuren: nur Hl. Familie, einige Hirten und Schafe von Osterrieder. [Mitt. Egon Eberle, Illertissen]

Bad Wurzach, Lkr. Ravensburg (1) **E**
Kath. Pfarrkirche St. Verena. Große, erstmals 1925 in einer Nische des St. Antoniusaltars aufgestellte Krippe mit 55 Figuren (s. Kap. 4.4) und einem gemalten, 5,5 m breiten Hintergrund (Abb. 41). Szenen: Geburt, Anbetung.

Bad Wurzach, Lkr. Ravensburg (2) **E**
Kapelle im Salvatorkolleg. Krippe von *1924. Stall nicht von Osterrieder. Szenen: Geburt, Anbetung. Ca. 30 figürliche Teile. [Mitt. P. Bernhard, Salvatorkolleg/Bad Wurzach]

Belleville, Ohio/USA
Bischofskirche St. Peter (s. Kap. 4.4). [Bogner, Das neue Krippenlexikon, S. 502]

Bendorf bei Bonn, Lkr. Mayen-Koblenz **E**
Privat. [Mitt. Egon Eberle, Illertissen]

Berching, Lkr. Neumarkt i. d. Oberpfalz
Krippe nicht mehr vorhanden. [Mitt. Egon Eberle, Illertissen]

Bergedorf, Stadtteil Hamburg-Bergedorf **E**
S. Kap. 3.8. Näheres konnte nicht in Erfahrung gebracht werden. [Mitt. Egon Eberle, Illertissen]

Berlin s. **Abensberg** (1)

Bernbach, Gem. Bidingen, Lkr. Ostallgäu **EE**
Kath. Pfarrkirche St. Johannes Baptist. *1930. – Privatbesitz Holderied, leihweise Aufstellung in der Kirche. – Deutscher Stall. Szenen: Geburt, Anbetung. Ca. 14 figürliche Teile. [Mitt. Alfred Maschke, Bidingen-Bernbach]

Bernbeuren, Lkr. Weilheim-Schongau **E**
Kath. Pfarrkirche St. Nikolaus. [Mitt. Egon Eberle, Illertissen]

Bertoldshofen, Stadt Marktoberdorf, Lkr. Ostallgäu, Kath. Pfarrkirche St. Michael. Krippe. [Mitt. Egon Eberle, Illertissen]

Bettemburg, Luxemburg **E**
Kath. Pfarrkirche Mariä Himmelfahrt. Die figurenreiche Krippe (Großfiguren, Hartguss, s. a. Kap. 3.9) ist in tadellosem Zustand und war ausgestellt auf der „Krippana 1991“[602]; die zentrale Gruppe der Hl. Familie mit drei Engeln ist Titelbild des Kataloges. Katalogtext: „Nr. 16, Leihgabe der kath. Pfarrgem. Mariä Himmelfahrt, Bettemburg (L), 20 Figuren, 50–60 cm, 14 Tiere, Material Gipsgemisch, gefasst. Hersteller: Sebastian Osterrieder, München, ca. 1923. [...] (siehe Titelbild)“; Abb. als Simultankrippe mit weiteren 9 Figuren, Ochs, Esel und drei Schafen in: Vincent, Michel, Krippana. Der Zauber der Krippe, Losheim, 1999, S. 108 (s. a. Manderfeld). [Mitt. Prof. Friedrich Münch, Bonn]

Beuren, Stadt Isny, Lkr. Ravensburg **E**
Kath. Pfarrkirche St. Cosmas und Damian. Krippe 1924 (s. Kap. 3.9 u. 4.4). Großfiguren, Hartguss. Szenen: Geburt, Anbetung. [Mitt. Egon Eberle, Illertissen]

Biberbach, Lkr. Augsburg **EE**
Kath. Pfarr- und Wallfahrtskirche St. Jakobus d. Ä. und Laurentius. Krippe *1912. Von dem ursprünglich umfangreichen Figurenbestand nur Teile erhalten, Stall nicht von Osterrieder. Szenen: Geburt, Anbetung; 17 figürliche Teile, darunter 2 Marien, Hirten, Könige (ein König von H. Frübis ergänzt), Schafe, 1 Pferd mit Reiter („Abbild der lebensgroßen Osterrieder-Zinkgussplastik des Kalvarienberges nördl. der Kirche" [s. Kap. 3.7]), Kamel, Elefant, Putten. Rest. (Frübis). [Mitt. Stephanie Justus, Biberbach]

Bidingen, Lkr. Ostallgäu **EE**
Kath. Pfarrkirche St. Pankratius. Hüttenstall. Geburtsszene. [Mitt. Egon Eberle, Illertissen]

Bissingen, Lkr. Dillingen a. d. Donau
Kath. Pfarrkirche St. Peter und Paul. Krippe 1906 (s. Kap. 3.4). Deutscher Stall. Szenen: Geburt, Anbetung, Flucht. Ca. 50 figürliche Teile, darunter 2 Kamele, Elefant. [Mitt. Karl und Marianne Heider, Bissingen]

Blaichach, Lkr. Oberallgäu **E**
Kath. Pfarrkirche St. Martin. Stall nicht von Osterrieder. Geburtsszene. [Mitt. Egon Eberle, Illertissen]

Blieskastel, Lkr. Saar-Pfalz-Kreis **E**
Schlosskirche (Kath. Pfarrkirche St. Sebastian). Krippe 1922 (s. Kap. 4.1). Deutscher Stall. Szenen: Geburt, Anbetung. 26 figürliche Teile; rest. (Abb. 88, 124) [Dr. Gertraud Lamla, Blieskastel,[603] Berthold Schnabel, Deidesheim[604], Pfarrer Hermann Kast, Blieskastel]

Böhen, Stadt Immenstadt, Lkr. Oberallgäu
Pfarrer Haslach aus Böhen bestellt im Juli 1910 eine Krippe „wie die im Kapuzinerkloster in Immenstadt" (s. Kap. 3.8). Krippe nicht mehr vorhanden; Figuren vermutlich nach Ottobeuren gegeben. [Mitt. Egon Eberle, Illertissen]

Bonn-Bad Godesberg
Privat. Krippe durch alte Fotos belegt. Verbleib unbekannt. [Mitt. Prof. Friedrich Münch, Bonn]

Bonn-Ippendorf **E**
Privat, früher Grevenbroich. Krippe von 1913 (s. Kap. 3.8). Deutscher Stall. Szene: Geburt. [Mitt. Prof. Friedrich Münch, Bonn]

Bonn-Schwarzrheindorf **E**
Stifts- und Pfarrkirche St. Maria und St. Clemens. Von Pfarrer Witte 1926–1932 angeschaffte Krippe mit 43 figürlichen Teilen. Szenen: Geburt, Anbetung, Flucht. – Sehr gut dokumentierte und gepflegte Krippe (s. Kap. 4.4.4) (Abb. 35 b, 101 a–g, 106 a). [Mitt. Prof. Friedrich Münch, Bonn]

Borg, Gem. Perl a. d. Mosel,
Lkr. Merzig-Wadern **E**
Kath. Pfarrkirche St. Johannes der Täufer. Pfarrer Moskopf erwarb 1924 eine große Krippe mit Prunkstall. Die Figuren gingen im Krieg verloren. Die weitere Krippengeschichte erforschte Prof. F. Münch, Bonn: Pfarrer Mooskopf konnte 1954 die aus den Jahren 1910/13 stammenden Krippenfiguren der Ludwigskirche/München (s. Kap. 3.8.1) erwerben. 60 figürliche Teile des ehemals großen Bestandes von 72 Teilen sind noch vorhanden und werden von Heinz Remi gepflegt und jährlich aufgestellt. Szenen: Geburt und Anbetung simultan. [Mitt. Prof. Friedrich Münch, Bonn]

Brakel, Lkr. Höxter (1)
Krippe seit 1924 in Pfarrkirche St. Michael. Großfiguren (wie in Linz), Hartguss. Szenen: Geburt, Anbetung. Krippe ca. 1989 von der Pfarrei aufgegeben; Mittelgruppe seither bei Familie Scheidt, Brakel; Verbleib der anderen Figuren nicht bekannt. [Mitt. Rita Tönniges, Brakel; Carsten Scheidt, Brakel].

Brakel, Lkr. Höxter (2)
Kloster Brede der Armen Schulschwestern. Krippe *1924; Großfiguren (wie in Linz), Hartguss, Mittel-

gruppe (Die Gruppe war bis 1972 im ehemaligen Kloster St. Anna in Wuppertal-Elberfeld.). [Mitt. Rita Tönniges, Brakel; Sr. Irene Hamm, Kloster Brede].

Bregenz, Vorarlberg **EE**
Kath. Pfarrkirche Mariahilf. Großfiguren, Hartguss. Szenen: Geburt, Anbetung. [Mitt. Egon Eberle, Illertissen]

Bristen, Kanton Uri
Kath. Kirche, Krippe, Stall nicht von Osterrieder. Ca. 15 figürliche Teile, darunter Hl. Familie, 7 Hirten, Flöten-, Dudelsackspieler, Putten, Schafe, Ziege [Mitt. Pfarrer Jürg Thurnheer, Brunnen/Schwyz]

Brunnen am Vierwaldstätter See,
Kanton Schwyz **E**
Dorfkapelle in Brunnen, Patrozinium Trinitatis, Kath. Pfarramt Ingenbohl. Die Krippenfiguren wurden von Pfarrer Thurnheer vor ca. 15 Jahren auf dem Speicher gefunden. Die große Krippe ist mutmaßlich das Geschenk einer deutschen Familie. Grottenstall. Alljährlich aufgestellte Szenen: Geburt, Anbetung. Ca. 35 figürliche Teile, darunter Pferd mit Reiter, bepacktes Kamel. Die Figuren tragen am Fuß eine Nummer für die entsprechend markierte Stelle am Krippenboden. Figuren ohne Nummer können frei aufgestellt werden. [Mitt. Pfarrer Jürg Thurnheer, Brunnen/Schwyz]

Brunnen, Gem. Waidhofen,
Lkr. Neuburg-Schrobenhausen **EE**
Kath. Pfarrkirche St. Michael. Krippe 1927 von Osterrieder erworben zum 25-jährigen Priesterjubiläum des Pfarrers Ulrich Eberle. Deutscher Stall. Szenen: Geburt, Anbetung. 21 figürliche Teile. [Mitt. Max Schmid, Brunnen]

Buching, Gemeinde Halblech, Lkr. Ostallgäu **E**
Pfarrei Bayerniederhofen, Pfarrkirche St. Michael. Große Krippe ab 1916 angeschafft von Pfarrer Kümmerle (3 Osterriederrechnungen 1917 bis 1919, ca. 4000 Mark). Grottenstall, umfangreiche Bauten, 53 figürliche Teile, alle typischen Osterriederfiguren, 4 Kamele; jährliche Aufstellung der Szenen: Mariä Verkündigung, Herbergssuche, Geburt, Anbetung, Flucht, Haus Nazareth. Restauriert 2010 (Susanne Helferich, München) [Mitt. Egon Eberle, Illertissen, Luise Mayr, Halblech].

Buchloe, Lkr. Ostallgäu **E**
Kath. Pfarrkirche Mariä Himmelfahrt. Krippenanschaffung 1920/25–1928; Grottenstall (weitere Bauten sowie Panorama nicht original), Aufbau Vorderfront 5,50 m. Szenen: Herbergssuche, Geburt, Anbetung, Nazareth. Ca. 45 figürliche Teile, die meisten noch original (darunter der Verkündigungsengel), einige aber rest.; liegendes Kamel und Elefant gestohlen (durch Frübis ersetzt). [Mitt. Heinrich Meichelböck, Buchloe]

Burghausen, Lkr. Altötting **E**
Privat. Geburt: Engel, Verkündigungsengel; Anbetung: Maria, 3 Könige. – Kamele. [Mitt. Eigentümer]

Cassel bei Kempenich/Eifel,
Lkr. Bad Neuenahr-Ahrweiler
Krippe von 1914 (s. a. Kap. 3.8), mutmaßlich für das St.-Michael-Haus, heute St. Michael und Sophie Scholl, KSJ-Jugendheim. Näheres unbekannt.

Cleveland, Ohio/USA
St. John's Catholic Cathedral. Krippe von Bischof Joseph Schrembs 1925 von Osterrieder erworben (s. Kap. 4.4) (Abb. 97). Grottenstall und weitere Bauten. Szenen: Geburt, Anbetung. – Fotografien aus dem Jahr 2000 zeigen einen sehr restaurierungsbedürftigen Zustand (s. a. G. Bogner, Das neue Krippenlexikon, S. 502). [Mitt. Peter Runz, Landshut]

Cottbus
Guter-Hirte-Kirche ab 1928, danach ab 1934 in Marienkirche Krippe Großfiguren (wie in Linz) Hartguß (s. Kap. 3.9) Hl. Familie mit Engeln, Hirten, Frau mit Krug, Könige, Page; Stall von Osterrieder (Hl. Familie und Stall nicht mehr vorhanden) [Mitt. Franz Löscher, Cottbus].

Deidesheim, Lkr. Bad Dürkheim **E**
Kath. Pfarrkirche St. Ulrich. „Ethnographische Krippe“ von 1912. Grottenstall. Szenen: Geburt, Anbetung. Ca. 40 figürliche Teile. – Geschichte der Anschaffung ausführlich dokumentiert durch B. Schnabel (s. Kap. 3.8) (Abb. 66). [Mitt. Berthold Schnabel, Lieselotte u. Heinz Bonn, Deidesheim]

Derndorf s. **Moorrege**

Diepolz, Stadt Immenstadt i. Allgäu, Lkr. Oberallgäu **EE**
Kath. Pfarrkirche St. Blasius. Krippe *1915. Großfiguren Hl. Familie mit drei Engeln (wie Mittelgruppe der Linzer Krippe, s. Kap. 3.9), Opferlamm; Hartguss, polychromiert. [Mitt. Hermann Huber, Immenstadt-Diepolz; Egon Eberle, Illertissen]

Dillishausen, Gem. Lamerdingen, Lkr. Ostallgäu **E**
Kath. Pfarrkirche St. Peter und Paul. Krippe *1914. Ruinenstall. Geburtsszene. [Mitt. Egon Eberle, Illertissen]

Dorschhausen, Stadt Bad Wörishofen, Lkr. Unterallgäu **E**
Kath. Pfarr- und Wallfahrtskirche Mariä Heimsuchung. Von der Krippe nur Hl. Familie und Puttengruppe erhalten; der frühere große Figurenbestand ging durch falsche Lagerung verloren. 7 figürliche Teile; Geburtsszene. [Mitt. Theresia Kronenbitter, München; Franz Oberstaller, Bad Wörishofen]

Ebensee, Oberösterreich
Privat. Näheres unbekannt.

Ebersberg **E**
Kath. Pfarrkirche St. Sebastian. Von Pfarrer Martin Guggetzer 1914/19 für seine Pfarrei angeschafft (s. a. Kap. 3.10). Prunkstall. Szenen: Verkündigung Mariä, Geburt, Anbetung, Nazareth. Ca. 36 figürliche Teile, darunter 3 Marien, 5 Engel, Verkündigungsengel, 5 Hirten, 2 Hirtenknaben, 3 Könige und 2 Pagen, Frau am Brunnen, Schimmel und reitender Beduine, zahlreiche Schafe. – Postkartenserie mit Text von Kreisheimatpfleger Markus Krammer. [Mitt. Inge Niedermeier, München]

Ebratshofen, Gem. Grünenbach, Lkr. Lindau **E**
Kath. Pfarrkirche St. Elisabeth. Krippe 1910 (s. Kap. 3.8). Prunkstall. Szenen: Geburt, Anbetung. Ca. 25 figürliche Teile, darunter Hl. Familie und 8 Hirten, Flötist, Dudelsackbläser, Kamel mit Reiter; Könige nicht von Osterrieder. [Mitt. Pfarrer Herbert Mader, Ebratshofen]

Edling, Lkr. Rosenheim **E**
Kath. Pfarrkirche St. Cyriacus. Krippe (Kirchenstiftung Reithmering) von 1915 „wie die für Deidesheim“ (s. Kap. 3.10). Szenen: Geburt, Anbetung, Flucht. Jetzt ca. 30 figürliche Teile. [Mitt. Pfarrer Bernhard Joa, Wasserburg]

Erfweiler-Ehlingen, Gem. Mandelbachtal, Saarpfalz-Kreis **E**
Kath. Pfarrkirche St. Mauritius. Krippe *1920/22 (s. Kap. 4.1). Deutscher Stall. Szenen: Geburt, Anbetung. Ca. 35 figürliche Teile; 2007 rest. [Mitt. Berthold Schnabel, Deidesheim; Heinz Schließmann, Mandelbachtal]

Erlangen
Privat, ursprüngl. Stolberg/Rhld.
[Mitt. Prof. Friedrich Münch, Bonn]

Escholzmatt, Kanton Luzern
Pfarrkirche. Einstige Osterrieder-Krippe wurde durch moderne Krippe ersetzt. Verbleib lt. Auskunft des kath. Pfarramts unbekannt. [Mitt. Pfarrer Jürg Turnheer, Brunnen]

Esslingen am Neckar **E**
Kath. Münster St. Paul. Krippe mit 26 Großfiguren (Hartguss, farbig gefasst, vom Typ der Linzer Figuren), 1927. Szene: Geburt und Anbetung simultan. – Krippe gut dokumentiert (s. Kap. 3.9) durch Bildband: Wolfgang Tripp (Münsterpfarrer), „Heller Stern in dunkler Nacht“. [Mitt. Roswitha E. Al-Habib Nmeir, Esslingen] (Abb. 76–78)

Fischach-Aretsried s. **Aretsried**

Freising **E**
Dom Mariä Geburt und St. Korbinian. In Kap. 3.10.2 wird die schwierige Anschaffung in der Kriegszeit 1915/16 geschildert. Szenen: Geburt, Anbetung, Nazareth. Ca. 45 figürliche Teile. – Die Krippe wurde bis in die 1960er-Jahre im Eingangsbereich des Domes („Paradies") aufgestellt, ohne Glasschutz. Seit 1976 als Leihgabe im benachbarten Diözesanmuseum, dort ganzjährige Ausstellung. Stall und Bauten nicht von Osterrieder (Abb. 82, 83 a–c). [Mitt. Museumsdirektorin Dr. Sylvia Hahn, Freising; Diakon Walter Schwind, Freising]

Fürstenfeldbruck **EE**
Ehem. Klosterkirche Fürstenfeld, Kath. Nebenkirche St. Mariä Himmelfahrt. Krippe 1940 durch Vermittlung von Prälat Michael Hartig aus Privatbesitz von der Kirche angekauft. Stall: Prunkruine (nicht original). Szenen: Geburt, Anbetung. Ca. 17 figürliche Teile, darunter 6 Engel und Dreier-Kamelgruppe (kürzlich durch Anton Hirschvogl erworben), die Könige nicht von Osterrieder. – Nach früherer, schädigender Restaurierung ist das nach Begutachtung durch das Erzbischöfl. Ordinariat (Dr. Christoph Kürzeder) und das Bayer. Landesamt für Denkmalpflege (Dr. Susanne Fischer) durchgeführte fachgerechte Restaurierungsprogramm (Susanne Helferich, München) abgeschlossen [Mitt. Anton Hirschvogl].

Gaimersheim, Lkr. Eichstätt **E**
Kath. Pfarrkirche Mariä Aufnahme in den Himmel. Krippe *1913. Gemauerter Stall. Szenen: Geburt, Anbetung. Von früherem größeren Bestand nur noch 14 figürliche Teile von Osterrieder. [Mitt. Bernhard Schießl, Gaimersheim]

Garmisch-Partenkirchen s. **Partenkirchen**

Gartlberg, Stadt Pfarrkirchen, Lkr. Rottal-Inn **E**
Marienwallfahrtskirche. Große Bethlehemkrippe, Aufstellung ca. 3,50 x 2,0 m, Stall nur teilweise von Osterrieder. Szenen: Geburt, Anbetung, Flucht. Bestand 91 figürliche Teile (darunter 5 Marien, 3 Josef, Hirten, Könige, Pagen, 19 Engel, 2 Kamele, Elefant, Pferd). [Mitt. Bodo Underberg, Burghausen, Uta Ludwig, Unterwössen]

Genderkingen, Lkr. Donau-Ries **E**
Kath. Pfarrkirche St. Peter und Paul. Krippe *1911 (s. Kap. 3.8). Prunkstall. Szenen: Geburt, Anbetung. Ca. 36 figürliche Teile. – Krippe gut dokumentiert durch den Bildband von Karl Harsch und Reiner Pfaffendorf: „Auf dem Weg nach Bethlehem, Osterrieder-Krippe in der Pfarrkirche zu Genderkingen". [Mittl. Karl Harsch, Genderkingen]

Grevenbroich s. **Bonn-Ippendorf**

Glattbach, Lkr. Aschaffenburg
Krippenmuseum, Krippe *1925 (ursprünglich Ludwig Zettler, Wangen) Leihgabe Pöppelmann. Ca. 8 figürliche Teile, Geburtsszene [Mitt. Klaus Pöppelmann, Haibach].

Gurten bei Ried, Oberösterreich **E**
Krippe. ? [Mitt. Egon Eberle, Illertissen]

Haigerloch, Lkr. Hechingen (1) **EE**
Kath. Schlosskirche. Krippe, Geburtsszene, 2 Dudelsackbläser, Putten, wird derzeit nicht aufgestellt. [Mitt. Egon Eberle, Illertissen; Pfarrer Wolfgang Laaber, Haigerloch]

Haigerloch, Lkr. Hechingen (2)
Afrikamissionare-Weiße Väter. Krippe ca 40 figürliche Teile, für Szenen: Geburt, Anbetung, Flucht; Schafe, Ziegen, Kamele, Elefant [Mitt. Andreas Edele, M.Afr., Haigerloch].

Halblech s. **Buching**

Haldenwang, Lkr. Günzburg **E**
Kath. Pfarrkirche Maria Immaculata (s. a. Kap. 3.10). Große Krippe 1916. Prunkstall und weitere Bauten; Hl. Familie, Hirten, 3 Könige. [Mitt. Egon Eberle, Illertissen]

Hard, Bezirk Bregenz, Vorarlberg **EE**
Kath. Pfarrkirche St. Sebastian. Krippe, Stall nicht von Osterrieder. Geburtsszene. [Mitt. Egon Eberle, Illertissen]

Hechingen-Stetten, Zollernalbkreis
Pfarrkirche, Krippe 1907, Szenen Verkündigung, Geburt, Anbetung; 27 figürliche Teile. Figuren nicht mehr originalbekleidet [Mitt. Franz Buckenmaier, Hechingen]

Heimenkirch, Lkr. Lindau **E**
Kath. Pfarrkirche St. Margareth. Krippe von Osterrieder lt. Rechnung vom 29.4.1920 für 3.600 Mark zuzügl. Transportkosten geliefert (s. Kap. 4.1). Grottenstall. Hl. Familie, Hirten, 3 Könige. [Mitt. Egon Eberle, Illertissen; Werner Dobras, Lindau[605]]

Hergensweiler, Lkr. Lindau **E**
Kath. Pfarrkirche St. Ambrosius. Krippe 1920. Grottenstall. Szenen: Geburt, Anbetung. Ca. 30 figürliche Teile, darunter Pferd mit Reiter, Kamel, Araber mit Futterschale. – In Hergensweiler auch ein Hl. Grab von Osterrieder. [Mitt. Pfarrer Joachim Lang, Hergensweiler]

Herxheim, Lkr. Südliche Weinstraße **E**
Kath. Pfarrkirche Mariä Himmelfahrt. Grottenstall. Krippe 1928 (s. Kap. 4.4). Grottenstall, ca. 30 figürliche Teile [Mitt. Bertold Schnabel, Deidesheim, Bernhard Bohne, Herxheim, Annette Krauß, München].

Hettenleidelheim, Lkr. Bad Dürkheim **E**
Kath. Pfarrkirche St. Peter. Krippe 1916 unter Pfarrer Robert Hans für 1.376 Mark bei Osterrieder angekauft (durch B. Schnabel gut dokumentiert, s. Kap. 3.10). Panorama ersetzt 1978 durch neue Hintergrundmalerei von J. Suchomelli. Grottenstall. Szenen: Geburt und Anbetung simultan. Ca. 25 figürliche Teile, darunter ein kleines und zwei große Kamele, eine stehende, eine liegende Ziege. [Mitt. Berthold Schnabel, Deidesheim]

Hörbranz bei Bregenz, Vorarlberg **EE**
Salvatorianerkolleg. Krippe, Stall nicht von Osterrieder. Geburtsszene. [Mitt. Egon Eberle, Illertissen]

Hohenschäftlarn, Gem. Schäftlarn, Lkr. München **EE**
Kath. Pfarrkirche St. Georg. Krippe. Deutscher Stall. Hl. Familie, Verkündigunggsengel. [Mitt. Egon Eberle, Illertissen]

Hohenthann, Lkr. Landshut
Älteste dokumentierte Krippe von 1899 (s. Kap. 2.7). Von der ehemals an Bauten und Figurenzahl großen Krippe des Bierbrauers Johann Rauchenecker ist heute nur noch die Hl. Familie erhalten (s. Abb. 26); rest. [Mitt. Maria Lindner, Landshut; Mathilde Schmalzl, Neufahrn bei Landshut]

Holzen s. **Kloster Holzen**

Holzkirchen, Lkr. Miesbach **E**
Kath. Pfarrkirche St. Laurentius. Krippe von Dekan Imminger 1926/31 angeschafft. Osterrieder-Stall und Bauten nicht mehr vorhanden. Jetziger Stall 1977 nach Vorgaben von Pfarrer Schäfer, Schöngeising, gebaut von Josef Kerschdorfer. Szenen: Verkündigung Mariä, Herbergssuche, Geburt, Anbetung, Flucht, Nazareth. 46 figürliche Teile, darunter 2 Marien, 3 Könige mit Pagen, 2 Kamele, Elefant. [Mitt. Anna Kerschdorfer, Holzkirchen]

Iffeldorf, Lkr. Weilheim-Schongau
Kath. Pfarrkirche St. Vitus. Krippe mit noch einigen Original-Osterriederfiguren, darunter Hl. Familie, Hirten [Mitt. Brigitte Roßbeck, Iffeldorf].

Illerberg s. **Vöhringen-Illerberg**

Illertissen, Lkr. Neu-Ulm (1) **E**
Heimatmuseum im ehem. Schloss. Krippe mutmaßlich aus Kloster Heiligenbronn (Schramberg/Rottweil). Großfiguren, Hartguss, polychromiert; Hl. Familie und Könige. Egon Eberle konnte die Figuren aus dem Kunsthandel für das Museum erwerben (s. Kap. 3.9) (Abb. 98). [Mitt. Egon Eberle, Illertissen]

Illertissen, Lkr. Neu-Ulm (2) **E**
Kreiskrankenhaus (s. a. Kap. 4.4.1). Die Krippe wurde 1926 vom damaligen Landrat erworben für die Ordensschwestern im Krankenhaus; nach deren Weggang verblieb die Krippe in der Obhut des Krankenhausverwalters Egon Eberle, der sie seit 1955 alljährlich aufstellt und pflegt. Deutscher Stall. Szenen: Geburt und Anbetung simultan; rest. (Frübis). [Mitt. Egon Eberle, Illertissen]

Illertissen, Lkr. Neu-Ulm (3) **E**
Sog. Kögelkrippe im Heimatmuseum. Nach Vorlagen und mit Erlaubnis von Sebastian Osterrieder schnitzte Josef Kögel (1876–1949), Schreinermeister in Illertissen, um 1920 eine große Krippe, die er jährlich in einem eigenen Raum über seiner Werkstatt aufstellte. Figurenkopien voll geschnitzt und gefasst. Die Krippe wurde von der Sparkasse Illertissen als Leihgabe für das Heimatmuseum erworben. Abbildungen von Reitern zu Pferd und Kamel in E. Lidel[606]. [Mitt. Egon Eberle, Illertissen; Prof. Friedrich Münch, Bonn]

Illertissen, Lkr. Neu-Ulm (4) **E**
Heimatmuseum im ehem. Schloss. Die Krippe wurde aus St. Galler Privatbesitz ca. 1967 von Josef Kränzle erworben und als Leihgabe dem Heimatpflegeverein übergeben. Hüttenstall, bemalte Panoramaleinwand. Szenen: Geburt, Anbetung. Unter den Figuren auch Verkündigungsengel, Kamele. [Mitt. Egon Eberle, Illertissen]

Illertissen, Lkr. Neu-Ulm (5) **E**
Privat. Krippe, Stall nicht von Osterrieder. Szenen: Geburt, Anbetung. Unter den Figuren auch Pagen, Kamel (teilweise Frübis-Kopien). [Mitt. Egon Eberle, Illertissen]

Immenstadt im Allgäu, Lkr. Oberallgäu
Krippe im ehem. Kapuzinerkloster (s. Kap. 3.8). Verbleib unbekannt.

Ingenbohl-Brunnen s. **Brunnen/Schwyz**

Ingolstadt
Privat, Einzelfigur Hirte mit Hammel auf den Schultern tragend, vor der Bemalung zur Stabilitätsverbesserung galvanisiert (einziges bekanntes Exemplar; s. Wikipedia Osterrieder, Link Krippenfigur in Galvanotechnik) [Mitt. Dr. Dr. Heiner Meininghaus, Ingolstadt].

Ingolstadt s. **Gaimersheim** und **Zuchering**

Isny-Beuren s. **Beuren**

Jexhof, Gem. Schöngeising,
Lkr. Fürstenfeldbruck **EE**
Bauernhofmuseum des Landkreises. [Mitt. Egon Eberle, Illertissen]

Karlskron, Lkr. Neuburg-Schrobenhausen **E**
Privat. Krippe: Stall. Hl. Familie, Hirten, Verkündigungsengel, 3 Könige. Szenen: Geburt, Anbetung, Nazareth. [Mitt. Egon Eberle, Illertissen]

Kaufbeuren, Lkr. Ostallgäu **E**
Stadtmuseum. Krippe: Hl. Familie, Hirten, Wasserträger, Schafe, Ziegen; 18 figürliche Teile [Mitt. Egon Eberle, Illertissen, Uta Ludwig, Unterwössen, Dr. Astrid Pellengahr, Kaufbeuren]

Kempten (Allgäu) **E**
Kath. Pfarr- und Kapuzinerklosterkirche St. Anton. Krippe, 1920 angeschafft (s. Kap. 4.4). Ca. 50 figürliche Teile, darunter 3 Könige, Kamele. Rest. (Frübis). [Mitt. Egon Eberle, Illertissen, Günter Ehlers, Kempten]

Kirchdorf a. d. Amper, Lkr. Freising **E**
Kath. Pfarrkirche St. Martin. Gut erhaltene Krippe vorhanden. [Mitt. Diakon Walter Schwind, Freising]

Kirchdorf a. d. Krems, Oberösterreich **E**
Kath. Pfarrkirche St. Gregor. Krippe 1908 (s. Kap. 3.4). Deutscher Stall, Torbogen, Hintergrundbild. Gesicherte Vitrinenaufstellung. Szenen: Verkündigung Mariä, Geburt, Anbetung. 35 figürliche Teile, darunter 2 Kamele. Gesamtbestand 1997 rest. (Frübis). – Sehr gut dokumentierte und gepflegte Krippe. (Abb. 44–45) [Mitt. Helmut Meixner, Kirchdorf]

Kirchdorf am Inn, Gem. Raubling, Lkr. Rosenheim
Kath. Pfarrkirche St. Ursula. Krippe *1925; nach Kirchenbrand nur noch ca. 13 figürliche Teile vorhanden. Szenen: Geburt, Anbetung (wobei drei Hirtenfiguren die verbrannten Könige ersetzen). Rest. [Mitt. Joachim Huneke, Grabenstätt; Regina Freiberger, Thalreit bei Kirchdorf]

Kloster Holzen, Gem. Allmannshofen, Lkr. Augsburg **E**
Kloster- und Pfarrkirche St. Johannes der Täufer. Krippe von Franz und Amalie Utz kam 1929 in den Besitz der St. Josefskongregation in Ursberg und gelangte 1930/36 ins Kloster Holzen. Große Anlage, Kernausstattung Osterrieder-Bauten und Osterrieder-Figuren, viele andere Bauten und Figuren. Szenen: Herbergssuche, Geburt, Anbetung, Flucht, Nazareth, Darstellung im Tempel. (Mitt. Sr. M. Ludmilla Schuler CSJ, Kloster Holzen]

Krumbach, Lkr. Günzburg (1) **E**
Kath. Pfarrkirche St. Michael. Krippe 1924. Deutscher Stall. Szenen: Geburt, Anbetung. [Mitt. Egon Eberle, Illertissen]

Krumbach, Lkr. Günzburg (2)
Institut der Englischen Fräulein. Krippe 1913 (s. a. Kap. 3.8). Das Institut wurde 1968 aufgelöst, die Krippe verkauft. Die Figuren der Nazarethszene im Besitz von Dr. Dr. Viktor Sprandel (1978), Abb. bei Lidel[607]. [Mitt. Prof. Friedrich Münch, Bonn]

Küntrop, Lkr. Hochsauerland
Kath. Kirche St. Georg. Krippe 1928, angeschafft durch Pfarrvikar Dr. Rudolf Schumacher. Großfiguren, Hartguss, polychromiert. Szenen: Geburt, Anbetung. S. „Krippenpäpste" Sebastian Osterrieder und Otto Zehentbauer arbeiteten für das Sauerland[608]. [Mitt. Karola Kennerknecht, München]

Landau i. d. Pfalz **E**
Kath. Pfarrkirche St. Marien. Krippe 1921/22 (s. Kap. 4.1). Ca. 30 figürliche Teile, teilweise rest. [Berthold Schnabel, Deidesheim]

Landsberg am Lech (1) **E**
Ehem. Dominikanerinnen-Klosterkirche Hlst. Dreifaltigkeit. Krippe: Hl. Familie, 3 Hirten, 4 Schafe, 3 Könige, Wasserträgerin. Stall Orig. Osterrieder. Krippe wird jetzt vor der Kapelle im 2. Stock des Klostergutes aufgestellt [Mitt. Egon Eberle, Illertissen, Dipl.Ing. Johann Hermann, Landsberg].

Landsberg am Lech (2) **E**
Privat, Krippe 5 figürliche Teile, Geburtsszene, Hirte, Schaf. Stall nicht von Osterrieder [Mitt. Hans-Martin Werner, Landsberg, Johann Hermann, Landsberg].

Landshut (1) **E**
Kath. Pfarrkirche St. Nikola. Krippe 1908. (Mutmaßlich Osterrieders erste) Bethlehemkrippe mit Grottenstall. Hintergrundbild von Kunstmaler Josef Krieger. Szenen: Geburt, Anbetung. Mit 17 Tieren insgesamt 46 figürliche Teile, darunter 6 Hirten, 5 Kamele, 2 Pferde, Elefant (von P. Runz genau dokumentiert). Die Krippe im Kirchenführer ausführlich beschrieben (s. Kap. 3.4) (Abb. 46). [Mitt. Peter Runz, Landshut]

Landshut (2) **E**
Privat. Die Krippe (Geburtsszene) war in den 50er-Jahren in der Jesuitenkirche ausgestellt. [Mitt. Peter Runz, Landshut]

Lanzerath s. **Manderfeld**

La Pareia, New Mexico/USA
Im Nachlass ein Hinweis (s. a. Kap. 4.4). Näheres nicht bekannt.

Laupheim, Lkr. Biberach **E**
Privat. Kleine Krippe; Hl. Familie, 4 Hirten, Gloriaengel, 2 Putten. [Mitt. Egon Eberle, Illertissen]

Lindenberg, Stadt Buchloe, Lkr. Ostallgäu **E**
Kath. Pfarrkirche St. Georg und Wendelin. Krippe, angeschafft 1939. Stall nicht von Osterrieder. Szenen: Geburt, Anbetung. [Mitt. Egon Eberle, Illertissen]

Linz a. d. Donau, Oberösterreich **E**

Neuer Dom. Im Oktogon der Krypta mit 12 m Vorderfront gewaltige Krippenszenerie; größtes Schnitzwerk Osterrieders, 1908/13 entstanden (s. Kap. 3.4.2), über 40 große Lindenholzfiguren (Josef 65 cm hoch), das Jesuskind in Elfenbein. Die Figuren, insbesondere die der Hirten, in Haltung und Gestik völlig gleich den bekannten Hartgussfiguren von 25–30 cm Höhe. Großer Grottenstall, zahlreiche weitere kulissenartige Bauten, Hintergrund Bethlehemszenerie und Tal der Hirten. Die Geburtsszene der Hl. Familie mit Hirten steht von Weihnachten bis Dreikönig, die Anbetungsszene mit Königen und großem Gefolge ab Dreikönig das übrige Jahr. Auf Ansuchen wird Besuchern der Zugang zur Krypta geöffnet. Bemerkenswert die im Grottenstall über der Hl. Familie schwebenden drei Engel mit den Leidenswerkzeugen Christi Dornenkrone, Kreuz und Kelch in Händen. Einzigartig der über der Geburtsgrotte schwebende, goldglänzende (2,30 x 1,70 m messende) Engelschor, der den geöffneten Himmel symbolisiert; im Mittelpunkt Gottvater, umgeben von einem Wolkenkreis, von dem reiche Goldstrahlen ausgehen; auf zwei weiteren Wolkenkreisen 34 jubilierende und musizierende Engel (Abb. 48–50).

Lochau, Vorarlberg **E**

Kath. Pfarrkirche St. Franz Xaver. Krippe, Stall nicht von Osterrieder. Szenen: Geburt, Anbetung. [Mitt. Egon Eberle, Illertissen]

Ludwigsthal, Gem. Lindberg, Lkr. Regen **E**

Kath. Pfarrkirche Herz Jesu. Krippe, 1908 (s. Kap. 3.4), restaurierungsbedürftig (darf derzeit lt. Ordinariatsbeschluss nicht aufgestellt werden). [Mitt. Egon Eberle, Illertissen]

Luxemburg **E**

Kathedrale. Grottenstall, zahlreiche weitere Bethlehem-Bauten. Die vielfigurige Krippe (s. Kap. 4.1) war (simultan und nicht figurengerecht) ausgestellt auf der „Krippana 1989“ (s. a. Bettemburg); Katalog Nr. 43: „[...] Die Figuren sind wahrscheinlich aus dem Jahre 1923, sie wurden hergestellt von dem bekannten Sebastian Osterrieder aus München. Die Kleidung ist kaschiert und dann polychromiert. Osterrieders Krippen gingen in alle Welt, selbst nach Nord- und Südamerika“. Die 1989 von Prof. Münch erstellte Fotodokumentation zeigt, dass mit dem Figurenbestand alle Osterrieder-Krippenszenen dargestellt werden können. [Mitt. Prof. Friedrich Münch, Bonn]

Mandelbachtal s. **Erfweiler-Ehlingen**

Manderfeld, Belgien

Im Besitz von Pfarrer Rudolf Schumacher, Manderfeld. Gegossene Großfiguren der Mittelgruppe (Maria, Jesuskind, Josef, dazwischen drei Engel; s. Kap. 3.9); wurden auf dem Speicher des Küsterhauses Lanzerath (Belgien) gefunden; nach mündlicher Überlieferung waren sie von einem Pater nach Lanzerath gebracht worden. Rest. – Erwähnungen im Ausst.-Kat. „Krippana 1991“ (s. a. Bettemburg) und „Krippana 1992“; hier: „Nr. 107, Leihgabe durch Pfarrer Schumacher, Manderfeld (B), Hl. Familie und Engel, Gruppe in Gips bemalt und vergoldet, 60 cm, Sebastian Osterrieder, München, 1923“. [Mitt. Prof. Friedrich Münch, Bonn]

Mannheim **E**

Privat. Prunkstall. Hl. Familie, Hirten, 3 Könige, Schafe, Reiter, Elefant, Putten. Erworben 1960. [Mitt. Egon Eberle, Illertissen]

Margarethenberg, Gem. Burgkirchen, Lkr. Altötting

Kath. Pfarrkirche Mariä Himmelfahrt, ehem. Wallfahrtskirche. Krippe ab *1925 im Besitz von Familie Josef Geiselberger, Altötting, ca. 1958 Schenkung an Margarethenberg. Geburtsszene. 20 figürliche Teile, darunter 2 Hirtenknaben mit Dudelsack bzw. Flöte (Abb. 3, 120). [Mitt. Maria Pfefferseder, Burgkirchen; Reinhold Ullermann, Altötting]

Memmingen s. **Mindelheim**

Mindelheim, Lkr. Unterallgäu **E**

Schwäbisches Krippenmuseum Mindelheim. Krippe *1910, seit 2007 als Dauerleihgabe der ehem. Mallersdorfer Franziskanerinnen in Memmingen. Szenen: Geburt und Anbetung simultan.

44 figürliche Teile, darunter 3 Könige und 1 Page, 13 Engel, 1 stehendes, 3 lagernde Kamele. [Mitt. Franz Epple, Mindelheim]

Montabaur, Lkr. Westerwald
Privat. Herkunft der Krippe angeblich aus einem Ahrweiler Kloster. [Mitt. Friedrich Münch, Bonn]

Moorrege, Lkr. Pinneberg **EE**
Privat. Kleiner Stall. Hl. Familie, Opferlamm, Flötist. [Mitt. Egon Eberle, Illertissen]

Mühlheim a. d. Donau, Lkr. Tuttlingen **E**
Kath. Pfarrkirche St. Maria Magdalena. Prunkstall. Hl. Familie, Hirten. [Mitt. Egon Eberle, Illertissen]

München (1) **E**
Kath. Pfarr- und Universitätskirche St. Ludwig/Maxvorstadt. Krippe 1910–1913 (s. Kap. 3.8.1). Grottenstall. Großer Bestand mit 72 figürlichen Teilen. Szenen: Verkündigung Mariä, Herbergssuche, Geburt, Anbetung, Flucht, Ankunft der Hl. Familie in Heliopolis, Nazareth (Abb. 69). – Der Figurenbestand (bis auf wenige Figuren) wurde 1954 zum Verkauf angeboten und von Pfarrer Moskopf erworben (s. Borg).

München (2) **E**
Kath. Pfarrkirche St. Peter. Krippe 1913 (s. Kap, 3.8.3). Prunkstall und weitere Bauten; Brunnen. Szenen: Verkündigung Mariä, Herbergssuche, Geburt, Anbetung, Flucht, Nazareth. Ca. 45 figürliche Teile, darunter 4 Marien, 10 Hirten, Verkündigungsengel, Frauen mit Wasserkrügen, 15 Schafe und Ziegen, Ochs und Esel mehrfach, 4 Kamele mit Reitern, Schimmel; 2 Könige nicht von Osterrieder. (Abb. 1, 2, 74, 75, 84, 123)

München (3) **E**
Kath. Pfarrkirche St. Ursula/Schwabing. Krippe 1924 (s. Kap. 4.4.2). Stall nicht von Osterrieder. Szenen mit Osterriederfiguren: Verkündigung Mariä, Geburt, Anbetung, Flucht, Nazareth. 44 figürliche Teile, darunter 5 Marien, 3 Josefs, 8 Hirten, 3 Könige, 6 Schafe, 4 Kamele. Rest. ab 2009 (Abb. 99 a–g). [Mitt. Annette Krauß M. A., München]

München (4) **E**
Kath. Pfarrkirche St. Johann Baptist/Solln. Krippe *1924 (s. Kap. 4.4). Prunkstall. Szenen: Geburt, Anbetung. Ca. 15 figürliche Teile (die Osterrieder-Könige nach Diebstahl durch andere ersetzt). [Mitt. Elisabeth Wermuth, München-Solln]

München (5) **E**
Kath. Pfarrkirche Zu den hl. 12 Aposteln/Laim. Krippe 1928 (s. Kap. 4.4). Deutscher Stall. Szenen: Mariä Verkündigung, Geburt, Anbetung, Flucht, Nazareth. Ca. 38 figürliche Teile, darunter 3 Marien, 2 Josefs, 3 Könige und 2 Pagen, 2 Kamele. [Mitt. Maria Schwab, München]

München (6) **E**
Bayerisches Nationalmuseum, große Vitrine in der Krippensammlung. Krippe 1917/23 aus Aichacher Privatbesitz; auf Hinweis von Egon Eberle, Illertissen, 1999 vom Bayerischen Nationalmuseum erworben (s. a. Kap. 3.10). Deutscher Stall, weitere Bauten, Beduinenzelt, Brunnenanlage; Hintergrund von einem Augsburger Theatermaler. Szenen: Geburt und Anbetung simultan. Ca. 35 figürliche Teile, darunter Hirten, drei Könige mit Pagen, Verkündigungsengel, Putten, Frauen am Brunnen (Abb. 79 a–c). [Katalog der Krippensammlung (Nina Gockerell)]

München (7)
Haus der Schwestern der Hl. Familie. Krippe *1925. Stall nicht von Osterrieder. Szenen: Geburt, Anbetung. Ca. 20 figürliche Teile, darunter 2 Marien, Verkündigungsengel. Desweiteren: Großfiguren Hl. Familie mit Engeln (wie Linz) Hartguss (s. Kap. 3.9) [Mitt. Inge Niedermeier, München; Sr. Suso Schmid, München]

München (8)
Verein der Krippenfreunde. Deutscher Stall. Geburtsszene. Ca. 10 figürliche Teile. – Krippe wird auf Ausstellungen gezeigt. [Mitt. Inge Niedermeier, München]

München (9)
Privat. Krippe *1920. Deutscher Stall. 20 figürliche Teile, darunter 3 Hirten, Schafe, Ziege, Flötist, 3 Könige, 1 Kamel mit Reiter, Engelsköpfchen. (Abb. Titel, Rückseite, 30, 33, 34 a/b, 35 a, 68, 119)

München (10)
Asamkirche St. Johann Nepomuk. Krippe 1925 (s. Kap. 4.4). Die Krippe ist verschollen, möglicherweise durch Kriegseinwirkung verlorengegangen.

München (11)
Kath. Pfarrkirche St. Sylvester/Schwabing. Krippe in älteren Verzeichnissen immer genannt. Verbleib unbekannt.

München (12) **E**
Krankenhaus München-Schwabing, Krippe 1924 (s. Kap. 4.4) in älteren Verzeichnissen genannt. Privatbesitz. [Mitt. Thomas Schwaiger]

München (13)
Ehem. Orthopädische Klinik/Harlaching. Krippe in älteren Verzeichnissen genannt. Verbleib unbekannt.

München (14)
Schmittersche Anstalt (heute Kreszentia-Stift). Krippe in älteren Verzeichnissen genannt. Verbleib unbekannt.

München (15)
Martinsspital. Krippe in älteren Verzeichnissen genannt. Verbleib unbekannt.

München (16) **EE**
Poliklinik, Barmherzige Schwestern vom hl. Vinzenz von Paul. Verbleib der Krippe unbekannt. [Mitt. Egon Eberle, Illertissen]

Neufahrn s. **Hohenthann**

Neustadt, Gem. Königsbach,
Lkr. Neustadt an der Weinstraße **E**
Privat, Krippe von Hermann Frübis. Grottenstall-Kopie; Krippe Hl. Familie, Hirten, Dudelsackbläser. – Frübis hat Osterrieder-Figuren restauriert. [Mitt. Egon Eberle, Illertissen]

Nürnberg (1) **EE**
Kath. Pfarrkirche St. Kunigund. Prunkstall. Szenen: Geburt und Anbetung simultan. Ca. 20 figürliche Teile, darunter 3 Könige mit Pagen, Puttenschar. [Mitt. Lothar Segl, Nürnberg]

Nürnberg (2) **EE**
Kath. Pfarrkirche St. Karl Borromäus. Grottenstall, Bauten, Panoramabild. Szenen: Geburt, Anbetung simultan. Ca. 30 figürliche Teile, darunter 2 Marien, 3 Könige mit Pagen, 4 Kamele, Elefant, Araber mit Futterschale. [Mitt. Lothar Segl, Nürnberg[609]]

Nürnberg (3)
Kath. Pfarrkirche St. Ludwig (s. a. Kap. 4.1). Am 12.2.1921 schreibt für das Pfarramt P. Gamelber an Osterrieder: „Ihre Krippe ist eine Freude für Groß und Klein." Krippe nicht mehr vorhanden. Möglicherweise im Bombenkrieg zerstört. [Mitt. Pfarrer Alexander Gießen, Nürnberg]

Nürnberg (4) **EE**
Kath. Pfarrkirche St. Michael. Krippe *1925. Grottenstall. Szenen: Geburt, Anbetung, Flucht, Nazareth. Ca. 40 figürliche Teile, darunter 3 Marien, 3 Josefsfiguren, 5 Hirten, 2 Kamele. [Mitt. Ellfriede Bauer, Nürnberg]

Obergessertshausen, Gem. Aichen,
Lkr. Günzburg **E**
Kath. Pfarrkirche St. Peter und Paul. [Mitt. Egon Eberle, Illertissen]

Oberstadion, Lkr. Alb-Donau-Kreis **E**
Kath. Pfarrkirche St. Martinus. Krippe *1921 von Osterrieder erworben. Deutscher Stall. Szenen: Geburt, Anbetung. Ca. 30 figürliche Teile, darunter

2 Marien, 10 Hirten, 2 Kamele, Elefant, Pferd mit Reiter, Putto (Abb. 190). [Mitt. Bürgermeister Manfred Weber, Oberstadion]

Obertaufkirchen, Lkr. Mühldorf am Inn **E**
Kath. Pfarrkirche St. Martin und Magdalena. [Mitt. Egon Eberle, Illertissen]

Österberg, Stadt Greding, Lkr. Roth
Kath. Filialkirche St. Stephan. Krippe; ca. 1999 von Gebauer (Bairawies) rest. [Mitt. Inge Niedermeier, München]

Ortlfing, Gem. Markt Burgheim, Lkr. Neuburg Schrobenhausen **EE**
Kath. Pfarrkirche St. Stephan. Krippe (Könige nicht von Osterrieder). [Mitt. Egon Eberle, Illertissen]

Ottobeuren, Lkr. Unterallgäu **E**
Basilika St. Theodor und Alexander. Die Benediktinerabteikirche besitzt mit mehr als 350 Figuren unterschiedlichen Alters (überwiegend Barock) eine der größten Krippen. Von Osterrieder nur die Hl. Familie.[610] [Mitt. Egon Eberle, Illertissen; Prof. Friedrich Münch, Bonn]

Paderborn
Dom. Lt. Dankschreiben (s. Kap. 4.1) stammte die Krippe aus den Jahren 1918/19. In vielen Krippenverzeichnissen irrtümlicherweise noch immer genannt. Die Krippe wurde aber bei der Bombardierung des Domes im Zweiten Weltkrieg zerstört. Eine nähere Beschreibung der Krippe ist nicht überliefert. [Mitt. Pfarrer Gerhard Best, Körbeke]

Pareia s. **La Pareia**

Partenkirchen, Gem. Garmisch-Partenkirchen **E**
Kath. Pfarrkirche Mariä Himmelfahrt. Krippe *1907/08. Prunkstall, weitere Bauten. Szenen: Geburt und Anbetung simultan. 48 figürliche Teile, darunter 10 Hirten, drei Könige mit 2 Pagen, 12 Schafe, 3 Kamele, 10 Puttenengel am Stall. [Mitt. Anton Schretter, Garmisch-Partenkirchen]

Pattendorf, Stadt Rottenburg a. d. Laber, Lkr. Landshut **E**
Kath. Kirche St. Walburga. Deutscher Stall. Hl. Familie, Hirten. [Mitt. Egon Eberle, Illertissen]

Perl a. d. Mosel s. **Borg**

Regensburg (1)
In Regensburg „am Kohlmarkt im Ernst'schen Eckladen" Dez. 1902 / Jan. 1903 ausgestellte Osterrieder-Krippe in der Presse besprochen (s. Kap. 2.7).

Regensburg (2) **E**
Privat, Krippe *1916, Szenen: Geburt, Anbetung; ca. 22 figürliche Teile; Hl. Familie, 5 Hirten, 2 Hirtenknaben, 3 Könige, Engel, Schafe, Ziegen. [Mitt. Egon Eberle, Illertissen, Eduard Baumann, Regensburg]

Rom (1) **E**
„Papstkrippe", 1912/13 entstandenes Schnitzwerk Osterrieders. Der 3 m hohe „Stall" als Kirchenapsis gestaltet. Geburtsszene. Ca. 25 figürliche Teile, Figuren [wie jene in Linz (Josef 65 cm)] in Lindenholz, das Jesuskind in Elfenbein; über der Hl. Familie drei schwebende Engel mit den „Arma Christi" (Dornenkrone, Kreuz und Kelch) in Händen, der mittlere Engel über der Dornenkrone eine Tiara tragend, sowie Christus am Kreuz zwischen der Schmerzensmutter und Johannes. – Die am 4. Juni 1913 dem Papst im Roten Saal des Vatikanischen Palastes übergebene Krippe (s. Kap. 3.8.2) (Abb. 71) kam in dem der Peterskirche benachbarten Pilgerhaus St. Marta. Der Stall ist nicht erhalten. Mit neuer Szenerie wird die Krippe auch dort (Domus Sanctae Marthae) alljährlich aufgestellt. [Mitt. Antonio Milan, Rom]

Rom (2) **E**
Deutsche Nationalkirche Sta. Maria dell'Anima. 1928/29 entstandenes Schnitzwerk Osterrieders, alljährlich von Weihnachten bis Lichtmess in der Fuggerkapelle aufgestellt (s. Kap. 4.4.3) (Abb. 100).

Aufwendige, zerlegbare, 3 ½ m hohe „Stallarchitektur", die Krippe in der Apsis einer antiken Tempelruine platziert. Szenen: Geburt, Anbetung. Ca. 25 Lindenholzfiguren; Hl. Familie und Hirten in Art und Größe wie die Linzer Figuren; die Hl. Drei Könige mit Gefolge, Kamel und Elefant von Osterrieder stilmäßig neu gestaltet. Hoch über der Hl. Familie drei Engel mit den „Arma Christi" (s. Linz und Rom [1]).

Rottach-Egern, Lkr. Miesbach
Privat. Krippe *1925; im Jahr 1939 dem Vater des jetzigen Besitzers von der Deutschamerikanerin Constanze Brehm geschenkt. Deutscher Stall. Geburtsszene. Ca. 12 figürliche Teile. [Hinweis Ludwig Hämmerl, St. Quirin-Tegernsee; Mitt. Eigentümer]

Rottenburg a. d. Laber s. **Pattendorf**

Sachseln, Kanton Obwalden **EE**
Privat. [Mitt. Egon Eberle, Illertissen]

St. Augustin-Meindorf, Lkr. Rhein-Sieg
Privat, früher Aschaffenburg. Kleine Krippe. Szenen: Geburt, Nazareth. [Mitt. Prof. Friedrich Münch, Bonn]

St. Ingbert **E**
Kath. Pfarrkirche St. Hildegard. Krippe *1929 von Osterrieder erworben. Grottenstall. Szenen: Geburt, Anbetung. Ca. 26 figürliche Teile, davon 3 Kamele. [Mitt. Berthold Schnabel, Deidesheim]

St. Ottilien, Gem. Eresing,
Lkr. Landsberg am Lech **E**
Benediktinerabtei. Krippe in einem Klostergebäude aufgestellt. Grottenstall. Hl. Familie, Hirten. [Mitt. Egon Eberle, Illertissen]

Scheyern, Lkr. Pfaffenhofen a. d. Ilm **E**
Kath. Pfarr- und Benediktinerabteikirche Mariä Himmelfahrt und Hl. Kreuz. Die Krippe, 1903 in Landshut ausgestellt, 1904 von Frhr. Theodor von Cramer-Klett angekauft und dem Kloster Scheyern gestiftet, ist die älteste erhaltene Osterrieder-Krippe (s. Kap. 2.7.1). Prunkstall mit vielen weiteren Bauten. Szenen: Geburt, Anbetung. Ca. 50 figürliche Teile; Könige von Osterrieder nicht mehr vorhanden (Abb. 10, 25, 27 a–d, 28, 29). [Mitt. P. Lukas Wirth und Fr. Stefan Völlinger, Kloster Scheyern]

Schlehdorf, Lkr. Bad Tölz-Wolfratshausen **E**
Kath. Pfarrkirche St. Tertulin. Prunkstall. Szenen: Geburt, Anbetung. [Mitt. Egon Eberle, Illertissen]

Schloßberg am Inn, Gem. Stephanskirchen, Lkr. Rosenheim
Kath. Pfarrkirche St. Georg. Krippe *1910. Stall nicht von Osterrieder. Szenen: Verkündigung Mariä, Geburt, Anbetung. Ca. 15 figürliche Teile. [Mitt. Joachim Huneke, Grabenstätt, Bernhard Mayer, Schloßberg]

Schnaitsee, Lkr. Traunstein **E**
Kath. Pfarrkirche Mariä Himelfahrt. Prunkstall und weitere Bauten. Szenen: Geburt, Anbetung. 32 figürliche Teile, darunter 8 Putten. [Mitt. Hubert Auer, Schnaitsee; Bodo Underberg, Burghausen; Joachim Huneke, Grabenstätt]

Schöngeising s. **Jexhof**

Schwarzrheindorf s. **Bonn-Schwarzrheindorf**

Seedorf, Kanton Uri **E**
Klosterkirche St. Lazarus. Krippe *1919 (stammt ursprünglich aus dem Kollegium Karl Borromäus in Altdorf, das von Benediktinern der Abtei Mariastein geleitet wurde. Bei Übernahme des Kollegiums durch den Kanton Uri wurde die Krippe nach Seedorf in Sicherheit gebracht und in der Folge von Mariastein den Benediktinerinnen in Seedorf überlassen). Prunkstall mit Engeln. Szenen: Geburt, Anbetung. Ca. 30 figürliche Teile,

darunter 2 Marien, Kamele, 4 Putti, 2 Puttenpaare. – Postkarten. [Mitt. Pfarrer Jürg Thurnheer, Brunnen/Schwyz]

Seligenstadt, Gem. Prosselsheim, Lkr. Würzburg **E**
Kath. Kapelle. Näheres nicht bekannt. [Mitt. Egon Eberle, Illertissen]

Siegenburg, Lkr. Kelheim **E**
Kath. Pfarrkirche St. Nikolaus. Figuren: Hl. Familie, Hirte, Schaf. [Mitt. Heinrich Hottner, Siegenburg, Josef Höning, Wernberg-Köblitz]

Silenen, Kanton Uri
Kath. Pfarrkirche. Lt. Auskunft von Pfarrer J. Stadler fraglich, ob Osterrieder-Krippe. [Mitt. Pfarrer Jürg Thurnheer, Brunnen/Schwyz]

Solothurn, Kanton Solothurn **EE**
Kapelle der Spitalschwestern. Stall nicht von Osterrieder. Szenen: Geburt, Anbetung. Ca. 20 figürliche Teile, darunter 2 Marien, Putten, 2 Kamele. [Mitt. Pfarrer Jürg Thurnheer, Brunnen/ Schwyz]

Spring Lake, New Jersey/USA **E**
Kath. Pfarrkirche St. Katharina. Deutscher Stall. Hl. Familie, Hirten, Pferd, Putten. [Mitt. Egon Eberle, Illertissen).

Steinkirchen, Gem. Samerberg, Lkr. Rosenheim
Kath. Filialkirche St. Peter. Krippe *1925, im Besitz der Familie Dr. Golling, Rosenheim, 2006 der Kirche gestiftet. Grottenstall und Bauten. Szenen: Geburt, Anbetung. Ca. 45 figürliche Teile, darunter 2 Marien, 5 Hirten, Könige mit Pagen und Geschenken, 9 Engelputten und Verkündigungsengel, 3 Kamele. [Mitt. Pfarrer Georg Gilgenrainer, Törwang]

Stetten am kalten Markt, Lkr. Sigmaringen
Kath. Pfarrkirche St. Mauritius. Prunkstall. Guter Zustand. [Mitt. Prof. Friedrich Münch, Bonn]

Stetten-Hechingen s. **Hechingen**

Stockholm s. **Uppsala**

Straubing **E**
Privat. Kein Stall. Hl. Familie, Hirten, Schafe, Putten. (Mitt. Egon Eberle, Illertissen]

Stuttgart **E**
Kath. Pfarrkirche St. Elisabeth. Krippe *1925. Prunkstall. Szenen: Verkündigung Mariä, Geburt, Anbetung, Flucht. Ca. 36 figürliche Teile, daruner 2 Marien, 9 Hirten, 3 Könige und 2 Pagen, 1 Kamel, 4 Engel, 2 Engel-Zweiergruppen, 1 Verkündigungsengel. [Mittl. Mesner Martin Kempter und Pfarrer Dr. Christian Hermes, Stuttgart]

Tegernsee, Lkr. Miesbach
Ehem. Kloster-, jetzige Kath. Pfarrkirche St. Quirin. Krippe 1922 (s. Kap. 4.1). Die Osterrieder-Krippe ist seit Kriegsende 1945 verschollen. [Mitt. Ludwig Hämmerl, St. Quirin-Tegernsee]

Tiffin, Ohio/USA
Kath. Marienkirche (s. G. Bogner, Das neue Krippenlexikon, S. 502; s. Kap. 4.4). [Mitt. Egon Eberle, Illertissen]

Toledo, Ohio/USA
Kath. Pfarrkirche St. Patrick (s. G. Bogner, Das neue Krippenlexikon, S. 502; s. Kap. 4.4). [Mitt. Egon Eberle, Illertissen]

Traunstein
Privat. Großfiguren, Hartguss. Hl. Familie mit drei Engeln (wie Mittelgruppe der Linzer Krippe) (Abb. 72).

Türkenfeld, Lkr. Fürstenfeldlbruck **E**
Kath. Pfarrkirche Mariä Himmelfahrt. Grottenstall, Hirtenzelt. Geburtsszene. Hl. Familie, Hirten, Wasserfrau. [Mitt. Theresia Kronenbitter, München; Egon Eberle, Illertissen]

Unterknöringen, Stadt Burgau, Lkr. Günzburg **E**
Kath. Pfarrkirche St. Martin. Die ca. 1910 von dem Burgauer Tierarztehepaar Wiedemann erworbene Krippe war seit 1947 als Leihgabe mit der Auflage der jährlichen Präsentation der Kirche Unterknöringen zur Verfügung gestellt. Im Jahr 2010 wurde die Krippe von den Enkeln, Dr. med. vet. Helga Schoen und Prof. Dr. med. Klaus Wiedemann als „Jakob und Franziska Wiedemann-Stiftung" der Pfarrkirche St. Martin geschenkt. – Stall von Burgauer Krippenbauer Anton Haisch (1881–1959). Szenen: Geburt, Anbetung, Flucht. Ca. 40 figürliche Teile, darunter Kamele, Ochs, Esel, Ziegen, Schafe, Engel. [Mitt. Prof. Klaus Wiedemann, Heidelberg]

Uppsala, Schweden **E**
Kath. Pfarrkirche St. Lars. Mittelgruppe Hl. Familie, Großfiguren wie in Linz, Hartguss. – Abb. auf einer Postkarte mit der Bezeichnung „Julkrubba i Katolska Församlingen S:t Lars, Uppsala, Träsnideri Seb. Osterrieder". Mutmaßlich handelt es sich um die Stockholmer Krippe von Bischof Erik Müller (Kap. 3.9).

Veracruz, Mexiko
Im Nachlass ein Hinweis (s. Kap. 4.4). Näheres nicht bekannt.

Viechtach, Lkr. Regen **E**
Kath. Pfarrkirche St. Augustinus. Große Krippe, betreut von Mallersdorfer Schwestern (die vor Jahren einen Teil davon abgezogen haben). Jetziger Bestand vor Ort: Szenen: Geburt, Anbetung. Hl. Familie, Hirte, 3 Könige, 1 Kamel. [Mitt. Pfarrer Berthold Helgert, Viechtach]

Vöhringen-Illerberg, Lkr. Neu-Ulm **E**
Familie Bidell. Früher in Attenhofen, heute in Illerberg ganzjährig aufgestellte große Krippe von 1920/25 (s. Kap. 4.1), Aufbaufläche 38 qm. Stall von Anton Bidell (Abb. 87); Hintergrundmalerei mit Bethlehem, Jerusalem, Sinai-Gebirge, Nil, Nazareth, See Genezareth. Szenen: Verkündigung Mariä, Herbergssuche, Geburt, Verkündigung Hirten, Anbetung, Flucht, Nazareth. 104 figürliche Teile, darunter 9 Hirten, Könige und Pagen, 13 Schafe, 10 Kamele, 2 Pferde, zahlreiche Putten, Verkündigungsengel, 3 Ägypter mit Getreidemühle sowie Jakobsbrunnen mit 12 Figuren. [Mitt. Anton Bidell, Vöhringen]

Vogtareuth, Lkr. Rosenheim
Privat. Familie Strohmeier. Krippe, Szenen: Geburt, Anbetung; 16 figürliche Teile, darunter 3 Hirten, 3 Könige, Flötenknabe, Schafe, Engel. [Mitt. Uta Ludwig, Unterwössen]

Waltenhausen, Lkr. Günzburg **EE**
Kath. Pfarrkirche St. Georg. Grottenstall. Hl. Familie, Hirten, 2 Pferde, Esel, Putten. [Mitt. Egon Eberle, Illertissen]

Waltenhofen, Lkr. Oberallgäu **E**
Kath. Pfarrkirche St. Martin. Hl. Familie, Hirten, Schafe, Pferde, Hirtenzelt. Stall und 3 Könige nicht von Osterrieder. [Mitt. Egon Eberle, Illertissen]

Waltershofen, Lkr. Ravensburg E
Privat. Prunkstall. Hl. Familie, Hirten, Putten, Schafe. [Mitt. Egon Eberle, Illertissen]

Wangen im Allgäu **E**
Kath. Pfarrkirche St. Martin. Krippe *1920; Großfiguren (wie in Linz), Hartguss (s. Kap. 3.9). Stall nicht von Osterrieder. Szenen: Geburt, Anbetung. Hl. Familie mit drei Engeln, 3 Hirten, 3 Schafe, Ochs und Esel, 3 Könige mit 3 Pagen, Frau mit Kind und Wasserkrug, drei über der Krippe schwebende Engel mit den „Arma Christi" (davon der mit dem Kelch gestohlen). [Mitt. Franz Wolf, Wangen]

Wasserburg am Inn **E**
Kath. Filialkirche Unserer Lieben Frau. Krippe 1920 von Stadtpfarrer Harpaintner für die Pfarrkirche St. Jakob erworben; dort später unter Geistl. Rat Bauer eine neue Krippe, die Osterrieder-Krippe seither in der Frauenkirche. Deutscher Stall. Szenen: Herbergssuche, Geburt, Anbetung. Ca. 25 figürliche Teile, darunter 4 Hirten, Flötist, 3 Könige mit Pagen, 3 Kamele, Esel, Putten. [Mitt. Anneliese Voggenauer, Wasserburg]

Wehringen, Lkr. Augsburg **E**
Kath. Pfarrkirche St. Georg. Grottenstall. Hl. Familie, Hirten, Flötenspieler, Schafe, Verkündigungsengel. [Mitt. Egon Eberle, Illertissen]

Weiden **EE**
Mädchenlyzeum. Krippe ist Geschenk Osterrieders für eine nach Weiden versetzte Ordensschwester, die in München Lehrerin einer Tochter Osterrieders war; sie brachte die Krippe mit nach Weiden. Prunkstall.[611]

Weilach, Gem. Gachenbach, Lkr. Neuburg-Schrobenhausen **E**
Kath. Pfarrkirche Heilig Kreuz. Krippe *1920. Deutscher Stall. Geburtsszene. Ca. 16 figürliche Teile, darunter Hl. Familie, 5 Hirten, Flötist, Schafe, Putten. [Mitt. Franziska Furthmair, Weilach]

Weißenhorn, Lkr. Neu-Ulm **E**
Privat. Deutscher Stall. Geburtsszene. Mehrere Figuren; ein weiterer Teil der Krippe in München. [Mitt. Egon Eberle, Illertissen]

Wengen, Gem. Weitnau, Lkr. Oberallgäu **E**
Kath. Pfarrkirche St. Johannes d. T. Krippe *1920. Hl. Familie, Hirten, Putten. [Mitt. Egon Eberle, Illertissen]

Weßling, Lkr. Starnberg **E**
Kath. Pfarrkirche Mariä Himmelfahrt. Osterrieder-Stall. Hl. Familie, Hirten, Schafe, 3 Könige, Kamel, Araber mit Futterschüssel in Händen. [Mitt. Egon Eberle, Illertissen]

Wittislingen, Lkr. Dillingen **E**
Kath. Pfarrkirche St. Ulrich und Martin. Deutscher Stall und Bauten. Szenen: Geburt, Anbetung, Flucht, Nazareth. Ca. 30 figürliche Teile, darunter drei Marien, 3 Könige mit Pagen, 1 Kamel, bepackt. [Mitt. Uta Ludwig, Unterwössen]

Witzighausen, Stadt Senden, Lkr. Neu-Ulm **E**
Kath. Pfarr- und Wallfahrtskirche Mariä Geburt. Große Krippe: Deutscher Stall. Hl. Familie, Hirten, Dudelsackpfeifer, Schafe, 3 Könige, Kamele, Araber mit Futterschüssel in Händen. [Mitt. Egon Eberle, Illertissen]

Wörishofen s. **Bad Wörishofen**

Wurzach s. **Bad Wurzach**

Zeil am Main, Lkr. Haßberge
Kath. Pfarrkirche St. Michael. Großes Schnitzwerk Osterrieders, 1914/15 entstanden; Figuren in Lindenholz, polychromiert (wie in Linz), in dieser Größenordnung (Josef 34 cm) ein Unikat (s. Kap. 3.10.1). Kein Osterrieder-Stall. Szenen: Herbergssuche, Geburt, Anbetung, Flucht; die Nazareth-Szene in Anlehnung an Osterrieder von einem anderen Künstler. Ca. 50 figürliche Teile, darunter 3 Könige mit Pagen, Kamele, Elefant, Putten, Verkündigungsengel. – Die Krippe wurde von Prof. Friedrich Münch, Bonn 1982 entdeckt und 1987 dokumentiert, von Prof. Werner Dressendörfer, Bamberg, 2008 fotoinventarisiert (Abb. 4, 80, 81). [Mitt. Prof. Friedrich Münch, Bonn, Prof. Werner Dressendörfer, Bamberg]

Zuchering, Stadt Ingolstadt **E**
Kath. Pfarrkirche St. Blasius. Krippe *1913. Prunkstall. Szenen: Geburt und Anbetung simultan. Ca. 30 figürliche Teile. [Mitt. Martin Gradl, Ingolstadt]

Zug, Kanton Zug
Privat. Große Krippe. Grottenstall, weitere Bauten, Felsstück, Zisterne; Landschafts-Hintergrundgemälde (4,6 x 1,5 m). Szenen: Geburt, Anbetung. Ca. 26 figürliche Teile. [Hinweis Pfarrer Jürg Thurnheer, Brunnen/Schwyz; Mitt. Eigentümer]

Zweibrücken
Kath. Pfarrkirche Heilig Kreuz. Krippe gestiftet 1919 von Prof. Ritter (s. Kap. 4.1); 1945 durch Bombenangriff auf die Heilig-Kreuz-Kirche zerstört. [Berthold Schnabel, Deidesheim]

6.3 Krippenorte nach Postleitzahlen

Die Auflistung der Orte nach ihren Postleitzahlen verdeutlicht die weite Verbreitung der Osterrieder-Krippen und zeigt regionale Schwerpunkte auf. So sind Osterrieder-Krippen sehr stark im schwäbischen Raum vertreten.

A-4020 Linz
A-4560 Kirchdorf a. d. Krems
A-4802 Ebensee
A-4864 Attersee
A-4942 Gurten
A-6900 Bregenz
A-6911 Lochau
A-6912 Hörbranz
A-6971 Hard

B-4760 Manderfeld

CH-4500 Solothurn
CH-6072 Sachseln
CH-6182 Escholzmatt
CH-6300 Zug
CH-6440 Brunnen
CH-6462 Seedorf
CH-6473 Silenen
CH-6475 Bristen

D-03046 Cottbus
D-25436 Moorrege
D-33034 Brakel (1–2)
D-53127 Bonn-Ippendorf
D-53225 Bonn-Schwarzrheindorf
D-53757 St. Augustin-Meindorf
D-56170 Bendorf
D-56410 Montabaur
D-58809 Küntrop
D-63500 Seligenstadt
D-63864 Glattbach
D-66386 St. Ingbert
D-66399 Erfweiler
D-66440 Blieskastel
D-66706 Borg
D-67146 Deidesheim
D-67310 Hettenleidelheim
D-67433 Neustadt
D-68... Mannheim
D-70197 Stuttgart
D-72379 Stetten-Hechingen
D-72401 Haigerloch (1–2)
D-72510 Stetten am kalten Markt
D-73728 Esslingen
D-76829 Landau i. d. Pfalz
D-76863 Herxheim
D-78570 Mühlheim
D-80... – D-81... München (1–16)
D-82069 Hohenschäftlarn
D-82234 Weßling
D-82256 Fürstenfeldbruck
D-82296 Schöngeising/Jexhof
D-82299 Türkenfeld
D-82393 Iffeldorf
D-82444 Schlehdorf
D-82467 Partenkirchen
D-83064 Kirchdorf am Inn
D-83071 Schloßberg am Inn
D-83122 Steinkirchen
D-83229 Aschau
D-83278 Traunstein
D-83512 Wasserburg am Inn
D-83530 Schnaitsee
D-83533 Edling
D-83569 Vogtareuth
D-83607 Holzkirchen
D-83670 Bad Heilbrunn
D-83700 Rottach-Egern
D-84034 Landshut (1–2)
D-84056 Pattendorf
D-84347 Gartlberg
D-84419 Obertaufkirchen
D-84427 Armstorf
D-84489 Burghausen
D-84503 Altötting (1–3)
D-84508 Margarethenberg
D-85051 Zuchering

D-85080 Gaimersheim
D-85123 Karlskron/Adelshausen
D-85298 Scheyern
D-85354 Freising
D-85414 Kirchdorf a. d. Amper
D-85560 Ebersberg
D-861... Augsburg (1–2)
D-86381 Krumbach (1–2)
D-86479 Obergessertshausen
D-86480 Waltenhausen
D-86485 Biberbach
D-86517 Wehringen
D-86564 Brunnen
D-86565 Weilach
D-86657 Bissingen
D-86678 Ortlfing
D-86682 Genderkingen
D-86695 Kloster Holzen
D-86807 Buchloe
D-86807 Lindenberg
D-86825 Bad Wörishofen (1–2)
D-86825 Dorschhausen
D-86850 Aretsried
D-86862 Dillishausen
D-86899 Landsberg am Lech (1–2)
D-86941 St. Ottilien
D-86975 Bernbeuren
D-87435 Kempten
D-87448 Waltenhofen
D-87480 Wengen
D-87509 Diepolz
D-87544 Blaichach
D-87600 Kaufbeuren
D-87616 Bertoldshofen
D-87642 Halblech-Buching
D-87651 Bernbach
D-87651 Bidingen
D-87719 Mindelheim
D-87724 Ottobeuren
D-87727 Babenhausen
D-88138 Hergensweiler
D-88167 Ebratshofen

D-88178 Heimenkirch
D-88239 Wangen
D-88316 Beuren
D-88353 Waltershofen
D-88410 Bad Wurzach (1–2)
D-88471 Laupheim
D-89250 Witzighausen
D-89257 Illertissen (1–5)
D-89264 Weißenhorn
D-89269 Vöhringen
D-89331 Unterknöringen
D-89356 Haldenwang
D-89426 Wittislingen
D-89613 Oberstadion
D-90.... Nürnberg (1–4)
D-91052 Erlangen
D-91171 Österberg
D-92637 Weiden
D-930... Regensburg
D-93326 Abensberg (1–2)
D-93354 Siegenburg
D-94227 Ludwigsthal
D-94234 Viechtach
D-94315 Straubing
D-97475 Zeil am Main

I-00186 Rom (1–2)

L-1368 Luxemburg
L-3217 Bettemburg

MEX – Veracruz

S-75... Uppsala

USA – Belleville (Ohio)
USA – Cleveland (Ohio)
USA – La Pareia (New Mexico)
USA – Spring Lake (New Jersey)
USA – Tiffin (Ohio)
USA – Toledo (Ohio)

Zeugnis-Abschriften und Zeitungs-Kritiken.

Zeugnis.

Sebastian Osterrieder, geboren den 18. Januar 1864 zu Abensberg, schnitzte dem Unterfertigten eine Lourdes-Madonna und in die Pfarrkirche Abensberg ein Kruzifix zur vollen Zufriedenheit und kann derselbe bestens empfohlen werden.

Abensberg am 1. Juni 1888

W. Schreiner, Stadtpfarrer.

Zeugnis.

Herr Seb. Osterrieder aus Abensberg hat in der hiesigen Expositurkirche eine Lourdes-Grotte hergestellt aus imitierten Steinen. Anlage wie Ausführung bekunden künstlerisches Schaffen. Die von Herrn Osterrieder selbst verfertigte Statue kann allen Ansprüchen kunstkritischer Augen entsprechen. Die Kosten sind sehr niedrig berechnet. Dies wird dem strebsamen Künstler gerne als Empfehlung bestätigt.

Oberroning, 1. April 1896.

Joh. B. Schmidt, Expositus.

Zeugnis.

Der akademische Kunstbildhauer Seb. Osterrieder von München hat zu einer Lourdes-Grotte für Hrn. Oekonom und Bürgermeister Leixenring in Dunsdorf bei Kipfenberg in Mittelfranken eine Lourdes-Muttergottes-Statue geliefert, welche allgemeinen Beifall findet und nachdem die neue Lourdes-Grotte am 28. Okt. lfd. J. eingeweiht, seitens des Volkes grossartigen Zulauf und enthusiastische Bewunderung findet. Das bestätigen:

Dunsdorf, den 28. Oktober 1900.

Anton Deisenrieder, Pfarrer, **Leixenring,** Bürgermeister.

Zeugnis.

Auf Ansuchen wird dem Herrn Seb. Osterrieder aus Abensberg bestätigt, dass er für die hiesige Pfarrkirche einen neuen Kreuzweg gefertigt hat, welcher sowohl in der Ausführung als im Preise die Anerkennung der hiesigen Kirchenverwaltung gefunden hat.

Siegenburg, den 17. April 1895.

W. Schlait, Pfarrer.

Zeugnis.

Der Unterfertigte bestätigt dem Herrn Akademiker Seb. Osterrieder, dass derselbe ihm eine Lourdes-Grotte im grossen Massstabe zur vollen Zufriedenheit und Anerkennung ausgeführt hat und hiezu nur empfohlen werden kann.

Abensberg am 13. Mai 1891.

W. Schreiner, Stadtpfarrer.

Zeugnis.

Herr Seb. Osterrieder, stud. academ. aus Abensberg lieferte für hiesiges Kloster zwei Statuen — H. Johannes a. C. und Magdalena o. P. — künstlerisch ausgeführt und kann derselbe als strebsamer junger Mann bestens empfohlen werden.

Regensburg, 10. Januar 1895.

P. Emmeran, Prior des Karmelitenklosters.

Zeugnis.

Herr Seb. Osterrieder, Bildhauer aus München hat für die hiesige Pfarrkirche eine prächtige Madonna Dolorosa geliefert, welche in Holz geschnitzt und fein gefasst ist und in jeder Beziehung allgemein gefällt. Herr Osterrieder würde es recht wohl verdienen, dass er mit recht vielen Aufträgen bedacht würde und kann er aufs Wärmste empfohlen werden.

Wetzelsberg, den 25. Aug. 1901.

Das Pfarramt Wetzelsberg:
Rochinger, Pfarrer.

Kapitel 7

Zeittafel zu Leben und Werk Osterrieders

122 Werbedruck Osterrieder. (Familienarchiv)

Die Biographie Sebastian Osterrieders ist ausführlich in den Kapiteln 1–4 beschrieben. Deshalb gibt diese Zeittafel nur Kurzinformationen zum Lebenslauf. Zugleich dient die Zeittafel als Werkverzeichnis, auch wenn hierfür eine Vollständigkeit nicht erreicht werden kann. Von den Krippen des Kapitels 6.2 sind in diese Zeittafel jene aufgenommen, die zeitlich einzuordnen sind. Wurden Jahresangaben geschätzt, sind sie mit einem * versehen. Quellenangaben erfolgen immer dann, wenn nicht auf einzelne Kapitel im Textteil verwiesen werden kann.

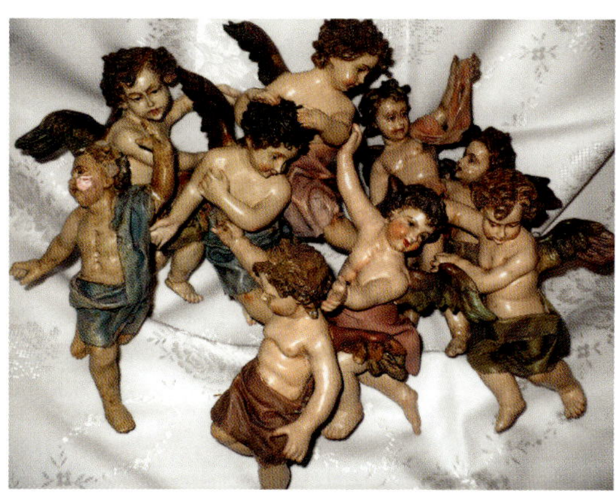

123 Osterrieder-Putti der Krippe in Blieskastel. (Foto Hermann Kast, Blieskastel)

Kap. 1: 1864–1888. Osterrieders Kindheit und Jugend in Abensberg

1864

- 19. Januar: Sebastian Osterrieder in Abensberg/Niederbayern geboren

1870

- Beginn der siebenjährigen Schulzeit

1872

- Schon als Achtjähriger schnitzt er Schäfchen und andere Figuren. Seine ersten Lehrmeister sind der Goldschmied Gollhofer, der aus Wien zugezogene Schreiner Silberbauer und der „Pflügervater“ genannte Steinmetz in Siegenburg (s. Kap. 1)

1877

- Abschlusszeugnis der siebenjährigen Werktagsschule (Osterrieder ist der Zweite unter 13 Schülern)
- Beginn der dreijährigen Bäckerlehre und des dreijährigen Besuchs der Sonn- und Feiertagsschule
- Anleitung im Schnitzen und Modellieren durch den im Haus wohnenden Steinmetzgehilfen Joseph Moser

1880

- Vertretung des erkrankten Vaters in der Bäckerei (bis 1888)
- Nebenher Steinmetzlehre beim benachbarten Steinmetz Gallus Weber
- Sonn- und feiertags Erteilung von Zeichenunterricht
- Freundschaft mit Johann Rauchenecker (s. Kap. 1.2)

1888

- Geschnitzte Lourdesmadonna und geschnitztes Kruzifix für die Stadtpfarrkirche Abensberg[701]
- 11. November: Tod des Vaters in Abensberg (s. Kap. 1)

Kap. 2: 1889–1904.
Die ersten Jahre in München

1889
- Seit 24. März „amtlich“ wohnhaft in München
- Bis 1891 Gehilfe bei Bildhauer Carl Fischer (s. Kap. 2.1)
- Besuch der „plastischen Abteilung“ der gewerblichen Fortbildungsschulen in München

1890
- Besuch der „Graphischen Abteilung“ der gewerblichen Fortbildungsschulen
- 1890/91 Besuch der Kgl. Kunstgewerbeschule
- Aufträge von Förderern für figürliche Holzbildhauerarbeiten (s. Kap. 2)
- Lourdesgrotte bei der Marienkapelle in Allersdorf[702]

1891
- Geschnitztes Kruzifix für Pfarrkirche in Abensberg[703]
- „Lourdesgrotte in großem Maßstabe“ für Stadtpfarrer W. Schreiner, Abensberg[704]
- Mit Beginn des Sommersemesters Studierender der Kgl. Bayerischen Akademie der bildenden Künste, Schüler im Atelier des Bildhauers Prof. Wilhelm von Rümann (bis 1895) (s. Kap. 2.1)

1892
- Portraitbüste von Auguste Haag, Hauptmannsgattin in Ingolstadt[705]
- Tabernakel-Christus für die Kathedrale Caltanisetta, gestiftet von Christina Löhlein[706]
- Restaurierung der Kapelle der Hl. Drei Könige in Allersdorf[707]
- Ankauf des Lindenholzschnitzwerks „Hl. Familie“ durch Albert Fürst von Thurn und Taxis in Regensburg[708] (s. Kap. 2)

1893
- Statue der hl. Monika (1,35 m) für die Pfarrkirche in Mainburg[709]
- Preisdiplom ersten Ranges für ein auf der Kunstausstellung in Ingolstadt gezeigtes Kruzifix[710]

1894
- Wohnung und Atelier in Theresienstraße 34 (bis 1910)
- Bekanntschaft und Freundschaft mit dem späteren Kommerzienrat Max Schmederer
- Kruzifix in Lebensgröße, ausgestellt auf der Muster- und Modellsammlung Landshut[711]
- „Aus Elfenbein gefertigter Kruzifixus von vollendeter Schönheit“ ebda.[712]

1895
- Statue des hl. Sebastian für Walkertshofen[713]
- Statuen des hl. Johannes vom Kreuz und der hl. Magdalena dei Panatieri für das Karmelitenkloster in Regenburg[714]
- Kreuzweg für die Pfarrkirche in Siegenburg[715]
- Seit 24. Mai Mitglied des Kunstvereins in Regensburg[716]
- Lourdesgrotte und Muttergottesstatue für Aiglsbach[717]
- Lourdesgrotte für Kloster Roning[718]
- Entwurf für Denkmal des Grafen Niklas von Abensberg, des letzten Babenbergers[719]

1896
- Lourdesgrotte für die Expositurkirche Oberroning[720]
- Auftrag zu einer Großplastik Papst Leos XIII. für den Deutschen Katholikentag 1897 in Landshut (s. Kap. 2.3)
- Aufenthalt in Rom: Schüler des Bildhauers Joseph von Kopf (1827–1903); Papstaudienzen sowie „Arbeiten vor dem lebenden Modell“ (s. Kap. 2.3)

- Hl. Familie für die Pfarrkirche Irsching bei Vohburg, Abguss des von Fürst von Thurn u. Taxis 1892 angekauften Schnitzwerkes[721]

1897
- Mai/Juni Aufenthalt in Neapel: Besuch der Museen in Neapel, S. Martino und Pompeji[722]
- Aufstellung der Kolossalbüste Papst Leos XIII. in der reichgeschmückten Festhalle des Deutschen Katholikentages in Landshut (s. Kap. 2.3)
- Verleihung des Jerusalemkreuzes durch Papst Leo XIII.
- Portraitbüste des Kurienkardinals Andreas Steinhuber im Münchner Glaspalast (s. Kap. 2.3)
- Vorschlag, die Hochzeit Herzog Georgs des Reichen mit der Königstochter Hedwig von Polen in Landshut als Festzug aufzuführen (s. Kap. 2.4)

1898
- „Die Zukunfts-Gallerie plastischer Bildwerke im 20. Jahrhundert", Gruppe für den Münchner Carnevals-Maskenfestzug (s. Kap. 2.4)
- Besuch bei Vetter Arsan in Aschau (s. Kap. 2.6)
- Fein modelliertes Weihwassergefäß im Rokokostil mit dem Motiv „Unterredung Christi mit der Samariterin am Jakobsbrunnen", erworben in Rom von Kardinal Franz de Paula Schönborn, Erzbischof von Prag[723]

1899
- Madonna mit dem Kind als Fassadenfigur für das Haus des Rechtsanwalts Hotter in Landshut, Ecke Schirmgasse/Neustadt
- Gigantenreliefs als Balkonstützen ebda.
- *Krippe:* Hohenthann

1900
- Muttergottesstatue für Lourdesgrotte in Dunsdorf (Mittelfranken)[724]
- Bischof Michael Wittmann, Vollplastik-Fragment (1880?), holzgeschnitzt, gefasst, 50 cm[725]
- Kreuzigungsgruppe* mit Maria, Maria Magdalena und Johannes[726]
- Hl. Familie, Holzrelief*, gefasst, gerahmt[727]

1901
- Ritter St. Georg, den Drachen bekämpfend, Silberguss, als Preis von Aschau gestiftet von Frhr. Theodor von Kramer-Klett (s. Kap. 2.5)
- Mater Dolorosa, holzgeschnitzt und gefasst, für Pfarrkirche in Wetzelsberg[728]

1902
- Portraitbüste „eines höheren Regierungsbeamten", ausgestellt im Münchner Kunstverein[729]
- *Krippe* im Ernst'schen Eckladen in Regensburg zugunsten des St. Elisabethenvereins (s. Kap. 2.7)

1903
- Modell des Fischbrunnens für Landshut (s. Kap. 2)
- Romanischer Hochaltar und Seitenaltäre für Pfarrkirche St. Vitus in Weichering (s. Kap. 2.5)
- Grabmal Rauchenecker im Friedhof von Hohenthann

Kap. 3: 1904–1918. Produktive und reife Künstlerjahre

1904
- „Die Osterrieder'sche Kunstkrippe" im Münchener Tagblatt vom 28.4.1904 (s. Kap. 2.8)
- Lourdesgrotte in Buchenhüll bei Eichstätt: Madonna und knieende Bernadette
- Trauernde Eva, Friedhofsfigur in Straubing[730]
- 14. September Eheschließung mit Katharina Obermeyer (1875–1942) (s. Kap. 3)
- Portraitbüste des Straubinger Bürgermeisters Hofrat Franz von von Leistner[731]
- Totenmaske von Karl Graf Arco-Valley[732]
- Wasserspeiender Faun, Brunnen Säbener Platz, München
- *Krippe:* Scheyern

1905
- Jesus der Kinderfreund, Relief für das Giebelfeld über dem Hauptportal der neu erbauten „Kinderbewahranstalt" Landshut (s. Kap. 3.7)
- Portraitbüste von P. Heinrich Suso Denifle (Bronzeguss 1908) (s. Kap. 3.7)

1906
- Modell für die Krippe des neuen Domes zu Linz (s. Kap. 3.4.2)
- Lebensgroße Kreuzigungsgruppe (Kalvarienberg) in Biberbach (s. Kap. 3.7)
- Große Krippe (elektrisch beleuchtet) auf der Nürnberger Landesausstellung (s. Kap. 3.4)
- Große Weihnachts-Kunstkrippe, ausgestellt in Villa Hörtrich in Wörishofen[733]
- *Krippe:* Bissingen

1907
- „Kaiserkrippe", Audienz im Berliner Schloss (s. Kap. 3.4.1)
- Auszeichnung mit der Großen Silbernen Maximilians-Medaille durch Herzog Karl in Bayern

1908
- Auftragserteilung für die Krippe des neuen Domes zu Linz (s. Kap. 3.4.2)
- Reliefgruppe des hl. Georg, polychrom, am Kirchplatz in Rottenburg a. d. Laber[734]
- Übergabe des Bronzegusses der Portraitbüste von P. Heinrich Suso Denifle OP an Papst Pius X.; Auszeichnung mit der Goldenen Papstmedaille (s. Kap. 3.3)
- Im Auftrag Oskar von Millers Diorama „Gewinnung des Wassers in Ägypten" für das Deutsche Museum München (s. Kap. 3.6)
- Kleinformatige Kopie des Mittelstückes der für den deutschen Kaiser hergestellten Krippe als Geschenk für Kardinalstaatssekretär Rafael Merry del Val[735]
- Lebensgroßer Christus, Friedhofsfigur in Obergrießbach (Galvanobronze)[736]
- Enthüllung des Schillerdenkmals in Landshut
- Grabmal der Familie Obermeyer auf dem Friedhof von Wasserburg
- Zusammenarbeit mit dem Kunstmaler Josef Krieger (s. Kap. 3.2)
- „Renaissance-Altar in Pollnitz/Sachsen" (Standort und Verbleib ungeklärt)
- Krippenausstellung in München (s. Kap. 3.4)
- 14-seitiger Osterrieder-Krippenkatalog mit Preisen (s. Kap. 3.5)
- *Krippen:* Kirchdorf an der Krems, Landshut (1) St. Nikola, Ludwigsthal, Partenkirchen

1909
- Kreuzweg für Salesianer Don Boscos in Corumbá/Brasilien
- Im Oktober in Maria Medingen bei Dillingen: im Auftrag von Nuntius Andreas Frühwirt Fotoaufnahmen von Grab und Erinnerungsstücken der 1351 verstorbenen Mystikerin Margareta Ebner (s. Kap. 3.3)
- *Krippen:* Altötting (1) St. Philipp und Jakob, Linz (erster Teil: Geburtsgrotte mit den dazugehörenden Figuren)

1910
- Umzug von der Theresienstraße 34 in Wohnung und Atelier in der Georgenstraße 113
- Palästina- und Ägyptenreise (s. Kap. 3.6)
- Im Auftrag Oskar von Millers mehrere Dioramen für das Deutsche Museum (s. Kap. 3.6)
- Überlebensgroße Pietà aus Kunststein in Bayerdilling b. Rain (s. Kap. 3.7)
- Kreuzweg für die Wallfahrtskirche auf dem Kreuzberg bei Schwandorf (s. Kap. 3.7)
- Krippenausstellungen in der Georgenstraße 113[737] und in der Gewerbehalle[738]
- *Krippen:* Attersee, Böhen, Ebratshofen, Immenstadt, München (1) St. Ludwig, Mindelheim*, Schloßberg am Inn*

1911

- Pietà in St. Josef in München (s. Kap. 3.7)
- Totenmaske des Reichstagsabgeordneten Prälat Dr. Daller[739]
- Im November Reise nach Rom im Auftrag von Nuntius Frühwirt als Kabinettskurier zur Überbringung der Akten zur Seligsprechung der Margareta Ebner (s. Kap. 3.3)
- Krippenausstellung in Zürich (s. Kap. 3.8).
- *Krippe:* Genderkingen*

1912

- Deutschmeister-Denkmal in Nierumelsdorf
- Auszeichnung mit dem Ritterkreuz des Franz-Josef-Ordens (s. Kap. 3.7)
- Madonna auf Kuppel der St.-Anna-Basilika, Altötting (s. Kap. 3.7)
- Madonna auf dem Hochaltar von St. Jakob in Wasserburg[740]
- Große Krippe sowie die der Vollendung entgegengehende „Papstkrippe" auf der Bayerischen Gewerbeschau in München (s. Kap. 3.8)
- Vier Meter hohe Kolossalstatuen von Adam, Abraham, Jesse und David für die Fassade der St.-Anna-Basilika, Altötting (s. Kap. 3.7)
- Grabstätte mit übermannshohem Kreuz aus Muschelkalk in Neumarkt[741]
- Gefallenendenkmal im Münchner Ostfriedhof (s. Kap. 3.7)
- Krippen: Aschau, Augsburg (1) St. Stephan, Deidesheim, Biberbach*

1913

- Übergabe der Krippe an Papst Pius X. im Roten Saal des Vatikans
- Auszeichnung mit dem päpstlichen Orden „Bene merenti" (s. Kap. 3.8.2)
- Vollendung der Krippe im Dom zu Linz (s. Kap. 3.4.2)
- Krippenausstellung in Zürich
- *Krippen:* Bergedorf, Grevenbroich, Kirchdorf am Inn, Krumbach (2) Engl. Fräulein, München (2) St. Peter, Gaimersheim*, Zuchering*

1914

- Lebendes Bild „St. Ludwig und St. Therese erflehen den Schutz der Himmelskönigin für unser Königspaar" (s. Kap. 3.7)
- *Krippen:* Ebersberg, Zeil, Dillishausen*

1915

- *Krippe:* Diepolz*, Edling*, Freising*

1916

- Erste Fassung des Modells für das Tilly-Reiterstandbild (s. Kap. 4.2)
- *Krippen:* Haldenwang, Hettenleidelheim

1917

- Hindenburg-Nageldenkmal (s. Kap. 3.7)
- Gründungsmitglied des Ortsvereins München des Bayerischen Krippenvereins (s. Kap. 3)
- Verkaufsausstellung eigener Krippen (s. Kap. 3.10)
- *Krippe:* München (6) Bayerisches Nationalmuseum*

Kap. 4: 1919–1932. Schwierige Zeiten auch für den Altmeister der Krippenkunst

1919

- *Krippen:* Paderborn, Vöhringen-Illerberg, Zweibrücken, Seedorf*

1920

- Bronzeplastik „Herzog Christoph der Starke"* (s. Kap. 4.2)
- Kriegerdenkmal mit Pietà in Gaimersheim und Oberroning*
- Kriegerdenkmal, Kreuz mit bronzenem Kruzifix, in Schamhaupten
- Für die Münchner Asamkirche „eine künstlerisch und religiös überaus feine Krippe" und „eine tiefempfundene künstlerisch hervorragende" Pietà[742]

- Franziskus-Statue* über dem Portal des Klosters Grafrath[743]
- *Krippen:* Buchloe, Erfweiler-Ehlingen, Heimenkirch, Hergensweiler, München (10) Asamkirche, Wasserburg am Inn, München (9) privat*, Unterknöringen*, Wangen*, Wengen*

1921
- Kriegerdenkmal (Pietà) in Jetzendorf
- *Krippen:* Landau i. d. Pfalz, Nürnberg (3) St. Ludwig, Tegernsee, Oberstadion*

1922
- Modell einer mittelalterlichen Brauerei für Diorama im Deutschen Museum (s. Kap. 4.2)
- *Krippen:* Blieskastel

1923
- Umzug des Ateliers von der Georgenstraße 113 in die Clemensstraße 25 (s. Kap. 4.3)
- *Krippe:* Luxemburg/Dom, Bettemburg*, Manderfeld*

1924
- Wohnungsumzug von der Georgenstraße 113 in die Bismarckstraße 19
- Kriegerdenkmal (stehender Christus) in Siegenburg
- Krippenausstellung der Gesellschaft für christliche Kunst (s. Kap. 4.4)
- *Krippen:* Beuren, Borg, Cassel, Krumbach (1) St. Michael, München (3) St. Ursula, München (4) St. Johann Baptist, München (12) Krankenhaus Schwabing, Bad Wurzach (2) Kapelle Salvatorkolleg*

1925
- Krippenausstellung der Gesellschaft für christliche Kunst (s. Kap. 4.4)
- Herz-Jesu-Statue für die Pfarrkirche St. Augustinus in Viechtach[744]
- Herz-Jesu-Statue für Bischof Erik Müller, Stockholm (s. Kap. 3.9)
- *Krippen:* Bad Wurzach (1) St. Verena, Cleveland, Kirchdorf am Inn, Uppsala, Bad Wörishofen (1) St. Justina*, Margarethenberg*, München (7) Haus der Schwestern der Hl. Familie*, Nürnberg (4) St. Michael*, Rottach-Egern*, Steinkirchen*, Stuttgart*

1926
- *Krippen:* Bonn-Schwarzrheindorf (bis 1931), Holzkirchen, Illertissen (2) Kreiskrankenhaus

1927
- Krippenausstellung auf dem Katholikentag Dortmund 1927[745]
- *Krippen:* Brunnen/Schrobenhausen, Esslingen

1928
- Zeitungsartikel „Hindenburg – ein Bayer?“ (s. Kap. 4.3)
- *Krippen:* Herxheim, Küntrop, München (5) Zu den Hl. Zwölf Aposteln

1929
- Tillydenkmal, Erwerb des Modells durch die Marianische Männerkongregation (Bronzeguss 2005 auf Kapellplatz) (s. Kap. 4.2)
- *Krippen:* Kempten, Rom Sta. Maria dell'Anima, St. Ingbert*

1930
- Bruder-Konrad-Brunnen in Altötting (s. Kap. 4.2)
- *Krippe:* Bernbach*

1932
- 5. Juni: Sebastian Osterrieder in München verstorben

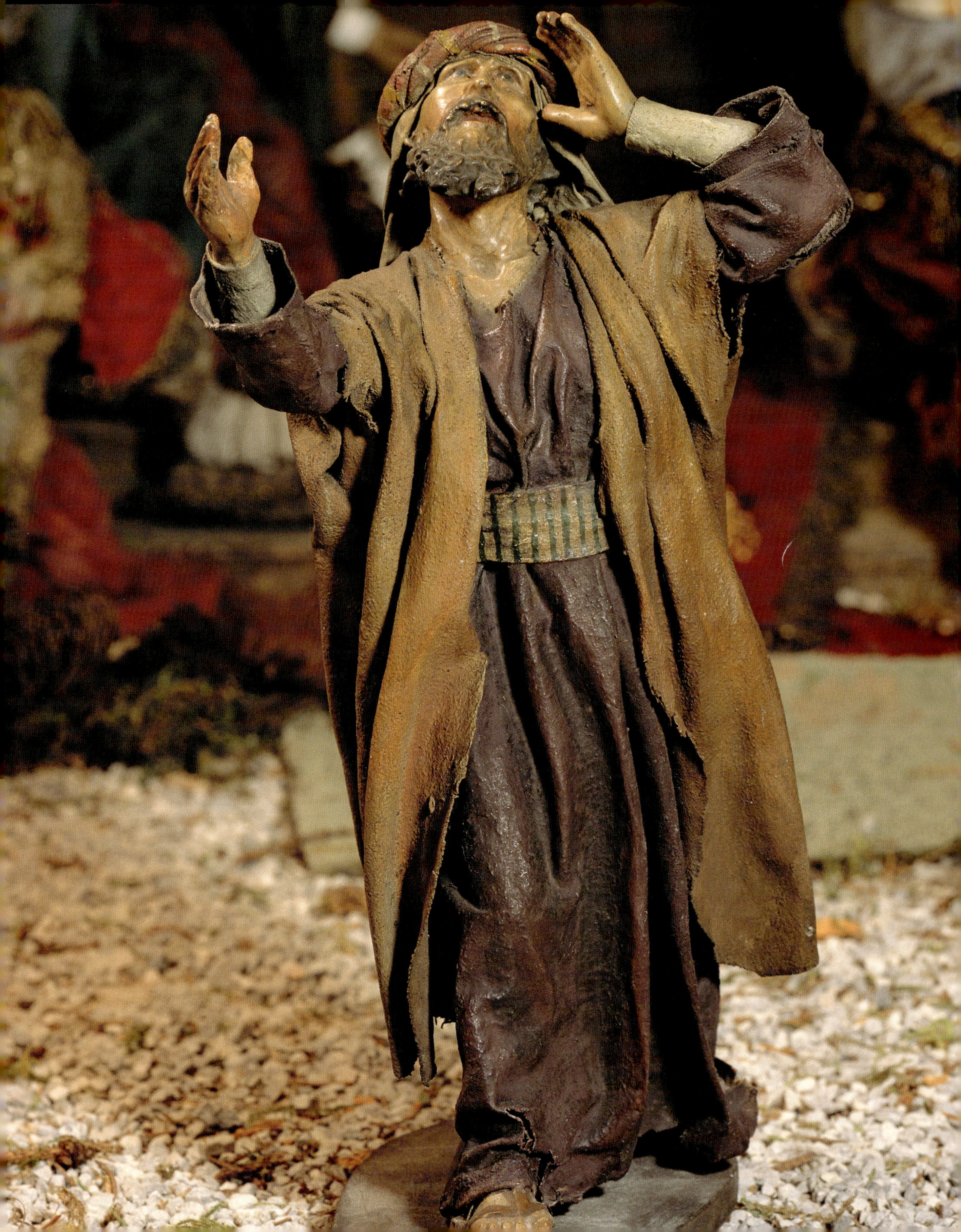

Kapitel 8

Anhang

- Danksagung
- Anmerkungen
- Generalregister

124 Josef bei der Herbergssuche. Krippe Peterskirche München.
(Foto Siegfried Wameser, München)

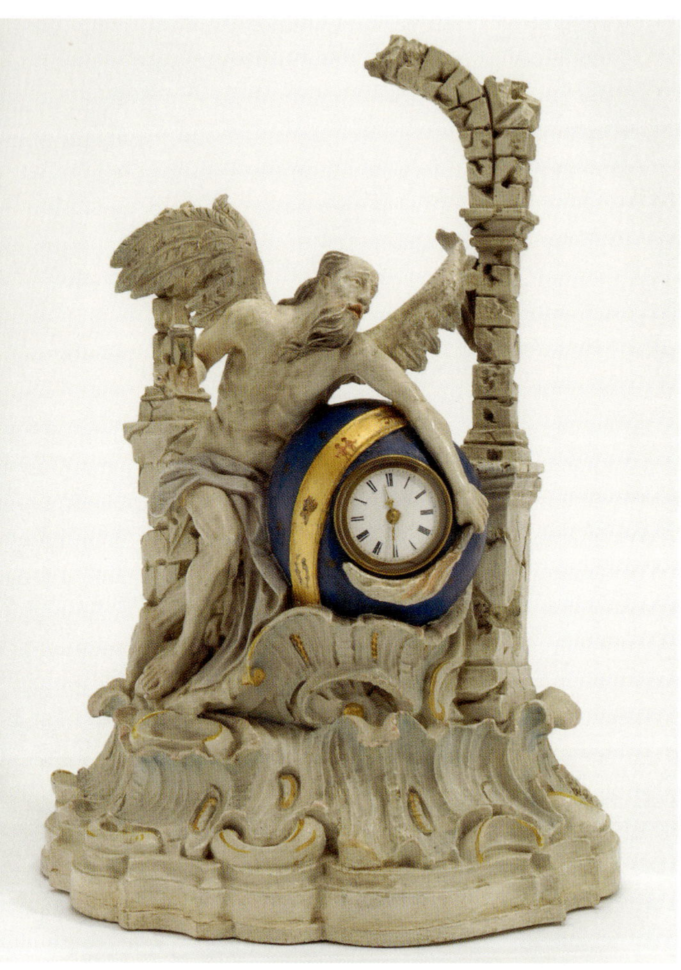

125 „Chronos als Allegorie der Vergänglichkeit"
Auf Rocaillesockel kniet vor einer Ruinenarchitektur Chronos mit Sanduhr und Fackel, den Himmelsglobus mit Zodiakus (Tierkreis) und Uhr umfassend. Auf der Rückseite eingeprägt: „Seb. Osterrieder Bildhauer München". Holz und Gussmasse, weiß gefasst, farbig gehöht. Höhe 44 cm. (Neumeister, Auktionskatalog 347 [2010]). (Foto Christian Mitko, München)
Diese von Osterrieder geschaffene Kaminuhr konnte 2010 für Herzogskasten/Stadtmuseum Abensberg erworben werden.

Danksagung

In der Einführung zum Buch und im 5. Kapitel habe ich schon die Personen genannt, die mich in besonderer Weise bei dieser Arbeit unterstützt haben. Ich danke auch an dieser Stelle nochmals:

- Egon Eberle, Illertissen
- Dr. Nina Gockerell, München
- Thomas Huber, Regensburg
- Uta Ludwig, Unterwössen
- Prof. Friedrich Münch, Bonn
- Prof. Hubertus von Pilgrim, Pullach
- Gerd Schramm, München.

Ein wichtiger Teil des Buches ist die Topographie der Osterrieder-Krippen im Kapitel 6.2. Sie kam in dieser Vollständigkeit nur zustande durch die immer spontane Hilfsbereitschaft der dort Genannten. Für alle Informationen und die Unterstützung von Pfarrern, Kirchen-, Krippen- und Heimatpflegern sowie für die vor Ort geleistete fürsorgliche Krippenarbeit spreche ich an dieser Stelle meinen herzlichen Dank und meine Anerkennung aus.
Die Darstellung von Sebastian Osterrieders Leben und Werk in der nun vorliegenden Form konnte darüber hinaus und in manchen Einzelheiten nur gelingen durch die Zuarbeit und Informationsbereitschaft von den nachfolgend genannten sowie vielen ungenannten Helfern. Allen danke ich aufrichtig.

- P. Emmanuel Andres OSB, Benediktinerabtei St. Stephan, Augsburg
- Elisabeth Angermair M. A., München/Stadtarchiv
- Prof. Dr. Sibylle Appuhn-Radtke, München
- Dr. Christoph Bachmann, München
- Margareth Berti, Rom, Santa Maria dell'Anima
- Pfarrer Gerhard Best, Körbecke
- Mag. Clemens Bichler, Linz/Dommeister
- Anton Bidell, Vöhringen-Illerberg
- Josef H. Biller, München
- Sabine Brantl M. A., München/Akademie der Bildenden Künste
- Dorle Buchbauer, München
- Adolf Buchenrieder †, Abensberg
- Dr. Wolfgang Burgmair, München
- Dr. Florian Dering, München/Stadtmuseum
- Dr. Walter Dieck, Haar bei München
- Werner Dobras, Lindau
- Prof. Dr. Werner Dressendörfer, Bamberg
- Msgr. Thomas Frauenlob, Rom
- P. Elias H. Füllenbach OP, Provinzarchivar, Düsseldorf
- Dr. Wilhelm Füßl, München/Archiv Deutsches Museum
- Dr. Benno C. Gantner, Starnberg
- Dipl. Ing. Christian Geisberg, München-Wien
- Günter Goepfert, München
- Karl Gruber, Linz/Domführer
- Marga Haag †, Abensberg
- Dr. Heinrich Habel, München
- Dr. Sylvia Hahn, Freising/Diözesanmuseum
- Tobias Hammerl M. A., Abensberg/ Herzogskasten Stadtmuseum
- Karl Harsch, Genderkingen
- Winfried Haselberger, Aichach
- Heike Haß M. A., Heidelberg/ Deutsches Apothekenmuseum
- Jürgen Hennig, München
- Pfarrer Paul Hildebrand, Rottenburg am Neckar
- P. Dr. Wolfram Hoyer OP, Provinzarchivar, Augsburg
- Dr. Brigitte Huber, München/ Stadtarchiv-Chronik
- Diakon Joachim Huneke, Grabenstätt
- P. Dr. Michael Kaufmann OSB, Benediktinerabtei Metten
- Dr. Maximilian Keckeisen, Augsburg
- Karola Kennerknecht, München-Lerchenau
- Josef Krammer, Weichering
- Annette Krauß M. A., München
- Theresia Kronenbitter, München
- Dr. Gertraud Lamla, Blieskastel
- Prälat Erich Lidel, Graben bei Augsburg
- Maria Lindner, Landshut
- Johanna u. Franziska Loquai, Ingolstadt
- Dr. Franz Lurz, München
- Helmut Meixner, Kirchdorf an der Krems
- Antonio Milan, Rom
- Inge Niedermeier, München
- Roswitha E. Al-Habib Nmeir, Esslingen
- Franz Piendl, Abensberg/Hauptamtsleiter, Stadtarchivar
- Dr. Hans-Peter Rasp, München
- Hans Roth, München
- Peter Runz, Landshut
- Guido Scharrer, Straubing
- Berthold Schnabel, Deidesheim
- Gertraud Schretzlmeier, Abensberg / 3. Bürgermeisterin
- Lothar Segl, Nürnberg
- Edith Senger †, Abensberg
- Dr. Ernst Steinbichler, München
- Prof. Dr. Dr. Hans Joachim Störig, München
- Christian Thalhammer, München/Peterskirche
- Pfarrer Jörg Thurnheer, Brunnen/Schwyz
- Reinhold Ullermann, Altötting
- Bodo Underberg, Burghausen
- Quirin Vogel, München
- Prof. em. Franz Bernhard Weißhaar, Landsberg
- Dr. Helmut Wirner, München
- Caroline Wohlgemuth, Regensburg-Abensberg
- Josef Wührer, Uttlau

Anmerkungen

Einführung und Widmung

1 N.N., Die Osterrieder'sche Kunstkrippe, in: Münchener Tagblatt Nr. 119, 28.4.1904. – N.N., Eine Weihnachtskrippe (mit Abb.), in: Christliche Kunstblätter, Organ des Linzer Diözesan-Kunstvereines, 46. Jg., Nr. 1, Jänner 1905. – N.N., Ein moderner Krippenplastiker, in: Münchener Rundschau, 1906, S. 13f. (mit Abb.). Scherndl, Balthasar, Alte und neue Krippenkunst, in: Christliche Kunstblätter a.a.O., 49. Jg., Nr. 1, Jänner 1908 (mit 3 Abb.). – N.N., (längerer Artikel über Osterrieder und seine Technik), in: Augsburger Postzeitung, 21.11.1911. – Halm, Philipp Maria, Neuere Krippenkunst, in: Neue Augsburger Zeitung Nr. 289, 14.12.1911. – Ders., Neuere Krippenkunst, in: Raphael, Illustrierte Zeitschrift, 20.12.1913. – Osterrieder, Franz Xaver, Sebastian Osterrieder, akad. Bildhauer, Entwurf einer Biographie, Maschinenskript o.J. [ca. 1924], im Nachlass. – Müller, Joseph, Bayerische Krippenkunst. Meister Sebastian Osterrieder, in: Münchener Zeitung Nr. 351, 23.12.1927. – Spielhofer, Hans, Ein Münchner Krippenschnitzer. Besuch beim Altmeister der deutschen Krippenkunst, in: Die Heimat, Beilage der Münchner Neuesten Nachrichten Nr. 350, 4.12.1929.

2 Hartmann, Johann Baptist, Sebastian Osterrieder †, in: Krippenfreund 1932, S. 34f. Nachdruck in: Der Bayerische Krippenfreund 261, September 1987, S. 6–8. – Dücker, Fritz, Sebastian Osterrieder tot!, in: Die Weihnachtskrippe, Achtes Jahrbuch des Kartellverbandes deutscher Krippenfreunde, 1932, S. 42–47.

3 Thieme, Ulrich / Becker, Felix (Hrsg.), Allgemeines Lexikon der bildenden Künstler von der Antike bis zur Gegenwart, Bd. 25/26, Leipzig 1992: „Osterrieder, Sebastian, Bildhauer u. Krippenschnitzer in München, * 19.1.1864 Abensberg, † 5.6.1932 München, Schüler von C. Fischer in München u. J. v. Kopf in Rom. Krippen in den Domen zu Linz, Luxemburg, Freising, Cleveland (Ohio), in S. M. dell' Anima in Rom, im Päpstl. Hospiz ebda und in den Münchener Kirchen St. Ludwig, St. Peter u. St. Ursula. – Lit.: Dresslers Kunsthandbuch, 1930/II. – Die christl. Kunst, 8 (1911/12) Beibl. p. 10 (Abb.); 10 (1913/14) p. 110f. (m. Abb.); 12 (1915/16) p. 110; 24 (1927/28) p. 38f. (m. Abb.). – Jahrbuch d. Ver. f. christl. Kst. in München, 1 (1912) p. 100f.; 2 (1914) Taf. 44f. – Christl. Kstblätter, 56 (1915) p. 8ff. (m. Abb.). – Kunst und Handwerk, 1924, p. 5ff. (m. Abb.). – H. Spielhofer, Ein Münchner Krippenschnitzer, in Die Heimat, Beil. d. Münch. N. Nachr. v. 4.12.1929."

4 Bogner, Gerhard, Das neue Krippen-Lexikon, Lindenberg i. Allg./Beuron 2003, S. 368: „Sebastian Osterrieder (1864–1932), Krippenschnitzer seit der Schulzeit, Bildhauer in München, Mitarbeiter von Max Schmederer beim Aufbau der Krippenschau im Bayerischen Nationalmuseum und Erfinder ausdrucksvoller Krippenfiguren im ‚französischen Hartguß', reiste 1910 mit Unterstützung des bayerischen Prinzregenten Luitpold, des Vatikans und des Deutschen Museums in einer vom Münchner Domkapitular Buchberger geführten Karawane drei Monate lang durch Palästina, machte dabei viele Skizzen [...] und wurde mit seinen ‚naturgetreuen' Krippen der Begründer eines neuen Stils."

5 Der Nachlass befindet sich seit 2003 als Dauerleihgabe im Heimatmuseum Abensberg.

6 Eberle, Egon, Schon als Kind Krippen geschnitzt. Anregungen im Heiligen Land gesucht, in: Illertisser Zeitung, 5.1.1987. – Ders., Der Mann, der die Weihnachtskrippe neu entdeckte, in: Ulrichsblatt, Kirchenzeitung für die Diözese Ausgsburg, 24.12.1988. – Ders., Krippen von Sebastian Osterrieder: Ziele der nächsten Kulturfahrt am 16.1.1988, in: Südwest Presse, 9.1.1988. – Ders., Osterrieder-Krippen. Sebastian Osterrieder, der Wiedererwecker der künstlerischen Weihnachtskrippen, in: Ebbes. Zeitschrift für das bayerische Schwaben vom Ries bis ins Allgäu, Heft 6, Dez./Jan. 1989/90. – Ders., Der Schöpfer der künstlerischen Weihnachtskrippe, Leben und Werk des Sebastian Osterrieder, in: Das schöne Allgäu 12/1990. – Ders., Sebastian Osterrieder (1864–1932). Der Schöpfer künstlerischer Weihnachtskrippen, in: Schönere Heimat 80, 1991, S. 218–222. – Ders., Restaurierung beschädigter Osterrieder-Figuren, in: Der Bayerische Krippenfreund 282, Dez. 1992, S. 34. – Ders., Die fromme Kunst vom Krippenwastl. In Schwaben stehen viele Werke Osterrieders, in: Augsburger Allgemeine, 9.1.1993. – Ders., Sebastian Osterrieder (1864–1932). Der Schöpfer künstlerischer Weihnachtskrippen, in: Deidesheimer Heimatblätter 11, 1993 (wie: Schönere Heimat). – Ders., Ein Künstlerleben für die Krippe. Gedenkblatt für den Bildhauer Sebastian Osterrieder, in: Bayerische Staatszeitung, Beilage „Unser Bayern", 17.12.1993. – Ders., Leben und Werk des Sebastian Osterrieder. Zum 70. Todestag des bekannten Krippenkünstlers, in: Der Bayerische Krippenfreund 320, Juni 2002, S. 35. – Ders., Verzeichnis der Krippen und Werke Osterrieders, in: Der Bayerische Krippenfreund 320, Juni 2002, S. 48.

7 Gockerell, Nina (Text) und Haberland, Walter (Fotos), Krippen im Bayerischen Nationalmuseum, München 2005, S. 232–234. – Dies., Osterrieder und das Bayerische Nationalmuseum, in: Der Bayerische Krippenfreund 320, Juni 2002, S. 41–44.

8 Münch, Friedrich, Die Osterrieder-Krippe zu Schwarzrheindorf. Zur Entstehungsgeschichte einer Gemeindekrippe, in: 1832–1982 Gottesdienst in Schwarzrheindorf, hrsg. von der Katholischen Kirchengemeinde St. Clemens, Bonn 1982, S. 31–42.

9 Goepfert, Günter, Glaube und Kunst verbunden. Erinnerungen an den Münchner Krippenkünstler Sebastian Osterrieder, in: Münchner Stadtanzeiger Nr. 96, 16.12.1983. – Ders., Sebastian Osterrieder. Erinnerungen an den Münchener Bildhauer und Altmeister der deutschen Krippenkunst, in: Bayerland 12/1984, S. 56–59. – Haag, Marga, Erinnerungen an den großen Sohn der Stadt. Sebastian Osterrieder, der Altmeister der Krippenkunst, hätte heute 135. Geburtstag, in: Mittelbayerische Zeitung, 19.1.1999. – Dies. Der „Krippenwastl“ Sebastian Osterrieder. Eigentlich hätte er die Bäckerei übernehmen sollen – Statt Brezen formte er Krippenfiguren, in: Mittelbayerische Zeitung, 9.1.2001.

10 Dücker (wie Anm. 2), S. 47.

1 Osterrieders Kindheit und Jugend in Abensberg (1864–1888)

101 Der 19. Januar als Geburtstag ist zutreffend. Osterrieder selbst hat gegen das zuweilen irrtümlich genannte Geburtsdatum 20. Januar nichts unternommen.

102 Die Eltern: Sebastian Osterrieder (1824–1888), Bäckermeister in Abensberg, und Katharina, geb. Weber (1827–1904). Die Großeltern väterlicherseits: Josef Osterrieder (1788–1866), Bäckermeister in Pförring, und Franziska, geb. Aigner (1799–1856). Die Urgroßeltern väterlicherseits: Josef Osterrieder (1760–1826), Bäckermeister in Pförring, und Walburga, geb. Schindlmayr (1758–1818), aus Sandersdorf. – Hieronymus Aigner († 1818), Mesner in Mauern, und Maria Anna, geb. Leichtl (1762–1837), aus Mauern.

103 Die Großeltern mütterlicherseits: Anton Weber (1789–1852), Weber und Jäger in Vohburg, und Maria Anna, geb. Dichtl (1792–1852); [Anton Weber war in 1. Ehe verheiratet mit Maria Anna, verwitw. Elefzinger, geb. Beer († 1818)]. *Die Urgroßeltern mütterlicherseits:* Michael Weber (1754–1815), Maurer in Vohburg, und Cäcilie Taschner (1752–1807), aus Hainsbach. – Johann Nepomuk Dichtl (1759–1821), Säckler in Pförring und Maria Anna, geb. Bez (1754–1814), aus Hexenagger.

104 Manuskript in Osterrieders Nachlass. Diese autobiographischen Notizen haben offensichtlich in den 20er-Jahren mehreren Autoren von Zeitungsbeiträgen zur Verfügung gestanden.

105 Die Sechsermünze waren 6 Kreuzer. Der Gulden hatte 60 Kreuzer.

106 Durch das Reichsgesetz von 1871 und das Münzgesetz von 1873 wurde als „neues Geld“ die Goldwährung (1 Mark = 100 Pfennig) eingeführt. Bisherige Einzelstaatsmünzen kamen 1875 außer Gebrauch.

107 Nachruf Dücker (wie Anm. 2), S. 43.

108 Zitat aus Manuskript (wie Anm. 104).

109 Frdl. Mitt. von Maria Lindner, Landshut, einer Enkelin von Johann Rauchenecker.

110 Zitat aus Manuskript (wie Anm. 104).

2 Die ersten Jahre in München (1889–1904)

201 Landshuter Zeitung Nr. 181, 12.8.1903; Augsburger Abendzeitung, 26.8.1903.

202 Müller (wie Anm. 1).

203 Regensburger Anzeiger, 22.12.1892.

204 Ebers, Georg, Aegypten in Bild und Wort, dargestellt von unseren ersten Künstlern, 2 Bde., Stuttgart/Leipzig 1879.

205 Ebers, Georg, Palästina in Bild und Wort, nebst der Sinaihalbinsel und dem Lande Gosen, nach dem Englischen herausgegeben von Georg Ebers und Hermann Guthe, 2 Bde., Stuttgart/Leipzig 1882.

206 Tissot, J.-James, La vie de Notre-Seigneur Jésus Christ, Tome I. et II., Tours 1896/97.

207 Sepp, Johann Nepomuk, Jerusalem und das Heilige Land, Pilgerfahrt nach Palästina, Syrien und Ägypten, Schaffhausen 1863. – Schegg, Peter, Die Bauten Constantins über dem Heiligen Grab zu Jerusalem, Freising 1867.

208 Gockerell 2005 (wie Anm. 7), S. 232.

209 Fischer, Carl, in: Thieme-Becker (wie Anm. 3), Bd. 11/12, 1992.

210 Rümann, Wilhelm v., in: Thieme-Becker (wie Anm. 3), Bd. 29/30, 1992.

211 Landshuter Zeitung, 16.10.1894.

212 Augsburger Postzeitung, 16.4.1898.

213 Kopf, Josef v., in: Thieme-Becker (wie Anm. 3) Bd. 21/22, 1992.

214 Osterrieder, Autobiographische Notizen (wie Anm. 104).

215 Landshuter Zeitung, 16.10.1898.

216 Weber, Paul, und Marschall, Otto, Aus dem Leben der Kreishauptstadt Landshut 1834–1908, Landshut 1916, S. 276.

217 Zwei Fotografien im Osterrieder-Nachlass zeigen einen weiteren Entwurf für eine Papstplastik. Osterrieder hat hier einen sichtlich gealterten Leo XIII. gestaltet. Möglicherweise war es der Entwurf für ein Grabdenkmal dieses Papstes. Osterrieders Entwurf weist übrigens eine große Ähnlichkeit auf mit Leos Grabmonument in der Lateransbasilika.

218 Herzog, Theo, Landshut im XIX. Jahrhundert, Landshut 1969, S. 233, 237. – Bleibrunner, Hans, Landshut von 1790 bis 1990. Aufbruch zur Gegenwart, Landshut 1991, S. 240f.

219 Münchner Theologische Wochenschrift Nr. 2, 11.4.1904.

220 Durchschlag eines Briefes Osterrieders vom 31.3.1924, Anrede: „Hochverehrter Herr Präsident"; Adressat unbekannt. Osterrieder schlägt darin ein „St. Heinrich-Kunigunden-Spiel" vor als eine der „Landshuter Hochzeit" vergleichbare historische Veranstaltung für Bamberg; Briefkopie sowie Maschinenskript dieses Spiels, verfasst „von P. Bonifaz Rauch O.S.B. nach szenischen Angaben von Seb. Osterrieder", im Archiv der Benediktinerabtei Metten. Der Adressat war möglicherweise Otto von Strößenreuther (1862–1958), der damalige Regierungspräsident von Oberfranken (frdl. Mitt. von Dr. Wolfgang Burgmair, München). Eingangs des Briefes beruft sich Osterrieder auf seine erfolgreichen Initiativen zum Festzug der Landshuter Hochzeit. S. auch Anm. 418.

221 Landshuter Zeitung Nr. 177/8, 4./5.7.1925.

222 Dehio, Georg, Handbuch der deutschen Kunstdenkmäler, Bd. Bayern II: Niederbayern, München/Berlin 1988, S. 348: Die 1883 vollendeten Fresken stammen von den Münchener Malern August Spieß, Rudolf Seitz, Ludwig Löfftz und Konrad Weigand.

223 Überliefert von Antonie Kaess, geb. Osterrieder.

224 Landshuter Zeitung, 1.7.1965, S. 9: N.N., „Zum Gedächtnis": „Ein Gastwirt und ein Bäcker / die saßen beieinand / und drückten einem Bildhauer / aus München fest die Hand. / In Liebe wohl zur Heimat sie faßten einen Plan – / so ging die Neugeburt der Landshuter Hochzeit an. / Das stille kleine Kleeblatt erweckte eine Stadt / die viel und nur aus Liebe geopfert hat. / Dann trat der Verein der Förderer / wohl kühn hier auf den Plan: / Ein Fest-Spiel ward geschaffen / ein Tanzspiel schloß sich an. / Was man hier hat aus Liebe / in Landshut still gebaut, / es ist ein lebendiges Denkmal, / dem ganzen Volk vertraut! – / Wir neigen uns in Ehrfurcht / mit Blumen vor jedem Grab, / das unsrem schönen Landshut / dies Spiel und – Leben – gab". „Tippel, Linnbrunner, Osterrieder, Georg Schaumburg, Karl Stadler, Dr. Heinrich Schmidt, Gottlieb Arnold, Professor Dr. Kröller, Hans Lehner zum Gedenken."

225 Runz, Peter, Sebastian Osterrieder, ein vergessener Wegbereiter der „Landshuter Hochzeit", in: Verhandlungen des Historischen Vereins für Niederbayern, Bd. 114/5, 1988/89, S. 114. S. auch Arnold, Paul, Landshuter Ritter von der Gotik bis heute, in: Hans-Leinberger-Heft Nr. 3, Landshut 1993, S. 166.

226 Nach der Renovierung von 1989 zeigen der Innenraum der Kirche und die Altäre wieder das ursprüngliche farbige Bild der Entstehungszeit. Die Wand- und Deckenbemalung stammt von dem Jugendstilmaler Franz Hofstötter (1871–1958). Osterrieders Hauptaltar von 5 m Breite und 6 m Höhe präsentiert in Nischen rechts und links des Tabernakels die Heiligen Creszentia, Ulrich, Narzissus und Leonhard. Über dem Altartisch sind Osterrieders Reliefs mit Szenen aus dem Alten Testament zu sehen. Die Seitenaltäre sind Maria und Josef gewidmet. Neben deren Holzstatuen stellte Osterrieder in Holzreliefs Szenen aus dem Leben Mariens und Jesu dar. Ein Kruzifix an der linken Chorwand sowie ein größerer an der rechten Seitenwand des Hauptschiffes dürften ebenfalls Osterrieder-Werke sein. – Die häufigen Jagdaufenthalte der Münchener Hofgesellschaft in den Auwäldern um Schloss Grünau bei Neuburg an der Donau blieben nicht ganz ohne Einfluss auf den Kirchenneubau in Weichering. Über der Sakristei und dem Glockenhaus sind zwei Räume ausgebaut, von denen aus die königlichen Herrschaften am Gottesdienst teilnehmen konnten. Die Künstler Hofstötter und Osterrieder hatten deshalb nicht nur im Auftrag der Weicheringer Kirchenverwaltung gearbeitet, sondern auch in dem des Königl. Staatsministeriums für Kirchenangelegenheiten. Frdl. Mittl. von Josef Krammer, Weichering (von dem auch der Text des Kirchenführers stammt).

227 Landshuter Zeitung, 23.5.1901.

228 Nachruf Hartmann (wie Anm. 2).

229 Der „Vetter" (zweiten Grades) A. A. Arsan (1850–1917), zeitweise Dekan, erzbishöflicher Geistlicher Rat und Monsignore, war ein Enkel aus der ersten Ehe von Osterrieders Großvater Anton Weber (s. Anm. 103). Arsan war von 1889 bis 1916 Pfarrer in Aschau und ist 1917 in Neuburg a. d. Donau gestorben.

230 Vgl. Nachruf Dücker (wie Anm. 2), S. 44f.

231 Landshuter Zeitung, 30.11.1899.

232 Frdl. Mitt. von Mathilde Schmalzl, Neufahrn/Ndb., und Maria Lindner, Landshut; beide sind Enkelinnen von Johann Rauchenecker (1853–1903), Bierbrauer in Hohenthann bei Landshut.

233 Regensburger Anzeiger, 6.12.1902 und 13.1.1903.

234 Georg Hager, Konservator am Bayerischen Nationalmuseum. Er ist Autor von „Die Weihnachtskrippe. Ein Beitrag zur Volkskunde und Kunstgeschichte aus dem Bayerischen Nationalmuseum", München 1902.

235 N.N., Die Osterrieder'sche Kunstkrippe, in: Münchener Tagblatt Nr. 119, 28.4.1904.

236 Archiv des Klosters Scheyern.

237 Wie Anm. 235.

3 Produktive und reife Künstlerjahre (1904–1918)

301 *Die Eltern:* Franz Xaver Obermeyer (1838–1908), Bäckermeister in Wasserburg, und Katharina, geb. Schmaus (1850–1912), aus Wasserburg.

302 Nachruf Dücker (wie Anm. 2), S. 45.

303 Münchner Neueste Nachrichten, 2.8.1912.

304 Beispielsweise in Nürnberger Zeitung, 20.1.1914.

305 Zitiert aus der Gründungsurkunde des Vereins der Krippenfreunde. Geistl. Rat Pfarrer Alois Burger war

1. Vorsitzender 1917–1924. Die Gründungsmitglieder: „Baur J., Dipl.-Ing., Bayerischer Landesverein für Heimatschutz, Ebenböck M., Hofwachswarenfabrikant, Gämmerler, Theodor, Kunstmaler, Hager, G. Dr., Generalkonservator, Hammel, A., Direktor, Hahn, M., Prof. Dr., Hartig, Michael, Dr., erzbisch. Archivar, Höfling, L., Hofkonditor, Hof, L., Rentier, Kronenbitter Mea [spätere von Seidlein], Kronenbitter, Georg-Maria, Architekt, Marx, S., Bankier, Osterrieder, S., Bildhauer, Schirr, J., Kaufmannswitwe, Schmederer, Max, Kommerzienrat, Schuhmacher, Phil., Kunstmaler, von Seidlein, Peter, Architekt, Spanner, A., Dr., Staudammer, S., Geistl. Rat, Welzel, H., Regierungsrat, Wolter, F., Historienmaler".

306 Halm 1913 (wie Anm. 1).

307 Halm 1911 (wie Anm. 1).

308 Nachruf Dücker (wie Anm. 2), S. 45.

309 Müller (wie Anm. 1).

310 Halm 1911 (wie Anm. 1).

311 Kölner Volkszeitung Nr. 882, 24.10.1905.

312 Landshuter Zeitung Nr. 150, 1908.

313 Bayerischer Kurier Nr. 186, 3.7.1908; Münchner Neueste Nachrichten 23.7.1908.

314 Ausführlicher Lebenslauf Kardinal Frühwirths und auch mehrere Erwähnungen Osterrieders in: Walz, P. Angelus O.P., Andreas Kardinal Frühwirth (1845–1933), ein Zeit- und Lebensbild, Wien 1950.

315 Gockerell 2005 (wie Anm. 7), S. 16.

316 Walz (wie Anm. 314), S. 358.

317 Walz (wie Anm. 314), S. 363.

318 Dominikus-Kalender für das Jahr 1913.

319 Höchstädter Zeitung Nr. 1, 2.1.1907.

320 Schnell, Kunstführer Nr. 1382, 2. Auflage 2003, unter Bezugnahme auf: Runz, Peter, Die Osterrieder-Krippe in Landshut, in: Der Bayerische Krippenfreund 320, Juni 2002, S. 45.

321 Der Kremstalbote, 25.12.1908; Linzer Volksblatt, 10.1.1909.

322 Münchner Neueste Nachrichten, 12.12.1908.

323 Thüringer Hausfreund Nr. 148, 18.7.1906.

324 Spengler, Karl, Der Bildhauer Otto Zehentbauer in München, in: Der Bayerische Krippenfreund, Jahrgang unbekannt [vor 1976], S. 39–43.

325 Frdl. Mitt. von Karola Kennerknecht, München-Lerchenau: Zehentbauers Vater war landwirtschaftlicher Maschinenbauer in Landshut und erkannte schon bald die künstlerischen Fähigkeiten des Sohnes. Zehentbauer besuchte 1902 die Kunstgewerbeschule in München und ab 1904 sieben Jahre lang die Kunstakademie. Ab 1912 hatte er sein eigenes Atelier in München-Lerchenau. Karola Kennerknecht verwahrt die Kopie eines Briefes Zehentbauers vom 4.2.1952 an einen katholischen Pfarrer [Adressat unbekannt], in dem er u. a. schildert, dass er bei Osterrieder „jahrelang Gipsmodelle retuschiert, Glasaugen eingesetzt und Kleidung kaschiert", ihn diese Arbeit aber nicht befriedigt habe.

326 Landshuter Zeitung Nr. 45, 23.2.1907; Wörishofener Badeblatt Nr. 75, 26.6.1907.

327 Elisabeth-Blatt Nr. 12, 1907, S. 232; Münchner Illustrierte Zeitung Nr. 39, 1908, S. 617; Münchner Illustrierte Zeitung Nr. 1, 3.1.1909, S. 9; Weltwarte in Wort und Bild Nr. 37, 11.9.1927, S. 292; Der Pionier, Monatsblätter für christliche Kunst, praktische Kunstfragen und kirchliches Kunsthandwerk, IX. Jg., Heft 5, Februar 1917, S. 37.

328 Augsburger Postzeitung, 4.4.1907.

329 Mittelbayerische Zeitung, 23.12.2000.

330 Mittelbayerische Zeitung, 16.1.2001: „Das Ende einer großen Rundreise ist erreicht", Osterrieder-Enkelinnen spenden für die Kaiser-Krippe.

331 Scherndl (wie Anm. 1), S. 6: „Für diese Weihnachtskrippe hat ein berühmter Münchner Bildhauer, Sebastian Osterrieder (*), ein Modell entworfen [...]." Wortlaut der Fußnote (*): „Was Seb. Osterrieder in der Krippenkunst zu leisten vermag, haben wir in unseren Blättern Jahrgang 1905, Nr. 1, bereits an einem Beispiele gezeigt. Jener Artikel war auch der Anlaß, daß man bei unserem Dome auf diesen Münchener Künstler als einen Spezialisten zukam. D. Red." Mutmaßlich waren es die Scheyerer Krippe und der Artikel im „Münchener Tagblatt" (s. Anm. 235), die in Linz auf Osterrieder aufmerksam machten.

332 Die Abbildungen lassen vermuten, dass Osterrieders Modell mit seinen kaschierten Figuren bestückt war.

333 Münchner Illustrierte Zeitung Nr. 39, 1908, S. 617.

334 Ave Maria, März 1910.

335 Christliche Kunstblätter, 53. Jg., Nr. 1, Jänner 1912, S. 4–8.

336 Linzer Volksblatt Nr. 295, 28.12.1910: Die Krippe des Mariä-Empfängnis-Domes.

337 Das hier genannte Schnitzwerk mit Gottvater und Engeln an der Decke der Grotte findet sich 1913 in der fertigen Krippe nicht mehr. Mutmaßlich bildet es die Mitte des später geschaffenen Schnitzwerkes des Engelschores.

338 Mit dieser einen Figur ist der Mann mit Wasserkrug auf der Schulter gemeint, der bei der Anbetungsszene auf der linken Stiege, die zur Grotte herabführt, aufgestellt ist.

339 Christliche Kunstblätter, 55. Jg., Nr. 1, Jänner 1914, S. 7–10.

340 Linzer Volksblatt 19.1.1914: Die Krippe im neuen Dome.

341 Der hl. Leopold ist der 1073 geborene Leopold III., der von 1095 bis zu seinem Tod 1136 Markgraf „der bairischen Marcha orientalis (Ostarrichi)" war und aus dem Haus der Babenberger stammte. Die Babenberger waren ein mit dem bairischen Uradel verwandtes

Markgrafen- und Herzogsgeschlecht und herrschten bis zu ihrem Aussterben 1246 als Markgrafen und Herzöge in Österreich. Leopold, seit 1663 Landespatron von Nieder- und Oberösterreich, hatte 1114 Klosterneuburg bei Wien gegründet und es zu seiner Residenz ausgebaut. Seine vielen weiteren Klostergründungen trugen ihm den Beinamen „der Fromme“ ein sowie 1485 seine Heiligsprechung. Markgraf Leopold hatte 1125 die ihm angebotene deutsche Königskrone abgelehnt und war somit auch nicht deutscher Kaiser, wie es in dem Zeitungsbericht heißt. Osterrieder hat seiner Königsfigur trotzdem die deutsche Kaiserkrone aufs Haupt gesetzt. Bei Oberchristl ist diese in Abb. 189 noch zu sehen (Oberchristl, Florian, Der Mariä-Empfängnis-Dom in Linz a. D. Zum sechzigjährigen Bau-Jubiläum, Linz 1923). Seit welchem Zeitpunkt die Königsfigur eine andere Krone trägt, ist nicht bekannt.

342 Offenbar war vom Auftraggeber und/oder von Osterrieder hier an weitere Figuren gedacht, die aber nicht mehr zur Ausführung kamen. Münchner Neueste Nachrichten Nr. 508, 30.10.1911.

343 Gockerell, Nina, Il Bambino Gesù. Italienische Jesuskindfiguren aus drei Jahrhunderten, Sammlung Hiky Mayr, München 1997, S. 50ff.

344 Scherndl (wie Anm. 1) sowie ders., Die größte Krippe – im Dom zu Linz, in: Krippen-Kalender 1923 (= 37. Jg. des Glöcklein-Kalenders).

345 Vgl. Anm. 337.

346 Vgl. Anm. 339, S. 10.

347 Neues Münchener Tagblatt Nr. 345/346, 11./12.12.1910; Bayerischer Kurier Nr. 348, 13.12.1912; s. auch Anm. 303.

348 Archiv des Deutschen Museums München, VA 1630/2.

349 In einigen zeitgenössischen Berichten ist von mehrmaligen Aufenthalten Osterrieders in Palästina die Rede. Nach Kenntis des Autors hat Osterrieder aber nur diese eine Orientreise unternommen.

350 Vgl. Anm. 104.

351 Münchner Neueste Nachrichten Nr. 543, 19.11.1908, bzw. Nr. 508, 30.10.1911.

352 Wie Anm. 348.

353 Zeugnis des Biberbacher Pfarrers Dr. Steinacker vom 16.5.1907.

354 Augsburger Abendzeitung, 27.4.1906.

355 Landshuter Zeitung Nr. 38, 15.2.1908.

356 Landshuter Zeitung 23.9.1905, und 21.10.1905.

357 P. Petrus Thomas O.Carm, p.A. Prior, an Osterrieder, Kloster Kreuzberg bei Schwandorf 1.4.1910.

358 Augsburger Postzeitung, 16.9.1910.

359 Münchener Tagblatt, 15.4.1911. Seit der Kirchenrenovierung 2002 steht die Pietà auf dem Altar der südwestlichen Seitenkapelle (Strahlenkranz nicht von Osterrieder).

360 München-Augsburger Abendzeitung, Nr. 289, 17.10.1912.

361 Münchner Illustrierte Zeitung Nr. 26, 1912.

362 Münchner Neueste Nachrichten, 2.8.1912; vgl. auch Münchener Rundschau 1912, S. 16/17.

363 Schad, Martha, Bayerns Königinnen, München 1998, S. 321.

364 Mittelbayerische Zeitung, 20.3.1987, Osterrieders Halbrelief von Hindenburg im Aventinum in Abensberg.

365 Harsch, Karl, und Pfaffendorf, Reiner, „Auf dem Weg nach Bethlehem“, Osterrieder-Krippe in der Pfarrkirche St. Peter und Paul zu Genderkingen, Genderkingen 2007.

366 „Sehenswürdigkeiten“ in Zürcher Wochen-Chronik (1911).

367 Münchener Zeitung, 23.7.1912: Streifzüge durch die Bayerische Gewerbeschau München, IV.; Münchner Neueste Nachrichten Nr. 299, 14.6.1912.

368 Rosenheimer Tagblatt, 1.1.1914.

369 Die Weihnachtskrippe in der Pfarrkirche St. Ulrich zu Deidesheim, in: Deidesheimer Heimatblätter, Heft 11, Dezember 1993. Das Heft enthält den Beitrag von Egon Eberle, Sebastian Osterrieder. Der Schöpfer künstlerischer Weihnachtskrippen; dann vier Beiträge von Berthold Schnabel, Die Pfarrkirche St. Ulrich erhält eine neue Krippe – Die Deidesheimer Krippe eine Osterrieder-Krippe – Zur Geschichte der Deidesheimer Osterrieder-Krippe – Osterrieder-Krippen im Bistum Speyer; sowie einen von Alfons Effler, Ein Besuch bei Hermann Frübis, dem Restaurator der Deidesheimer Osterrieder-Krippe.

370 Bayerischer Kurier, 5.1.1911.

371 Neues Münchener Tagblatt, 10.1.1911.

372 Augsburger Postzeitung, 2.3.1911; ähnlich auch Bayerischer Kurier, 26.2.1911.

373 Augsburger Postzeitung, 1.2.1912.

374 Bayerischer Kurier, 25.12.1913.

375 Münchner Neueste Nachrichten, 6.1.1915.

376 Frdl. Mitt. Prof. Friedrich Münch, Bonn .

377 Meinardus, Otto F. A., Die Heilige Familie in Ägypten, The American University in Cairo Press [o. J.].

378 Corriere d'Italia, 7.6.1913.

379 Allgemeine Rundschau Nr. 24, 15.6.1912; s. auch Anm. 367.

380 Kölnische Volkszeitung Nr. 529, 19.6.1913; Landshuter Zeitung, 21.7.1913; Münchener Zeitung Nr. 108, 22.7.1913.

381 Augsburger Postzeitung, 8.3.1914.

382 Handschriftlicher Vermerk auf dem Original-Zeitungsexemplar im Nachlass.

383 Gockerell (wie Anm. 343).

384 Il Presepio, Rivista dell'Associazione Italiana Amici del Presepio, Nr. 180 (1999), S. 58; Nr. 186 (2001), S.17.

385 Beispielweise Münchener Zeitung Nr. 168, 22.7.1913.
386 Münchner Neueste Nachrichten Nr. 518, 10.10.1913.
387 Neues Münchener Tagblatt, 23.12.1913.
388 Augsburger Postzeitung, 1.1.1914.
389 Bayerischer Kurier, 23.12.1931.
390 Bogner (wie Anm. 4), S. 284.
391 Wolfgang Tripp, Heller Stern in dunkler Nacht, Ostfildern 1995.
392 Bogner (wie Anm. 4), S. 250.
393 Schnabel, Berthold, „... da in der schweren Kriegszeit die Krippe als erbauendes und tröstendes Objekt anerkannt ist." – Die Osterrieder-Krippe von Hettenleidelheim, in: Heimatjahrbuch des Kreises Bad Dürkheim an der Weinstraße für 2009, 27. Jg., Haßloch 2008, S. 260–265.
394 Münchner Neueste Nachrichten 23.12.1917.
395 Bayerische Staatszeitung, 25.11.1917.
396 Alle Unterlagen hierzu sind bei Prof. Friedrich Münch, Bonn, archiviert und abschriftlich dem Autor freundlicherweise überlassen worden.
397 Freisinger Tagblatt Nr. 297, 24.12.1915.
398 Freisinger Tagblatt Nr. 29, 5.2.1916.
399 Scherg, Th. J., Die Freisinger Domkrippe, in: Der Pionier, Monatsblätter für christliche Kunst, praktische Kunstfragen und kirchliches Kunsthandwerk, IX. Jg., Heft 5, Februar 1917, S. 34–36.

4 Schwierige Zeiten auch für den Altmeister der Krippenkunst (1919–1932)

401 Hager, Georg, Sebastian Osterrieder zu seinem 60. Geburtstag, in: Zeitschrift des Bayerischen Kunstgewerbevereins 1924/1, S. 5f.
402 Hoffmann, Richard, Seb. Osterrieder, akademischer Bildhauer, beging am 20. Januar seinen 60. Geburtstag, in: Allgemeine Rundschau Nr. 4, 24.1.1924.
403 Prof. Münch hat dankenswerterweise seine Gesprächsnotizen vollständig zur Verfügung gestellt.
404 Zweibrücker Volkszeitung, 21.1.1921.
405 Iller-, Roth- und Günzbote Nr. 5, 8.1.1920, unter Lokales.
406 Münchner Neueste Nachrichten Nr. 347, Dezember 1926.
407 Lamla, Gertraud, Die Osterrieder-Krippe in Blieskastel, Pfarrei St. Sebastian, in: Saarpfalz. Blätter für Geschichte und Volkskunde, 1996/4.
408 Bayerischer Kurier Nr. 390, 14.9.1921. Das Maschinenskript des Gutachtens befindet sich im Nachlass.
409 Mittelbayerische Zeitung, Februar 1982: Ein Kleinod Abensberger Bildhauerkunst kehrte heim, darin: Die „Landshuter Turniergruppe" war im Besitz von Oberregierungsrat Josef Haider, München. In Abensberg geboren, war dieser ein Jugendfreund Osterrieders. Aus seinem Nachlass erhielt das Aventinus-Museum 1982 die Bronzegruppe. In dem Zeitungsbericht wird die Gruppe (wohl irrtümlich) mit der Legende des Zweikampfes des Regensburgers Dollinger mit dem Hunnen Krako in Verbindung gebracht. S. auch Arnold (wie Anm. 225), S. 166.
410 Archiv des Deutschen Museums München, VA 1482/3.
411 So z.B. bei Spielhofer (wie Anm. 1).
412 Unterstöger, Hermann, Der Feldherr und die Muttergottes. In Altötting tobt ein Meinungsstreit um ein Reiterstandbild des Grafen Tilly, in: Süddeutsche Zeitung Nr. 83, 10.4.1993.
413 Süddeutsche Zeitung Nr. 82, 11.4.2005.
414 Altöttinger Liebfrauenbote, 15.5.2005.
415 Münchener Zeitung Nr. 163, 16.6.1930.
416 Großformatiges Fotoalbum aus dem ehem. Osterrieder-Atelier in der Clemensstraße, 47 cm x 35 cm x 8,5 cm, mit weißen Zwischenblättern; auf ca. 30 der 100 Seiten sind unsystematisch Fotografien von Osterrieder-Werken eingeklebt; das Album hat Wasserschäden erlitten. Die meisten Bilder sind zwar ausgebleicht, aber zur Identifizierung von Osterriederarbeiten und zur Erstellung eines Werkkataloges doch hilfreich.
417 Kaufmann, Michael, P. Bonifaz Rauch, in: Memento mori. Zum Gedenken an die verstorbenen Konventualen der Benediktinerabtei Metten seit der Wiedererrichtung 1830, Entwicklungsgeschichte der Benediktinerabtei Metten V. Teil, Metten 2008, S. 349. – Brantl, Maximilian, P. Bonifaz, der Dichter. Versuch einer Würdigung, in: Alt und Jung Metten 16, 1949/50, S. 106–112.
418 Anlässlich des 900. Todesjahres Kaiser Heinrichs des Heiligen schlägt Osterrieder vor, alljährlich in Bamberg einen Festzug zu veranstalten und ein Festspiel aufzuführen; wörtlich schreibt er: „Gewiß würde gerade in unserer traurigen Zeit zur Hebung des vaterländischen Gedankens dies ein Auftakt für die Jugend, Stolz und Freude für die Einwohner, ein Anziehungspunkt für Geschichts- und Vaterlandsfreunde sein." Maschinenskript im Archiv der Benediktinerabtei Metten. S. auch Anm. 220.
419 Osterrieder, Sebastian, Die Wiege des Geschlechts der Hindenburg, in: Bayerischer Kurier Nr. 337, 2.12.1928.
420 Süddeutsche Sonntagspost Nr. 51, Dezember 1928, Hindenburg – ein Bayer?
421 www.museumblumenstein.ch – Die Geschichte der Solothurner „Ambassadorenkrippe" (Historisches Museum Solothurn).
422 Münchener Zeitung Nr. 114, 26.4.1929.
423 Spielhofer (wie Anm. 1).
424 Auf seiner Palästinareise hat Osterrieder beim Besuch des Petrusklosters in Tiberias vermeintlich von Michael Pacher stammende Tafelbilder gefunden, die zu einem um 1480 für Sterzing/Südtirol geschaffenen Altar gehörten. Später stellte sich heraus, dass es

Gemälde des (mit Michael Pacher verwandten) Friedrich Pacher sind. Osterrieder wollte die Bilder erwerben, was aber nicht gelang. Der Altar war aufgrund einer Erbschaft Mitte des 19. Jahrhunderts von Sterzing auf die Burg Tratzberg gekommen; dort wurde er zerlegt; das Hauptbild blieb bis 1957 auf Tratzberg und ist heute im Museum Ferdinandeum in Innsbruck. Die acht Seitengemälde waren seinerzeit von Prof. Dr. Johann Nepomuk Sepp, München, erworben und dem Franziskanerkloster in Tiberias gestiftet worden, wo sie Osterrieder 1910 verstaubt auf dem Dachboden fand. Später gelangten die Bilder an die Franziskanerniederlassung in Jerusalem. Neuerliche Versuche, die Bilder nach Tirol zurückzuholen, scheiterten am israelischen Ausfuhrverbot (frdl. Mitt. von Arthur S. Sepp, Germering, 1986).

425 Spielhofer (wie Anm. 1).

426 Münchener Zeitung Nr. 341, 11.12.1925.

427 Anzeiger von Wurzach Nr. 299, 24.12.1925.

428 Frisch, Otto, Christus Mansionem Benedicat, in: Schwäbische Zeitung, o. Dat.

429 Bayerischer Kurier Nr. 17, 17.1.1929: Krippe in der Apostelkirche.

430 Bogner (wie Anm. 4), S. 502.

431 Cleveland Press, 16.12.1925: Bishop Schrembs Gives Cathedral $ 5,000 Crib, Which will be Finished Christmas.

432 Eberle 2002/2 (wie Anm. 6), S. 48.

433 Eberle 1987–1990 u. 1993 (wie Anm. 6).

434 Eberle 1991 u. 1993 (wie Anm. 6).

435 Frdl. Mitt. von Annette Krauß M. A., München.

436 Nasse, N. Prof. Dr., Die Weihnachtskrippe, in: Kultur des Handwerks. Amtliche Zeitschrift der Ausstellung München 1927, Heft 6, Mai 1927, S. 180, mit zwei ganzseitigen Abbildungen der Nazarethszene.

437 Pfarrarchiv St. Ursula, München-Schwabing.

438 Frdl. Mitt. von Annette Krauß M. A., München. Die Währungshinweise gab ihr dankenswerterweise Professor Hubert Emmerig, Numismatiker in Wien.

439 Uta Ludwig, Restauratorin in Unterwössen (Lk. Traunstein).

440 Wie Anm. 1.

441 Weißthanner, Josef, Ein Meisterwerk unseres Münchener Krippenkünstlers in Rom, in: Bayerischer Kurier Nr. 364, 30.12.1929.

442 Besucherbuch des Ateliers Osterrieders (im Nachlass), darin Einträge u. a. von Kronprinz Rupprecht, Weihbischof Michael Buchberger, Bischof Johannes Erik Müller, Kardinal Andreas Frühwirth, Bischof Sigismund Felix von Ow-Felldorf von Passau sowie Kardinal Michael v. Faulhaber (30. März 1927 und 10. Dezember 1929).

443 Vgl. Anm. 8.

444 Diese und die nachfolgenden Angaben von Prof. F. Münch, Bonn, nach Akte 430/11 „Weihnachtskrippe" im Archiv der Pfarrgemeinde von St. Clemens, Bonn-Schwarzrheindorf.

445 Brief Osterrieders an Pfarrer Witte vom 22.2.1930 (wie Anm. 444).

446 Münch (wie Anm. 8), S. 41.

447 Nachruf Hartmann (wie Anm. 2).

448 Ab 7.6.1932 u. a.: Münchner Neueste Nachrichten Nr. 154, Münchener Zeitung Nr. 154, 155 u. 157, Neue freie Volkszeitung Nr. 128, Völkischer Beobachter Nr. 159, Neue Augsburger Zeitung Nr. 130, Hamburger Fremdenblatt Nr. 159, Bayerischer Kurier Nr. 161, Die Welt am Sonntag im Bild Nr. 25, München-Augsburger Abendzeitung Nr. 148, Hallertauer Generalanzeiger Nr. 129 u. 132, Kölnische Zeitung Nr. 320.

449 Hartmann (Wie Anm. 2).

450 Vgl. Anm. 442.

5 Zu Osterrieders Methoden der Figurenherstellung

501 Dücker (wie Anm. 2), S. 44. Genaueres über den genannten Former Otto Schmidt konnte nicht gefunden werden. – Der Former, heute ein historischer Beruf (Nachfolgeberufe: Gießerei-, Verfahrensmechaniker), stellte in Gießereien alle Arten von Gussformen her.

502 S. Anm. 324/325.

503 Ludwig, Uta, Zur Restaurierung von Osterrieder-Figuren, in: Der Bayerische Krippenfreund 320, Juni 2002, S. 49–52.

504 Huber, Thomas, Studie mit Osterriederfiguren: Röntgen und Computertomographie, in: Der bayerische Krippenfreund 349, September 2009.

505 S. Anm. 445.

506 Gockerell 2002 (wie Anm. 7).

507 Halm 1911 (wie Anm. 1).

508 Gockerell 2002 (wie Anm. 7), S. 42.

509 Vgl. Anm. 322.

510 Vgl. Anm. 325.

511 Ihre Tochter, die Schauspielerin Ingeborg Hoffmann (1921–1985) war die Ehefrau des Schriftstellers Michael Ende.

6 Katalog

601 Eberle 2002 (wie Anm. 6), S. 48.

602 Ausst.-Kat. „Krippana 1991", hrsg. v. Krippana, B-4760 Hergersberg 4, Tel. 0032/80-548729, oder Krippana, Prümer Str. 53, D-53940 Losheim/Eifel, Tel. 06557/866 (frdl. Mitt. Friedrich Münch, Bonn).

603 Vgl. Anm. 407.

604 Vgl. Anm. 369.

605 Dobras, Werner, Bemerkungen zu unseren Westallgäuer Krippen, in: Jahrbuch des Landkreises Lindau, Aulendorf/Bergatreute 2008, S. 63.

606 Lidel, Erich, Die Schwäbische Krippe, Weißenhorn, 1978.

607 Vgl. Anm. 606.

608 Schmitt, Michael, „Krippenpäpste" Sebastian Osterrieder und Otto Zehentbauer arbeiteten für das Sauerland, in: Sauerland 4/2007.

609 Reus, Peter / Neuhaus, Heinrich G., Krippen in Nürnberg, Bamberg 1998. Auf dem Titelbild Verkündigungsengel und Hirte von Osterrieder; S. 24/25 Abb. der Osterrieder-Krippe von St. Kunigund; S.28–33 mehrere Abb. der Osterrieder-Krippe von St. Karl Borromäus.

610 Pfistermeister, Ursula: Barockkrippen in Bayern, Stuttgart 1984, S. 128: „Den über die Säkularisation hinweg geretteten Grundstock scheint vor allem Pater M. Bernhard nach der Gründung des Klostermuseums im Jahre 1856 erweitert zu haben. Manches, wie beispielsweise die feine Hl. Familie von Sebastian Osterrieder (1864–1932), kam auch noch später hinzu" (Mitt. Friedrich Münch, Bonn), vermutlich durch einen Pater, der auf einer Dorfpfarrei tätig war (Mitt. Egon Eberle, Illertissen).

611 Oberpfälzischer Kurier Nr. 295 vom 24.12.1931: „Die Krippe des Mädchenlyzeums, das schönste Stück der Krippenausstellung".

7 Zeittafel zu Leben und Werk Osterrieders

701 Zeugnis Stadtpfarrer W. Schreiner, Abensberg 1.6.1888.

702 Landshuter Zeitung, 20.4.1890.

703 Zeugnis Stadtpfarrer W. Schreiner, Abensberg 4.2.1891.

704 Zeugnis Stadtpfarrer W. Schreiner, Abensberg 13.5.1891.

705 Zeugnis Wilhelm Haag, Hauptmann der kgl. Fortifikation Ingolstadt, 21.11.1892.

706 Zeugnis Giovanni Gritadomo Bescoro, Bischof von Caltanisetta, 3.5.1892.

707 Abensberger Wochenblatt, 7.5.1892.

708 Wie Anm. 203.

709 Bayrischer Kurier, 3.6.1893.

710 Landshuter Zeitung, 16.10.1894.

711 Landshuter Zeitung, 16.10.1894.

712 Landshuter Zeitung, 9.12.1894.

713 Zeugnis Pfarrer Schuderer, Walkertshofen 3.1.1895.

714 Zeugnis P. Emmeran, Prior des Karmelitenklosters, Regensburg 10.1.1895.

715 Zeugnis Pfarrer W. Schlait, Siegenburg 17.4.1895.

716 „Aufnahms-Karte" als Mitglied des Kunst-Vereins in Regensburg v. 24.5.1895 (im Nachlass).

717 Zeugnis Expositus Schweiger, Aiglsbach 13.8.1895.

718 Zeugnis Oberin Mar. Regis Goderbauer, Kloster Roning 29.9.1895.

719 Die Figur mit 2,20 m „entspricht seinem wirklichen Körpermaß". Augsburger Abendzeitung (1895), Münchner Neueste Nachrichten (1895).

720 Expositus Joh. B. Schmidt, Oberroning 1.4.1896.

721 Ingolstädter Zeitung, 20.12.1896.

722 Dauereintrittskarte Osterrieders im Nachlass.

723 Landshuter Zeitung, April 1898.

724 Ingolstädter Zeitung, Ende Oktober 1900.

725 Michael Wittmann, Bischof von Regensburg (geb. 1760, gest. 1833 „im Ruf der Heiligkeit"), Vollplastik-Fragment, holzgeschnitzt, gefasst, 50 cm (Herzogskasten Stadtmuseum Abensberg, aus der Sammlung Franz Xaver Osterrieders, inventarisiert „1880, nach einer bildlichen Darstellung").

726 Äußerst ausdrucksstarke Darstellung der Kreuzigung Christi mit der knieenden, flehenden Maria Magdalena zentral in der Mitte unter Jesus, daneben Maria mit einem Wasserkrug zu Füßen. Die linke Figur stellt vermutlich Johannes dar. Breite 77 cm, Höhe 155 cm. Aus dem Nachlass von Edith Senger (Herzogskasten Stadtmuseum Abensberg).

727 Die Hl. Familie, sitzend, von Weinstöcken umrahmt, Relief, holzgeschnitzt, gefasst, gerahmt. Breite 50 cm, Höhe 75 cm. (Abensberg, privat).

728 Zeugnis Pfarrer Rochinger, Wetzelsberg 25.8.1901.

729 Augsburger Postzeitung, März 1902.

730 Münchener Theologische Wochenschrift Nr.2, 11.4.1904.

731 Bayerischer Kurier Nr. 334, 30.11.1094.

732 Münchner Neueste Nachrichten, 30.12.1904.

733 Wörishofener Badeblatt Nr. 59, 28.7.1906.

734 Abensberger Wochenblatt, 30.10.1908.

735 Landshuter Zeitung Nr. 150, 1908.

736 Augsburger Postzeitung, 23.2.1908.

737 Münchener Neues Tagblatt Nr. 345/346, 11./12.12.1910.

738 Münchner Neueste Nachrichten Nr. 592, 19.12.1910.

739 Münchner Neueste Nachrichten Nr. 108, 6.3.1911.

740 Stifterin war Elise Kosak, Wasserburg.

741 Neumarkter Tagblatt Nr. 209, 14.9.1912.

742 Zeugnis von Weihbischof Dr. Michael Buchberger, ausgestellt am 28.7.1925. Buchberger war 1920 noch Präfekt des Priesterhauses.

743 Enthüllung der 1,90 m hohen, auf einem eingemauerten Sockel stehenden Wandfigur bei einer Festmesse in Grafrath am 11. Juni (1920*), in: Neues Münchener Tagblatt Nr. 164 vom 13. Juni (o. J.).

744 Zeugnis Pfarrer Hof, Viechtach 4.7.1925.

745 Künstler-Krippen-Ausstellung auf der Dortmunder Katholikentagung, in: Weltwarte Nr. 37, 1927, S. 292.

Generalregister

A

Abensberg, Stadtmuseum. . . 16 f., 28, 58, 61, 79, 105, 109, 115, 163, 181, 201
Abensberg, Kreuzigungsgruppe . . 186
Abensberg, Kruzifix . . . . 184 f.
Abensberg, Denkmalsentwurf Graf Niklas 185
Abensberg, Heimatverein 116
Abensberg, Lourdesgrotte 185
Abensberg, Lourdesmadonna 184
Abensberg, Osterriedergasse 116
Adelshausen 163
Adlhausen 60
Ägypten . . . . . . 23, 38 f., 44, 47, 69 f., 79, 82, 84 f., 98, 120, 128 f., 130 f., 159, 161, 187, 198
Aichach 95, 163, 173
Aiglsbach, Lourdesgrotte und Muttergottesstatue 185
Aigner, Franziska 195
Aigner, Hieronymus 195
Akademie der bildenden Künste . . . . s. München, A.
Albertus Magnus 55
Alfons, Prinz 44
Allersdorf, Kapellenrestaurierung 185
Allersdorf, Lourdesgrotte. 185
Altägyptische Bierbrauerei 117
Altdorf 163
Altmann, Lothar, Dr. 2, 11
Altmannstein. 16
Altöttig, Tillydenkmal s. Tillydenkmal
Altötting . . . 10, 44, 53, 73–76, 110 ff., 115, 126, 163, 180, 187 ff.
Altötting, Bruder-Konrad-Brunnen 189
Altötting, Fassadenfiguren Basilika 44, 74, 112, 188
Altötting, Modell Tilly-Denkmal . . 189
Altötting, St.-Konrad-Kloster 112
Altötting, Turmfigur Madonna . . 73 f., 110
Ambassadorenkrippe Solothurn . . 115
Andechs. 163
Andres, P. Emanuel OSB 163, 193
Angermair, Elisabeth, M.A. 193
Angrüner, Fritz. 60
Anima-Kolleg 30
Appuhn-Radtke, Sibylle, Dr., Prof. 120, 123, 140, 193
Arbeitslöhne 108
Aretsried 163, 181
Arma Christi. 65, 112, 125, 175 f., 178
Armierungen. 144
Armstorf 163, 180
Arnold, Gottlieb 196
Arnold, Paul 196
Arsan, Adalar Anselm. . . 32, 186, 196
Aschaffenburg. 163
Aschau. . . . . . . 28, 31 f., 83, 163, 180, 186, 188, 196
Aschauer, Anton. 58
Aspik 142
Aßfalg, Winfried . . . . 91 ff., 142
Attenhofen. 163
Attersee 58, 163, 180, 187
Auer, Hubert 176
Augsburg. . . . . 86, 163 f., 181
Augsburg, Benediktinerabtei St. Stephan 85
Auguste Viktoria. . . . . s. Kaiserin

B

Babenberger 197
Babenhausen 164, 181
Babonen 114
Bachmann, Christoph, Dr. 193
Bad Heilbrunn 164
Bad Wörishofen . . . 164, 167, 179, 181
Bad Wurzach . . . . 53 f., 118, 164, 179, 181, 189
Bamberg 114, 142
Bauer, Elfriede. 174
Baumann, Eduard. 175
Baur, J. 195
Bayerdilling, Pietà 73, 108, 187
Bayerischer Kunstgewerbeverein 58, 117, 199
Bayerischer Verein für Heimatschutz 197
Bechler, Julius. 42
Beduinenzelt. . . . . s. Diorama
Beer, Maria Anna 195
Bekleidung, kaschierte. 151
Belleville/Ohio 119, 164, 181
Bendorf 164, 180
Bene merenti . s. Orden Bene merenti
Benediktinerabtei Metten 199
Benediktinerabtei St. Stephan, Augsburg 85
Berching 164
Bergedorf 78, 164, 188
Berger, Günter. 163
Berlin, Schloss 44, 57, 60, 101, 164, 187
Bernbach 164, 181
Bernbeuren 164, 181
Berti, Margareth 193
Bertoldshofen 164, 181
Besoro, Giovanni Gritadomo 201
Best, Gerhard 175, 193
Bethlehemitischer Kindermord. . . 152
Bethlehemkrippe 53, 168, 171
Bettemburg 91, 119, 164, 172, 181, 189
Beuren 91, 118, 165, 181, 189
Bez, Maria Anna. 195
Biberbach. . . . . . 72, 87, 104, 165, 181, 187 f., 198
Bichler, Clemens Mag. 193
Bidell, Anton. 107, 178, 193
Bidell, Konstantin 107
Bidell, Lukas 107
Bidell-Krippe . . . . s. Vöhringen
Bidingen 165, 181
Bilddiagnostik, radiologische 143
Biller, Josef H. 193
Birndorfer, Johann. 112
Bissingen 54, 165, 181
Blaichach 165, 181
Bleibrunner, Hans 195
Blieskastel 108, 165, 180, 184, 189, 199
Bogner, Gerhard, . . . 10, 119, 164, 166, 177, 194, 199 f.
Böhen 165
Bohne, Bernhard. 169
Bonn, Lieselotte u. Heinz. 167
Bonn-Bad Godesberg 165
Bonn-Ippendorf. 165, 180
Bonn-Schwarzrheindorf . . . 10. 85, 96, 118, 126, 159, 165, 176, 180, 189, 200
Borg . . 79, 83, 118, 159, 165, 180, 189
Brakel. . . . . 165 f., 180
Brandner, Marc 11
Brantl, Maximilian 199
Brantl, Sabine M. A. 193
Bregenz. 166, 180
Bristen 166, 180
Bronzepatrize . . . . 132 f., 150
Bronzeplastik 44, 109
Bruder-Konrad-Brunnen. . . . . . . 111 f., 115 ff., 189
Brunnen/Schrobenhausen. . . 166, 181
Brunnen/Schwyz 166, 180
Buchbauer, Dorle 193

Buchberger, Michael . . . 44, 69, 108 f., 118, 194, 200 f.
Buchenhüll, Lourdesgrotte, Madonna, kniende Bernadette 186
Buchenrieder, Adolf 60, 163, 193
Buching 166, 181
Buchloe 166, 181
Buckenmaier, Franz 169
Burger, Alois 46, 196
Burghausen 166, 180
Burgmair, Wolfgang, Dr. 196, 193

C
Caltanisetta, Tabernakel-Christus 185, 201
Cassel 78, 166, 189
Cham 39
Champagnerkreide 142
Chemisches Labor Drewello 142
Clemensstraße . . . . s. München C.
Cleveland/Ohio 119, 166, 181
Computertomographie 145
Corumbá/Brasilien, Kreuzweg . . . 187
Cottbus 166
Cramer-Klett, Theodor Frh. von . . . 23, 25, 28 f., 31, 35 f., 163, 176

D
Daller, Balthasar von 29, 188
Dannstadt 166
Daxelmüller, Christoph 96
Deidesheim . . . . 54, 67, 78, 92 f., 167, 180, 198
Denifle, Heinrich Suso . . . 54, 72, 187
Denkmal, Niederumelsdorf 74
Dering, Florian, Dr.. 193
Derndorf 167
Deutsche Gesellschaft für Christliche Kunst . . . . 117 f.
Deutsche Nationalkirche in Rom . 124
Deutscher Katholikentag . . . . s. Katholikentag
Deutsches Museum . . . . s. München, D.; s. Miller, Oskar von; s. Diorama
Dichtl, Maria Anna 16, 195
Dichtl, Nepomuk 195
Dieck, Walter Dr.. 193
Diepolz 91, 167, 181, 188
Dillingen 55, 187
Dillishausen 167, 181
Diorama, Beduinenzelt 70, 173
Diorama, Gewinnung des Wassers in Ägypten 187
Diorama, mittelalterliche Brauerei 110, 117, 189
Diorama, Pflügen bei den Arabern 71
Diorama, Warentransport im Orient 71
Dobras, Werner 169, 193, 200
Döderlein, Wilhelm 82
Dominikanerorden 54
Donauwörth 55
Doorn 60
Doppelbauer, Franz Maria . . . . . . 61 f.
Dornenkrone 88, 172, 175
Dorschhausen 167, 181
Dressendörfer, Werner, Prof. Dr. . . . . 2, 12, 96 ff., 179, 193
Drewello, Rainer 142
Dücker, Fritz 194
Dunsdorf, Lourdesgrotte mit Madonna 186

E
Ebenböck, M., Wachszieher 42, 46, 197
Ebensee 167, 180
Eberle, Egon . . . . 10, 91, 94, 119 f., 162–179, 192, 194, 198, 200 f.,
Eberle, Ulrich 166
Eberleliste 119, 162
Eberleliste-Ergänzung 162
Ebersberg 92, 167, 181, 188
Ebner, Sel. Margareta . . . 55 f., 187 f.
Ebratshofen 76, 167, 181, 187
Edele, Andreas 168
Edith-Haberland-Wagner-Stiftung . . 11
Edling 92, 167, 180, 188
Effler, Alfons 198
Ehlers, Günter 170
Elefzinger, Maria Anna 195
Emmerig, Hubert 200
Ende, Michael 200
Epple, Franz 173
Erfweiler-Ehlingen . . . . 107 f., 167, 180, 189
Erhardt, Alois 24
Erlangen 167, 181
Escholzmatt 167, 180
Esslingen . . . . 91 f., 167, 180, 189
Ethnographische Krippe 67, 78, 82, 118, 167
Ettal 31

F
Farben 151
Fassung, farbliche 151
Faulhaber, Michael von 117, 119, 124, 126, 131, 200
Ferdinandeum 199
Ferstl, Johann 58
Figuren, Engel 159
Figuren, Frauen 160
Figuren, Glasaugen 127, 150
Figuren, Großformat 91
Figuren, Hirten 159
Figuren, Jesus 159
Figuren, Josef 159
Figuren, Kameltreiber 161
Figuren, Könige 160
Figuren, Maria 159
Figuren, Pagen 160
Figuren, Reiter auf Pferd 160
Figuren, Tiere 161
Figuren, Verwendbarkeit 101
Figuren, Volkstypen 160
Figurenguss . . . . 146 f.
Figurenguss, Gussmasse . . . . . . 142 f.
Figurenguss, Gussnähte 134, 149
Figurenguss, Herauslösung der Hartgussfigur 148
Figurenguss, Nachbearbeitung . . . 149
Figurenguss, Zusammenfügen der Mantelform 148
Figurenköpfe 150
Figurenpreise 107
Fink, Josef 11
Fischach-Aretsried 168
Fischer, Susanne, Dr. 168
Fischer, Karl . . . . 23 ff., 185, 194 f.
Frauenlob, Msgr. Thomas 193
Freiberger, Regina 170
Freising 98–101, 168, 181, 188
Frisch, Otto 200
Frübis, Hermann 174, 198
Frühwirth, Andreas Kardinal . . . . 44, 55 f., 195, 200
Fugel, Gebhard 53
Fugger, Jakob und Marcus 124
Füllenbach, P. Elias OP 193
Fürstenfeldbruck 168, 180
Furthmair, Franziska 179
Füßl, Wilhelm, Dr. 193

G
Gaimersheim 109, 168, 180, 188
Gämmerler, Theodor 197
Galvanotechnik 170
Gantner, Benno, C., Dr. 193
Garmisch-Partenkirchen 168
Gartlberg 168, 180
Gebhard, Fr. Rupert OSB 164
Geburtsgrotte . . . . . . 52 f., 62, 65, 69, 94, 169, 172, 187
Geiger, Martin 76
Geisberg, Dipl.-Ing. Christian 193
Geiselberger, Josef 112, 172
Gelatine 142

Genderkingen 78, 168, 181, 188, 198
Georgenstraße . . . . s. München, Georgenstraße 113
Gerüsteiweiße 142
Gesellschaft für Christliche Kunst . . . . s. Deutsche G.
Gießen, Alexander 174
Gilgenrainer, Georg 177
Glasaugen 150
Glasaugenhalterungen 146
Glaspalast. . . . s. München, Glaspalast
Glattbach 168
Glutinleime 142
Gockerell, Nina . . . . 9, 10, 23, 153, 173, 192, 194 f., 197 f., 200
Goepfert, Günter 193, 195
Goldhofer, Goldschmied . . . . 17 f., 184
Golling, Dr. 177
Gradl, Martin 179
Grafrath, Fassadenfigur hl. Franziskus 189, 201
Grässel, Hans 74
Grevenbroich 78, 165, 168, 188
Grimm, Elise 98
Gruber, Karl. 193
Guggetzer, Martin 92, 167
Gulden 193
Gurten 168, 180
Gussmasse . . . . 142 f.
Gussnähte 134, 149

H

Haag, Auguste 185
Haag, Marga 193, 195
Haag, Wilhelm 201
Haas, Johannes 108
Habel, Heinrich, Dr. 193
Hager, Georg, Dr. . . . . 35, 46, 104, 196 f., 199
Hager, Franziska 115
Hahn, Sylvia, Dr. 168, 193
Haider, Josef 199
Haigerloch 168, 180
Haisch, Anton 178
Halbpatrize . . . . . . 134, 136 f., 139 ff., 145 f., 150 f.
Halbpatrizen, Herstellung 139
Halb-Serienfertigung 134
Haldenwang 92, 168, 181, 188
Halm, Philipp Maria, Dr.. . . . . . 47, 49, 152, 194
Hamm, Sr. Irene 166
Hämmerl, Ludwig . . . . 176 f.
Hammerl, Tobias M. A. 163, 177, 193
Hans, Robert 92
Hard 169, 180
Harpaintner, Pfarrer 178
Harsch, Karl 168, 193, 198
Hartguss, französischer 134, 142
Hartguss, Osterrieder'scher 146
Hartgussfigur, Herauslösung 148
Hartig, Michael, Dr. 168, 197
Hartmann, Johann Baptist 32, 131, 194, 196, 200
Haselberger, Robert 94
Haselberger, Winfried 193
Hasenleim 142
Haslach, Pfarrer 76, 165
Haspinger 117
Haß, Heike M. A. 193
Hasselmann, Fritz 23
Hathor 85, 107
Haus der Abweisung. . . . . 52 f., 162 f.
Haus der Sonne 85
Haus der Verkündigung 69
Hazzisches Stipendium 22
Hechingen-Stetten 169
Heider, Marianne 165
Heilbrunn . . . . s. Bad Heilbrunn
Heimenkirch 105, 169, 181
Heinz, Odorich 46
Heinz, Remi 83, 165
Helferich, Susanne 166, 168
Helgert, Berthold 178
Henn, Peter 83
Hennig, Jürgen 193
Herauslösung Hartgussfigur 148
Hergensweiler 105, 107, 169, 181, 189
Hermann, Johann 171
Hermes, Christian, Dr. 177
Herstellung Halbpatrizen 139
Herstellung Mantelformen 138
Herstellung Matrizen 147
Herstellungskosten 92
Herxheim 118, 169, 180
Herzog, Theo 195
Hettenleidelheim 92f., 169, 180, 188, 199
Hildebrand, Paul 193
Hindenburg, Paul von . . . . . 75 f., 114, 117, 188 f., 198 f.
Hirschvogl, Anton 168
Hl. Georg, Silberguss, Preis von Aschau 186
Hochrainer 163
Hofer, Andreas 117
Hoferichter, Ernst 116
Hoffmann, Josefine 154
Hoffmann, Ingeborg 200
Hoffmann, Richard 108, 199
Höfling, L. 197
Hofstötter, Franz 196
Hohenschäftlarn 169, 180
Hohenthann . . 10, 34 f., 169, 186, 196
Hohenthann, Grabmal Rauchenecker 186
Holzen . . . . s. Kloster Holzen
Holzkirchen 169, 180
Hörbranz 169, 180
Hotter, Rechtsanwalt 186
Hottner, Heinrich 177
Hoyer, Wolfram, P., Dr. 193
Huber, Brigitte, Dr. 193
Huber, Hermann 167
Huber, Josef 164
Huber, Thomas 11, 134, 143, 151, 192, 200
Huneke, Joachim. . . 162, 171, 176, 193

IJ

Iffeldorf 169
Illerberg 169
Illertissen . . . . . 10, 91, 94, 118 f., 120, 169 f., 181, 189
Immenstadt 170
Imminger, Dekan 169
Imst 54
Inflation 105, 108, 113, 122
Ingenbohl-Brunnen 170
Ingolstadt 170
Ingolstadt, Kruzifix, Preisdiplom 185
Inkarnat 134
Innsbruck, Ferdinandeum 200
Irsching, Relief Hl. Familie 186
Isny-Beuren 170
Jahresverdienst eines Arbeiters . . 122
Japhet 39
Jerusalemkreuz . . . . s. Orden J.
Jetzendorf 74, 104, 109, 189
Jexhof 170
Joa, Bernhard 167
Justus, Stephanie 165

K

Kabinettskurier 56, 188
Kaess Antonie 10, 113, 131, 196
Kaess, Franz Josef, Dr. 117, 131
Kaess, Herbert Maria 131
Kaiser Franz Joseph 74
Kaiser Heinrich der Heilige. . 114, 199
Kaiser Wilhelm II.. 25, 57, 60, 82, 160
Kaiser, Maurus . . . . 55 f., 87
Kaiserin Auguste Victoria 60
Kaiserkrippe 36, 44, 49, 57, 60, 163, 187
Kaiserkrone, Deutsche 65, 198
Kalvarienberg 72, 87

Kalziumkarbonat 142
Karlskron 170, 180
Kaschierte Bekleidung 151
Kaschiertechnik 153
Kast, Hermann 165, 184
Kast, Pfarrer 79
Katholikentag, Dortmund 1927 . . 201
Katholikentag, Landshut 1897 . . . . 28 f., 185 f., 189, 201
Kaufbeuren 170, 181
Kaufmann, Michael OSB, P., Dr. 193, 199
Keckeisen, Maximilian, Dr. 193
Kempten, St. Anton. 118, 170, 181
Kempter, Martin 177
Kennerknecht, Karola . . 171, 193, 197
Kerschdorfer, Anna. 169
Kerschdorfer, Josef 169
Kindlwiegen 55
Kirchdorf/Inn . . . . 78, 171, 180, 188 f.
Kirchdorf/Amper 170, 181
Kirchdorf/Krems . . . . 56 ff., 163, 170, 180, 187
Klambauer, Franz. 66
Kloster Brede 166
Kloster Heiligenbronn 169
Kloster Holzen. 169, 171, 181
Kloster Roning, Lourdesgrotte . . . 185
Kloster Scheyern . . . . s. Scheyern
Klosterneuburg 198
Knabl, Josef. 24
Kögel, Josef 170
König Ludwig III. . . 44, 74 f., 104, 188
Kopf, Josef von . . 28, 30, 185 f., 194 f.
Körbeke 175
Kraiß, Lehrer. 18
Krammer, Josef. 31, 193, 196
Krammer, Markus 167
Kränzle, Josef 170
Krauß, Annette, M. A. . . . 120, 123 f., 169, 173, 193, 200
Kreuzberg/Schwandorf, Kreuzweg. 187
Kreuzigungsgruppe, Biberbach . . 104
Kreuzweg. 25, 73, 185, 187
Krieger, Josef. . . . . . 53 f., 57, 171, 187
Kriegerdenkmal Jetzendorf. 189
Kriegerdenkmal Gaimersheim . . . 188
Kriegerdenkmal Schamhaupten . . 188
Kriegerdenkmal Siegenburg 189
Kriegerdenkmal Oberroning 74
Kriegswahrzeichen . . . . 75 f.
Krippe, Hohenthann . . . 10, 34 f., 169, 186, 196
Krippana 1989 172
Krippana 1991 . . . . 164, 172, 200
Krippe . . . . s. Ethnograpische
Krippe, Abensberg 80/81
Krippe, Altötting. 14, 187
Krippe, Bissingen 57, 165, 181, 187
Krippe, Deidesheim. . . . . 54, 67 f., 78, 92 f., 167
Krippe, Kirchdorf a. d. Krems . . . . 56 ff., 170, 180, 187 f.
Krippe, Landshut St. Nikola 57
Krippe, Linzer Dom . . . . . . 44, 48, 53, 57, 60–66, 76, 86, 88, 91, 98, 125, 171, 180, 187 f., 194, 198
Krippe, Margarethenberg 158
Krippe, München Nationalmuseum . . 8 f., 23, 25, 27, 35, 70, 78, 82, 95, 104, 152, 173, 194
Krippe, Regensburger Kohlenmarkt. 35
Krippenkatalog, Osterrieder'scher 67
Krippenlexikon . . . s. Bogner Gerhard
Krippenpfleger(in) 122
Krippenstall, Geburtsgrotte . . . . s. Geburtsgrotte
Krippenställe, Krippenkatalog . . . 162
Krippenszene, Flucht nach Ägypten 120
Krippenszene, Heliopolis. . . . . 69, 82, 84 f., 107, 163, 173
Krippenszene, Herbergssuche . . . 120
Krippenszene, Nazareth . . . . . 60, 69, 82, 84, 96, 98, 100 f., 105, 121, 134, 143, 150, 159, 162
Krippenszene, Traum Josefs 120
Krippenszene, Verkündigung Mariae 120
Krippenszenen, Krippenkatalog . . 162
Krippenverein Münchener 92
Kröller, Prof., Dr. 196
Krompaß, Expositus. 57
Kronenbitter, Georg Maria . . . 46, 197
Kronenbitter, Mea. 197
Kronenbitter, Theresia. 167, 177, 193
Krumbach . . . . 78, 171, 181, 188 f.
Krumbach, Engl. Institut 78
Kunstgewerbeverein . . . . s. Bayerischer K.
Kunstkrippe, Osterrieder'sche. . . . . . . 11, 23, 36, 66, 68, 186 f., 194, 196
Küntrop 171, 180
Kürzeder, Christoph, Dr. 123, 168

L

La Pareia/New Mexico . . 119, 171, 181
Laaber, Wolfgang 168
Labor Drewello & Weißmann 142
Lamla, Gertraud, Dr. 108, 165, 193, 199,
Landau/Pfalz 105, 171, 180, 189
Landsberg/Lech. 171, 181
Landshut . . . 28 f., 30, 36, 57 f., 72 f., 110, 114, 166, 171, 176, 180, 185 ff.,
Landshut, Elfenbein-Kruzifix 185
Landshut, Gigantenreliefs 186
Landshut, Kruzifix, Ausstellung . . 185
Landshut, Madonna, Fassadenfigur. 186
Landshut, Modell Fischbrunnen 22, 186
Landshut, Papst-Statue . . . . s. Papst Leo XIII.
Landshut, Relief Jesus der Kinderfreund 73, 187
Landshut, Schillerdenkmal . 72 f., 187
Landshuter Hochzeit . . 30 f., 186, 196
Lang, Joachim 169
Langhäuser, Dekan. 108
Lanzerath. 171
Laupheim. 171, 181
Lebensmittelpreise. 122
Lehner, Hans. 196
Leichtl, Maria Anna 195
Leidenswerkzeuge Christi . . . . s. Arma Christi
Leimarten 142
Leimlösche. 151
Lempertz 60
Lenbach, Franz von 28
Leo XIII. . . . . s. Papst
Leopold, der Fromme . . . . . . 65, 197 f.
Lidel, Erich . . . . . 107, 170 f., 193, 200
Lindenberg/Buchloe 171, 181
Lindner, Maria . . . . . . 169, 193, 195 f.
Lingg, Maximilian von 56, 72
Linnbrunner, Josef . . . . 30 f., 196
Linz, Dom. 62, 172, 180
Lochau. 172, 180
Löfftz, Ludwig. 196
Löhlein, Christina. 185
Löscher, Franz. 166
Loquai, Johanna und Franziska . . 193
Ludwig . . . . s. König Ludwig
Ludwig, Uta . . . . 123 f., 134, 142, 154, 163, 170, 178, 192, 200
Ludwigskirche. . . . . s. München, Ludwigskirche
Ludwigsthal 57, 172, 181, 187
Lugbauer, Geistl. Rat 131
Luitpold, Prinzregent. 25, 28, 44, 69, 194
Lurz, Franz, Dr.. 193
Luxemburg 107, 119, 172, 181, 189, 194

M
Mader, Herbert 167
Magdeburg. 111
Mainburg, Statue hl. Monika. 185
Mandelbachtal 172
Manderfeld 172, 180
Mannheim. 172, 180
Mantelform, Passrand 138
Mantelform, Zusammenfügung . . 148
Mantelformen 134
Mantelformen, Herstellung 138
Margarethenberg. 2, 6, 172, 180
Maria Medingen. 55
Maria, Nazarethszene 135
Marianische Männerkongretation. 111, 189
Marschall, Otto 195
Marx, S. 197
Maschke, Alfred 164
Matera, Giovanni Antonio. 27, 47, 152
Matrizen, elastische 139
Matrizen, Herstellung 134, 147
Maximilians-Medaille 187
Mayer, Bernhard 176
Medingen . . . . s. Maria Medingen
Meichelböck, Heinrich 166
Meinardus, Otto 198
Meininghaus, Heiner, Dr. Dr. 170
Meixner, Helmut 58, 170, 193
Memmingen, Mallerdorfer Franziskanerinnen. 172
Merry de Val, Rafael. 187
Metallpatrize . . . . s. Bronzepatrize
Metten, Benediktinerabtei 114
Metzger, Geistl. Rat. . . . . 78 f.
Milan, Antonio. 88, 175, 193
Miller, Oskar von . . . . . . 44, 69 f., 72, 110, 187
Mindelheim. 172, 181
Mittelalterliche Brauerei . . . . s. Diorama M.
Modelle, Ton, Wachs, Bronze 44
Mödingen . . . . s. Maria Medingen
Montabaur 173, 180
Moorrege. 173, 180
Moser, Joseph 19, 184
Moskopf, Heinrich Josef . 83, 165, 173
Mühlheim/Donau. 173, 180
Müller, Johannes Erik 91, 119, 178, 189, 200
Müller, Josef. 49, 68, 194
Münch, Florian. 126, 153
Münch, Friedrich . . . . 10 f., 79, 83 ff., 96, 98, 104, 126 ff., 162, 164 f., 167, 170 f., 175 ff., 179, 192, 195, 198–201
München . . . . 173 f., 180
München, Akademie der bildenden Künste . . . 22 ff., 58, 134, 185, 197
München, Asamkirche. 108, 118
München, Asamkirche, Pietà. . . . 188
München, Bismarkstraße. 19, 133
München, Clemensstraße. . . . . 25, 105, 112 f., 199
München, Deutsches Museum . . . . 70 f., 110, 201,
München, Georgenstraße 113. . . . . 23, 42 f., 68, 113, 115, 187, 189
München, Glaspalast. 28, 30, 186
München, Josefskirche, Pietà. 73, 113, 187
München, Krippenverein. 92
München, Ludwigskirche. . . . . 76, 79, 82 ff., 89, 113, 120, 127, 159, 165, 173
München, Ostfriedhof, Gefallenendenkmal 188
München, Peterskirche . . 1, 2, 76, 89, 91, 102, 120, 173, 190
München, Schwabinger Krankenhaus. 118
München, St. Johann Baptist 118
München, St. Ursula 113, 118, 120–124
München, Theresienstraße 34. . . . 25, 42 f., 79, 113, 116, 185, 187
München, Zwölf Apostel. 118
Münchener Künstlerfeste 30
Münchener Kunstbriefe 115
München-Rom, Portraitbüste P. Suso Denifle 187
Münzgesetz (1873). 195
Murrhard, Elisabeth. 104, 154

N
Nachbearbeitung Figuren 149
Nachlassbestand Mantelformen . . 134
Nasse, N. Prof. 121, 200
Neapel 186
Neufahrn 174
Neuhaus, Heinrich 201
Neuötting 111
Neustadt 174, 180
Neuwirth, Johann u. Martina 163
Niedermeier, Inge 167, 173, 175, 193
Niederumeldorf, Deutschmeister-Denkmal 74, 188
Nmeir, Roswitha E. Al Habib. 167, 193
Noppen 138
Nördlingen, Heinrich von 55
Nürnberg 174, 181
Nürnberg, Landesausstellung 1906 . . . . 58, 187
Nürnberg, St. Karl Borromäus. . . . 174
Nürnberg, St. Kunigkund. 174
Nürnberg, St. Ludwig. . . 107, 174, 189
Nürnberg, St. Michael 174

O
Obergessertshausen. 174, 181
Obergrießbach, Friedhofsfigur, lebensgroßer Christus, ... 187
Obermeyer, Franz Xaver 196
Obermeyer, Katharina . . . . . 43, 186 f.
Oberroning. 74, 185, 188, 201
Oberroning, Kriegerdenkmal 188
Oberroning, Lourdesgrotte 185
Oberstadion 174, 181
Oberstaller, Franz. 167
Obertaufkirchen 175, 180
Ohm, Georg Simon. 25
Opferkasten . . . . s. München, Peterskirche
Orden Bene merenti 88
Orden Jerusalemkreuz . . . . . 28 f., 186
Orden Ritterkreuz Franz Joseph 74, 188
Ortlfing 175, 181
Österberg. 175, 181
Osterrieder Antonie 10, 113
Osterrieder, Franz Xaver 115, 194
Osterrieder, Josef (1760–1826) . . . 195
Osterrieder, Josef (1788–1866) . . . 195
Osterrieder, Mathilde 116
Osterrieder, Sebastian (1824–1888) 16, 195
Osterrieder, Therese 116
Osterriedergasse 116
Osterriederiana 116
Osterrieder-Technik 27
Ott, Dekan 18
Otto, Alexander. 11
Ottobeuren 31, 165, 175, 181
Ow-Felldorf, Sigismund Felix 200

P
Pacher, Friedrich 200
Pacher, Michael 199
Paderborn 107, 175, 188
Palästina-Reise. . . . . . . 44, 53, 69, 79, 99, 117, 187, 198 f.
Papst Benedikt XVI. 124
Papst Hadrian VI. 124
Papst Johannes Paul II. 56, 124
Papst Leo XIII. . . . . 23, 25, 28 f., 185 f., 195
Papst Pius X. . . . 54, 78, 86, 88, 187 f.

Papstkrippe . . . . 44, 51, 56, 67, 76, 85–88, 105, 124 f., 175, 188, 198
Pareia 175
Partenkirchen 175, 180
Parzham 112
Patrize . . . 44, 132, 134, 136, 138, 142, 146 f., 150
Patrizenummantelung 138
Pattendorf 175, 180
Pellengahr, Astrid, Dr. 170
Perl/Mosel 175
Pfaffendorf, Reiner 168, 198
Pfaffenhofen 109
Pfannen 138
Pfefferseder, Maria 172
Pfistermeister, Ursula 201
Pflügervater, Steinmetz 18, 184
Pförring 16, 195
Piendl, Franz 193
Pietà . . . 72 f., 74, 104, 108 f., 113, 119, 187 ff., 198
Pigmente 151
Pilgrim, Hubertus von 11, 134, 136, 146, 192
Pius . . . . s. Papst
Plinthe 154
Podest 154
Pöppelmann, Klaus 168
Pompeji 186
Portraitbüste Andreas Steinhuber 186
Portraitbüste Auguste Haag 185
Portraitbüste Balthasar Daller 29, 188
Portraitbüste Franz von Leistner . 186
Preis von Aschau 31
Preislisten 66, 68, 107
Preisvergleiche 68, 92
Prinz Alfons 44
Probleme mit Osterrieder-Krippen 122

R

Raffel 117
Rasp, Hans-Peter, Dr. 193
Rauch, P. Bonifaz OSB . . 114, 196, 199
Rauchenecker, Johann . . . . 10, 19, 35, 169, 184, 186, 195 f.
Ravi 121
Regensburg 175, 181
Regensburg, Legende Dollinger . . 199
Regensburg, Statuen Hl. Johannes und Magdalena 185
Reichsmark/Rentenmark 122
Reiseausweis 1919 104
Relief, Christi Geburt 155
Relief, hl. Georg 187
Relief, Jesus Kinderfreund . . . 72, 187
Restaurierung 154
Rettungsprogramm, längerfristiges 124
Reus, Peter 201
Rezepturen, schriftliche 134
Ritter, Professor 107
Rohrmann, Hans 123
Rom 175, 181
Rom, Papstkrippe 188
Rom, Pilgerhaus S. Marta 88, 198
Rom, S. Maria dell'Anima 91, 119
Romano Giulio 124
Roßbeck, Brigitte 169
Roth, Hans 193
Rottach-Egern 176, 180
Rottenburg/Laber . 76, 109, 175 f., 187
Rottenburg/Laber, Hindenburg-Nageldenkmal 188
Rottenburg/Laber, Reliefgruppe hl. Georg 187
Rümann, Wilhelm von . . . . 24 f., 104, 185, 195
Runz, Peter . . . . 31, 57 f., 166, 171, 193, 196 f.
Rupprecht, Kronprinz 200

S

Saargebiet 108
Sachseln 176, 180
Sakije 70, 82, 107
Santons 121
Schad, Marta 75, 198
Schaduf 70, 82, 107
Schäfer, Pfarrer 169
Schamhaupten, Kriegerdenkmal . 188
Scharrer, Guido 193
Schaumburg, Otto 196
Scheidt, Carsten 165, 166
Scherg, Th. J. 101, 199
Scherndl, Balthasar . . . . . . 61, 65, 194, 197 f.
Scheyern . . . . . . 20, 23, 31, 34 ff., 39, 91, 176, 180, 186, 196
Schierl, Anni 92
Schießl, Bernhard 168
Schillerdenkmal . . . . 72 f., 187
Schindlmayr, Walburga 195
Schirr, J. 197
Schlehdorf 176, 180
Schließmann, Heinz 167
Schloßberg/Inn 176, 180
Schmalzl, Mathilde 169
Schmaus, Katharina 196
Schmederer, Max . . . . 8 f., 23, 25, 27, 36, 95, 152, 185, 194, 197
Schmid, Elisabeth 164
Schmid, Ferdinand 11
Schmid, Max 166
Schmid, Suso, Sr. 173
Schmidt, Heinrich, Dr. 196
Schmidt, Johann Baptist 201
Schmidt, Otto 32, 134, 200
Schmitt, Michael 201
Schnabel, Berthold . . 78, 93, 162, 165, 167, 169, 171, 176, 179, 193, 198 f.
Schnaitsee 176, 180
Schoen, Helga 178
Schönborn, Franz de Paula, ... 186
Schöngeising 176, 180
Schramberg 169
Schramm, Gerd 11, 134, 142, 146, 148, 192
Schrembs, Joseph 119
Schretter, Anton 175
Schretzlmeier, Gertraud 61, 193
Schriesheim 104
Schuhmacher, Philipp 197
Schuler, Sr. M. Ludmilla 171
Schumacher, Rudolf, Dr. . . . . 171 f.
Schwab, Maria 173
Schwandorf 73, 187, 198
Schwanthaler, Ludwig 111
Schwarzrheindorf . . . . s. Bonn-Schwarzrheindorf
Schweier, Petra 123
Schwender, Ludwig 163
Schwind, Walter 168, 170
Sechser-Münze 17, 195
Seedorf 176, 180
Segl, Lothar 174, 193
Seidlein, Peter von 46, 197
Seitz, Rudolf 196
Selige Margareta . . . . s. Ebner
Seligenstadt 177, 180
Sem 39
Senger, Edith 193
Sepp, Arthur S. 200
Sepp, Johann Nepomuk 195, 200
Siegenburg 18, 74, 109, 177, 181, 185, 189, 201
Siegenburg, Kreuzweg 185
Siegenburg, Kriegerdenkmal 189
Silberbauer, Schreiner 18, 184
Silenen 177, 180
Silikon 146
Smith, Msgr. 119
Solothurn 115, 177, 180
Solothurner Ambassadorenkrippe 199
Spanner, A. 197
Spenden-Nägel 75
Spengler, Karl 58, 197
Sperrschicht 151
Spielhofer, Hans . . . 117, 125, 194, 199

Spieß, August 196
Sprandel, Viktor, Dr. Dr. 171
Spring Lake 177, 181
St. Augustin-Meindorf 176, 180
St. Gallen 170
St. Ingbert 176, 180
St. Ottilien 31, 176, 181,
Stadler, Karl 196
Staudammer, S., Dr. 197
Steinacker, Dr. 72, 196
Steinbichler, Ernst, Dr. 193
Steinhuber, Andreas Kardinal . . 28 f., 186
Steinkirchen 177, 180
Sterle, Otto 111
Sterzing 200
Stetten am kalten Markt 177, 180
Stipendium . . . s. Hazzi, Wittelsbacher
Stockholm 119, 177
Stockholm, Herz-Jesu-Statue für Bischof Müller 189
Störig, Hans Joachim, Dr. Dr., Prof. 193
Straubing 177, 181, 186
Straubing, Friedhofsfigur Trauernde Eva 186
Strößenreuther, Otto von 196
Strohmeier 178
Stuttgart 177, 180, 189
Suchomelli, J. 169
Sülze 142
Sykomore 85

T

Taschner, Cäcilie 195
Tegernsee 107, 177, 189
Terpentin, Literpreise 92
Thalhammer, Christian 193
Theil, David 122
Theresienstraße . . . . s. München
Thieme-Becker . . . . 10, 194 f.
Thiersch, Friedrich von 22
Thoma, Antonius von . . . 23, 27 f., 44
Thurn und Taxis, Albert Fürst von . . . . 22, 185 f.
Thurnheer 162, 166, 176, 177, 179, 193
Tiberias, Petruskloster 117, 199
Tierleime 142
Tiffin/Ohio 119, 177, 181
Tillydenkmal . . . . 111, 115, 126, 188 f., 199
Tippel, Georg . . . . 30 f., 196
Toledo/Ohio 119, 177, 181
Tönniges, Rita 165, 166
Törwang 177
Totenmaske, Karl Graf Arco-Valley 186
Tratzberg 200
Traunstein 177, 180
Tripp, Wolfgang 91, 167, 199
Trütschler, Johannes 60
Türkenfeld 177, 180
Turnierkampf Herzog Christoph 104, 109, 188, 199

U

Ullermann, Reinhold . . . 163, 172, 193
Underberg, Bodo 163, 168, 176, 193
Unterknöringen 177, 181
Unterstöger, Hermann 199
Uppsala 91, 178, 181, 189
Utz, Franz u. Amalie 171

V

Veracruz/Mexiko 119, 178, 181
Verklebungen, Vorbeugung 146
Viechtach 178, 181
Viechtach, St. Augustinus, Herz-Jesu-Statue 189
Vincent, Michael 164
Vogel, Quirin 193
Vogel, Renate 11
Voggenauer, Anneliese 178
Vogl, Benefiziat 76
Vogt, Peter 98
Vogtareuth 178
Vöhringen, Bidell-Krippe . . . 107, 178, 181
Vöhringen-Illerberg 178
Vollgussfiguren 105, 136, 160
Völlinger, Fr. Stefan 176
Vollpatrize 136
Vorbeugung Verklebungen 146

W

Walkertshofen, Statue hl. Sebastian 185
Waltenhausen 178, 181
Waltenhofen 178, 181
Waltershofen 178, 181
Wameser, Siegfried 11
Wangen 91, 178, 181, 189
Wangen/Allgäu 178
Warmleime 142
Wasserburg/Inn . . . 43, 167, 178, 180, 187 ff., 194, 201
Wasserburg/Inn, Grabmal Obermeyer 187
Wasserburg/Inn, St. Jakob, Madonna Hochaltar 188
Weber, Anton . . . . 16, 195 f.
Weber, Gallus 17, 19, 184
Weber, Katharina 16, 195
Weber, Manfred 175
Weber, Michael 195
Weber, Paul 195
Wehringen 179, 181
Weichering, Pfarrkirche St. Vitus, Altäre 31, 186, 196
Weiden 179, 181
Weigand, Konrad 196
Weilach 179, 181
Weißenhorn 179, 181
Weißhaar, Prof. Franz 193
Weißthanner, Josef 125, 200
Welzel, H. 197
Wengen 179, 181
Werbekatalog 66
Werbemittel Postkarten . . . . 67 f.
Wermuth, Elisabeth 173
Werner, Hans-Martin 171
Weßling 179, 180
Wetzelsberg, Mater Dolorosa 186
Wiedemann, Klaus, Dr. 178
Wirner, Helmut, Dr. 163, 193
Wirth, P. Lukas 176
Witte, Karl . . . . . . 10, 126 ff., 165, 200
Wittelsbacher Landesstiftung 22
Wittislingen 179, 181
Witzighausen 179, 181
Wohlgemuth, Caroline 193
Woker, Dompropst 107
Wolf, Franz 178
Wolter, F. 197
Wörishofen . . . . s. Bad Wörishofen
Wührer, Josef 29, 193
Wurzach . . . . s. Bad Wurzach

XYZ

Zehentbauer, Otto 58, 82, 134, 153, 171
Zeil am Main . . . . 2, 12 67, 96 ff., 127, 179, 181, 188
Zettler, Ludwig 168
Zuchering . . . . 179 f.
Zug . . . . 179 f.
Zürich 78, 188
Zusammenfügung Mantelform . . . 148
Zweibrücken . . . 10, 85, 107, 179, 188